비유로 말하라

IVP(InterVarsity Press)는
캠퍼스와 세상 속의 하나님 나라 운동을 지향하는
IVF(InterVarsity Christian Fellowship)의 출판부로
생각하는 그리스도인을 위한 문서 운동을 실천합니다.

ⓒ 2008 by Eugene H. Peterson
Originally published in English as *Tell It Slant:*
A Conversation on the Language of Jesus in His Stories and Prayers
by Wm. B. Eerdmans Publishing Co.
Grand Rapids, MI, USA.
All rights reserved.

This Korean translation edition ⓒ 2018 by Korea InterVarsity Press
156-10 Donggyo-ro, Mapo-gu, Seoul 04031, Republic of Korea.

This Korean edition is published
by arrangement of Wm. B. Eerdmans Publishing Co.
through rMaeng2, Seoul, Republic of Korea.

이 한국어판의 저작권은 알맹2를 통하여
Wm. B. Eerdmans Publishing Co.와 독점 계약한 IVP에 있습니다.
신 저작권법에 의하여 한국 내에서 보호받는 저작물이므로
무단 전재와 무단 복제를 금합니다.

비유로 말하라

유진 피터슨 | 양혜원 옮김

IVP

나의 손자들에게

앤드류 유진
린지 호프
새디 린
한스 호일랜드
애나 그레이스
메리 크레이츠

너희는 2년에 한 명씩 태어나
아기와 유아로서
성부, 성자, 성령 안에서
발전되는 언어의 신비와
말하기의 기적, 듣기의 기적,
그리고 거룩한 대화를
재발견하도록 도와주었단다.

차례

Tell It Slant

감사의 글 ... 9
들어가는 글 ... 11

제1부 이야기하시는 예수님

1. 사마리아의 예수님 누가복음 9:51-19:27 ... 21
2. 이웃 누가복음 10:25-37 ... 59
3. 친구 누가복음 11:1-13 ... 79
4. 곳간 짓는 자 누가복음 12:13-21 ... 101
5. 거름 누가복음 13:6-9 ... 117
6. 식탁 대화 누가복음 14:1-14 ... 133
7. 잃어버린 형제들 누가복음 15장 ... 149
8. 부정직한 관리인 누가복음 16:1-9 ... 171
9. 눈에 띄지 않는 사람 누가복음 16:19-31 ... 187
10. 과부 누가복음 18:1-8 ... 209
11. 죄인들 누가복음 18:9-14 ... 227
12. 최소한의 기대로 사는 사람 누가복음 19:11-27 ... 247

제2부 기도하시는 예수님

13. 기도하는 예수님과 동행하기 여섯 개의 기도 ... 267
14. 우리와 함께 기도하시는 예수님 마태복음 6:9-13 ... 279
15. 감사의 기도를 드리는 예수님 마태복음 11:25-26 ... 331
16. 마지막 때를 내다보고 기도하시는 예수님
     요한복음 12:27-28 ... 341
17. 우리를 위해서 기도하시는 예수님 요한복음 17장 ... 355
18. 겟세마네의 고통을 기도하시는 예수님 마태복음 26:39, 42 ... 387
19. 십자가에서 기도하시는 예수님 마지막 일곱 말씀 ... 399
20. 예수님의 이름으로 기도하기 도토리가 떡갈나무로 ... 435

부록 언어에 내재하는 본질적 신성함을 존중하는 작가들 ... 451
주 ... 459
인명 색인 ... 469
주제 색인 ... 471
성구 색인 ... 491

감사의 글

믿음의 언어를 배운 시기가 영어라는 모국어를 배운 시기와 일치했던 나는 운이 좋은 사람이다. 내 언어의 학교는 나의 가족, 부모님, 여자 형제 카렌 그리고 남자 형제 케네스였고, 그들은 최고의 스승이었으며 가장 즐거운 급우들이었다.

이 책은 1992년에 피츠버그 신학교(Pittsburgh Theological Seminary)에서 열었던 J. 헨더슨 강좌에서 시작되어, 1993년부터 1998년까지 밴쿠버 리젠트 칼리지(Regent College)에서 열린 언어, 성경, 기도에 대한 강좌를 통해 발전되었다. 그리고 수많은 리트릿과 수양회에서 만난 목사들과의 대화를 통해서 실험되었고 무르익었다.

지난 오십 년 동안 거처를 옮기며 사는 동안에도 꾸준히 영성 지도를 받을 수 있었기에 나의 말은 신선하고 정직하고 인격적일 수 있었다. 내 영성 지도자는 몬태나의 루벤 랜스(Reuben Lance), 볼티모어의 이언 윌슨(Ian Wilson) 목사와 콘스턴스 피츠제럴드(Contance FitzGerald) 수녀, 캐나다의 앨런 레이놀즈(Alan Reynolds) 목사였으며, 조나단 스타인(Jonathan Stine)은 아주 작은 것에도 경외심을 잃지 않도록 격려해 주는 신실한 친구다.

내가 알아야 할 필요가 있는 것들은 모두 알았고 다른 것들로 넘어가도 되겠다고 생각하고 있을 무렵에 손자손녀들이 약 2년 터울로 하나씩 등장하기 시작했고, 그 아이들이 태어남으로써 언어의 기적에 대한 나의 경이감은 주기적으로 회복될 수 있었다. 이 책을 그 아이들에게 바친다.

들어가는 글

하나님을 영화롭게 하고, 하나님의 계시를 받고, 하나님의 진리를 증언하고, 하나님을 찬양하기 위해서 우리에게 주어진 언어는 언제나 위기에 처해 있다. 살아 있는 말씀이 시체처럼 뻣뻣한 명제로 건조되고 방부 처리되어 석의용 표본으로 분류되는 경우가 너무도 많다. 우리에겐 결국 종교적 언어(godtalk)만 남게 된다.

> 연설의 지식은 있으나 침묵의 지식은 없고,
> 말의 지식은 있으나, 말씀은 알지 못하고…
> 사느라 바빠서 놓쳐 버린 생명은 어디에 있는가?
> 지식에 파묻혀 잃어버린 지혜는 어디에 있는가?
> 정보에 파묻혀 잃어버린 지식은 어디에 있는가?[1]

나는 하나님이 주신 언어의 선물을, 말씀하시는 하나님과 조화롭게 사용하는 것에 관심이 있다. 이러한 일에서 우리가 중점적으로 다루어야 하는 분은 바로 예수님이시다. 그 누구보다도 예수님이시다. 말씀이 육신이 되신 예수님, "창세부터"(마 13:35) "그가 말씀하시매 이루어진"(시 33:9) 그 예수님이시다. 갈릴리를 다니시며 길 위에서 그리고 저녁 식사를 하시면서, 또한 사마리아를 여행하시면서 이야기를 들려주신 예수님이시다. 예루살렘의 겟세마네 동산에서 그리고 십자가 위에서 기도하신 예수님이시다. 예수님은 여러 가지 배경과 상황에서 우리에게 주어진 하나님의 말씀이다. 예수님은 복음서에서 우리에게 주어진 언어로 우리와 함께 대화하신다. 그 대화는 예수님이 약속하신 대로 성령에 의해 지금도 우리 가운데 지속되고 있다. "그러나 진리의 성령이 오시면 그가 너희를 모든 진리 가운데로 인도하시리니, 그가…내 것을 가지고 너희에게 알리시겠음이라"(요 16:13-14). 예수님은 또한 자신의 아버지이자 우리의 아버지이신 하나님께 기도드리는 분이시다. "이는 그가 항상 살아 계셔서 그들을 위하여 간구하심이라"(히 7:25).

언어의 영성에 대한 하나의 대화인 이 책이 초점을 맞추고 있는 것은 바로 언어다. 그리고 우리가 기독교 공동체 안에서 그 언어를 사용하는 방식이다. 언어는 모음 하나하나, 자음 하나하나까지 모두 하나님이 주신 선물이다. 하나님은 우리를 창조하시고 우리에게 명령하기 위해서 언어를 사용하신다. 우리는 죄를 고백하고 하나님을 찬양하기 위해서 언어를 사용한다. 그와 똑같은 언어를 가지고 우리는 서로 사귀고, 물건을 사고팔고, 편지를 쓰고 책을 읽는다. 우리는 하나님과 대화할 때 쓰는 것과 똑같은 말로 서로 대화한다. 같은 명사와 동사, 같은 부사와 형용사, 같은 접속사와 감탄사, 같은 전치사와 대명사를 사용한다. 하나님과 구원의 문제에 대해서 사용하는 '성령'의 언어가 따로 있고, 양배추를 사고 자동차를 사는 데 쓰는 세속적인 언어가 따로 있는 것이 아니다. "오늘날 우리에게 일용할 양식을 주시고"라는 말과 "감자 좀 건네주세요"라는 말은 같은 언어의 집합에서 나온 말이다.

말은 단순히 단어를 제대로 사용하고 그것을 올바로 발음하는 것만의 문제가 아니다. 가장 중요한 것은 우리가 **누구**인가, 그리고 **어떻게** 말하는가 하는 것이다. 우리는 정말이지 말을 나쁘게 사용하는 방법들을 충분히 창의적으로 만들어 낼 수 있다. 우리는 모독하고 저주할 수도 있고, 거짓말하고 속일 수도 있고, 협박하고 남용할 수도 있고, 험담하고 헐뜯을 수도 있다. 혹은 그렇게 하지 않을 수도 있다. 서로 대화를 하기 위해서건, 하나님께 기도를 드리기 위해서건, 우리가 입을 열 때마다 기독교의 진리와 기독교 공동체의 명예가 거기에서 나오는 말에 달려 있다. 따라서 모든 세대의 기독교 공동체가 매우 중요하게 생각하는 의제는, 말씀하시는 하나님과 조화를 이루며 말하는 어법을 부지런히 개발하는 것, 진리가 전해지고 공동체가 형성되도록 말하는 것, 그리고 아론의 수많은 자손들 중 하나가 만들어 낸 황금 송아지가 아니라 주 예수 그리스도의 하나님이자 아버지이신 분께 기도하는 것이다.

설교자와 교사들은 언어의 사용에 관한 한 기독교 공동체에서 중요한 위치를 차지하고 있다. 강단은 교회와 강의실에서 권위와 영향력의 자리를 제공해 주는데, 그 자리는 모든 설교와 강의가 신중하고, 기도로 준비되고, 그리스도께 영광을 돌리는 말로 이루어질 것을 요구한다. 그러나 내가 여기서 특별히 관심을 가지는 것은 부엌이나 거실에서 이루어지는 일상적인 대화들, 친구와 커피 한 잔을 하거나 주차장에서 소소한 이야기를 나누면서 혹은 관계가 돈독해지거나 깨질 수 있는 강도 높은 사적 토론에서 주고받는, 다소 중심에서 벗어난 꾸밈없는 일상적인 대화들이다. 나는 직장과 가정, 친구와 이웃과 관련된 일상적인 일들을 하면서 듣고 하는 말들에 주의를 기울이고, 소위 '하나님의 일들'에 흔히 사용되는 언어와 대등한 위엄을 그 말들에 부여하고 싶다.

대부분의 경우 그러한 말들은 눈에 띄지 않는다. 무슨 일을 해 내려고 하거나 혹은 복잡한 문제를 해결하려고 할 때 쓰는 언어가 아니다. 그것은 우리가 맡은 사회적인 역할 속에서 혹은 우리에게 부여된 기능들과 관련해서 사람들을 대하는 경우가 아닐 때 쓰는 언어다. 우리는 그러한 언어에서 미묘함을 음미하고 모호함을 즐긴다. 그러한 언어는 대부분, T. S. 엘리엇(Eliot)의 문구를 빌려서 표현하자면 "암시와 추측"으로 이루어져 있다. 에밀리 디킨슨(Emily Dickinson)은 내가 말하고자 하는 바를 다음과 같이 잘 표현했다.

모든 진리를 말하되 빗대어 말하라(tell it slant).
전기회로처럼 불 밝힌 성공은
너무 밝아 우리의 연약함으로는
진리의 눈부신 광채를 기뻐할 수 없으니

번개에 놀란 아이의 마음을
자상한 설명으로 가라앉히듯
진리는 서서히 광채를 발해야 하리.
안 그러면 모든 이의 눈이 멀 것이니.[2]

나는 우리가 하나님을 대할 때 사용하는 언어와 주변의 사람을 대할 때 사용하는 언어 사이에 세워 놓은 장벽을 무너뜨리고 싶다. 결국 그것은 모두 같은 언어다. 우리가 기도할 때 부르는 하나님 그리고 설교할 때 선포하는 하나님은, 지나가다 가볍게 혹은 따로 만나 진지하게 대화를 나누는 이들의 삶에도 깊이, 영원토록 관여하신다. 하지만 그것이 언제나 분명하게 드러나지는 않는다. 하나님의 말씀 앞에 언제나 "주께서 말씀하시되"라는 전문이 따라붙는 것이 아니다. 말한 것과 말하지 않은 것, 직접적인 것과 간접적인 것, 직설적인 것과 우회적인 것을 서로 연결하려면 시간이 걸리고 주의력이 필요하다. 성급하고 어설프게 접근하다 하나님을 영화롭게 하지도 못하고 우리의 이웃을 존중하지도 못하는 경우가 참으로 많다. 날것 그대로의 사실과는 달리 진리 특히 인격적 진리는, 서두르지 않고 친밀함을 다져야 알 수 있다. 디킨슨이 말한 "빗대어"와 "서서히"는 타자의 언어(그분의 언어)를 관계적으로 수용하는 것을 막는 선입견과 편견, 방어막, 전형화, 그리고 사실이 지배하는 문자주의를 넘어갈 수 있는 길이다.

하나님은 우리의 인생을 종교적인 것과 세속적인 것으로 구획 짓지 않으신다. 그런데 왜 우리는 그렇게 하는가? 나는 우리가 성경 공부를 할 때 사용하는 말과 무지개송어를 낚으러 가서 사용하는 말 사이에는 연속성이 있어야 한다고 주장하고 싶다. 나는 우리가 하나님께 드리는 기도와, 우리가 말을 건네고 우리에게 말을 건네는 사람들과 나누는 대화 사이에 연속성을 계발하고 싶다. 나는 우리의 말이 위를 향하건 서로를 향하건 상관없이, 말의 신성함, 언어라는 거룩한 선물에 대한 인식을 키우고 싶다. 바로 예수님이 그러셨던 것처럼 말이다.

따라서 하나님께 뿌리를 두고 그리스도로 구현되고 성령이 살아 움직이는 말에 본질적으로 내재한 거룩성을 존중하는 언어를 계발하기 위해 내가 채택한 텍스트는 예수님이시다. 이 대화의 첫 번째 부분인 제1부 "이야기하시는 예수님"에서는, 밀밭 사이를 걸어가시면서, 식사를 하시면서, 바다 위에서 배를 타시면서, 질문에 대답하시면서, 적대적인 사람들을 대하시면서 예수님이 당대의 사람들과 나누신 이야기들을 들을 것이다. 이 대화의 두 번째 부분인 제2부 "기도하시는 예수님"에서는 갈릴리에서 드리신 기도, 예루살렘에서 드리신 기도, 겟세마네에서 드리신 기도, 골고다에서 드리신 기도 등, 예수님이 아버지께 드리신 기도의 방식에 푹 잠길 것이다. 예수님의 이야기를 듣고 예수님의 기도에 참여하면서, 저자와 독자인 우리가 함께 모든 형태의 비인격화하는 종교적 언어를 분별하고 경계할 줄 알게 되고, 하나님이 사용하시는 언제나 인격적인 언어를 좋아하고 그것을 사용할 줄 알게 되기를 바란다. 심지어 우리의 대화와 잡담에서도(특히나 우리의 잡담에서), 그러한 언어가 우리 모두를 창조하고 구원하고 축복하기를 바란다.

Tell It Slant:
A Conversation on the Language of
Jesus in His Stories and Prayers

제1부
이야기하시는 예수님

1

사마리아의 예수님

••• 누가복음 9:51-19:27

우리의 삶을 창조하고 형성하는 말씀을 하신 예수님이 정작 한 글자도 쓰지 않으셨다는 사실은 참으로 큰 아이러니다. 적어도 보존된 글자는 하나도 쓰지 않으셨다. 예루살렘의 땅바닥에 연필 대신 손가락으로 쓰신 글씨는 다음 번 내린 비에 다 지워졌다. 그럼에도 불구하고 우리는 예수님을 말씀의 사람으로 알고 있다. 어쨌거나 그분은 육신이 되신 말씀이 아니던가.

하지만 그분은 글을 쓰지 않으셨다. 그분은 말씀을 하셨다. 그분은 출판사도 없었고, 저자 사인회도 하지 않았고, 잉크병에 펜 한번 담그지 않으셨다. 예수님께 언어는 오로지 음성의 문제였다. "그가 말씀하시매 이루어졌으며"(시 33:9).

물론 그분의 말씀은 기록되었고, 출판도 되었다. 그 누구의 말도 예수님의 말씀만큼 다양한 사본과 인쇄본으로 기록된 경우는 아마도 없을 것이다. 하지만 예수님의 말씀이 원래 가지고 있는 구두의 성격, 그 살아 있는 음성, 예수님의 입에서 나와 듣는 귀와 믿는 마음을 통해서 남자와 여자들의 삶 속으로 들어간 그 말씀을 염두에 두는 것이 중요하다. 기록된 말씀은 그것대로 중요하지만, 말하는 음성과는 상당한 간극이 있다. 그저 지면에 기록된 말씀을 바라보고 연구하는 것이 아니라, 그 살아 있는 음성을 듣고 거기에 집중하기 위해서는 의지적인 노력이 반드시 필요하다.¹⁾

언어는 하나님과 우리 모두에게 계시의 일차적 수단이다. 말을 통해서 하나님은 우리에게 자기 자신을 계시해 주신다. 말을 통해서 우리는 우리 자신의 모습을 하나님께 드러내고 서로에게 드러낸다. 언어라는 수단을 통해서, 말하고 듣는 전체의 순환을 통해서, 하나님과 그분 말씀으로 창조된 남자와 여자들은 다른 방법으로는 접근할 수 없는 거대한 내면을 드러낼 수 있다.

이것은 중요한 사실이며, 자명하지 않기 때문에 곰곰이 숙고하는 것이 중요하다. 그리고 우리의 거대한 커뮤니케이션 산업이 언어를 일차적으로 정보나 기분 좋은 자극으로 다루면서 계시로서는 다루지 않기 때문에 이것을 계속해서 재고하는 것이 중요하다. 우리 사회에서 '하나님'이라는 단어가 사용될 때는 한편의 정보로 축소되거나, 잠시 참조되는 정도로 비인격화되거나, 혹은 신성 모독의 차원으로 저하되는 경우가 많다. 우리 시대에 언어에 대해서 글을 쓰는 가장 통찰력 있는 작가 중 한 사람인 조지 스타이너(George Steiner)는, 정보 전달은 언어의 주변적이고 매우 특화된 기능일 뿐이라고 강력하게 주장한다.[2] 사실 우리가 부모님과 형제자매들 그리고 친구들 사이에서 배우는 언어는 계시하시는 하나님께 그 근원을 두고 있다. 우리의 모든 말하고 듣는 행위는 하나님의 말씀하시고 듣는 행위에 의해 형성되고 지탱되는 언어의 세계에서 일어나는 일이다. 창세기에서 하나님이 창조하시고, 이름 지으시고, 복 주시기 위해서 사용하신 말들은 복음서에서 예수님이 창조하시고, 이름 지으시고, 치유하시고, 복 주시고, 명령하시기 위해서 사용하신 바로 그 말들이다. 예수님이 말씀하시면 우리는 하나님이 말씀하시는 것을 듣는다.

∷ 대화하시는 예수님

복음서의 저자이자 증인들인 마태, 마가, 누가, 요한이 보고한 예수님의 언어는 때로는 설교이고 때로는 가르침이었다. 그럼에도 여전히 우리는 예수님이 설교나 가르침 이외의 방식으로 이야기하시는 것을 많이 보게 된다. 누군가의 집에서 혹은 친구들과 함께 식사를 하시면서, 들판이나 호숫가를 거니시면서, 혹은 어딘가로 가는 길에 만나게 되는 이런저런 일들과 질문들에 답을 하시면서 격의 없이 대화를 주고받으시는 예수님을 보게 된다. 바로 이와 같은 세 번째 부류의 언어, 격의 없고 가벼운 언어가 현재 이 맥락에서 내가 관심을 가지는 언어다.

가장 우선되는 것은 설교다. 그것은 예수님이 하시는 일을 의미와 양식 모두의 측면에서 정의해 주는 언어다. (복음서를 최초로 쓴 저자인) 마가에 의하면, 예수님이 처음으로 하신 말씀이 바로 설교였다. "예수께서 갈릴리에 오셔서 하나님의 복음을 전파하여 이르시되, 때가 찼고 하나님의 나라가 가까이 왔으니 회개하고 복음을 믿으라"(막 1:14-15). 예수님은 하나님의 제단 앞으로 부르는 것으로 설교를 마치셨고 네 명의 어부가 그 설교에 응했다. 예수님의 사역이 시작된 것이다.

설교는 선포다. 설교는 하나님이 바로 이 곳에서 지금 하시는 일, 지금 이 때에 바로 이 장소에서 하시는 일을 선언한다. 또한 그 설교를 듣는 자들에게는 그것에 합당하게 반응하도록 요청한다. 설교는 하나님이 살아 계시고 현존하시며 행동하고 계신다는 소식, **좋은** 소식이다. "너희가 모르고 있었는지 모르지만, 살아 계신 하나님이 지금 여기에 계신다. 바로 이 거리에, 이 성소에, 이 동네에 계신다. 그리고 지금 일하고 계신다. 지금, 바로 이 순간에 말씀하고 계신다. 너희에게 무엇이 유익한지를 안다면 여기에 참여하고 싶을 것이다."

모든 복음서 저자들이 예수님의 설교를 아주 잘 보여 주고 있지만, 그 중에서도 마가는 아주 두드러진다. 그는 강렬하고도 긴박한 언어로 아주 능숙하게 복음의 현재성과 현장성, 그리고 인격성을 잘 유지하고 있다.

설교는 현재 하나님이 하고 계시는 일에 우리를 개인적으로 참여시키는 언어다. 설교는 인격성과 현재성을 잘 전달해 준다. 설교를 듣는 사람은 그 설교의 말이 자기 자신 이외에 다른 사람을 위한 것이라고 가정할 수 없다. 설교를 듣는 사람은 그 설교의 말이 아주 오래 전에 일어난 일이나 심지어는 어제 일어난 어떤 일에 대한 것이라고, 혹은 가깝거나 먼 미래에 일어날 일에 대한 것이라고 가정하면서 그냥 넘어가려고 해서는 안 된다. 설교는 지금 여기에서 일하시는 하나님을 **나**에게 계시해 준다. 설교자들이나 그 모방자들로부터 들었던 어떠한 무미건조한 말도 예수님으로부터 시작되지 않았다는 것만큼은 확실하다.

그 날 예수님은 갈릴리에서 설교를 하심으로써 자신의 공적 사역을 시작하셨는데, 예수님의 그러한 사역은 천 년이 넘는 전통을 가지고 있었고 예수님은 그 오랜 전통의 끄트머리에 오신 분이다. 바로 얼마 전에는 예수님의 사촌인 세례 요한이 그 위대한 설교의 전통을 잇고 있었다. 예수님 이후로는 베드로와 바울, 크리소스토무스와 키프리아누스, 암브로시우스와 아우구스티누스, 프란체스코와 도미니쿠스, 루터와 칼뱅, 웨슬리와 휫필드, 에드워즈와 피니, 뉴먼과 스펄전으로 그 전통이 이어졌다. 설교는 지금도 예수 그리스도 안에 계시된 하나님(지금 이 곳에 살아 계셔서 당신과 나를 위해 일하시고 말씀하시는 하나님)을 길모퉁이에서 그리고 온 세계의 강단에서 전달하는 기본 언어다.

예수님은 또한 가르치기 위해서 언어를 사용하셨다. 우리가 학교에서 익숙하게 받는 가르침, 그러니까 우리가 해야 할 생각을 대신하도록 고안된 강의들과는 달리 예수님의 가르침은 번뜩이는 금언들로 빛을 발했다. 예수님은 정보를 나누어 주시기보다는 비유들을 가지고 우리의 상상력을 재구성하셔서 예수님이라는 살아 있는 다면적인 진리를 받아들일 수 있게 하셨다. 모든 복음서 저자들은 가르치시는 예수님, 이 하나님의 나라라고 하는 곳에서 사는 것의 의미를 자세히 지시해 주시는 예수님을 제시한다. 그 중 예수님의 가르침에 대해서 가장 광범위한 증언을 해주는 복음서 저자는 바로 마태다. 그는 예수님의 가르침을 다섯 개의 위대한 담론으로 모아 놓았다(혹 모세오경을 회상하면서 그랬던 것일까?). 즉 산상수훈(마 5-7장), 열두 제자에게 주는 가르침(마 10장), 공동체를 위한 가르침(마 18장), 위선에 대한 경고(마 23장), 그리고 마지막 때의 일들에 대한 가르침(마 24-25)이 있다.

우리와 우리의 구원을 위해서 하나님이 현존하시고 일하시는 이 세상에서 하루하루를 살려면, 우리 삶의 모든 측면에 무엇이 연관되어 있는지를 세밀하게 감지하는 능력을 계발해야 한다. 우리는 종종 삶을 공적인 것과 사적인 것, 영적인 것과 세속적인 것으로 나누고, 우리의 삶을 여러 부분들로 잘라 내어 그 부분들을 지정된 공간에다 밀어 넣고는 어느 때건 우리가 그 문제들을 다루고 싶을 때 편리하게 접근하고 싶어한다. 가르침은 그러한 부분들을 한데 모으고, 연결시키고, 관계성을 증명한다. 즉 흔히 말하듯 "점선들을 이어 준다." 이처럼 예수님은 우리를 가르치시고, 우리가 대면하고 있는 것들이 무엇인지를 자세히 짚으시고, 우리가 결정하고 분별해야 할 것들, 예수님이 왕으로 계신 이 왕국의 삶을 사는 데 적합한 수단과 방법들을 자세히 가르치신다. 예수님의 가르침은, 당시의 갈릴리와 예루살렘에서든 우리의 스승들과 교수들이 그것을 재현해 주는 현재에서든, 주로 다른 사람들과 함께 있을 때 이루어진다. 그 다른 사람들 중에는 순종하는 형제와 자매들도 있을 것이고, 무관심하거나 심지어 적대적인 사람들도 있을 것이다.

예수님은 설교에서와 마찬가지로 가르침에서도 오랜 전통을 따르고 있다. 신명기에서 절정을 이루는 모세오경, 더 나아가서는 잠언과 전도서, 그리고 이스라엘의 예언자들과 제사장들의 놀라운 목회적 돌봄 속에 잘 스며들어 있는 권고와 지혜까지, 예수님의 가르침은 오랜 전통 위에 서 있다. 이 가르침은 또한 오늘날의 교회에까지 이어진다. 목사와 신학자들은 정치, 사업 문제, 가정 문제, 개인적인 실패와 고통 등 한마디로 말해서 온전하고 통합된 삶을 사는 것과 관련된 여러 문제들을 다룰 때 우리가 현명하고도 신실한 순종을 계발하도록 훈련시켜 준다. 가르침은 죽은 말을 부활시켜서 다시 살아나게 만든다. 가르침은 예수님을 따르는 삶에서 언어를 사용하는 방식에 상당히 큰 부분을 차지한다.

설교와 가르침은 기독교 공동체 안에서 말하고 증언하고, 기도하고 지도해 주는 사람들이 가장 두드러지게 사용하는 언어다. 우리는 보통 설교자와 교사가 될 사람들을 별도로 세워서 학교와 교회에서 훈련을 시킨다. 알아야 할 것이 많고, 경계해야 할 것도 많다. 우리가 그리스도 안에 계신 하나님께 초점을 계속해서 맞추게 하고, 우리를 둘러싸고 있는 우상 숭배의 유혹을 바짝 경계하게 해줄 설교자와 교사들이 필요하다. 대부분의 경우 우리는 하나님 나라에서 일어나고 있는 일들을 잘 알고, '필요한 한 가지'에 주의를 집중하고, 우리 마음의 신실함을 지키고 회복하는 일에 훈련된 설교자와 교사들을 어렵지 않게 접할 수 있다.

그러나 공동체 안에서의 역할과 상관없이, 우리의 능력과 적성이 무엇이건 간에, 모든 사람이 참여하는 세 번째 종류의 언어가 있다. 앞에서 나는 이 언어를 "누군가의 집에서 혹은 친구들과 함께 식사를 하시면서, 들판이나 호숫가를 거니시면서, 혹은 어딘가로 가는 길에 만나게 되는 이런저런 일들과 질문들에 답을 하면서 격의 없이 주고받는 대화, 격의 없고 가벼운 언어"라고 설명했다. 어느 한 주를 택해서 우리가 사용하는 단어를 세어 본다면 이와 같은 종류의 말이 설교나 가르침으로 한정될 수 있는 말을 훨씬 능가함을 알 수 있다. 설교나 가르침의 상황이 아닐 때 예수님은 당시에 함께 사셨던 사람들, 그러니까 사람, 사건, 질문 등 그 당시에 일어났던 일들을 공유하던 남자와 여자들과 함께 그들의 삶의 상황들을 텍스트로 사용하셔서 대화를 나누셨다. 우리가 하는 것처럼 말이다. 설교는 하나님에게서 시작된다. 하나님의 말씀, 하나님의 행동, 하나님의 현존에서 시작된다. 그리고 가르침은 선포된 것을 확장시키면서, 텍스트의 함의와 이 세상에서 그 진리가 일으키는 반향, 하나님의 말씀이 탄생에서부터 죽음에 이르기까지 우리가 일상적으로 삶을 사는 방식을 구체적으로 형성하는 특별한 방식들에 대해서 가르쳐 준다. 그러나 구조화되어 있지 않은 가벼운 대화들은 가정과 일터에서, 놀이터나 동네 슈퍼에서, 탑승 시간을 기다리는 공항 터미널에서, 조류 관찰을 하는 친구들과 쌍안경을 가지고 들판을 걸으면서 일어나는 소소한 사건들과 서로와의 우연한 만남들 속에서 이루어진다. 예수님이 하신 많은 말들이 바로 이러한 성격의 것이었다. 대부분의 사람들은 설교자나 교사가 아니다. 우리가 하는 대부분의 말은 먹고 마시고, 쇼핑하고 여행하고, 때로는 우리가 '잡담'이라고 치부하며 회피하는 그러한 사소한 말들을 하는 일상적인 상황 속에서 나온다.

모든 복음서 저자들은 이와 같은 언어를 사용하시는 예수님을 제시하지만, 이와 같은 가볍고도 구조화되어 있지 않은 언어를 사용하시는 예수님에 대해서 가장 광범위하게 계시해 주는 책은 바로 누가의 복음서다. 마가가 설교에 집중하고 마태가 가르침에 집중한다면, 누가는 일상에서 일어나는 일들 속에서 격의 없이 주고받는 언어에 집중한다.

:: 누가의 여행 내러티브

누가복음의 중심(누가복음 9:51-19:44)에는 예수님과 그분의 제자들, 그리고 예수님이 길을 가시면서 만나는 사람들 사이에서 오가는 비공식적 언어가 담긴 부분이 열 장에 걸쳐서 삽입되어 있다. 이 부분은 갈릴리를 떠나는 것에 대한 언급(9:51)과 예루살렘에 도착하는 것에 대한 언급(19:11, 28, 41)으로 그 틀이 이루어져 있다. 이러한 틀 때문에 이 부분을 종종 '여행 내러티브'라고 하는데, 이 열 장에 나오는 대부분의 내용들은 누가만이 독특하게 다루고 있는 것들이다.

신약 성경 첫 세 개의 복음서는 배열이나 내용이 상당 부분 비슷하면서 서로 유사한 윤곽을 가지고 있다. 그러나 각각의 복음서 저자마다 나름의 방식으로 이야기를 들려주면서 우리가 놓칠 수도 있었던 두드러지는 특징들을 보여 주고 있기 때문에 그들이 서로를 똑같이 모방했다고는 할 수 없다. 개괄적으로 말하자면, 마가는 예수님의 언어에서 설교의 특징인 케리그마적 요소를 포착하고 마태는 가르침의 특징인 교훈적인 요소를 다룬다. 그러나 누가는 예수님의 언어 중에서 대화의 측면에 우리가 푹 잠기게 하는 데 특별한 관심을 가지고 있다. 그래서 누가는 앞서 마태와 마가가 제시한 이야기의 흐름을 멈추고, 자신만이 다루고 있는 내용이 대부분인 이 긴 단락을 자신의 복음서 중간에 끼워 넣고 있다. 누가복음의 첫 아홉 장은 마태와 마가가 제시한 패턴을 따라서 예수님의 갈릴리 사역 이야기를 들려준다. 갈릴리의 이야기는 그리스도 안에서 사는 우리 삶의 초석을 놓아 준다. 마지막 다섯 개의 장은 예루살렘에서 예수님이 하신 사역의 마지막 주간 이야기를 들려준다. 거절당하시고, 십자가에 달리시고, 새로운 생명으로 부활하신 예수님을 다루는 이 본문에서도 마찬가지로 마태와 마가의 패턴을 따르고 있다. 예루살렘 이야기는 그리스도 안에서 사는 우리 삶을 십자가에서의 죽음과 부활로 완성시켜 준다.

예수님이 갈릴리에서 초기에 하신 말씀과 하신 일들은 예루살렘에서 보낸 그 마지막 주간에 일어났던 일들과 연속성을 가진다. 두 공간 사이의 이동은 갈릴리와 예루살렘 사이에 있는 사마리아를 통과하는 여정 이야기로 구성되고 있다. 사마리아는 적의 영토는 아니었지만 적어도 호의적이지 않은 영토인 것은 분명했다. 사마리아인과 유대인 사이의 불화는 수백 년 동안 이어져 왔다. 그들은 서로 좋아하지도 신뢰하지도 않았다. 간혹 폭력도 있었고 심지어는 피를 보게 되는 대결도 있었다. 요세푸스가 들려주는 이야기에 의하면, 사마리아인들이 축제에 참석하기 위해서 예루살렘으로 가는 길에 사마리아를 통과하던 갈릴리의 순례자들을 살해한 사건이 있었는데, 유대인 게릴라들이 복수하기 위해서 사마리아의 마을들을 습격했다고 한다.[3] 갈릴리에서 예루살렘으로 가는 길은 100킬로미터에 걸친 아주 위험한 길이었는데, 당나귀나 도보로 사흘에서 닷새가 걸리는 여정이었다.

갈릴리에서 예루살렘으로 가는 길에 사마리아를 통과하는 바로 그 여정에서, 예수님은 시간을 들여 자신을 따르는 사람들이 삶의 평범한 것들을 의식적으로 깨닫고 이 하나님 나라의 삶에 참여하도록 준비시켜 주는 이야기를 들려주셨다. 예수님은 제자들에게 자신이 십자가에 달리기 위해서 예루살렘으로 간다고 선언하시고 그들에게 같이 가자고 요청하셨다. 그 며칠을 같이 걸으면서 예수님은 십자가와 부활 사건 이후에 살아갈 그들의 삶을 대비해 그들을 준비시키셨다. 가까운 미래에 아주 극적인 사건들이 일어날 참이었다. 그들의 삶이 완전히 뒤바뀔 것이었다. 그러나 동시에 그들은 같은 사람, 같은 일과, 같은 유혹, 같은 로마와 그리스와 히브리 문화, 같은 자녀와 부모들을 대해야 하고, 때로는 끝도 없이 기다려야 하고, 참으로 많은 이들의 무관심에 직면해야 하고, 스스로를 의인이라고 생각하는 사람들의 미칠 것 같은 위선을 다뤄야 하고, 전쟁의 어리석음, 현란한 소비의 어리석음, 교만한 지배자들의 거짓말을 다뤄야 했다. 모든 것이 변하겠지만 한편으로는 그 어떤 것도 변하지 않을 것이었다.

예수님은 예수님을 알지도 못하고 알고 싶어하지도 않는 세상에서 살아갈 그들을 준비시키시고 계셨다. 예수님은 여기저기에 떠들어 대지 않고 인내하면서, 알아주지 않아도 순종하면서 십자가와 부활의 삶을 살도록 그들을(우리를!) 준비시키고 계셨다. 예수님은 이 사마리아에서의 대화를 통해서, 이 모든 일들을 예수님이 하신 방식 그대로 그리고 예수님이 그것에 대해서 말씀하신 방식 그대로, 그들이 조용히 용감하게 해내도록 준비시키고 계셨다. 예수님은 머지않아 자신이 더 이상 물리적으로 그들과 함께 있지 않을 때에도, 그들이 **결코** 자신들이 가장 좋다고 생각하는 방식을 고집하지 않을 것임을 분명히 말씀하셨다. 예수님의 방식, 십자가의 방식이 지속되어야 했다. 하지만 예수님이 이러한 말씀을 하시면서 긴박한 언어를 사용하지 않으셨다는 것은 흥미롭고도 의미심장하다. 예수님은 목청도 높이지 않고 대화조로 말씀하셨다. 대체로 예수님은 이야기를 들려주셨다. 그의 추종자들은(비록 모두는 아니겠지만) 이 이야기들을 결코 잊지 않을 것이다.

즉시 다루어야 하는 안건이나 부과받은 임무 없이 그저 목적지까지 도달하기만 하면 되는 상황에서 여유 있게 걸으며 이야기를 나누게 되면, 사람들 사이에 자연스러운 친밀함이 발생한다. 마태와 마가는 갈릴리에서 예루살렘까지 가는 길에 시간을 낭비하지 않는다. 반면에 누가는 속도를 늦추고 여유를 부린다. 누가는 여유 있게 걸어서 가는 이 여행이라는 배경을 기회 삼아서, 예수님과 제자들이 갈릴리에서 예루살렘으로 걸어가면서 나누는 구조화되지 않은 대화의 자연스러움을 확장시키고 발전시킨다. 질문에 대답하시는 예수님, 저녁 식탁에 둘러앉아 이야기하시는 예수님, 친구들과 함께 의논을 하시는 예수님, 이야기를 들려주시는 예수님이 다 여기에 담겨 있다. 마태와 마가가 단 두 장에 걸쳐서 해결하고 있는 부분을 누가는 열 장으로 늘리고 있다. 누가는 때때로 일어나는 일상적인 문제들을 다루실 때 예수님이 사용하시는 언어의 방식에 잠기게 한다. 예수님은 누구든지 끼어들어 이야기할 수 있게 서두르지 않으셨다. 이것이 바로 설교나 가르침의 상황이 아닐 때 예수님이 언어를 사용하신 방식이다. 우리가 소위 '종교적인' 대화라고 부르는 어떤 것을 하기 위해서 공식적으로 떼어 놓은 시간이 아닌 때에 언어를 사용하는 방식도 그와 같다.

여행 내러티브에서 내가 흥미를 느끼는 점은 두 가지다. 첫째는, 예수님의 삶과 사역에서 초점이 맞추어지는 두 지역 즉 갈릴리와 예루살렘 '사이에서' 일어나는 일들을 다루고 있다는 사실이다. 예수님과 그의 제자들은 사마리아라고 하는, 익숙하지 않고 친절하지도 않은 지역을 지나가고 있었다. 갈릴리와 예루살렘과는 달리 사마리아는 예수님과 그의 동료들의 홈그라운드가 아니다. 그들은 익숙힌 갈릴리의 회당과 사랑하는 예루살렘의 성전으로부터 멀리 떨어져 있다. 그들은 이 사람들을 잘 모르고 그들과 공통점도 거의 없다. 회당과 성전도 다르고 서로 합의하는 성경도 없다. 그들은 이 지역과 이 백성들에게는 이방인들이다.

    이것은 그리스도인들이 '일요일과 일요일 사이'의 삶에서 경험하는 것과 비슷한 면이 있다. 예수님을 따르는 삶은 일요일 예배에서 보통 설교를 통해 전달되고 가르쳐진다. 일요일의 성소는 세례받은 무리와 함께 예수님을 예배하고 따르는 것의 의미에 주의를 기울이는 지정된 시간이자 장소다. 내가 누구인지를 자기 자신 안에서가 아니라 성부, 성자, 성령의 함께하심과 그분들의 사역 안에서 발견하고 깨닫는 남자와 여자 그리고 아이들과 함께하는 곳이다. '우리 편인' 남자와 여자들 사이에서 기도하고 기도하는 마음으로 듣기 위해서 따로 떼어 놓은, 보호받는 시간이자 장소다. 우리는 그러한 시간과 장소에서는 어떠한 일들이 일어나는지, 자세히는 아니라도 대충은 알고 있다. 적어도 그 구조와 거기에 모인 대부분의 사람이 어떤 사람들인지 예측이 가능하다.

그러나 그러한 일요일과 일요일 사이의 시간 동안에는 우리와는 달리 예수님을 따르고 있지 않은 사람들, 하나님과 하나님의 나라에 대해서 우리와 같은 가정(假定), 신앙, 신념을 가지고 있지 않은 사람들과 대부분의 시간을 보내게 된다. 그러한 때에 우리가 처하게 되는 상황들, 가정에서의 필요, 직장에서의 책임, 험악한 날씨, 우연한 사고와 횡재 등과 같은 일들은 철저하게 세속적이다. 적어도 무심하게 그러한 일들을 바라보는 사람들의 눈에는 그렇게 보인다. 누가 무슨 말이든 할 수 있고, 무슨 일이든 일어날 수 있다. 그리고 그 '무슨' 말이나 일이 **실제로** 말해지고 일어나는 경우가 많다. 일요일 예배 시간에 우리가 들은 설교 본문과 연결되거나 거기에서 파생된 것처럼 보이는 일들은 많지 않다. 사마리아는 일요일과 일요일 사이에 있는 대부분의 시간을 보내게 되는, 갈릴리와 예루살렘 사이에 있는 지역이다. 거기에 있는 동안 누가 우리에게 무슨 말을 할지 혹은 우리에게 무슨 일이 일어날지를 예상할 수 있는 사람은 아무도 없다.

어떤 사람들은 자신의 그리스도인 정체성을 일요일에 일어나는 일들에만 국한시키려고 한다. 그 정체성이 '세상'에 의해 오염되는 것을 막기 위해서 우리는 사마리아인들과 예의 바른 잡담 이외에는 가능한 한 대화를 하지 않으려고 한다. 또 어떤 사람들은 일요일의 설교와 가르침으로부터 받은 구절들을 외워서 앞으로 오는 엿새 동안 일어나는 대화나 사건들 틈새에 집어넣으려고 한다. 그러나 머지않아 이와 같은 작전들이 만족스럽지 않음을 깨닫게 된다. 혹 우리가 깨닫지 못한다 하더라도, 사마리아인들은 확실히 깨달을 것이다.

'여행 내러티브'라는 명칭이 완벽하게 만족스러운 것은 아니다. 왜냐하면 그 열 장이 갈릴리에서 예루살렘으로 가는 여행의 언급으로 시작되고 끝나는 것이 확실한 반면에, 그 여행의 일정이나 순서는 확실하지 않기 때문이다. 그 여행은 자체로 이야기와 사건들이 담긴 일종의 보물 뽑기 주머니 같은 역할을 하는 것 같다. 예수님이 자신에게 주어지는 대로 각각의 사람과 상황에 맞게 언어를 바꾸시거나 즉흥적으로 만들어 내시는 주머니 말이다. 여행 내러티브에서 예수님은 사마리아를 지나가는 '길에' 일어나는 여유 있고 자연스러운 사건들을 겪으시면서, 명백하게 '종교적인' 언어는 별로 사용하지 않으시고 비공식적이고 비구조화된 언어로 말씀하신다.

여기에서 우리가 감지하기 시작하는 것은 '여행 내러티브'로 시작된 것이 이야기를 하는 과정에서 하나의 비유로 발전했다는 것이다. 하나님과 하나님의 나라에 대한 언어가 예상되는 장소와 시간인 일요일과 일요일 사이에서, 갈릴리의 거룩한 회당들과 예루살렘의 거룩한 성전 사이에서, 예수님이 언어를 사용하신 방식에 대한 비유로 발전했다. 사마리아는 그런 식으로 '거룩'하지 않았고, 갈릴리와 예루살렘에서 계시되고 있었던 예수님에 대해 호의적이지 않았다. 누가는 하나님의 계시를 들을 준비가 거의 되어 있지 않거나 어쩌면 전혀 되어 있지 않은 사람들, 그리고 드물지 않게 내놓고 적대적인 사람들과 이야기하실 때 예수님이 언어를 사용하신 방식에 대한 비유로서 사마리아를 제시하고 있다.

여행 내러티브에서 흥미로운 두 번째 특징은, 예수님이 매우 자주 이야기를, 우리가 비유라고 이름 붙이는 작은 이야기들을 들려주신다는 점이다. 예수님은 이 열 개의 장에서 대부분 이야기를 들려주신다. 누가복음의 중간에 삽입된 열 개의 이야기는 누가만이 다루는 이야기다. 모든 복음서 저자들이 이야기를 하시는 예수님을 다루지만("비유가 아니면 말씀하지 아니하시고", 막 4:34) 누가는 복음서 저자인 다른 형제들을 훨씬 능가한다. 그리고 바로 이 여행 내러티브에 다른 복음서에는 언급되지 않은 열 개의 비유들이 모여 있다.

그렇게 한 데는 특별한 이유가 있었을까? 나는 그렇다고 생각한다. 비유는 나름의 형식을 가진 말의 형태. 비유로 말하면 듣는 사람은 상상력을 동원해서 동참하게 된다. 눈에 띄지 않게, 심지어는 은밀하게, 비유는 듣는 사람을 **끌어들인다**. 이 간결하고도 흔한, 허세 부리지 않는 이야기가 대화 속에 던져져 우리 발치에 떨어지면 눈길을 주지 않을 수 없다. 비유(parable)는 문자 그대로 '―의 곁에 던져진 무엇' 즉 *para*(곁에)와 *bole*(던져진)이 합성된 것인데, 그것을 본 우리의 첫 반응은 **"이게** 여기에 왜 있는 거야?"이다. 우리는 질문을 던지고, 생각하고, 상상한다. "비유는 재빠르고 정확한 일격을 던지며 등장한다. 비유는 약하다. 거의 모든 힘이 그것을 듣는 자에게 가 있다."[4] 우리는 그것이 어떻게 연결되는지, 어떤 관계인지를 보면서 이해하기 시작한다. 비유는 보통 새로운 것을 말해 주기 위해서가 아니라, 수년 동안 바로 앞에 있었는데도 우리가 간과한 것을 알아채게 하기 위해서 사용된다. 혹은 우리가 그 의미를 도무지 이해하지 못해서 중요하지 않게 여기고 잊어버렸던 것을 진지하게 받아들이게 하기 위해서 사용된다. 미처 깨닫기도 전에 우리는 이미 거기에 연루되고 만다.

여기 나오는 대부분의 비유들은 또 하나의 중요한 특징을 가진다. 그 주제가 대체로 명백하게 종교적인 의미를 가지고 있지 않다는 것이다. 그 비유들은 농부와 재판관과 희생자들 이야기, 동전과 양과 방탕한 아들 이야기, 결혼 잔치, 헛간과 탑을 짓는 일

그리고 전쟁에 나가는 이야기, 빵 한 조각 달라고 한밤중에 잠을 깨우는 친구 이야기, 환대의 예의 이야기, 사기꾼과 걸인 이야기, 무화과나무와 거름에 대한 이야기들이다. 사마리아의 길을 걸으면서 예수님이 나누신 대화들은, 하나님에 대해서 예수님이 계시하시는 것과는 다른 생각을 가지고 있었던 사람들, 어쩌면 딱히 생각이라고 할 것도 없었던 사람들과 나누신 대화들이다. 이 곳은 적대적이거나 중립적인 지대였다. 비유는 이러한 사람들과 대화하기 위해서 예수님이 일차적으로 선택하신 언어였다. 하나님의 이름을 사용하지 않는 이야기들, '종교적'으로 들리지 않는 이야기들을 사용하셨다. 교회에 있을 때, 혹은 종교적으로 규정된 시간과 장소에 있을 때 우리는 하나님에 대해서 들을 것을 기대한다. 그러나 그러한 시간과 장소에 있지 않을 때에는 그러한 기대를 하지 않는다. 사실, 우리는 그러고 싶지 않다. 우리가 만약 하나님과 대면하고 싶었다면 하나님의 집으로 갔을 것이다. 우리가 '길 위에서' 그리고 '일요일과 일요일 사이에' 만나는 사람들은 자신들의 조건에 맞게 일을 처리하기를 바라고, 하나님은 하나님이 계셔야 할 장소에 그냥 계시기를 바란다. 따라서 **예수님도** 예수님이 계셔야 할 자리에, 갈릴리와 예루살렘에 그냥 계시기를 바란다. "여기는 사마리아입니다! 가족과 사업, 사회와 정치 문제를 다루느라 나도 여력이 없어요. 여기는 내가 알아서 합니다. 내 방식대로 할 겁니다."

그 때나 지금이나 사마리아인들은 하나님 언어(God-language)

에 대해서, 적어도 회당과 교회의 사람들이 쓰는 부류의 언어에 대해서 노골적인 혐오가 아니라면 어쨌거나 무관심한 태도를 유지해 왔다. 그들은 하나님에 대해서 그리고 인생을 어떻게 경영해야 하는지에 대해서 나름의 생각을 가지고 있고, 이방인들이 가지고 있는 메시아에 대한 견해에 대해서는 그저 냉랭한 경멸만을 던진다. 사마리아인들은 하나님 언어가 자신들의 일에 침입하지 않게 아주 잘 막아 내는데, 특히 그 언어가 유대인의 (혹은 그리스도인의) 입에서 나올 때는 더욱 그렇다. 따라서 사마리아를 지나가시는 예수님은 공공연하게 하나님 언어 사용을 자제하실 수밖에 없었다. 설교와 가르침이 아예 배제된 것은 아니지만, 주변부로 물러난 것은 확실하다. 예수님은 자신의 말을 듣는 사람들의 방어막 주변을 빙빙 도신다. 비유를 들려주신다. 비유는 전달되는 메시지와 어느 정도 거리를 두면서 이해의 속도를 늦추고, 자동적인 편견적 반응을 차단하고, 고정관념을 없애 버린다. 비유는 청취자에게 완곡하게 다가간다. '빗대어서' 말이다. 사마리아 사람들은 아무런 의심 없이 듣는다. 그러다가 아무런 경고도 없이, 하나님이라는 용어도 사용되지 않았는데, 갑자기 "하나님!" 하고 우리를 놀라게 한다. 존 도미닉 크로산은 비유가 우리 발밑의 땅을 갈라지게 하는 지진이라고 말한다.[5]

예수님이 제자들과 함께 걸으셨던 그 며칠 내내 무엇보다도 비유를 선택하셨다는 사실이 나는 무척이나 흥미롭다. 마지막 때 십자가의 죽음과 부활이 다가오고 있음을 우리는 알고 있다. 예수님이 제자들을 떠나시고 제자들이 그 자리를 대신해서 계속 일을 해 나가야 하는 때가 이제 얼마 남지 않았음을 알고 있다. 예루살렘을 향해 가면서 사마리아를 지날 때 내딛는 한걸음 한걸음이 그 긴박성을 더하고 있다. 사마리아인들이 예수님을 보고 듣는 때는 이 때가 마지막이 될 것이다. 도대체 왜 예수님은 사기꾼과 거름에 대한 그런 소박한 이야기들을 들려주신단 말인가? 왜 하나님의 명확한 말씀을 설교하여 사마리아인들에게 명백한 언어로 회개를 요청하시고 구원의 선물을 제시하지 않으신단 말인가? 마지막이 다가올수록 예수님의 언어는 덜 직접적이 된다. 위험이 커질수록 예수님의 언어는 더 여유 있어지고 평상시보다 더 대화의 성격을 띤다. 너무 늦기 전에 결정하라고 웅변하듯이 큰 소리로 외치는 대신에, 예수님은 하나님의 이름은 거의 언급도 하지 않으시고 이웃과 친구들에 대해서, 양을 잃는 것에 대해서, 그리고 환대의 예의에 대해서 이야기하기로 선택하셨다.

내가 이 부분에 흥미를 느끼는 이유는 그것이 우리들 사이에서 그토록 자주 일어나는 일들과 너무도 큰 대조를 이루기 때문이다. 예수님을 따른다는 것이 무엇이며 그것이 얼마나 긴박한 일인지를 더 많이 인식할수록 더 강렬한 언어를 사용하는 것이 보통이다. 특히 우리가 사마리아 지역에 있을 때는 더욱 그렇다. 그것이 비유보다 훨씬 명확하고 초점이 분명하기 때문에, 우리는 설교와 가르침에서 배운 언어를 사용해서 영원토록 중요한 것이 무엇인지를 사람들에게 말해 준다. 그러나 언어 자체가 강렬하기 때문에 우리가 이야기하고 있는 사람들에 대한 관심은 오히려 줄어들 수 있다. 그들은 더 이상 인격이 아니라 목적인 것이다. 메시지를 전달하는 데 조급해서 우리는 자신이 만나고 있는 사람은 상관하지 않고 우리가 전해야 하는 말을 기계화된 문구나 프로그램화된 공식으로 비인격화한다. 하나님의 말씀을 전하고자 하는 긴박성이 커질수록 사람의 말을 듣고자 하는 관계성은 줄어든다. 결국에는 살이 없는 말들만 마른 뼈처럼 쌓이게 된다. 그것이 바로 종교적 언어다.

영적 대가들은 특히나 더 비유를 좋아한다. 왜냐하면 하나님에 대해서 이야기하고 싶어하는 사람들이 대화의 대상인 사람에 대한 흥미를 잃어버리는 것보다 더 흔한 일은 없기 때문이다. 하나님에 대한 대화가 종교적 언어로 비인격화되는 것이나. 종교적 언어는 더 이상 우리와는 상관이 없는 목적을 위해 사람들을 조직해서 더 이상 우리와는 상관없는 명령을 실행해 보겠다고 할 때 사용된다. 예수님의 말이 논쟁만 무성하게 하고 사람을 조작하고 통제하는 데 쓰이는 언어적 도구가 되면, 그 말에서 생명이 빠져나오고 수북이 쌓아 놓은 낙엽 더미처럼 죽어 버린다. 바로 그러한 찰나에 주님은 대화 속에 비유를 던져 넣으신다. 더 이상 자신에게 친숙한 언어의 관습 속을 유유히 다닐 수 없게 된 우리는 그 비유에 걸려 넘어진다. 비유는 우리가 주의를 기울이고, 참여하고, 관여할 것을 강요한다.

누가의 여행 내러티브는 갈릴리에서부터 걸어서 사마리아를 통과해 가시는 길에 예수님이 사용하신 독특한 비유의 언어, 이야기의 언어에 푹 잠기게 한다. 우리는 갈릴리에서 예수님을 따르는 삶을 시작했고, 예루살렘에서 십자가에 달리신 예수님을 받아들이고 부활하신 예수님께 받아들여지면서 성숙하고 완성될 것이다. 우리에게 사마리아는 예수님을 따르는 사람들의 습관과 성품이 예수님을 따르는 일에 아무런 관심도 없고 그러한 일을 격려하지도 않는 사람들 사이에서 형성되는 장소, 그러한 평범하고 일상적인 현장의 모습을 소개해 주는 곳이다. 누가의 여행 내러티브는, 갈릴리에서의 하나님 나라 선포와 복음의 이야기를 참으로 결정적이고 극적으로 완성시키는 예루살렘의 십자가형과 부활 사이에 뻗어있는 그 적대적인 길에서 예수님이 사용하신 언어의 방식에 우리의 상상력을 푹 담근다.

:: 우리의 대화 가운데 계신 성령

누가의 여행 내러티브는 공식적인 설교와 의도적인 가르침뿐만 아니라 자연스럽게 이루어지는 가벼운 대화 속에도 성령이 계시다는 인식을 키워 준다. 자연스럽고 가벼운 대화는 우리가 때로 '하나님의 일들'이라고 부르는 것에 직접적으로 초점을 맞추지 않기 때문에, 우리가 하나님을 향해서 혹은 하나님에 대해서 이야기하고 있다고 의식하지 않는 한 함축적인 '하나님의 말씀'을 놓치기가 쉽다. 성소에 앉아서 요한복음 3:16 설교를 듣거나 강의실에 앉아서 이사야서 강의를 들으며 필기를 할 때에는 하나님이 자신을 계시하실 때 사용하시는 언어, 그리고 우리가 그 계시에 동참할 때 사용하는 언어를 듣고 말하고 있다는 사실이 비교적 분명하다. 그러나 조금 전에 라디오에서 들은 뉴스를 누군가에게 말해 주고 있거나, 그 날 아침에 가족에게 받은 편지를 읽고 있거나, 아랫 동네에 사는 이웃에 대해서 걱정스런 말을 하고 있을 때는 어떤가? 이 말들 또한 계시의 성격을 가질 수 있으며, '성스러운 곳'이라고 분명한 푯말이 붙어 있지 않은 시간과 장소에서 하나님의 현존과 행동에 참여하는 방법이 될 수 있는가? 우리는 예수님이라는 이름을 사용하지 않을 때에도 예수님을 증언하는가? 우리는 자신도 알지 못하는 사이에 하나님에 대한 신뢰를 드러내기도 하는가? 우리는 고해를 하거나 무릎을 꿇고 있지 않을 때에도 죄를 고백하는가? "거룩, 거룩, 거룩" 하고 노래하는 천사들과 함께 있음을 인식하지 못한 상태에서도 감탄이나 몸짓으로 하나님을 찬양하는가?

어느 날 밤 니고데모는 예수님이 자신에게 하나님 나라에 대해서 이야기하시는 비관습적이고 비종교적인 방식에 혼란스러워했다. 예수님은 그에게 이렇게 말씀하셨다. "바람이 임의로 불매 네가 그 소리는 들어도 어디서 와서 어디로 가는지 알지 못하나니, 성령으로 난 사람도 다 그러하니라"(요 3:8). 니고데모는 예수님이 무슨 말씀을 하시는지 도무지 이해하지 못했다. 우리가 알지도 못하는 사이에 우리 자신 혹은 다른 사람들의 입을 통해 상당히 많은 분량의 성령의 영감을 받은 언어가 전달된다.

따라서 누군가가 우리를 상기시켜 주어야 한다. 우리는 지도를 받아야 한다. 우리가 하는 말에서, 그리고 때로는 우리 말의 행간에서 성령이 속삭이시는 소리를 들을 수 있는 친구들이 필요하다. 그리고 우리 자신이 그들에게 그와 같은 친구가 되어 주어야 한다. 이러한 친구들은 보통 서로의 삶에 드러나는 역할을 가진 사람들이 아니다. 그들은 '영적'이라는 이름이 붙을 만한 일을 자신이 하고 있다는 사실을 알지 못하는 경우가 많다. 나다니엘 호손(Nathaniel Hawthorne)은 이러한 문제에 대해서 딱 잘라서 단언했다. "그분의 도구는 그분의 목적에 대해서 아무런 의식도 없다. 만약에 자신에게 그러한 의식이 있다고 생각한다면, 그것은 그가 그분의 도구가 **아니라는** 꽤나 확실한 징후다."[6]

나는 모든 언어가 가지는 근본적으로 거룩한 성질을 계발하는 일에 관심을 가지고 있다. 추운 겨울날 벽난로 앞에 흔들의자를 놓고 앉아서, 혹은 해변을 거닐면서, 혹은 간이식당에서 커피를 마시면서 나누는, 사마리아를 지나가면서 나누는, 확실히 가볍고 자연스럽고 자의식이 없는 대화적 언어를 포함해서 말이다. 우리가 의도적으로 '하나님'을 생각하지 않을 때 나누게 되는 대화 속에서 하나님의 음성을 분별하는 일에 나는 관심을 가지고 있다.

우리 모두는 이러한 언어에 대한 경험이 풍부하지만 모든 사람이 자신의 경험을 의식하고 자신이 들었거나 했던 말을 설명하는 일에 익숙한 것은 아니다. 때로는 돌이켜 생각해 볼 때 그것을 알아보기도 한다. 쇼핑을 하다가 우연히 친구를 만나서 잠시 멈추어 서서 이야기를 나누었다. 길어야 일이 분 정도의 대화였다. 그런데 그로부터 몇 시간 후에 그 때 했던 말 중 어떤 것이 계시적인 성격을 가지고 있었음을 깨닫게 된다. 은혜의 깨달음, 아름다움에 대한 지각, '하나님이 여기 계셨으나 내가 알지 못했구나' 하는 인식을 키워 주는 하나님 현존에 대한 감각이 나중에야 오는 것이다. 때로는 무엇인가의 발단이 되는 단어나 문구가 느닷없이 떠오르기도 한다. 때로는 어조나 몸짓에 의해서 깨달음이 촉발되기도 한다. 의도적으로 일어나는 경우는 거의 없다. 모든 말은 거룩하며 하나님은 언어 자체의 바로 그러한 성질을 가지고 우리에게 그리고 우리를 통해서 말씀하신다.

내가 말하고자 하는 것은, 성령은 예수님의 평화와 사랑과 은혜와 자비의 말을 우리의 언어 안에 담아서 그리고 우리의 언어를 통해서 우리가 알지 못하는 사이에 전달하신다는 것이다. 적어도 그 일이 일어나는 그 때에는 알지 못한다. 그리고 우리가 사는 대부분의 날을 아주 다양한 상황 속에서 아주 다양한 사람들과 이야기를 주고받게 된다는 그 단순한 사실 때문에 우리 모두가 성령의 그러한 사역에 동참하게 된다. 누가의 여행 내러티브에서 예수님이 하시는 이야기에 주의를 기울이면 내가 알고 있는 이 언어의 영역 안에서 좋은 안내를 받게 될 것이다.

우리가 개인적인 대화에서 쓰는 언어, 그리스도인의 삶을 살면서 공동체 안에서 형성되는 데 반드시 필요한 설교와 가르침 곁에 나란히 오는 언어, 그러한 언어에 세심한 주의를 기울이는 것을 존중하는 고대의 훈련이 있다. 그 훈련은 바로 '영성 지도'(spiritual direction)다. 이러한 전통과 실천에 익숙한 사람들은 내가 여기에서 쓰고 있는 내용이 그것으로부터 깊은 영향을 받은 것임을 잘 알 것이다. 초기 교회 시절 부터 공개적인 설교와 가르침의 실천 곁에는 그에 상응하는 영성 지도의 실천이 있었다. 영성 지도에서는, 복음의 선포와 가르침에 사용된 언어가 각 사람의 유일성과 그 사람이 살고 있는 실제 상황을 진지하게 받아들이는 일대일의 대화 속에서 작동된다. 개별적인 영혼들을 한 범주로 묶어서 공식에 따라 효율적으로 다룰 수 있는 여러 집단 중 하나로 몰아넣어서는 안 된다.

그리스도 안에서 성숙하면서 우리의 독특성은 무뎌지는 것이 아니라 강조된다. 일반적인 지도도 나름대로 유용하지만, 그것은 우리가 심겨져 있는 특정한 사회적·개인적 자리에서 거룩성이 뿌리를 내려가는 동안에 우리가 직면하는 여러 자세한 요인들을 고려하지 않는다. 우리는 요령을 알고 있는 사람, 죄와 위장된 은혜의 미묘함을 아는 사람으로부터 지혜로운 개별적 관심을 받을 필요가 있다. 특히 우리가 드리는 기도에 개인적인 관심을 가져

줄 사람이 필요하다. 왜냐하면 우리의 전 존재, 우리가 믿고 행하는 모든 것이 기도라고 하는 실천을 통해서 일상의 여러 가지 것들 속에 자신의 뜻을 이루어 가시는 성령의 행동으로 변화되기 때문이다. 기도는 우리가 예수님의 이름으로 하는 일이 예수님을 따르는 우리 안에서 성령이 하시는 일로 변화되는 과정 안에 있는 것이다.

영성 지도는 자기 자신을 평범한 그리스도인의 평범한 삶에 의도적으로 그리고 기도하면서 담그는 것이다. 그러나 이 훈련은 평범하거나 가벼운 것이 아니다. 기독교 공동체는 오래 전부터 다른 사람들을 지도할 수 있는 지혜롭고 경험 많은 사람들을 알아보았다. '아버지'(*abba*, '아바') 그리고 '어머니'(*amma*, '아마')가 그런 사람들에 대해 가장 널리 사용된 명칭이다. 이러한 일을 하는 데 필요한 자격이 공식적이지는 않지만, 그래도 그 자격이 퍽 엄격하다는 것에 대해서 교회는 합의를 이루고 있다. 신학 지식은 기본이며, 오랫동안 기도 생활을 해 온 경험이 반드시 있어야 한다.

이렇게 우리는 성령의 언어를 분별하는 일에 경험이 많은 사람을 찾아서 우리와 이따금씩 혹은 정기적으로 만나 줄 것을 부탁한다. 우리의 영성 지도자가 되어 줄 것을 부탁하는 것이다. 이러한 '아버지'와 '어머니'들은 수도원이나 수녀원에서 명상하는 직분을 받은 사람들인 경우가 많다. 어떤 때는 공동체의 피정을 관할하는 사람인 경우도 있고 간혹 회중 가운데 있기도 하다. 이 영성 지도자들은 그리스도의 교회 안에 있는 오랜 전통을 이어가는 사람들이다. 어떤 때는 목사 혹은 신부인 경우도 있으며 평신도인 경우도 있다. 이들은 불명료하게 일어나는 많은 일들에 대해서, 그리고 좀더 공적인 담론인 설교와 가르침의 그늘에서 일어나는 일들에 대해서 선명도를 유지하고 윤곽을 제공해 준다. 그들의 존재로, 때로는 글로, 그들은 가장 가벼운 대화 속에서도 언어가 계시적 성질을 이어가는 방식에 주의를 기울이게 하고 그 방식에 존엄성을 부여해 준다.

공동체에는 이러한 사람들이 더러 필요하다. 우리가 아무런 의미 있는 말을 하고 있지 않다고 생각하면서 사용하는 말들에 주의를 기울이도록 돕기 위해 의도적으로 노력하는 사람들 말이다. 하나님의 나라에서 받아들여질 만하다고 생각하는 일에 동참하고 있음을 전혀 인식하지 못할 때 우리 삶에서 일어나는 그러한 일들에 존엄성을 부여해 줄 깨어 있는 청취자들이 우리에게는 필요하다.[7]

나는 그러한 영성 지도자들의 전략적인 역할을 축소하거나 주변화하지 않으면서, 동시에 그들이 제시하는 모델을 성령이 가장 가벼운 대화에도 숨결을 불어넣으시는 방식들을 인식하지 못하는 평신도 계층에게로, 그리고 자신들이 설교하고 가르칠 때에만 하나님의 말씀을 전한다고 생각하는 목회자 계층에게로 확장시키고 싶다. 공적인 귀와 눈을 벗어나서 일어나는 주변부의 대화는, 사실 성령을 전달하는 언어를 사용하고 그 언어에 주의를 기울이는 법을 배우는 매우 중요한 통로다. 물론 나는 잘 정의되고 엄격한 전통에서 파생된 영성 지도에 관심을 가지고 있기는 하지만, 사실 내가 의도하는 것은 나이 마흔이 되어서 자신이 평생 단조로운 문장으로 말하고 있었다는 사실을 깨닫고는 충격을 받은 어떤 남자의 경우처럼 소박한 종류의 영성 지도다.

그 어떤 그리스도인이라도 할 수 있고 많은 그리스도인이 실제로 하고 있는 일은, 우리가 쓰는 언어의 숨은 의미와 입 밖으로 뱉지 않은 말, 우리가 생각 없이 사용하는 언어를 뒷받침하는 침묵들을 **들으며** 서로가 그것을 **듣도록** 도와주는 것이다. 이러한 대화들은 성령이 일하시는 방식에 민감하게 해주고, 불명료함도 받아들이게 격려해 주고, 아무런 분별 가능한 '지도'가 없는 시기에도 그러한 시기를 지나가고자 하는 의지를 북돋워 준다. 그것을 듣는다면 우리는 신비를 살아내는 데 익숙해지고, 일어나는 모든 일에 각주를 달 수 있는 정보를 요구하지 않게 된다. 물론 우리는 기술을 계발해야 할 필요가 있다. 특히나 모든 사람이 실제로 너무 많이 말하고 거의 듣지 않는 이 미국 사회에서는 더욱 그렇다. 나는 단지 우리가 세례를 받았고, 성령이 숨결을 불어넣으시는 남녀의 무리에 편입되었다는 그 사실 하나만으로도 이러한 일을 할 수 있다고 주장하고 싶을 뿐이다. 육신이 되신 말씀을 듣고 거기에 응답하는 남자와 여자들의 대화 가운데서 성령이 예수님의 말씀을 생각나게 해주실 때(요 14:26) 우리는 그렇게 할 수 있다.

이러한 교회 전통을 구현하는 학식 있고 훈련받은 사람들과의 구분이 흐려지는 것을 피하기 위해서, 사마리아의 길 위에서 나누는 대화에 대해서는 '영성 지도'라는 용어를 사용하지 않을 것이다. 그러나 광야에서 모세가 엘닷과 메닷에 대해서 한 말(민 11:29)을 응용해서 말하자면, "나는 모든 주의 백성이 영성 지도자가 되기를 바란다."

실로의 지성소에서 눈이 거의 다 먼 제사장 엘리와 어린 사무엘 사이에 오간 예정에 없던 대화는 그와 같은 미리 생각해 내지 않은 대화의 고전적인 예다. 때는 밤이었고 사무엘은 잠자리에 들어 있었다. 그는 "사무엘아! 사무엘아!" 하고 자신의 이름을 부르는 목소리를 들었다. 그 지성소에 있는 다른 사람이라고는 제사장 엘리밖에 없었기 때문에 사무엘은 자연스럽게 그가 자신을 부른다고 생각했다. 그는 잠자리에서 벌떡 일어나 그에게로 달려갔다. "나를 부르시기에 왔어요." 제사장은 자신은 부르지 않았다며 다시 가서 자라고 했다. 이와 똑같은 대화가 세 번이나 일어났다. 세 번째가 되자 제사장은 주님이 사무엘을 부르신다는 것을 분별하고는, 사무엘에게 다시 그런 일이 일어나거든 "주님, 말씀하세요. 당신의 종이 듣고 있습니다"라고 기도하라고 알려 주었다. 실제로 그 일은 다시 일어났고, 사무엘은 지시받은 대로 "주님, 말씀하세요. 당신의 종이 듣고 있습니다"라고 말했다. 그렇게 예언자가 탄생했다.

무능한 목사에 불과했던 엘리는 사무엘이 제사장의 목소리라고 생각한 것에서 하나님의 음성을 밝혀낼 수 있었고 사무엘을 기도의 삶으로 다시 이끌어 주었다. 그리고 그 기도의 삶을 통해서 사무엘은 하나님의 예언자로 형성되었다(삼상 3:1-18).

이야기 언어(story-language)가 간접적으로 계시적 작용을 하는 방식을 일깨워 주는 또 하나의 비공식적인 성경적 대화(설교나 가르침이 아니라)가 갈라디아 교인들에게 쓴 바울의 편지에 나와 있다. 바울은 자신의 회심과 기독교 공동체에 통합되고자 성실하게 애써 온 긴 세월(17년!)에 대해서 증언하고 있었다. 그 일을 이야기하면서 그는 예루살렘을 15일 간 방문하는 동안에 베드로(게바)와 나누었던 대화를 언급하고 있다. 여기에서 그 대화를 설명하기 위해서 사용하는 헬라어는 '히스토레오'(*historeō*)다. 이 단어는 민족이나 국민의 '역사'를 일컫는 단어가 되었지만, 바울이 그것을 사용할 당시에는 좀더 비공식적이고 개인적인 의미를 가지고 있었다. 즉 '주고받는 이야기'처럼 좀더 가벼운 의미였다. 독일인 학자인 프리드리히 뷔셀(Friedrich Büchsel)은 "상대방을 알아 가는 잡담"이라는 의미를 제안한다.[8] 그들은 설교하는 것도 가르치는 것도 아니었고 그냥 서로를 알아 가고 있었다. 그들은 서로에게 각자의 이야기를 들려주면서 하나님이 기독교 공동체 안에서 이방인들을 위한 사도로 바울을 부르시고 그 소명을 위해서 그를 준비시키고 훈련시키신 방식들을 대화 중에 발견해 나갔다. 베드로와 바울이 마당으로 나와 시원한 음료를 마시면서 올리브 나무 밑에 앉아 서로 이야기를 주거니 받거니 하며 서로를 알아 가는 모습을 우리는 쉽게 상상할 수 있다. 바울이 다메섹 도상에서 예수님을 만났고 이어서 사흘 간 눈이 멀었던 일을 이야기하자, 베드로는 가이사랴 빌립보에서 신앙고백을 한 지 얼마 되지 않아 "사탄아 내 뒤로 물러가라"는 예수님의 거센 꾸지람을 들은 이야기를 들려준다. 바울이 동료 박해자들이 스데반을 돌로 쳐서 죽이는 동안에 그들의 겉옷을 들고 있었을 때의 느낌이 어땠는지를 이야기하자 베드로는 가야바의 정원에서 자신이 예수님을 부인했던 그 치욕의 밤에 대해서 이야기한다. 그렇게 이야기는 계속되고, 예수님 안에 있는 형제로서 서로를 알아 가며 15일 간 이야기를 주고받았다. 그들은 서로에게 각자의 연약한 마음을 열면서 성령의 친밀함을 발견했을 것이다.

그러나 이와 같은 방식으로 언어를 사용한 대표적인 예는 이야기를 들려주신 예수님이다. 예수님의 비유는 명백한 내용으로 보자면 대부분 비종교적이었다. 예수님의 비유는 일상적인 삶에서 나오는 친숙한 언어를 사용하고 있고 언제나 특정한 상황에 의해서 유발되었다. 그 비유들은 즉흥적이고, 자연스럽고, 미리 계획되지 않은 특징을 가지고 있다.

예수님은 비유를 많이 사용하셨다. 설교하거나 가르치지 않으실 때는 비유로 말씀하셨다. 예수님이 언어를 사용하신 특징적인 방법은 이야기를 들려주는 것이었다. "예수께서 비유로 여러 가지를 그들에게 말씀하여 이르시되"(마 13:3). 예수님이 이야기를 들려주시면 우리는 하나님이 들려주시는 이야기를 듣게 된다. 그러면 거의 불가피하게 우리 자신이 그 이야기 속에 있음을 발견하게 된다. 이야기를 들려주시는 예수님은, 우리가 폭넓은 의미에서 영성 지도라고 인식하는 방식들로 언어를 사용하시는 예수님이다.

:: 세베대의 형제들

이 여행 내러티브의 대화식 이야기 속으로 들어가는 긴 여록 앞에 나오는 한 사건이 우리의 이목을 사로잡는다. 세베대 형제들, 야고보와 요한이 등장하는 사건이다.

예수님이 이제 예루살렘으로 갈 때가 되었다고 결정하셨을 때 한 가지 어려움이 따랐다. 예루살렘으로 가려면 사마리아를 통과해서 가야 했는데, 사마리아인들은 유대인에 대해서 다소 강한 부정적 견해를 가지고 있었다. 물론 유대인들도 사마리아인들에 대해서 마찬가지의 태도를 가지고 있었다. 그 두 민족 사이의 인종적, 종교적 편견은 오래 된 것이었다. 따라서 예수님이 잠자리를 알아보기 위해서 몇몇 동료들을 앞서 사마리아로 보냈을 때, 그들은 사마리아인들로부터 거절을 당했고 돌아와서 잠자리와 식사 문제를 해결할 수 없었다고 보고했다. 그들은 환영받지 못했다(눅 9:51-53).

세배대 형제들인 야고보와 요한은 화가 머리끝까지 났다. '우레의 아들들'(*Boanerges*)이라는 별명을 가진 이들은 그냥 앉아서 당하고만 있지 않았다. 그들은 성질 급한 다혈질이었다. 그들은 사마리아인들의 냉대에 화가 나서 하늘로부터 불을 불러내어 이 무례한 사마리아인들을 불태워 버리고 싶어했다. 그러한 폭력적인 성급한 행동은 성경에서도 전례가 있었다. 디셉 사람 엘리야가 바로 그러한 일을 하지 않았던가. 그는 8백 년 전에 하늘에서 불을 불러내어 바로 이 사마리아 지역 위에 떨어지게 했었다(왕하 1:10-12). 불과 며칠 전 다볼 산의 변모 사건에서 이 우레의 형제들은 예수님이 엘리야와 대화를 하시는 것도 보지 않았던가. 이제 그들은 엘리야로부터 인정받은 사명을 가지고 사마리아에 있는 것이니 이 오랜 사마리아 문제를 해결하기 위해서 옛날의 그 엘리야 불을 사용하지 못할 이유가 무엇이겠는가.

그러나 예수님은 "그러지 말라"고 하셨다. 예수님의 꾸지람은 단호하고 타협의 여지가 없었다. 제자로서 반대파를 없애는 것은 그들의 임무가 아니었다. 그리스도를 따르는 자들은 우리 편이 아니라고 해서 물리적 폭력으로든 언어적 폭력으로든 그들을 때려눕히지 않는다.

몇 년 전에 나는 내가 잘 아는 길을 운전해서 가고 있었다. 그때 마침 나는 불도저가 길 옆에 있는 집 하나를 무너뜨리는 것을 볼 수 있었다. 그 노란 기계가 그 집을 불쏘시개로 만드는 데는 불과 20초밖에 걸리지 않았다. 그 집은 그 지역 공동체에서 내가 목사로 일했던 스물여섯 해 동안 내게 좋은 감상거리가 되었던 집이었다. 작지만 잘 보존된 그 집에는 마찬가지로 잘 보존된 큰 정원이 딸려 있었는데, 헌신적으로 잘 심고 가꾼 정원이었다. 옥수수와 비트와 당근이 일렬로 나란히 심겨 있었고, 언제나 잡초가 깨끗하게 제거되어 있었다. 그리고 한여름이 되면(바로 그 날이 그런 날이었는데) 언제든 따서 조리해서 먹을 수 있는 음식들이 풍성하게 자라 있었다. 그러나 최근에 어느 개발 회사가 쇼핑몰을 짓기 위해서 그 지대를 구입했다. 집과 정원이라는 것이 쇼핑몰로서는 불쾌했을 것이다. 그런데 손쉬운 기술적 해결책이 있었으니, 바로 불도저다. 집과 정원의 살아 있는 아름다움은 추한 쇼핑몰과 아스팔트와의 경쟁에서 아무런 현금 가치가 없었으므로 불도저를 보내서 제거해 버렸다. 당시 그 광경을 보면서 '세베대 형제들이 또 나섰군' 하고 생각하던 기억이 난다.

예수님의 무리가 하나님 나라를 결정적으로 세우기 위해서 예루살렘으로 가는 길에 사마리아인들로부터 불쾌한 냉대를 받았을 때, 세베대 형제들에게는 그들을 싹 쓸어 버릴 수 있는 기술적인 수단이 있었다(혹은 있다고 자신들은 생각했다). 불도저가 아니라 그것만큼 효과적이면서 영적으로는 더 우월한 엘리야의 불이라고 하는 기술이었다.

그러한 일에 대한 예수님의 무조건적인 꾸지람은 안중에도 없는 듯, 놀랄 만큼 많은 그리스도인들이 오늘날도 계속해서 세베대 형제들과 노선을 같이한다. 예수님을 따르며 열정에 가득 찬 그들은 방해하는 세력을 참지 못한다. 그래서 폭력이 뒤따른다. 그들은 가족에게, 교회 안에서, 친구들에게 그렇게 한다. 수백 년의 역사 동안 그러한 사람들은 유대인과 무슬림들을 죽였고, 공산주의자와 마녀와 이교도들을 죽였으며, 미국 원주민들을 죽였다. 대부분의 폭력은, 어쩌면 모든 폭력은, 언어에서 시작된다. 예수님은 그렇게 될 수 있다고 경고하셨다. "옛 사람에게 말한 바, 살인하지 말라 누구든지 살인하면 심판을 받게 되리라 하였다는 것을 너희가 들었으나, 나는 너희에게 이르노니 형제에게 노하는 자마다 심판을 받게 되고 형제를 대하여 라가라 하는 자는 공회에 잡혀가게 되고 미련한 놈이라 하는 자는 지옥 불에 들어가게 되리라"(마 5:21-22).

따라서 예외 없이 우리 모두가 예수님의 언어를 철저하게 교육받아야 할 필요가 있다. 예수님이 자신을 따르는 사람들과 이야기하셨던 방식뿐 아니라 사마리아를 여행하시면서 만난 사람들과 이야기하셨던 방식을 배워야 한다. 하늘로부터 불을 불러서 뻔뻔한 사마리아인들을 죽여 버리고자 했던 세베대 형제들의 사건으로 시작된 여행은, 며칠 후 로마인들이 사회 질서를 교란시킨 죄로 예수님을 죽였을 때 끝이 났다. 폭력의 위협으로 시작해서 폭력의 성취로 끝이 났다. 그러나 그 두 사건 사이에는 넌지시 언급하며 친절하게 듣는 언어, 참여를 청하는 언어, 너무 많은 말을 하지 않고 신비를 위한 여백을 남겨 두는 언어가 있다. 이야기가 있다.

뒤이어 나오는 제1부의 내용에서 내가 하고자 하는 것은 누가가 여행 내러티브에 배치해 놓고 있는, 누가만이 기록으로 남긴 열 개의 비유들을 차례로 살펴보는 것이다. 나는 이와 같이 이야기를 들려주는 방식의 언어, 예수님 특유의 언어 즉 비유를 손쉽게 사용할 수 있도록 다시 회복해서, 예수님에 대해서 그리고 예수님의 언어에 대해서 참으로 무관심한 이 현대 사회라는 사마리아를 지나가는 우리 자신의 여행에서도 사용하게 하고 싶다.

2
이웃
••• 누가복음 10:25-37

사마리아를 통과해 가는 길에 예수님이 들려주시는 첫 번째 이야기는, 적절하게도 사마리아인을 그리고 있다. 그러나 누가는 그 이야기를 들려주기 전에 갈릴리와 예루살렘을 연결해 주는 그 사마리아 길에서 일어난 두 가지 사건을 전해 준다.

한 남자가 예수님께 "어디에 가시든지 나는 당신을 따르겠습니다"라고 말한다. 예수님은 그에게 우리가 최고급 호텔에 묵으며 다니지는 않을 것이라고 말해 준다. 그 남자는 그 사실을 미처 생각하지 못했던 것으로 보인다. 그 후로 우리는 그 남자의 소식을 듣지 못한다. 그 후 예수님은 두 번째 남자에게 "나를 따르라"고 말씀하신다. 이 남자는 예수님을 따르는 데 동의하지만 조건을 제시한다. 먼저 해결해야 할 중요한 일이 있다는 것이다. 예수님은 그를 보내 버리신다. 예수님을 따르는 일은 우리가 하고 싶은 일을 먼저 하고 난 후로 미룰 수 있는 일이 아니다. 그러자 세 번째 남자가 나서서 자신은 예수님을 따를 준비가 되어 있는데, 아직은 그 때가 아니라고 말한다. 이 때 예수님이 하신 말씀은 사실상 "할 수 없지. 지금이 유일한 기회인데"라는 뜻이다. 결국 그 남자도 준비가 되어 있지 않았던 것이다.

예수님은 사마리아를 지나 예루살렘으로 가는 길이 채 시작되기도 전에 벌써 세 명의 추종자들을 선택하셨다. 그러나 그들은 열 발자국도 못 가서 한 사람씩 떨어져 나갔다.

이제 우리는 알게 된다. 예수님을 따르는 일은 우리가 제시하는 조건대로 이루어지는 일이 아니라 우리가 그분의 조건을 따르는 일임을 말이다. 이 여행 내러티브가 출발부터 조짐이 좋지 않다. 세 명의 잠재적 추종자들이 있었는데 한 사람씩 떨어져 나갔다(눅 9:57-62).

이 세 명의 탈락자들은 그들과 대조되는 그룹으로 대체된다. 이 그룹의 특징은 즉각적이고 순종적인 반응을 했다는 것이다(눅 10:1-24). 예수님은 72명의 사람들을 지명하셔서, 사마리아를 통과해 가시는 예수님의 길을 예비하기 위한 선봉대로 두 명씩 짝을 지어 보내신다. 그들이 해야 할 선한 일이 있다(예수님은 풍성한 수확에 대해 말씀하셨다). 그리고 그들은 그 선한 일을 시작할 준비가 되어 있다. 그러나 그 일이 선하다고 해서 그 조건에 대해서 순진하게 생각해서는 안 된다. 열렬한 환영을 받으리라고 기대해서는 안 된다. 예수님은 '늑대들'에 대해서 경고하신다. 그리고 간소하게 할 것을 권하신다. 사치스런 전략은 필요 없다. 매사에 단순하고, 직접적이고, 예의 바르고, 인격적일 것을 권하신다. 반대 당할 것을 예상해야 한다. '하나님 나라' 이야기를 하며 이 땅을 침입해서 지나가는 외국인들에 대해서 모든 사람이 열성적인 관심을 보이지는 않을 것이다.

예수님은 '가까이 온' 하나님 나라의 복음을 거절하는 남자와 여자들에 대한 엄숙한 질책으로 그 72명에 대한 지시를 마치신다. '가까이 온' 하나님 나라의 복음을 거절하는 남자와 여자들에 대해서 맹렬한 비난의 심판 메시지를 전하시고는 그들을 보내신다. 회개하기를 거부하면 심각한 결과가 따른다. 그러나 예수님이 구체적인 지명을 인용하며 말씀하실 때 그 도시들이 사마리아의 도시들이 아니라 갈릴리의 도시들(고라신, 벳세다, 그리고 가버나움)이라는 것이 참으로 의미심장하다. 이 세 개의 작은 도시는 예수님이 제자들을 부르시고 가르치신 삼 년이라는 시간의 대부분을 보내신 '복음의 삼각지대'다.

회개하지 않는 자들의 핵심 지역으로 자신을 따르는 추종자들의 고향인 갈릴리의 도시들을 거명하심으로써 예수님은 사마리아인이라고 하면 무조건 전형적으로 '나쁜 사람들'로 몰아 버리는 태도에 간접적으로 반대하셨다. "적대적인 반응을 예상하라.

그러나 '가까이 오신' 하나님에 대한 냉대가 사마리아적인 것이라고 생각하지는 말라. 두고 온 고향에 있는 너희 가족들 그리고 이웃들도 다 마찬가지다. 개운치 않은 마음으로 이 사람들을 대하지 말라. 이 사람들이나 너희가 함께 자란 유대인들이나 다 마찬가지로 너희들의 증언을 받아들이거나 거절하거나 할 것이다." 예수님은 예상되는 적대감을 가볍게 생각하지 않으시지만, 그 적대감을 개인적인 무례함으로 받아들이지도 않으신다.

그리고 그들은 출발했다. 사명을 마치고 하나 둘 몰려 돌아온 그들의 보고는 한마디로 '기쁨'으로 넘쳐났다. 모든 일이 잘 되었다. 72명이 행하고 설교하고 가르친 예수님의 사역과 예수님의 말씀이 가져온 결과는 예수님의 능력으로 충만했다. 그 72명은 사마리아인들에게 일어난 일들을 보고 완전히 충격을 받았다. "기쁨에 크게 놀랐다." 이는 정말 머리가 아찔해질 정도로 대단한 일이다. 예수님은 그들이 충분히 흥분할 만하다고 인정하신다. 그분은 "사탄이 하늘로부터 번개같이 떨어지는 것"을 보았다고 말씀하시고 그들과 함께 "성령으로" 기뻐하시고, "천지의 주재이신 아버지"께 이와 같은 수확에 대해서 감사드린다. 예수님의 인정의 말씀을 강화하는 동사 '기뻐하다'(*agalliaō*)는 춤을 추고 재주를 넘을 때 나타나는 넘치는 흥겨움을 전달해 준다. 게다가 사마리아에서 그러한 일이 일어난 것이다!

그러나 예수님은 또한 경고의 말씀도 하신다. "귀신들이 너희에게 항복하는 것으로 기뻐하지 말고, 너희 이름이 하늘에 기록된 것으로 기뻐하라"(눅 10:20). 주변에서 일어나는 일들을 보면서 지나치게 흥분한 나머지, 이와 같은 일이 시작되는 근원인 하늘에 기록된 우리의 정체성을 간과할 위험이 있다. 우리가 무엇을 하느냐가 아니라, '하늘'에서 우리가 누구인가 하는 것이 그 기쁨의 닻이 된다.

예수님의 일과 말에 참여할 때 우리가 누리는 큰 즐거움이 있다. 그러나 그 기쁨에는 이와 같은 경고의 문장이 박혀 있다.

세 명의 탈락자와 흥겨워하는 전사 72명이 예수님 앞에서 보인 서로 대조되는 개인적 반응이 이처럼 나란히 제시됨으로써, 우리는 사마리아를 지나갈 때 우리가 예상할 수 있는 일들에 대한 실제적인 안내를 받게 된다. 그 곳에는 실망스러운 변절, 분명하게 표현된 가르침, '늑대들', 예수님의 일에 적극적으로 참여함, 큰 기쁨, 훈련된 낙관주의 등이 있을 것이다.

바로 그 때 한 종교 학자가 일어나서 예수님을 시험할 질문을 던졌다.

"선생님, 내가 무엇을 해야 영원한 생명을 얻을 수 있습니까?"

예수님이 대답하셨다. "하나님의 율법에 무엇이라고 쓰여 있습니까? 당신은 그것을 어떻게 해석합니까?"

그는 말했다. "주 너의 하나님을 네 모든 열정과 기도와 힘과 지성을 다해서 사랑하고, 네 자신을 사랑하는 것만큼이나 네 이웃을 사랑하라고 기록되어 있습니다."

"좋은 대답입니다! 그렇게 하면 살 것입니다." 예수님이 말씀하셨다. 빠져나갈 구멍을 찾기 위해서 그는 물었다. "그렇다면 선생님은 '이웃'을 어떻게 정의하시겠습니까?"

이 질문에 대한 예수님의 대답이 여행 내러티브에 나오는 첫 번째 비유다.

예수님은 이야기를 들려주시는 것으로 대답하셨다. "예루살렘에서 여리고로 여행하는 사람이 있었습니다. 가는 길에 그는 강도들로부터 습격을 당했습니다. 강도들은 그의 옷을 빼앗고 두들겨 패고, 절반은 죽은 상태로 내버려두고 떠났지요. 다행히도 한 제사장이 같은 길을 지나가고 있었지만, 쓰러져 있는 그 사람을 보자 방향을 틀어서 길 반대편으로 건너갔습니다. 그 다음에는 경건한 레위 사람이 등장했지만, 그도 마찬가지로 다친 사람을 외면했지요. 마침 그 길을 여행하던 한 사마리아인이 그에게로 다가갔습니다. 그 사람의 상태를 본 사마리아인은 측은한 마음이 들어 상처를 소독하고 감싸 매어 응급 처치를 해주었지요. 그리고 그를 자기 당나귀 위에다 태우고는 여관으로 데리고 가서 편안하게 묵을 수 있게 해주었습니다. 다음 날 아침에 그는 은화 두 개를 꺼내서 여관 주인에게 주면서 말했습니다. '이 사람을 잘 돌봐 주시오. 돈이 더 들면 내 앞으로 달아 놓으시오. 내가 돌아오는 길에 갚겠소.'

어떻게 생각합니까? 강도들의 습격을 받은 사람에게 이웃이 되어 준 사람은 그 세 사람 중에서 누구입니까?"

"그 사람을 친절하게 대해 준 사람입니다." 종교 학자가 대답했다.

예수님이 말씀하셨다. "가서 똑같이 하십시오"(눅 10:25-37, 「메시지」).

이 이야기는 이름은 알려지지 않고 오로지 직업만 알 수 있는 어떤 사람과의 대화로부터 촉발되었다. 그는 법률학자, '노미코스'(nomikos, '율법 선생'이라는 의미의 헬라어-역주)였다. 그가 전문적으로 다루는 법률은 세속법이 아니라 하나님의 법, 모세의 법 즉 토라였다. 우리의 입장에서 더 정확한 명칭은 '종교학 교수' 혹은 '성경학자'일 것이다. 하나님의 율법을 변호하고 해석하는 이 법률가의 일은 1세기에 존경받는 일이었고 책임이 무거운 일이었다. 그 때나 지금이나 자신의 일에 신적인 권위를 부여하고자 하는 사람은 누구나 성경을 인용하고 오용했다. 법률가들, 이 성경학자들은 다른 무엇보다도 종교적인 미치광이 짓이나 속임수가 일어날 가능성에 대해서 자신들의 공동체를 경계시키는 책임을 지고 있었다. 하나님의 이름으로 속이고 미혹하는 사람들 중에는 종교 지도자들이 많다. 이러한 일들에 대해서는 지나친 조심이란 있을 수 없다.

이 성경학자는 자신의 일을 아주 진중하게 받아들이는 사람이었기에 성경의 권위에 비춰 예수님을 시험했다. 이 시험에 적대적인 내용이 있었다고 가정할 이유는 하나도 없다. 시험이라는 뜻의 '에크페이라드조'(*ekpeiradzō*)는 함정에 빠뜨린다는 의미 없이 그저 "진정성을 시험하다"라는 의미의 단순한 시험을 의미할 수 있다.

이 이야기는 예수님을 따르는 한 무리의 사람들이 있는 가운데서 들려주신 것이다. 아마도 많은 이들이 그저 호기심에 예수님을 따라가고 있었을 것이다. 이제 막 돌아온 72명은, 유대인들 사이에서는 이교도의 땅으로 알려진 사마리아 지대에서 특이하게도 성공적인 임무를 수행하고 돌아온 터였다. 사람들은 쉽게 속는다. 하나님의 이름으로 사람들(특히 사마리아인들?)을 속이기란 쉬운 일이다. 그래서 특히 종교와 성경의 문제에 대해서 지식이 있고 분별할 줄 아는 사람들을 주변에 두는 것이 중요하다. 그 사실이 정말로 **진실**인지를 확인하는 책임을 지고 있는 유대인 성경학자가 우연히도 72명이 기뻐하며 돌아온 그 날 거기에 있었다. 자신이 받은 훈련과 습관 때문에 그는 질문할 수밖에 없었다. "이게 진짜인가?"

그는 중요한 일을 하고 있었다. 시험을 거치지 않은 메시아를 원하는 사람은 아무도 없다. 그러기에는 위험 부담이 너무 크다. 사기로 판명될 수 있는 일에 자신의 인생을 걸고 싶지 않다. 이 세상에는 상당히 많은 종교적인 사기가 일어나고 있다는 것을 우리는 경험으로 안다. 우리가 메시아로 따를 자는 안팎으로 시험해 보고, 조사해 보고, 반대 심문도 해 보아야 한다고 생각한다. 그래서 그 법률가는 앞으로 나서서 "예수님을 시험했다."

예수님이 시험을 받으신 것이 이번이 처음도 그리고 마지막도 아니었다. 누가는 우리에게 예수님이 자신의 공적 사역을 시작하기 직전에 광야에서 마귀의 시험을 받았다고 말해 준다. 이 시험은 포괄적이고 엄격했다. 그리고 적대적이었다. 마귀의 시험은 매혹적인 유혹이었다. 마귀는 군중을 만족시켜 주는 매력적인 유명 인사 메시아가 되라고 예수님을 유혹했다. 예수님은 그 시험을 받아들이셨고, 마귀의 제안을 거절하셨다. 마태와 마가가 누가보다 앞서서 이 시험에 대해 기록했다. 예수님은 또한 자신의 공적 사역이 거의 끝날 무렵에 겟세마네 동산에서 시험을 받으셨다. 이 시험은 첫 번째 시험보다 더 포괄적이고 엄격했다. 궁극적인 시험이었다. 예수님은 십자가로 가서 이 세상의 구원을 위해서 자신의 목숨을 희생하실 것인가? 이 시험은 고통스러운 것이었지만 예수님은 이 시험도 받아들이셨다. 마태와 마가도 이 시험에 대해서 기록하고 있다.

최후의 만찬에서 예수님은 오로지 제자들에게 누가만이 기록하고 있는 말씀을 하셨다. "너희는 나의 모든 시험 중에 항상 나와 함께한 자들인즉"(눅 22:28).[1] 여기에서 '시험'이라는 말이 나의 주의를 끈다. 처음에 광야에서 받았던 적대적인 시험과 마지막에 겟세마네에서 받았던 고통스런 시험 외에도 예수님은 다른 시험도 받으셨던 것 같다. 그러한 다른 시험들 중에는 오직 누가만이 보고하고 있는 이 시험, 사마리아를 지나가던 초기에 성경 학자가 준 시험이 있었다. 이 시험이 진행되면서 우리는 예수님이 언어를 사용하신 방식과 관련해서 무언가 의미심장한 것이 있음을 보게 된다. 선포하는 것도, 해석하는 것도 아닌, 대화하는 언어다. 정중하게 서로 주고받는 말이다. 대결하려 들지도 않고 가르치려 들지도 않는다. 참여를 청하는, 그리하여 참여를 이끌어내는 대화다.

이 대화는 다섯 개의 단편으로 이루어져 있다.

단편1. 성경학자가 시험 질문을 던진다. "영원한 생명을 얻으려면 내가 무엇을 해야 합니까?" 아마도 이것은 그의 표준적인 시험 질문인지도 모른다. 모든 낯선 종교 선생에게 던지는 그러한 질문 말이다. 나쁜 질문은 아니다. 누구나 그저 동물적인 생존 이상의 인생을 살고 싶어하고, 그와 같은 "—이상의 인생"에서 우리의 인격과 가치가 나타난다. 우리가 그러한 "—이상의 인생"을 사는 방식은 우리의 지혜와 동기와 선함에 대해서 많은 것을 말해 준다.

그리고 질문을 일인칭 시점으로 제시하는 것은 재치 있는 방법이다. 성경학자는 자신의 질문을 조언을 구하는 것처럼 위장한다. 그는 이러한 일을 한두 번 해 본 사람이 아니다. 그는 충고를 구하는 것처럼 가장하면 자신이 조사하고 있는 상대방이 경계를 풀고 방어막을 거두고 불안해하지 않는다는 것을 안다. 몰아붙이듯이 질문을 던지면 개인적인 조언을 구하는 것보다 훨씬 못한 성과를 얻을 것이다. 우리 모두는 조언해 달라는 요청을 잘 뿌리치지 못한다. 질문의 내용과는 별개로 내가 질문을 받는다는 것은 대개 나에 대한 존중을 나타낸다. 어떠한 종류든 지도를 요청하는 사람은 자신이 요청한 것보다 훨씬 더 많은 말을 듣게 된다.

그렇다, 이 성경학자는 전에도 이러한 일을 한 적이 있을 것이다. 그는 자신이 하는 일을 잘 알고 있고 자신의 기법도 완성시켰다. 그리고 아마도 집에는 자신의 질문에 대해서 받은 답변들로 가득한 공책이 있을 것이다.

하지만 그는 예수님의 상대가 못 되었다. 예수님은 그의 질문에 다시 질문으로 대답하신다. "하나님의 율법에는 무엇이라고 기록되어 있습니까? 당신은 그것을 어떻게 해석하십니까?"(나는 언젠가 유대인 소설가이자 영성 작가인 엘리 비젤을 인터뷰하는 것을 본 적이 있다. 인터뷰하는 사람이 "유대인들은 종종 또 다른 질문으로 질문에 대답하는 것 같습니다. 왜 그렇게 합니까?"라고 묻자 엘리 비젤은 이렇게 대답했다. "그렇게 안 할 이유가 있습니까?")

이제 판이 바뀌었다. 이것은 더 이상 객관적인 조사가 아니다. 알맞은 네모 칸에 답을 표시할 수 있는 사지선다형 질문이 아니다. 관계가 시작된 것이다. 대화가 시작되었다. 더 이상 우월한 질문자와 열등한 답변자가 아니다. 대화는 협력 관계를 발전시킨다. 이 성경학자가 약간은 거만하게 사무적이고 옳고 그름을 따지는 투로 이 대화를 시작했다면, 그러한 것이 갑자기 사라졌다. 판도가 바뀌었다. 예수님의 질문이 두 사람을 대등하게 만들었다.

단편2. 성경학자는 모세의 율법을 고전적인 형식으로 요약하는 것으로 예수님의 질문에 대답한다. 하나님을 사랑하고 네 이웃을 사랑하라. 신명기와 레위기를 섞어 놓은 말이다. 독창적인 답변은 아니지만 정확하다. 예수님은 그에게 좋은 점수를 주신다. "좋은 대답입니다! 그렇게 하면 살 것입니다."

이 단편에서 가장 눈에 띄는 특징은 학자와 예수님의 위치가 바뀌었다는 것이다. 예수님을 시험하는 과정에서 이 성경학자는 더 이상 자신이 시험을 주도하는 것이 아니라 자신이 개인적으로 시험을 받고 있음을 알게 된다. 예수님을 시험하다가 자기 자신이 예수님께 시험을 받게 되었다. 조사자가 피조사자가 된 것이다. 예수님의 정통성을 시험하려 했던 이 성경학자는 자기 자신의 정통성을 시험받게 되었다. 이것은 공개된 자리에서 시행된 구두시험이다. 어쩌면 길거리에서 혹은 마을 광장에서 행해졌는지도 모른다. 시험 결과는 고무적이다. 그는 통과했다. 사실, 예수님과 성경학자 두 사람 모두 통과했다. 그들은 이제 대등한 입장에 있다. 두 사람 모두 정통성을 인증받았고, 하나님의 길을 가르칠 자격이 있다.

단편3. 이제 두 사람 모두 서로의 정통성을 확인했으니 마음을 좀 누그러뜨리고 예수님과 교제할 수도 있겠다는 우리의 예상과는 달리, 이 학자는 또 하나의 질문을 던진다. "그렇다면 선생님은 '이웃'을 어떻게 정의하시겠습니까?"

누가는 이 학자의 질문에는 동기가 있음을 보여 주고 있다. "자기를 옳게 보이려고." 이 학자는 심기가 불편하다. 그는 "빠져나갈 구멍"을 찾고 있다. 우리가 스스로를 정당화하고픈 생각이 들 때는 자신이 완전히 옳지는 않다는 사실을 감지할 때뿐이다. 어쩌면 인생은 정통성만으로는 되지 않는지도 모른다. 자기 정당화는, 실체는 전혀 건드리지 않으면서 겉모습만 올바로 보이도록 해주는 언어적 장치다. 우리가 다른 사람에게 비판받는다는 생각이 들면 우리는 얼른 일어나서 방어하거나 변명한다. 대부분의 사람들이 이렇게 한다. 우리는 나쁘거나 부족하거나 어리석은 사람으로 인식되기를 좋아하지 않는다. 스스로를 방어하는 표준적인 전략은 상대방을 공격해서 그 사람을 방어하는 위치에 놓는 것이다. 즉 나 자신의 약점이나 잘못에 초점이 맞춰지지 않도록 상대방에게로 관심을 돌리는 것이다.

이 학자가 피하고 싶어하는 자신의 약점이나 잘못, 자신에게 초점이 맞춰지지 않았으면 하는 부분은 무엇인가? 그의 지식이나 사고 과정에는 아무런 문제가 없었다. 그는 토라를 속속들이 잘 알았고 정확하게 인용할 줄 알았다. 그의 전문적인 능력에는 아무런 문제가 없었다. 우리는 그가 상당히 기술적으로 예수님을 조사하는 자신의 임무를 수행했음을 보았다. 그가 생각도 잘하고 일도 잘한다면, 남은 것은 무엇인가? 글쎄, 혹시 그의 사람됨, 그가 사는 방식, 그가 사랑하는 방식이 아닐까? 어쩌면 그가 자신이 고통을 받을 수도 있는 관계 속으로 들어가 스스로의 연약함을 드러내기를 꺼려하는 것과 연관이 있는지도 모른다(사실 모든 관계에는 고통이 따른다). 인간적인 모든 것을 시험대에 올려 놓는 사랑의 요구에 응하기를 꺼려했는지도 모른다. 어쩌면 동료 인간 및 하나님과의 **관계**가 가지는 불확실성과 연약함에 자신을 노출시키기를 거절하는 사람인지도 모른다. 특히나 인격적 관계의 최고봉인 사랑의 관계를 거절했는지도 모른다. 어쩌면 그는 자신이 모든 것을 엄격하게 통제하기를 원하는지도 모른다. 어쩌면 그의 심장이 뛰고 있지 않은지도 모른다.

이 학자는 확신에 차서 이 대화를 시작했다. 자신이 주도권을 쥐고 있다. 자신이 성경의 진리를 지키는 수호자다. 그는 예수님이 제자들을 가르치고 지도할 자질을 갖추었는지를 판단해 보고자 한다. 이 시험은 간단하게 통과했다거나 떨어졌다는 판정으로 끝날 수도 있었고, 혹은 논쟁으로 발전할 수도 있었다. 구경꾼들을 배심원으로 하는 신학적인 토론이 될 수도 있었다.

그러나 실제로 일어난 일은 그 학자가 예상했던 일이 아니었다. 자기 자신이 조사를 받게 되는 이러한 익숙하지 않은 위치에 서게 된 그는 깜짝 놀라서 질문을 하나 더 던짐으로써 자신이 주도권을 쥐고 있던 원래의 위치로 돌아가고자 한다. 그는 예수님과 대등한 위치에 있기가 불편하다. 그는 예수님을 지배하고 싶어한다. 그는 상호적인 인격적 관계를 맺는 것에 익숙하지 않다. 그는 비인격적으로 통제하고 싶어한다.

그래서 그는 예수님을 방어적인 자리에 놓을 만한 질문을 하나 더 던짐으로써 이 대화의 주도권을 회복해 보려 한다. "그러면 내 이웃이 누구니이까?" 이 질문을 던지는 순간에도 그는 분명히 스스로를 칭찬하고 있었을 것이다. "잘 만회했다!" '이웃'은 실제적으로 정의하기가 참으로 어려운 범주의 단어다. 만약에 그 학자가 "그렇다면 하나님은 누구입니까?"라고 물었다면 그와 예수님은 몇 개의 성경 구절을 인용해서 서로 주고받고는 그것으로 끝이 났을 것이다. 그것은 대등한 사람들 사이의 토론이 되었을 것이다. 그러나 그는 자신이 점한 우월한 위치를 회복하고 싶어 한다. 그래서 그는 계시된 하나님에 대한 정의를 요구하기보다는, 정의하기가 모호한 '이웃'이라는 단어를 제시한다. 이웃이라는 단어를 정의하는 일은 하루 전체를 잡아먹을 수 있는 토론거리였다. 그러다 보면 곁에서 지켜보던 구경꾼들은 슬슬 배가 고파져서 하나둘씩 자리를 뜨고 저녁을 먹으러 집으로 갈 것이다.

이 성경학자는 종교적인 일에서는 베테랑이었다. 그는 사람이 종교적인 질문 뒤에 아주 오랫동안 숨어 있을 수 있음을, 어쩌면 평생 숨어 있을 수도 있음을 아는 사람이었다. 그가 평생 성경 공부를 인도하고, 깊이 파고들어가는 질문을 던지고, 성경의 진리를 지지하고, 종교적인 기능을 수행하는 동안 그 누구도 그의 숨은 자리를 간파하지 못했던 것일까?

그러나 예수님은 그를 간파하셨다. 일반적으로 "선한 사마리아인"이라고 불리는, 그 내용에 걸맞게 유명한 비유가 그를 간파해 낸다.

예수님은 이 이야기를 사마리아의 어느 길 위에서 들려주셨지만, 이는 유대인 종교 전문가에게 들려주신 이야기다. 그리고 갈릴리에서 예루살렘까지 예수님을 따라가는 다른 유대인들도 그 이야기를 엿들었을 가능성이 크다. 아마도 상당한 무리가 그 자리에 있었을 것이다. 예수님으로부터 사명을 받고 떠났다 돌아온 72명 이외에 또 얼마나 많은 사람이 있었던 것일까? 상당수의 갈릴리 유대인 회중이 예수님과 함께 비호의적인 사마리아를 지나갔을 것이다.

이 이야기의 배경은 세 가지 점에서 그 의미가 부각된다. 하나, 예수님은 유대인 경청자들이 선한 유대인이라고 여길 만한 사람에게 이 이야기를 들려주고 있다. 둘, 이 이야기는 당시 유대인들이 전형적으로 나쁜 사마리아인으로 간주했던 사람을 그리고 있다. 셋, 이 이야기는 자신들이 걷고 있던 사마리아의 길이 아닌, 그로부터 남쪽으로 수킬로미터 떨어져 있는 예루살렘 바깥쪽의 여리고 길 즉 유대인 영역에 있는 길을 배경으로 하고 있다. 선한 유대인 학자, 선한 유대인 길, 그리고 '나쁜' 사마리아인.

예수님이 그 이야기를 만들어 내셨다. 어떤 사람이 예루살렘에서 여리고로 가고 있었다. 광야 황무지를 지나 요르단의 비옥한 평원에 이르기까지 1킬로미터의 높이를 내려가야 하는 27킬로미터의 긴 거리였다. 군데군데 동굴이 있는 협곡을 지나가는 그 길은 구불구불했다. 이 길은 산적들이 잠복하고 있기로 유명한 길이었다. 강도 당하는 일이 흔했고, 살인도 드물지 않았다.

예수님이 그 사람의 민족적 정체성을 분명하게 밝히고 있지는 않지만, 맥락을 보면 그가 유대인임을 추정할 수 있다. 그는 강도의 습격을 받아 말 그대로 몸만 남기고 모든 것을 다 빼앗겼고, 죽을 정도로 두들겨 맞고, 독수리들이 나머지를 알아서 해결하도록 내버려진 채 누워 있었다. 이런 일은 오늘날에도 늘 일어나는 일이다. 세계 어디서나 도시의 거리에서든 시골 길에서든 당할 수 있는 일이다. 마침 그 때 다행히도 제사장이 그 길을 지나갔다. 그러나 그 행운도 곧 사라져 버렸다. 그 제사장은 그를 신경 쓸 겨를이 없었다. 그 다음에는 레위인이 지나갔다. 또 한 번의 기회다! 그러나 레위인도 제사장처럼 그에게는 별 행운이 되지 못했다. 그 남자는 세 번이나 버림받았다. 강도들, 제사장 그리고 이제는 레위인도 그를 버렸다.

그 성경학자와 예수님 사이에 오간 대화의 기록으로 보아서 우리는 그 제사장과 레위인도 성경학자가 이제 막 열거한 그 이중계명을 알고 있고, 그 성경학자만큼이나 그것을 잘 알고 있다고 생각하지 않을 수 없다. 그 세 사람(제사장과 레위인과 성경학자)은 모두 토라에 있어서는 전문가들이다. 그들은 하나님과 이웃에 대한 모세의 율법을 유대인 공동체가 기억하게 하고 그 공동체 안에서 잘 실행되게 하는 책임을 지고 있는 사람들이다.

바로 그 때 사마리아인이 나타나서 도둑맞고 구타당한 그 유대인을 돌보아 주었다. 그것도 그저 마지못해서 돌보아 주는 것이 아니었다. 그는 그 사람의 상처를 소독해 주고 기름을 발라 싸

매 주고는 자기 당나귀에 태워서 여관으로 데려가 그의 숙식비를 지불한다. 유대인들이 생각하기에 전형적으로 나쁜 사람인 사마리아인이 유대인 '이웃'을 사랑한다.

사마리아를 걸어 지나가는 동안에 알기 쉽게 들려주신 단순한 이야기다.

단편4. 예수님과 그 성경학자 사이의 대화 전체는 질문을 중심으로 이루어져 있다. 먼저 성경학자가 질문한다. "선생님, 내가 무엇을 해야 영원한 생명을 얻을 수 있습니까?" 그러자 예수님이 질문하신다. "하나님의 율법에 무엇이라고 쓰여 있습니까? 당신은 그것을 어떻게 해석합니까?" 그리고 이제 예수님이 세 번째이자 마지막 질문을 하신다. "어떻게 생각합니까? 강도들의 습격을 받은 사람에게 이웃이 되어 준 사람은 그 세 사람 중에서 누구입니까?"

예수님이 아니라 성경학자가 이 이야기의 결말을 제시해 준다. "그에게 자비를 베푼 사람입니다." 예수님의 이야기는 이웃을 정의하지 않았다. 이웃을 만들어 내었다.

예수님의 이야기는 온갖 종류의 "누가 내 이웃인가?" 하는 질문에 영원히 종지부를 찍는다. 그 때 이후로 지금까지 핵심적인 질문은 "내가 이웃이 될 것인가?"이다. 하인리히 그리븐(Heinrich Greeven)의 표현을 빌리면, "사람은 자신의 이웃을 정의할 수 없다. 오직 이웃이 될 수 있을 뿐이다."[2]

단편5. 예수님과 그 성경학자 사이의 대화에서 조용히 그러나 끊임없이 맴도는 주도적인 단어는 명령형 동사 '사랑하라'이다. 그 사랑의 명령은 비록 반복되지는 않지만 이 대화의 내용들 사이에서 계속해서 울려 퍼지고 있다.

명사로서의 '사랑'은 거대하고 복잡한 주제다. 철학자들과 신학자들은 그것의 문화적인 표현, 감정적인 복잡미묘함, 심리적인 뉘앙스 등을 탐구하느라 수천수만 쪽에 달하는 내용을 기록했다. 그런데 우리 성경에서는 그러한 식의 탐구가 놀랍도록 적다. 사랑은 우리의 예언자와 제사장들, 사도와 목사들, 기도하는 시인과 지혜로운 현인들이 토론해야 할 주제가 아니다. 이 단어는 명사로 자주 사용되지만, 성경에서 그 단어는 무엇보다도 살아서 움직이는 동사다. "하나님은 사랑이시다"가 아니라 "하나님이 세상을 이처럼 사랑하셔서"이다.

'사랑'이라는 명사가 동사가 되는 순간 그것은 더 이상 토론하거나 이해하거나 탐구해야 할 주제가 아니다. 그것은 우리의 삶으로 들어온다. 그리고 그 동사가 명령형으로 전해지면 그것은 순종의 행위를 통해 살아난다. 행동으로 옮겨지고, 이야기 속에 심겨지고, 그 이야기 속에서 자신의 참 성질을 드러낸다. 이야기 속에서 동사로 사용되면, 그 고귀하고 영광이 울려 퍼지는 단어가 우리의 영혼을 고귀하게 하고 영화롭게 하기 위해서 사용되고 있는지, 이웃이 사라져 버린 이 세상에서 사람을 조작하는 욕심과 냉소적인 권력 혹은 비인격적인 탐욕을 은폐하기 위해서 사용되고 있는지가 곧 분명해진다.

예수님은 이 이야기에서 최종적이고 결정적인 단어를 말씀하시는데, 두 가지 모두 명령형의 동사다. **"가라…하라."**

더 이상 질문할 것도 없다. 더 이상 대답할 것도 없다. 더 이상의 종교적 언어도 없다. 가서 사랑하라. 현실과 분리된 성경 해석에 대한 토론도 그만두고, 우리 삶에 들어와 있는 현실의 이웃들을 회피하거나 외면하기 위해서 종교를 (혹은 예수님을!) 사용하는 것도 그만두어라. 예수님은, 무슨 일이 벌어지고 있으며 나도 거기에 참여할 수 있다고 말씀하신다. 아니, 사실상 "참여**하라**!"고 말씀하신다.

이야기가 하는 일이 그런 것이다. 이야기는 현실과 분리된 비인격적인 토론이라는 보잘것없는 세상을 떠나 삶 속에서 순종하는 참여자가 되라는, 순종하며 예수님을 따르는 자가 되라는, 예루살렘으로 가는 길에 만나는 모든 사람에게 이웃이 되라는 당위적 명령을 통찰해 낼 수 있는 상상력 풍부한 토양을 만들어 낸다.

우리는 궁금하다. 그 성경학자는 이웃이 되어 자신이 그토록 잘 알고 있던 사랑의 명령을 **가서 행했을까?** 그 질문에 대해서는 답을 알 수 없다. 오로지 우리 자신의 반응과 우리 자신의 이야기만 알 수 있을 뿐이다.

3
친구
••• 누가복음 11:1-13

삶은 인격적이다. 그것이 삶의 본질이다. 언어, 일, 친구, 가족, 꽃과 채소, 바위와 언덕, 성부, 성자, 성령 등, 모든 것이 인격적이다. 삶의 어떠한 부분도 그 개별성으로부터 추출되어 일반화되거나, 하나의 프로젝트로 관료화되거나, 대의명분으로 축소되면 삶 자체가 죽어 버리거나 적어도 심각하게 축소된다. 그 누구든 자신의 자녀와 배우자 혹은 친구 앞에서 인격적으로 존재하기를 그만두는 순간 바람 빠지듯 생명은 새어나가 버린다. 낯선 사람에게 호의적으로 대해 주지 못하면 인생은 막혀 버린다. 대화할 때 집중하기를 그만두면 생명의 흐름이 끊긴다. 만개한 말채나무의 영광스러움을 습관적으로 무심하게 대하면, 하나님의 영광에 더 깊이 참여하게 하는 창조 세계와의 조화 능력을 교란시킨다.

예수님은 인격의 우선성을 우리에게 가장 잘 증언해 주시는 분이다. "내가 온 것은 양으로 생명을 얻게 하고 더 풍성히 얻게 하려는 것이라"(요 10:10). 그저 생존할 수 있을 정도로 배급하는 것이 아니라, 넘치도록(*perisson*) 주신다. 예수님은 하나님이 인격적이심을, 넘치도록 인격적이심을 보여 주시는 최고의 계시다. 하나님을 대할 때, 우리는 영적인 원칙, 종교적인 사상, 윤리적인 대의, 혹은 신비로운 감정을 대하는 것이 아니다. 우리를 인격적으로 대하시는 예수님을 인격적으로 대하는 것이다. 우리가 하나님에 대해서 아는 모든 것은 예수님을 통해서 예수님에 의해서 아는 것이다. 그런데 예수님은 오로지 인격이신 분이다. 살아 있는 몸과 영혼을 가지고 빵과 물고기를 드시고 물과 포도주를 마신 분이다. 예수님은 말씀하시고 들으신다. 예수님은 우리가 이름을 알고 있는 사람들의 가족의 일원으로 태어나셨고 개인적으로도 이름을 가지고 계셨다. 미국 문화에서 빌이나 제인처럼 흔한 그런 이름이었다. 예수님은 우셨다. 예수님은 화내셨다. 예수님은 만지셨고 우리도 그분을 만질 수 있었다. 예수님도 살을 베이면 피가 났다. 예수님도 죽으셨다. 예수님은 자신의 몸과 자신이 속한 가족을 전혀 어색하게 여기지 않으셨고, 몸을 가진 우리와 우리의 가족도 전혀 낯설게 여기지 않으신다. 그 어느 것으로부터도 예수님은 추상화되지 않으셨고, 그 어떠한 부분에 대해서도 분리되어 있지 않으셨다. 예수님은 전적으로, 관계적으로, 친밀하게 현존하셨다.

예수님 안에서 요약되고 완성되는 성경의 계시가 우리에게 말하는 것은, 우리가 덜 인간적이고, 덜 육체적이고, 덜 감정적이고, 가족과 덜 엮이고, 사회적으로 혹은 도덕적으로 바람직하지 않은 사람들과 덜 연관됨으로써 예수님을 더 닮을 수는(즉 하나님을 더 기쁘시게 하거나 하나님 마음에 더 들 수는) 없다는 것이다. 우리는 덜 인간적으로 됨으로써 더 영적으로 되지 않는다.

여행 내러티브에 나오는 예수님의 첫 번째 이야기는 우리 모두를 이웃으로 만들었다. 우리의 이웃인지조차 몰랐던 남녀들의 이웃으로 만들어 놓았다. 그들이 우리의 이웃인지조차 몰랐던 이유는 우리가 그들을 살아 있는 존재가 아니라 종이 위에 그려진 캐리커처로 전형화하는 언어를 사용했기 때문이다. 예를 들어 '사마리아인'과 같이 존재를 무시하는 민족적, 인종적, 도덕적, 종교적 용어를 사용했다. 간단한 언어의 술수로 그들을 일단 비인간화하고 나면 그들을 사랑해야 한다는 생각은 아예 들지도 않는다. 어떻게 종이 위에 그려진 그림을 사랑할 수 있겠는가? 우리가 알지 못하거나 좋아하지 않는 대부분의 사람들을 제외하고 나면 이웃을 사랑하라는 하나님의 명령에 순종하기가 훨씬 더 쉬워진다. 예수님의 이야기는 우리 자신과 우리가 만나는 모든 사람을 다시 인간화하고, 다시 인격화하고, 다시 **이웃**으로 만든다. 예수님의 이야기를 통해서 일단 이웃이 되고 나면, 가는 길마다 우리가 사랑해야 할 또 다른 이웃을 만나게 된다.

여행 내러티브에 나오는 두 번째 이야기는 하나님께 인격의 초점을 맞춘다. 우리는 사람을 전형화함으로써 그들을 비인격화한다. 우리는 하나님을 일반화함으로써 하나님을 비인격화한다. 사상으로서의 하나님, 세력으로서의 하나님, 교의로서의 하나님처럼 말이다. 그러나 사상이나 세력이나 교의를 사랑할 수는 없기 때문에 우리는 "하나님을 사랑하라"는 성경의 명령에서 사실상 사랑을 빼 버리고 '인식하다', '존중하다', '고려하다', '변호하다', '연구하다' 등의 동사로 대체해 버린다. 이 동사들은 모두 인격적 관계를 전혀 혹은 거의 요구하지 않는 동사들이다.

그래서 누가는 자신의 여행 내러티브를 작성하면서, 사마리아인 이야기가 우리의 모든 비인격화된 이웃을 돌아보게 했듯이 비인격화된 하나님을 다시 생각해 보게 하는 예수님의 이야기를 들려주고 있다. 예수님은 우리의 인격성을 철저하게 유지하면서 하나님께 접근할 수 있는, 그러니까 기도할 수 있는 언어의 방식에 우리를 푹 담그신다.

기도는 우리가 사용하는 언어의 여러 측면 중에서 인간성 자체와의 접촉을 잃어버리기가 가장 쉬운 단 하나의 측면이라고 할 수 있을 것이다. 우리가 하나님으로부터 그분의 인간성을 박탈할 때 우리 자신의 인간성과도 접촉을 잃어버리게 된다. 아이들은 자연스럽고도 정직하게 기도한다. 재난과 위기는 종종 인간성의 가장 기본으로 데려간다. 거기에서 우리의 언어는 모든 겉치레와 경건한 행세를 버리게 되고 우리는 뱃속 깊은 데서 나오는 기도를 드리게 된다. 그러나 유년기와 위기 상황을 제외하고 세속적인 사마리아의 평범한 길을 가는 동안에는, 평범하고 일상적인 생활의 본질인 친숙하고 구체적인 요소들이 기도로부터 빠져나가 추상화되어 버리는 경향이 있다. 기도는 갈릴리나 예루살렘처럼 종교적으로 규정되고 보호받는 자리에서만 행해지는 경우가 더 많다. 그리고 교회에서 어슬렁거리다가 주워들은 혹은 기도책에서 빌려온 경건하게 들리는 상투적인 문구들로 구성되어 있는 경우가 더 많다.

그러나 예수님의 이야기에는 상투적이거나 빌려온 표현들이 없다. 예수님은 앞의 이야기가 이웃에 대해서 그렇게 했던 것과 똑같은 방식으로 우리가 하나님에 대해서 즉각적이고 인격적으로 현존하도록 이 이야기를 들려주신다.

하루는 예수님이 어떤 장소에서 기도하고 계셨다. 예수님이 기도를 마치고 나자 제자 중 한 사람이 말했다. "선생님, 요한이 자기 제자들에게 그랬던 것처럼 우리에게도 기도를 가르쳐 주십시오."

그래서 예수님이 말씀하셨다. "너희가 기도할 때는 이렇게 말해라.

아버지,
당신이 누구인지를 계시해 주시고,
이 세상을 바로잡아 주십시오.

하루 세끼 알찬 식사로 우리가 살아가게 해주시고,

당신에게 용서받은 상태를 유지하고 다른 사람들도 용서하게 해주시고,

우리 자신과 마귀로부터 우리를 안전하게 지켜 주십시오."

그리고 이렇게 말씀하셨다. "한밤중에 친구 집에 가서 '친구여, 나한테 빵 세 조각만 빌려 주게. 여행하고 있는 옛 친구가 이제 막 찾아왔는데 내놓을 게 하나도 없네'라고 말했을 때 어떻게 될지 한번 상상해 보아라.

그 친구가 잠자리에서 대답했다. '귀찮게 하지 마. 문도 다 잠갔고 애들도 다 잠자리에 들었어. 지금 일어나서 뭘 꺼내 줄 수가 없네.'

하지만 내가 너희에게 말하는데, 그 사람이 자기 친구이기 때문에 일어나지는 않아도, 네가 꿈적 않고 계속 거기에 서서 문을 두드리며 이웃 사람들을 다 깨우기 시작하면, 마침내는 일어나서 네가 필요로 하는 것을 줄 것이다.

내가 말하고자 하는 것은 이것이다.

구하라, 그러면 얻을 것이다.

찾으라, 그러면 찾을 것이다.

두드리라, 그러면 문이 열릴 것이다.

하나님과 이런저런 거래를 하려 들지 말거라. 솔직하게 말해라.

네가 필요로 하는 것을 구하라. 이건 무슨 술래잡기나 숨바꼭질 놀이가 아니다. 만약에 네 어린 아들이 생선 좀 구워 달라고 하는데 네가 살아 있는 뱀을 접시 위에 올려놓고 그를 놀라게 하겠느냐? 만약에 네 어린 딸이 계란을 하나 달라고 하는데 거미를 가지고 속이려 들겠느냐? 너희들이 아무리 나빠도 그런 일은 생각도 하지 않을 것이다. 적어도 자기 자녀들에 대해서는 좋은 부모이고자 할 것이다. 그렇다면 사랑으로 너희를 만드신 아버지께서 너희가 구할 때 성령을 주시지 않겠느냐?"(눅 11:1-13, 「메시지」)

이 이야기는 예수님이 기도하고 계셨던 상황에서 들려주신 이야기다. 그 때 제자들이 물었다. "주여, 우리에게 기도를 가르쳐 주옵소서"(눅 11:1). 예수님은 그들에게 짧은 기도문을 하나 주시고 이야기를 들려주시는 것으로 대답하신다.

복음서에서 제자들이 가르침을 구하는 때는 이 때밖에 없다. 예수님이 제자들로부터 강한 요청을 받은 유일한 때다. 예수님은 날마다 가르치셨다. 들판에서 회당에서 그리고 성전에서 가르치셨다. 제자들은 갈릴리 시절을 지내면서 상당히 오랫동안 예수님이 기도하시는 모습을 보았다. 이제 그들은 예수님께 **"우리에게 가르쳐 주옵소서"**라고 요청하고 있다. 예수님의 길을 따라 사는 입문 과정은 마쳤고 이제는 그 위의 단계를 선택할 수 있는 자격이 그들에게 생겼다. 그 때 그들이 선택한 것은 무엇인가? 바로 기도다. "우리에게 기도를 가르쳐 주옵소서."

참 의미 있지 않은가? 그들은 더 나은 태도를 가르쳐 달라고 하지 않았다. 윤리학 과정을 이수하겠다고 간청하지 않았다. 하나님에 대해서 더 정확하게 사고할 수 있게 가르쳐 달라고 하지 않았다. 신학 세미나를 요청하지 않았다. 하나님 나라가 임하게 할 수 있는 전략적 계획 수립 과정을 요구하지 않았다. 예수님이 하시는 일을 지켜보고 예수님이 하시는 말씀을 들으면서 그들이 예수님과 함께 살아온 세월이 이제 삼 년 남짓 되었다. 이제 그들은 예수님을 따른다는 것이 예수님이 하시는 일을 모방하거나 예수님이 하시는 말씀을 따라하는 것을 의미하지 않음을 깨닫게 되었다. 예수님을 따른다는 것은 예수님이 하시는 것과 같은 방식으로 하나님과의 관계를 일구는 것을 의미한다. 그들은 예수님이 하시던 그대로 하나님과 인격으로 대면하고, 하나님과 관계 맺으며, 하나님의 사랑에서 능력을 공급받아 일하고 싶었다. 그들은 이와 같은 근원적 행동, 가장 인간적이고 인간화하는 행동을 지도받고 훈련받고 싶어했다. 그들은 예수님이 가장 잘하시는 일을 자신들도 잘하고 싶었다. "우리에게 기도를 가르쳐 주옵소서."

예수님은 그들에게 짧막한 기도의 모델을 주시고, 간단한 비유를 들려주시고, 부모와 자녀에 대한 약간의 설명을 가지고 그 기도와 비유를 서로 연결시키서 서로 배합되게 하셨다. 예수님의 설명은 우리의 상상력을 작동시킨다. 그 다음에 예수님은 한 발짝 물러나서 그 기도와 비유가 우리 안에서 작용하게 하신다.

그들에게 주신 예수님의 표본적 기도는, 놀랍게도, 심지어 모욕적이라고 할 정도로 짧다. 그들은 기도를 가르쳐 달라고 요청했다. 자신들이 예수님께 요청할 수 있는 것들 중에서 많은 것을 걸러 내고, 이 한 가지 요청, 기도를 가르쳐 달라는 요청으로 그 범위를 좁혔다. 그들은 문제의 핵심에 도달했고, 예수님의 삶을 떠받치고 형성하고 그 삶의 동인이 되는 이 핵심적 행위에 그들도 참여하겠다고 벼르고 있었다. 그래서 그들은 수강 등록을 하고 모여들었다. 예수님이 기도에 대해서 가르치기 시작하셨다. 그런데 제대로 시작도 안 한 것 같은데 벌써 끝나 버렸다. 예수님이 그들에게 가르쳐 준 기도는 서른여덟 개의 단어로 되어 있다. 천천히 묵상하듯이 기도해도 불과 22초면 끝나 버리는 기도다. 그것이 전부다. 수업 끝.

도대체 무슨 일인가? 그들은 대학원 수준의 기도 세미나에 등록했다고 생각했는데, 책을 펼치기도 전에, 단어 정의도 받아 적기 전에 수업은 끝나고 다시 강의실 밖으로 나온 꼴이 되었다. 만약에 누군가가 연필을 손에 쥐고 받아 적을 준비를 하고 있었다면 기껏해야 한 페이지 정도의 필기만이 남았을 것이다.

하지만 우리가 가지고 있는 텍스트를 보면 제자들이 놀랐다는 표현이 없다. 제자들이 부당하게 대우받은 느낌이 들었다는 흔적을 볼 수 없다. 어쩌면 가르침에 대한 우리의 생각에 문제가 있는

지도 모른다. 특히 기도에 대한 가르침에 대해서 말이다.

예수님으로부터 지도를 받지 않으면 가르침에 대한 우리의 생각은 설명으로 도배가 된다. 우리는 학교에 가면 개념 정의를 배우고, 설명을 듣고, 우리가 사용할 수 있는 많은 정보들을 습득하리라고 기대한다. 우리는 글을 읽고, 수를 세는 법을 배우고, 배운 것을 다시 반복해 보는 것으로 우리가 받은 가르침에 대한 시험을 치른다. 주제가 복잡할수록 배우는 데 더 오랜 시간이 걸린다.

하지만 이것은 제대로 말하면 교육(education)이 아니라 학교교육(schooling)이다. 우리에게 가장 중요한 것들은 이런 식으로 배우지 않는다. 예를 들어 걷기나 말하기는 그런 식으로 배우지 않는다. 그리고 사랑하기와 소망하기와 믿기도 그런 식으로 배우지 않는다. 이러한 복잡하고도 놀라운 임무를 수행하기 위해서는 가르칠 사람이 필요하지 학교나 설명이나 개념 정의가 필요한 것이 아니다. 우리는 실제로 그 일을 하고 있는 사람, 실제로 그 행위에 몰두하고 있고, 그 과정에서 우리보다 조금은 앞서 나가 있는 사람들 가까이에 있어야 한다. 우리는 그런 것들을 배우겠다고 학교에 갈 생각은 결코 하지 않을 것이다. 그것은 마치 자전거 타기를 배우기 위해서 학교에 가는 것과 마찬가지일 것이다. 학교는 자전거라고 하는 것은 보지도 못하고 만져 보지도 못하는 곳 아니던가.

예배의 장소에 정기적으로 가는 것은 기도를 배우기에 좋은 방법이다. 하지만 기도에 대한 워크숍에 참석하는 것은 좋은 방법이 아니다. 당신이 아는 사람 중에 기도하는 사람과 교제하는 것은 기도를 배우기에 좋은 방법이다(둘이서 기도에 대해서 이야기하건 하지 않건 그것은 상관없다). 기도에 대한 또 한 권의 책을 읽는 것은 좋은 방법이 아니다. 기도는 이러한 종류의 교육을 요구하고, 바로 이와 같은 종류의 가르침, 대가이신 예수님이 주관하시는 바로 그러한 종류의 가르침을 통해서만 습득될 수 있다. 그리고 누가의 여행 내러티브에 등장하고 있는 예수님을 살펴보고 있는 지금으로서는, 그분이 연이어 말씀하신 기도/비유/설명을 호기심과 경이감을 가지고 바라보는 것이 기도를 배우는 좋은 방법일 것이다.

기도/비유/설명의 조합은 기도가 인격적인 언어라는 사실을 분명히 해준다. 예수님이 주신 기도의 모델은 호격 명사인 '아버지'로 시작된다. 이것은 어떤 대상에게 초점이 맞춰진 인격적인 호칭이다. 그리고 비유도 '친구여'라고 하는 호격 명사로 시작된다. 이것 또한 어떤 대상에게 초점이 맞춰진 인격적인 호칭이다. 이 호격들은 직접적인 대상을 부르는 것이지, 이름 없이 '귀하'자만 붙여서 막연한 대상을 일컫는 것이 아니며, 대량 생산된 광고지 전단을 통해서 기도하라고 요청하는 것도 아니다. 그 뒤에 이어 나오는 설명은 기도의 인격적 측면을 강조하기 위해서 자녀와 부모 사이의 대화를 사용한다. 마지막 설명에서는 이 기도 모델의 시작이 되시는 아버지께로 돌아가는데, 이번에는 '하늘 아버지'이시다. 이 기도에 나오는 첫 번째 단어는 '아버지'인데, 이 비유의 마지막 행에서도 '아버지'를 다루고 있다.

각각 '아버지!', '친구여!'라는 호격 명사로 시작되는 이 기도/비유의 조합은 인격적인 직접적 호칭을 사용하도록 우리를 훈련시켜 준다. 호격은 일반적 호칭이 아니다. 그것은 개인적인 메시지를 전달하기 위해서 특정한 사람을 겨냥한다. 호격을 사용하고 그 다음에는 명령형의 동사를 사용함으로서 인격성은 더 강조된다. 이 기도문에 나오는 각각의 동사는 모두 명령형으로 되어 있다. 총 다섯 개다. **거룩히 여김을 받으시오며, 임하시오며, 주시옵고, 사하여 주시옵고, 들게 하지 마시옵소서.** 비유에서는 또 다른 5개의 동사가 비유 전체를 지배하고 있다. 꾸어 달라, 괴롭게 하지 말라, 그리고 **구하라, 찾으라, 두드리라**가 이어서 나온다. 명령형은 한 사람이 다른 사람에게 하는 지시나 명령이다. 한 사람이 다른 사람에게 그것을 사용하여 개별적 반응을 기대하는 표현이다. 이 명령형들은 부모에게 생선 한 조각 혹은 계란 하나를 달라고 하는 자녀에 대한 언급으로 보충되고 있다. 이 자녀들의 요청은 원래는 명령형으로 이루어진 동사를 함축하고 있다.

명령형은 그 명령이 오가는 사람들을 연결시켜서 상황의 변화를 가져오게 하는 동사다. 현재 존재하지 않는 것이 존재하게 된다. 명령형은 이미 존재하는 것을 설명하거나 어떤 것이 이럴 수도 혹은 저럴 수도 있음을 가정하는 대신에, 미래로 손을 뻗어 무엇인가 새로운 일이 일어날 수 있게 하는 말하기 형식이다. 명령형은 비인격적 언어와 상관할 시간이 없다. 마술 주문을 외우거나, 기술적 선전을 하거나, 프로그램화된 조작을 할 여유가 없다.

예수님은 우리에게 기도를 가르쳐 주신다. 명사를 호격으로 그리고 동사를 명령형으로 사용하심으로써 예수님은 우리 삶에서 인격적으로 일하시는 하나님의 행위에 우리가 인격적으로 참여하게 하신다. 기도는 행동이다. 기도는 있는 그대로의 방식에 수동적으로 순응하는 것이 아니다. 물론 기도에는 다른 많은 특징들이 있고, 머지않아 그것에 대해서도 배우게 될 것이다.[1] 그러나 출발점은 여기다. 예수님이 시작하시는 곳도 여기다.

예수님은 '아버지'와 '친구'라는 용어를 사용하심으로써 기도의 인격성을 더 잘 감지하게 하신다. '아버지'와 '친구'는 비인격성을 배제하는 명명법이다. 인격적인 기도의 역학이, 한밤중에 자신의 친구를 찾아가서 자신을 방문한 또 다른 친구를 대접할 수 있게 빵 세 조각을 빌려 달라고 부탁하는 그 친구의 이야기에 나오는 비유적 요소들을 통해서 전개된다. '친구'라는 용어는 이 이야기에 나오는 각 사람을 지칭하는 데 사용된다. 빵을 빌려 달라는 요청을 받은 잠자리에 누워 있는 친구(5절), 한밤중에 배가 고픈 채로 찾아온 친구(6절), 그리고 빵을 부탁하는 친구(8절). 이 이야기에 나오는 모든 사람이 '친구'로 지칭된다. 세 명의 친구.

그들 모두가 친구라고 해서 이야기 전체가 다 순조롭게 진행되는 것은 아니다. 잠자리에 누워 있던 친구는 결국에는 우정의 요구를 받아들이지만 먼저 그 우정을 저버린다. 그러나 여기에서 일어나는 모든 일이 친구들 사이에서 일어나고 있고, 그 핵심은 반응하는 관계성이다. 아버지나 친구와 맺는 우리의 관계는 본질적으로 인격적이다. 아버지나 친구에게 무관심한 사람은 아무도 없다. 그러한 면에서는 그들이 우리를 잘 대하건 나쁘게 대하건, 별 상관이 없다. 그들이 우리를 어떻게 대하건, 우리는 그것을 마음으로 받아들인다. 대부분의 사람들이 평생을 자신의 아버지(그리고 어머니)와 친구들과 연관된 문제들을 다루면서 산다. 그리고 그것은 우리 인생에서 가장 심오한 문제들 중 하나일 것이다. 우리의 정체성과 점진적으로 발전되는 성품이 인격적 관계 안에서 형성된다. 우리는 생물학적인 존재다. 그렇다. 우리는 심리적인 존재다. 사실이다. 우리는 정치적인 존재다. 맞는 말이다. 우리는 경제적인 존재다. 당연하다. 그러나 이 모든 것의 기초는 인격성이다.

이 말이 의미하는 바는, 기도는 오로지 인격적인 관계(아버지! 친구여!)의 단어와 문법으로만 배울 수 있다는 말이다. 기도는 결코 제대로 된 용어를 바른 순서대로 사용하는 것의 문제가 될 수 없다. 기도는 결코 좋은 태도, 바른 기질, 혹은 능숙한 조작의 문제가 될 수 없다. 기도는 결코 하나님에 대한 정보를 좀 얻거나 자신의 내면과 접하는 문제가 될 수 없다. 기도는 관계다. 오로지 그리고 영원히 인격적이다. 따라서 우리가 사용하는 언어에 주의하는 것이 반드시 필요하다. 왜냐하면 비인격성의 전형 그 자체인 기술의 교만하고도 신성 모독적인 요구에 의해 인격성이 억압당할 위험이 계속해서 존재하고 갈수록 커지기 때문이다.

그리고 내가 흥미롭게 생각하는 점이 한 가지 있다. 바로 기도와 비유 모두에 빵이 두드러지는 위치를 차지하고 있다는 것이다.

성 누가가 들려주는 예수님의 기도 모델은 성 마태가 제시하고 있는 것의 개정본이다. 마태복음에 나오는 예수님의 기도는 여섯 개의 간구로 이루어져 있다.

> 하늘에 계신 우리 아버지여,
> 이름이 거룩히 여김을 받으시오며 (첫 번째 청원)
> 나라가 임하시오며 (두 번째 청원)
> 뜻이 하늘에서 이루어진 것같이 땅에서도 이루어지이다.
> (세 번째 청원)
> 오늘 우리에게 일용할 양식을 주시옵고 (네 번째 청원)
> 우리가 우리에게 죄 지은 자를 사하여 준 것같이
> 우리 죄를 사하여 주시옵고 (다섯 번째 청원)
> 우리를 시험에 들게 하지 마시옵고 다만 악에서 구하시옵소서.
> (여섯 번째 청원)
> 나라와 권세와 영광이 아버지께 영원히 있사옵니다. 아멘.
> (마 6:9-13)

누가의 개정본은 다음과 같다.

아버지여, 이름이 거룩히 여김을 받으시오며 (첫 번째 청원)
나라가 임하시오며 (두 번째 청원)
우리에게 날마다 일용할 양식을 주시옵고 (세 번째 청원)
우리가 우리에게 죄 지은 모든 사람을 용서하오니
우리 죄도 사하여 주시옵고 (네 번째 청원)
우리를 시험에 들게 하지 마시옵소서. (다섯 번째 청원)
(눅 11:2-4)

누가는 마태가 기록한 기도에서 다섯 개의 요소를 삭제해서 더 간략하게 만들었다. 그는 대명사("우리의")와 두 개의 구("하늘에" 그리고 "다만 악에서 구하시옵소서"), 세 번째 청원("뜻이 하늘에서 이루어진 것같이 땅에서도 이루어지이다"), 그리고 송영("나라와 권세와 영광이 아버지께 영원히 있사옵니다. 아멘.")을 생략했다.

그렇게 삭제함으로써 두 가지 효과가 생겨났다. 초점이 분명해지고, 빵(개역개정 성경에서는 "일용할 양식"-역주)이 중심에 오게 되었다. 이제 우리에게는 다섯 개의 청원으로 이루어진 기도가 주어졌는데, 그 다섯 개의 시리즈 중에서 세 번째 요소인 "우리에게 날마다 일용할 양식을 주시옵고"가 중심에 놓이고 그럼으로써 다른 요소들보다 조금은 더 부각된다. 이 기도의 다섯 개의 청원 가운데서 세 번째 청원으로 빵을 중심에 놓은 것은, 이어지는 비유에서 빵이 중요한 자리를 차지하고 있는 점과 상응하는데, 그 빵도 셋이라고 하는 숫자와 연관되어 있다("빵 세 조각", 개역개정 성경에서는 "떡 세 덩이"―역주). 부모에게 생선과 계란을 달라고 하는 아들의 예를 가지고 예수님이 설명을 덧붙이시는 데서 빵은 다시 한 번 강조된다. 생선과 계란은 빵처럼 일상적이고 기본적인 양식인 것이다.

이렇게 내가 관찰한 것에 대해서 너무 많은 의미를 부여하고 싶지는 않다. 하지만 혹시 누가가 기도를 이해하고 실천하는 데 절대적인 기초가 되는 무엇인가를 은근슬쩍 그러나 제법 강력하게 가르치고 있는 것은 아닐까? 그러니까 기도는 우리 인간성의 기초적인 것들을 다룬다고 하는 사실 말이다. 기도는 추가 조항이 아니다. 기도는 우리의 물리적인 생존을 확보한 후에 즐기는 '영적인' 액세서리가 아니다.

누가는 예술가다. 그의 예술은 그의 말에 담겨 있다. 그의 가르침은 예술이다. 그는 설명하지 않는다. 그는 바람을 잡지도 않는다. 그는 에밀리 디킨슨이 충고한 "빗대어 말하라…"를 실천하고 있다. 아마 디킨슨 자신도 에둘러 말하기의 대가인 예수님께 그것을 배웠을 것이다.

누가의 예술과 예수님의 가르침을 통해서 우리는 그리스도 안에 사는 우리의 삶이 형성되고 양육되는 일상적인 조건들 속에 깊이 잠기게 된다. 빵을 좀 주세요, 빵 세 조각을 빌려 주게, 생선

3. 친구

좀 주세요. 우리는 가난하다. 우리는 살아가는 데 필요한 것을 가지고 있지 않다. 우리가 살아가는 데 필요한 가장 기초적인 것들을 우리는 아버지, 그리고 친구에게 의존하고 있다.

우리 나름의 생각으로는, 괜찮은 수입의 직장을 잡고, 살 집을 마련하고, 건강 보험도 해결하고 나서야 (모든 종류의 현세적인 필요를 해결하고 난 후에야) 하나님과 관련된 문제를 다루고 천국을 위한 준비도 할 수 있을 거라고 가정하기가 쉽다. 그 때 가서 우리는 기도하는 법을 배우는 것으로 천국과 관련된 안건을 다루기 시작한다.

그래서 예수님이 기도에 대해서 무엇이라고 말씀하셨는지를 보려고 성경을 펼친다. 그런데 우연히 누가복음 11장을 펼치게 된다. 무엇이라고 쓰여 있는가? 예수님이 우리의 가난을 직시하게 하신다. 우리에게 없어서는 안 될 것, 빵을 말씀하신다. 우리 아버지께 빵을 구하라고 예수님이 말씀하신다. 우리에게 분명히 빵을 건네줄 친구에 대한 이야기를 들려주신다. 친구란 우리와 우리의 친구에게 필요한 것을 주는 존재가 아니던가?

우리의 근본적인 빈곤, 우리의 가난을 먼저 깨닫고 받아들여야만 이 기도와 비유에 나오는 명령형을 실천할 수 있다. 그 명령형들이 부유함으로부터 나오는 것이라면 그것은 그저 더 많은 것을 원하는 태도일 뿐이다. 순전히 종교적인 혹은 영적인 소비주의일 뿐이다. 그렇게 되면 우리는 하나님께 우리에게 필요한 것을 구하는 것이 아니라 우리가 원하는 것을 구하게 된다. 그것은 삶의 수준을 높이기 위해서 기도를 이용하는 태도일 뿐이다.

성 바울은 하나님의 계시인 예수 그리스도께서 **인간**이 되셨다고 말한다. "신성의 특권을 제쳐 놓고 종의 지위를 받아들여서 인간이 되셨습니다! 인간이 되신 후에 인간으로 머무셨습니다. 그것은 참으로 대단한 겸손의 과정이었습니다. 예수님은 특권을 주장하지 않으셨습니다. 그 대신에 예수님은 사심 없는 순종의 삶을 사셨고, 사심 없는 순종의 죽음을 죽으셨습니다. 게다가 십자가형이라는 가장 참혹한 방법으로 죽으셨습니다"(빌 2:5-8, 「메시지」). 다시 말해서 인간이 되심으로써 우리의 순전한 인간성을 계시해 주신 하나님은 초인간의 형태로 오신 것이 아니라 "그 어떠한 인간보다 더 깊이 그리고 더 고통스럽게 인간 존재의 가난을 경험하셨다"[2] 그분은 절대적으로 가난하고 하찮은 존재로 오셨다. "마른 땅에서 나온 뿌리 같아서…고운 모양도 없고 풍채도 없은즉…그는 멸시를 받아 사람들에게 버림받았으며…우리도 그를 귀히 여기지 아니하였도다"(사 53:2-3).

하나님이 예수님 안에서 인간이 되셨을 때, 그분은 우리가 어떻게 하면 그분 앞에서 온전하게 인간이 될 수 있는지를 보여 주셨다. 우리는 예수님이 하셨던 대로 해야 한다. 절대적으로 빈곤해지고 하나님께 완전히 의존해야 한다. 우리가 하나님 앞에서 완전히 비워진 상태로, 완전히 가난해진 상태로 설 때에만 우리는 오로지 빈손으로만 받을 수 있는 그것을 받을 수 있다. 이것이 바로 예수님이 축복하시는 마음의 가난이다(마 5:3). 끊임없이 아버지께 의존하시며 사신 예수님의 말씀을 듣고 그분을 따를 때 우리는 인간으로서 우리의 빈곤을 깨닫게 된다. 우리의 절대적인 빈곤을 깨닫게 된다. 우리는 거지들이다. 아버지, 빵을 주세요. 친구야, 나에게 빵 세 조각만 빌려 줘. 인간으로서 존재한다는 것은 모든 피조물 중에서도 가장 가난하고 가장 불완전하다는 뜻이다. 우리의 필요는 언제나 우리의 능력을 넘어선다. 요하네스 메츠(Johannes Baptist Metz)는 "우리 인간성의 급진적 가난"과 우리 인간성의 핵심에 있는 "초월적인 빈곤"에 대해서 말했다.[3]

우리는 기도하면 덜 빈곤해지거나 덜 의존적이 되는 것이 아니라, 더 빈곤해지고, 더 의존적이 된다. 다시 말해서, 더 인간적이 된다. 우리는 기도할 때 죄가 우리를 소외시키고 그리스도가 우리를 구원하시는 바로 그 인간 조건 속으로 더 깊숙이 잠수해 들어가게 된다.

예수님은 다음의 말씀으로 기도에 대한 자신의 가르침을 마치신다. "너희가 악할지라도 좋은 것을 자식에게 줄 줄 알거든, 하물며 너희 하늘 아버지께서 구하는 자에게 성령을 주시지 않겠느냐!"(눅 11:13).

성령이라고? 우리 자신과 우리 친구를 위해서 빵을 구하고 있었는 줄 알았는데, 생선과 계란을 구하는 것이라고 생각했는데, 성령이라고? 맞다. 우리가 빵과 생선과 계란을 구했던 것이 맞고, 지금도 그렇다. 그러나 이 대화에 '성령'이라는 단어를 집어넣으심으로써 예수님은 하루하루의 매시간 속에서 일어나는 사소한 일들 가운데서 우리가 하나님의 말씀과 방식을 이해하도록 하신다. 성령은 우리가 듣고 말하고 행동하는 모든 것 가운데서 우리와 인격적으로 함께하시는 하나님의 방식이다. 성령은 우리 삶의 그리고 우리 친구와 이웃의 삶의 모든 구체적인 일들 가운데 계신 하나님이시다. 모든 것을 포괄하시며 인격적으로 현존하시는 하나님이시다.

4

곳간 짓는 자

••• 누가복음 12:13-21

어느 성경학자가 '영생'에 대해서 던진 신학적인 질문에 대해서, 예수님은 강도의 습격을 받아 도난당하고 죽을 정도로 맞은 낯선 사람을 길에서 발견하고 그를 도와준 어떤 사람에 대한 이야기를 들려주셨다. 얼마 후에 제자들이 기도에 대해서 가르쳐 달라고 요청하자 예수님은 뜻밖의 시간에 찾아온 손님을 접대하기 위해서 빵을 좀 달라고 친구에게 부탁하는 어떤 사람의 이야기를 들려주셨다.

왜 예수님은 천국에 대한 질문과 기도를 가르쳐 달라는 요청처럼 전형적인 **영적** 관심사들에 대해서 이야기로 대답하시는 것일까? 어쩌면 '하나님의 일들'에 대해서 우리가 하는 많은 이야기들이 예루살렘으로 가는 길에 만나는 다치고 배고픈 사람들 안에 있는 하나님의 인격적 현존을 회피하는 수단이 되어 버렸음을 눈치 채셨기 때문은 아닐까? 어쩌면 천국과 기도에 대한 토론을 무척이나 좋아하는 이유가, 하나님이 그 내면에 현존하시는 우리의 가족과 친구들을 인격적으로 대하는 일에 마땅히 쏟아야 할 관심을 다른 데로 돌리기 때문은 아닐까? 어쩌면 예수님이 우리로 하여금 수다스런 종교적 언어에서 벗어나게 하시려는 것은 아닐까? 소위 '영적'으로 간주되는 일에서 분명하게 일상적인 일로 대화를 옮겨 가시는 예수님의 패턴을 비슷하게 따르는 이야기가 또 하나 있다. 이름이 밝혀지지 않고 있는 어떤 사람이 군중 앞으로 나와서 다음과 같이 예수님께 말을 걸었다. "선생님, 내 형을 명하여 유산을 나와 나누게 하소서"(눅 12:13).

보아하니 이 사람은 형에게 속아 자신의 상속권을 빼앗긴 것 같았고, 예수님께 그 잘못을 바로잡도록 도와달라고 요청하고 있었다. 그런데 예수님은 그러한 일을 할 권위가 자신에게 없다고 하시면서 그를 도와주기를 거절하신다. "친구여, 누가 나를 당신의 재판장이나 중재자로 세웠습니까?" 이는 물론 부정적인 답변을 요구하는 수사학적인 질문이다. 그 누구도 예수님을 이 남자의 가정사를 판단하는 재판관이나 중재자로 세우지 않았다. 그런데도 우리는 '정말?' 하는 생각이 드는 것을 어쩔 수 없다. 유대인 사회에서 랍비들은 그 때나 지금이나 재판관 역할을 한다는 것을 알기 때문에 예수님의 거절은 좀 이상하게 다가온다.

이 사람의 요청은 도를 넘어선 것이 아니었다. 기도와 기도에 대한 비유를 듣고 금세 던져진 요청이기에 예수님의 거절은 더욱 이상해 보인다. 이 사람은 예수님이 하라고 촉구하신 그대로 하고 있었다. "구하라…찾으라…두드리라…." 이 사람의 요청은 기도였고, 예수님이 가르치신 그대로 기도하고 있었다. 인격적 호칭("선생님!")을 사용하고 명령형의 동사를 사용해서 예수님께 개인적으로 요청하고 있었다. 그것은 말하자면 (그 사람이 예수님을 하나님으로 인식하든 그렇지 않든 상관없이) 하나님께 요청하는 것이었다. 그런데 그러한 기도의 결과는 퉁명스런 거절이었다. 공식대로 기도해도 먹히질 않다니. 이 사람은 예수님이 제자들에게 가르치신 기도를 문자 그대로 따라하고 있었다. 만약에 기도가 알맞은 대상에게 정확한 문법을 갖춰서 하는 문제라면, 이 사람은 분명 자신이 원하는 것을 얻었을 것이다.

예수님은 기초적인 영적 분별을 하셨던 것이다. 예수님은 정의에 대한 이 사람의 청원 이면에 탐심이라는 죄가 깔려 있음을 분별해 내셨다. 이 사람이 실제로 사기를 당한 것이 아님을 지적해 보일 만한 내용이 이 텍스트에는 하나도 나와 있지 않다. 이 사람은 자신의 권리를 침해당하고 있었다. 우리의 그 어떠한 권리도 다른 사람의 발아래 짓밟히는 것은 결코 하나님의 뜻이 아니다. 하나님 나라에서는 정의가 본질적이며, 이사야에서부터 말라기에 이르기까지 모든 히브리 예언자들이 그것을 열렬히 주장했고, 예수님의 길을 준비하던 세례 요한도 그랬으며, 예수님 자신도 그랬다. 정의의 추구와 정의에 대한 외침과 관련해서는 성경에 참으로 인상적인 선례들이 많다. 따라서 그 사람이 요청하는 내용에 기술적으로 문제가 있는 것은 아니었다. 그는 아모스와 이사야 그리고 예레미야가 하나님 나라의 근본이라고 가르친 바로 그 정의를 요청하고 있었다.

그러나 예수님은 그의 요청에서 정의에 대한 열정이 아니라 죄의 바이러스라고 할 수 있는 욕심의 죄, 탐심의 죄를 알아보셨다. 예수님을 따르는 남녀들이 자신의 죄를 위장하기 위해서 하나님 나라에서 선하고 본질적이라고 모두가 동의하는 것을 사용하는 일은 매우 흔하다. 예수님을 따르는 일에 헌신했고 예수님으로부터 가르침을 받는 사람이 공공연한 죄를 눈에 띄게 짓지는 않을 것이다. 우리는 죄를 짓지 않기 원한다. 우리가 의도적으로 악의 길에 서지는 않을 것이다. 그러나 의도가 좋다고 해서 마귀의 간계, 유혹자의 유혹으로부터 확실하게 보호받는 것은 아니다. 우리가 말려드는 거의 모든 죄가 미덕으로 포장되어 있다. 우리는 자신이 성경적이고 진실하고 옳은 것을 요청하고 있다고 혹은 그러한 일을 하고 있다고 생각한다. 그리고 실제로 그렇다. 바로 하루나 이틀 전에 기도하는 법을 배우고 이제 "나에게 정의를 달라!"며 자신이 배운 대로 실천하고 있는 이 사람처럼 말이다.

예수님께 헌신한 사람들과 예수님을 따르는 삶에 자신을 희생적으로 던진 사람들에게 사실상 모든 유혹은, 옳고 필요하고 명백하게 선한 일의 형태로 온다. 마귀는 우리 자신이 악하다고 알고 있는 일을 하게 만들려고 유혹하느라 시간을 낭비하지 않는다. 그는 선한 일에 악을 숨기고는 그 선한 일로 우리를 유혹한다. 우리는 마귀도 광명한 천사의 모습으로 나타난다고 경고를 받았다. 왜 우리는 계속해서 그렇게 순진하게 사는 것일까? 오래 된 캠프송의 적절한 가사대로, "마귀는 거짓말하는 자요 마술사니, 조심하지 않으면 너도 마술에 걸릴 것이다."

이 세상의 불가사의 중 하나는 기독교 공동체와 단체 안에 만연하고 있는 죄가 사람들의 박수갈채로 더 부추겨지고 번창한다는 것이다. 야망과 교만과 탐욕에 무비판적으로 명예의 자리가 주어지고 증거 본문으로 '지지'를 받고 기도로 인증된다.

예수님은 무비판적인 기도 응답자가 아니시다. 예수님은 전에도 이런 일을 겪으셨다. 사막에서 유혹을 받으신 그 사십 일의 낮과 밤은 이와 같은 문제에 대해서 순진함의 여지를 남겨 두지 않았다. 마귀가 예수님 앞에 제시한 모든 것이 성경 말씀으로 포장되어 있었다. 예수님은 명백한 악의 유혹이 아닌, 외양은 선한 것으로 유혹을 받으셨다. 예수님은 그것을 간파하시고 흔들리지 않으셨다. 이제 예수님은 겉으로 보기에 참으로 올바른 이 사람의 기도를 간파하시고 흔들리지 않으신다.

우리는 진실을 말할 때 쓰는 말과 똑같은 말을 가지고 거짓을 말한다. 말은 드러내기만 하는 것이 아니라 숨기기도 한다. 언어는 실재를 드러내는 계시의 방편이기도 하지만, 실재를 가리는 은폐의 방편이기도 하다. 이러한 문제에 대해서는 결코 지나친 주의란 없을 것이다. "친구여…주의하라!" 정의를 위한 외침이

실상은 좀더 큰 조각의 파이를 얻겠다는 칭얼거림은 아닐까? 정치적 부패에 반대하는 캠페인이 대체로 분노에 의해 촉발된 것은 아닐까? 전도를 많이 하자는 제안이 숫자라는 왕을 우상으로 섬기고 있음을 은폐해 주는 것은 아닐까? 그리고 밤늦게 이루어진 위원회 회의에서 짜 맞춘 그 "비전 선언"이, 밝은 대낮에 검토해 보면 잔뜩 부풀린 야망의 청사진으로 판명되는 것은 아닐까?

정의의 문제를 가지고 이 사람이 예수님께 한 요청이 정의와는 사뭇 다른 것을 감추어 주는 연막은 아니었을까? 예수님은 그렇다고 생각하셨다. 예수님의 이야기가 그 연막을 거두어 버렸다.

무리 중에 한 사람이 말했다. "선생님, 내 형제에게 가족 유산의 정당한 몫을 내게 나누어 주라고 명령해 주십시오."

예수님이 대답했다. "이보십시오, 왜 내가 당신의 재판관이나 중재자가 되어야 한다고 생각하십니까?"

모인 사람들에게 예수님이 이어서 말씀하셨다. "주의하라! 아주 작은 욕심으로부터도 스스로를 지키라. 인생은 자신이 가진 것에 의해 규정되는 것이 아니다. 심지어 아주 많은 것을 가졌다 하더라도 마찬가지다."

그러고서 예수님은 그들에게 이 이야기를 들려주셨다. "어떤 부자의 농장에서 상당한 소출이 있었다. 그는 이렇게 혼잣말을 했다. '어쩌지? 이 소출을 다 넣을 만큼 내 곳간이 크지 않으니.' 그리고 그는 말했다. '이렇게 하면 되겠다. 내 곳간을 다 헐어 버리고 더 큰 곳간

들을 지어야겠다. 그 다음 내 모든 곡식과 농산물들을 거기에다 쌓아 놓고, 나 자신에게 이렇게 말해야지. 잘 했다! 이제 할 만큼 했으니 은퇴해도 되겠다. 편히 쉬면서 인생을 즐겨라!'

바로 그 때 하나님이 나타나셔서 말씀하셨다. '어리석은 자야! 오늘밤에 네가 죽을 것이다. 그렇게 되면 곳간 가득한 네 물건들은 누가 가지겠느냐?'

자신의 곳간을 하나님이 아니라 자아로 채우게 되면 바로 그런 일을 당하게 될 것이다"(눅 12:13-21, 「메시지」).

예수님이 들려주신 이 이야기는 정의를 요청한 그 사람의 '권리'를 무시하고 그 사람의 욕심을 꿰뚫는다. 하지만 간접적으로 그렇게 한다. 무리 앞으로 나온 그 사람이 곳간 짓는 자의 이야기가 자신의 이야기임을 알아챌까? 그러기 위해서는 자신의 상상력을 사용해야 할 것이다. 왜냐하면 비유는 설명이 아니기 때문이다. 비유는 실례가 아니다. 우리는 구경꾼의 자리에서 비유를 듣고도 그것을 이해할 수 있으리라고 기대할 수 없다. 비유는 참여를 요구하기에, 그 이야기에 들어갈 것을 요구하기에, 더 쉽게 말하는 것이 아니라 더 어렵게 말하는 것이다. 이 경우에는 비유가 우리로 하여금 곳간 짓는 자의 역할을 취하게 만든다.

한편으로 비유는 강요하지 않기 때문에 인간을 존중해 준다. 예수님께 도움을 요청한 사람이 농부도 아니고 열렬한 문자주의자이기까지 하다면, 그는 그 이야기에서 자기 자신을 알아보지 못할 것이다. 그는 오직 자기 자신의 의지로 그 이야기에 들어갈 수 있다. 하나님은 바깥에서부터 진리를 부과하지 않으신다. 하나님의 진리는 낯선 침입이 아니라 사랑스런 구애다. 예수님은 우리 일상 생활의 평범한 것을 가지고 이야기를 들려주심으로써 우리 손을 잡으시는데, 이번에는 더 큰 곳간을 짓는 일에 대해서 이야기를 들려주신다. 곳간 짓는 일이 농부에게는 정상적인 일이다. 그 누구도 곳간 짓는 농부가 도덕성이 부족해서 그런 일을 한다고 생각하지 않을 것이다. 그 어떠한 농부도 곳간을 지었다고 해서 목사로부터 꾸지람을 듣거나, 경찰에 잡혀 감옥에 간 사람은 없다. 곳간 짓는 자에 대한 이야기는 생색내며 설명하거나, 어린아이 대하듯 그림을 그려 보여 주거나, 도덕적으로 정죄하지 않는다. 강요하지 않으면서 우리의 상상력 속에 그냥 그렇게 머문다. 그러다가 서서히 이해되기 시작한다. 무리 속의 그 사람은 이해가 될 때까지 충분히 오래 남아 있었을까? 아니면 자신이 결코 곳간 지을 생각을 한 적이 없기 때문에 성급하게 그 자리를 떠나서 자신의 사건을 맡아 줄 랍비를 찾아 계속해서 동네 이곳저곳을 다녔을까?

몇 년 전에 나는 신학교에서 대학원생을 대상으로 성경 해석 세미나를 인도한 적이 있다. 그 날 우리가 다룬 주제는 예수님의 비유였다. 거기에 참석한 모든 사람이 경험 있는 목사와 신부들이었다. 그 중에서 예수회 선교사인 토니 브린(Tony Brynne)이라고 하는 신부는 아프리카의 사역지에서 이십 년 간을 일한 후에 안식년을 보내고 있었다. 성경의 비유를 가지고 토론하고 있는 중에, 토니 신부가 이야기하기를 좋아하고 비유를 무척이나 좋아하는 아프리카인들에 대한 자신의 경험담을 들려주었다. 그가 속한 예수회에는 아프리카에서 생겨나는 모든 회심자들을 다 다룰 수 있는 신부가 충분하지 않았기에, 기본적인 가르침과 부사제의 일을 할 수 있는 평신도를 모집하는 책임이 그에게 맡겨졌다.

처음에 그 일을 시작했을 때 그는 특출하게 똑똑한 사람을 만나기만 하면 그를 훈련시키기 위해서 로마나 더블린이나 보스턴이나 뉴욕으로 보냈다. 2년 정도 훈련을 받고 난 후에 그들은 돌아와서 자신이 맡은 임무를 수행했다. 그러나 마을 사람들은 그들을 싫어했고 그들과 상관하려 하지 않았다. 마을 사람들은 외국에서 돌아온 그들을 **물 먹은** 사람들이라고 불렀다. "저 사람은 런던 **물 먹은** 사람이야, 저 사람은 더블린 **물 먹은** 사람이야, 저 사람은 뉴욕 **물 먹은** 사람이야, 저 사람은 보스턴 **물 먹은** 사람이야." 그들이 물 먹은 사람들을 싫어한 이유는 그들이 더 이상 이야기를 들려주지 않기 때문이었다. 그들은 설명하고 교리를 가르치고 지시했다. 그들은 칠판에 도표를 그렸다. 물 먹은 사람들은 유럽과 미국의 도서관과 강의실 쓰레기통에 자신들의 이야기를 다 버리고 왔다. 그들은 친밀하고 인간을 존중하는 비유를 팔아넘기고 학문적 잡탕을 사왔다. 그래서 브린 신부는 이야기가 없는 학교로 그 사람들을 보내는 일을 그만두었다고 말해 주었다.

우리가 사는 세상은 매우 부요하다. 창조주는 상당히 너그러우셔서 우리에게 필요한 것 외에 그보다 훨씬 더 많은 것을 주셨다. 햇빛을 가릴 정도의 그늘을 만들어 주는 나무 몇 그루가 아니라 소나무와 너도밤나무와 떡갈나무가 가득한 숲 전체를 주셨다. 북쪽이 어디인지를 확인하고 배를 항해해 갈 수 있을 정도의 별 몇 개가 아니라 그림과 이야기가 가득한 하늘을 주셨다. 곤충을 통제할 정도의 새 몇 마리가 아니라 우리의 끊임없는 감탄을 자아내며 공중회전을 하고 팽그르르 도는 온갖 모양과 색깔과 노래의 거대한 조류 발레단을 주셨다. 애니 딜라드(Annie Dillard)는 이렇게 감탄한다. "창조주는 무성하게 베푸신다.…낭비라고 할 정도로 이 세상 풍경이 야단스럽게, 누르고 흔들어 넘칠 정도로 풍성하게 주어졌다."[1]

이와 같은 부요함은 또한 내면에도 있다. 하나님은 우리를 간신히 구원하시는 것이 아니다. 천국의 문턱을 넘어설 수 있을 만큼의 은혜를 조금씩 나누어 주지 않고 아낌없이 주신다. 우리는 **축복**이라는 단어를 특징으로 하는 삶의 길에 들어서 있다. "내 잔이 넘치나이다!"

이러한 부요함이 우리 안에 그리고 우리 주변에 널려 있는 마당에 그 누가 하나님을 상투적인 방식과 다르게 대하겠는가? 마치 아이들이 인정 많은 할머니 할아버지로부터 계속 선물을 받기 위해서 감사하다는 말을 잊지 않는 것처럼 말이다.

욕심은 거의 보이지 않는 죄다. 부요함이라고 하는 내장 안에 보금자리를 틀고 있는 자그마한 기생충이다. 우리보다 앞선 세대의 문화에서 욕심은 특별한 풍요함과 풍부함을 가장 이상적인 숙주로 삼았던 것 같다. 미다스 왕의 신화가 그것에 대한 전형적인 경고다. 그러나 놀랄 만큼 높은 생활 수준과 거의 무제한으로 접할 수 있는 소비 상품을 가진 미국에서는 모든 사람이 그 기생충에 취약하다. 이 세상의 모든 것을 하나님이 주신 선물로 즐기도록 배우는 그리스도인들도, 자신이 열심히 일했기 때문에 자신이 가진 모든 것을 누릴 자격이 있다고 생각하는 사람만큼이나 그 기생충에 취약하다. 우리는 부자다. 우리는 필요 이상의 것을 가지고 있다. 물건에 대해서건 하나님에 대해서건, 부유해지는 순간 우리는 욕심에 빠지기 쉽다.

이와 같은 부의 조건을 피할 길이 없다. 우리가 그것을 하나님으로부터 오는 영적인 축복으로 이해하건, 자본주의 경제의 물질적 결과로 이해하건 상관없다. 욕심 바이러스가 항상 우리의 혈관 속에 흐르고 있다. 어떤 때는 그것에 감염되지 않도록 막아 주는 충분한 성경 항체(계명, 잠언, 비유)가 주어질 때도 있다. 그러나 우리의 방어막이 느슨해지고 모든 기관이 피로를 느낄 때도 있다. 그럴 때 우리는 욕심이라는 감기에 걸리게 된다. 그러면 머

4. 곳간 짓는 자

지않아 더 큰 곳간을 지을 생각을 하기 시작한다.

그러면서 우리는 부요함을 나누어야 할 사랑으로 생각하지 않고 사용해야 할 권력으로 계산하기 시작한다. 부와 지위를 재해석해서 우리 자신이 관리하는 것으로 여기고, 다른 사람들은 우리가 조직하고 지도하고 인도해야 하는 가난한 사람들로 인식한다. 그러한 생각을 행동으로 옮기면서 우리는 기분이 좋아지는 것을 느낀다. 우리가 책임지는 것이다. 다른 사람들은 필요 없다. 우리가 통제한다. 우리가 남들보다 더 많이 알고 경험도 더 많다. 우리는 정말로 좋은 일을 많이 하고 있다! 그래서 더 큰 곳간이 필요하다. 가진 것을 더 효과적으로 사용하기 위해서 우리는 더 많이 축적하고, 영향력을 확장한다. 우리는 좋은 일을 하며 매우 바쁘게 지내려고 한다. 왜냐하면 아주 바쁘면 훨씬 더 요구가 많고 어려운 사랑이라는 인격적인 관계를 만들어 나갈 시간이 없기 때문이다. 좋은 일임이 분명한 곳간 짓기를 하다 보면 하나님 사랑은 차치하고라도, 이웃 사랑을 할 시간과 에너지조차 별로 남지 않는다.

우리는 예수님으로부터 경고를 잘 받았다. 그렇지만 곳간 짓기는 여전히 번창하는 산업이다. 어떤 사람들은 주님의 종으로서, 어떤 사람들은 자본주의 경제의 노예로서, 또 어떤 사람들은 두 주인을 모두 섬기는 가운데 그 산업의 번창에 기여하고 있다. 우리의 이웃과 목사가 우리를 존경하게 된다(그러나 주로 우리의 가족은 우리를 존경하지 않는다). 우리는 승진도 한다. 하지만 아무도 우리가 탐심의 기생충으로 병들어 있음을 눈치채지 못한다. 우리를 의사에게 데려다 주어야 하는 바로 그 사람들이 우리를 더 병들게 만들고 있다.

십계명을 연구하고 가르치는 많은 해설자들은 첫 번째 계명과 마지막 계명이 병치를 이룬다는 사실을 알아냈다. 첫 번째 계명은 "내 앞에 다른 신을 두지 말지니라"이다. 마지막 계명은 "너는 탐내지 말라"이다. 첫 번째 계명은 하나님을 타협 없이 사랑할 수 있도록 희석되지 않은 예배로 우리의 삶을 하나님 앞에 세워 준다. 마지막 계명은 우리의 이웃과 친구들이 욕심의 대상으로 비인격화되지 않도록 (우리가 그들은 사랑하지 않으면서 그들의 **소유**는 사랑하는 일이 없도록) 그들을 보호해 준다. 우상 숭배가 하나님 사랑을 오염시키는 것처럼 탐심은 이웃 사랑을 오염시킨다. 우리가 첫 번째 계명을 잘 지키고 마지막 계명을 잘 지킨다면, 그 사이에 있는 모든 계명이 보호된다. 하나님을 사랑하고, 네 이웃을 사랑하라.

곳간 짓는 자의 비유는 욕심의 폭로다. 가진 것을 사용해서 더 많이 나누어 주는 것이 아니라 더 많이 얻으려고 하는 욕심, 지위나 재물을 사랑을 나누어 주는 데 쓰는 것이 아니라 비인격적인 권력을 얻는 수단으로 사용하는 욕심을 폭로한다. 이 이야기는, 하나님 사랑과 이웃 사랑의 삶이 다른 사람들을 권력으로 지배하고 조작하는 삶으로 넘어가기 시작하는 순간 우리의 주의를 끄는 신발 속의 작은 돌멩이와도 같다.

우리의 모든 부요함은 은혜의 부요함이다. 우리는 결코 권력으로 부요하지 않으며, 돈으로 부요하지 않으며, 영향력으로 부요하지 않다. 우리는 사랑으로 부요하다.

다채로운 설명으로 생생하게 몇 가지를 열거하시면서 예수님은 이 비유의 결과를 무리에게 이해시키신다.

"식사 시간에 식탁에 어떤 음식이 올라오는지에 대해서 혹은 옷장에 있는 옷이 유행에 맞는지에 대해서 수선 떨지 마라. 너희의 내적 삶은 단지 너희 뱃속에 집어넣는 음식에 대한 것이 아니며, 외적 모양새는 단지 몸에 걸치는 옷의 문제가 아니다. 저기 갈가마귀들을 보아라. 자유롭고 구애받지 않으며, 직무 기술서에 매이지도 않고, 하나님의 돌보심 안에서 무사태평이다. 그런데 너희들은 그것보다 훨씬 더 중요한 존재다.

거울 앞에서 수선 떨어서 키가 1센티미터라도 더 자란 사람이 있었는가? 그 정도 결과도 못 얻는다면, 왜 굳이 수선을 떠는가? 들판으로 나가서 야생화들을 보아라. 그것들은 자신의 외모를 가지고 수선 떨지 않는다. 그런데도 그만한 색깔과 디자인을 본 적이 있는가?…사람 눈에 띄지 않는 것이 태반인 야생화도 하나님이 그렇게 주의를 기울여 돌보신다면, 너희에게도 주의를 기울이시고 자랑스럽게 여기시고 너희를 위해서 최선을 다하실 것이라는 생각이 들지 않는가?

내가 여기에서 하고자 하는 일은 너희가 긴장을 풀고 무엇을 **얻는 일**에 너무 몰두하지 않게 해서 하나님의 **주심**에 반응할 수 있게 하려는 것이다. 하나님을 모르고 하나님이 일하시는 방식을 모르는 사람들은 그러한 일들에 대해서 수선을 떨지만, 너희는 하나님도 알고 하나님이 일하시는 방식도 안다. 하나님의 실재와 하나님의 주도하심, 하나님의 공급하심에 너희 자신을 푹 담가라. 그러면 너희의 모든 일상적 인간사들이 다 해결되는 것을 볼 것이다. 무엇을 놓치지나 않을까 두려워하지 마라. 너희들은 나의 가장 소중한 친구들이다! 아버지께서는 그 나라 자체를 너희에게 주시기 원하신다.

너그러워져라. 가난한 자에게 주어라. 파산하지 않는 은행, 천국에 있는 은행과 거래를 터라. 은행털이범도 근접하지 못하고, 공금 횡령하는 사람들로부터도 안전한 은행, 믿을 수 있는 은행과 거래를 터라. 당연하지 않은가? 너희의 보물이 있는 곳이 바로 너희가 가장 있고 싶어하는 곳일 테고, 결국에는 있게 될 곳이다"(눅 12:22-34, 「메시지」).

가난이란 우리가 어느 정도 살아가는 데 필요한 것을 가지고 있지 않은 상태이며, 하나님이 긴박하게 필요함을 알게 되고, 그래서 기도의 언어를 배울 에너지를 얻게 되는 상태다. 부요함은 그 반대의 상태다. 필요한 것보다 훨씬 더 많이 가지고 있고, '필요한 것보다 더 많이 가진' 문제를 해결하기 위해서 곳간을 짓는 과정에서 우리의 언어는 인격성과 관계성을 거세당한다. 우리의 빈곤, **하나님**을 필요로 하는 빈곤에 대한 기본적인 감각을 상실하게 된다. 그리고 기도의 언어에 대한 관심도 잃어버리고 유창함도 잃어버린다. 더 큰 곳간에 몰두하느라 우리는 친구를 위해서 빵을 구하는 것을 잊어버린다. 그러나 이 이야기가 우리의 상상력 속에 자리를 잡게 되면, 커다란 곳간을 짓기 위해서 계획을 세우는 일이 문득 친구를 위해서 세 조각의 빵을 구하는 일에 비해 퍽이나 하찮게 보인다.

5
거름
••• 누가복음 13:6-9

극도로 이상한 예수님의 이야기가 있다. 누가는 사마리아 여행 내러티브에 이 이야기를 무심히 던져 넣었다. 이웃, 친구, 곳간 짓는 자의 이야기와는 달리 이 이야기는 그것을 촉발시키는 사건이 하나도 없다. 맥락이 없다. "멜기세덱의 반차를 따른…아버지도 없고 어머니도 없고 족보도 없이"(히 5:10와 7:3) 그렇게 툭 던져져 있다. 예수님이 비유를 좋아하신 이유가, 그것이 구경꾼으로 있는 우리를 참여자로서 경기 안으로 끌어들이는 에너지를 만들어 내기 때문이었다면, 도대체 여기에서 예수님은 어떤 '경기'에 우리를 참여시키고 싶어하시는 것일까? 그것을 해석하는 데 도움이 될 만한 맥락이 여기에는 하나도 주어져 있지 않다.

첫 번째 비유인 "이웃"은 우리 모두를 이웃으로 만든다. 이웃은 개념 정의가 아니라 '새로운 피조물'이다. 예수님의 무리 가운데서 사는 삶이란 토론 그룹과 어울리는 것이 아니라 어떤 존재가 되어 가는 행위다. 두 번째 비유인 "친구"는, 우리가 서로 이야기할 때 사용하는 언어와는 다른 특별한 용어와 문법을 개발해서 하나님과 대화하려는 것을 막아 준다. 하나님께 이야기하고 하나님의 말씀을 듣는 기도가, 우리가 이 세상을 살아가고 더불어 지내기 위해서 사용하는 말과 침묵보다 더 '영적'인 것이 아니다. 우리가 예수님과 함께 있을 때 말하는 방식이나 친구들과 함께 있을 때 말하는 방식은 서로 다르지 않다. 혹은 조금 다르게 표현해서, 우리가 예수님과 함께 있을 때 말하는 방식과 다르게 친구들과 이야기한다면 우리는 언어를 모독하는 것이다. 세 번째 비유인 "곳간 짓는 자"는 우리를 고발하는 이야기다. 추한 죄를 가리기 위해서 고상한 관심사들을 또박또박 말하고 있는 바로 그 순간에 우리를 적발해 버리는 이야기다. 언어의 위장술을 꿰뚫고 그것을 그만두라고 말해 주는 이야기다. 예수님의 무리와 그 주변에는 속임수가 많다. 잘 경계해야 할 것이다. 하지만 이 네 번째 비유는 어떤가? 그 이야기 자체는 간단하다.

"어떤 사람이 자기 앞마당에 무화과나무를 심었다. 그가 무화과 열매를 기대하고 가까이 다가가서 보았지만 열매가 하나도 없었다. 그는 자기 정원사에게 말했다. '도대체 무슨 일인가? 내가 벌써 3년째 이 나무에 무화과가 달렸겠거니 하고 와서 보았는데 단 하나의 무화과도 찾지 못했네. 찍어 버리게! 이 좋은 땅을 더 이상 낭비할 이유가 무엇이겠는가?

정원사가 말했다. '한 해만 더 두어 보시지요. 땅을 파서 거름을 주겠습니다. 어쩌면 내년에는 열매를 맺을지도 모릅니다. 만약에 그렇지 않으면 그 때 가서 찍어 버리십시오.'"(눅 13:6-9, 저자 번역).

"찍어 버리게!"라는 명령의 폭력성이 이 비유의 맥락에 단서가 된다. 예수님을 따르는 일은 순탄한 항해가 아니다. 예루살렘을 향해 예수님과 함께 사마리아를 여행해서 가는 길은 악대와 재주 넘는 응원단장이 이끄는 퍼레이드가 아니다. 여행길 내내 의혹과 적대감이 곳곳에 있다. 어쩌면 그렇기 때문에 누가가 어디에 이 이야기를 집어넣느냐가 문제가 되지 않는지도 모른다. 그 여행 길 어느 곳이든 적합한 맥락이 될 수 있는 것이다. 어디를 가나 무화과 열매가 없는 무화과나무, 그러니까 진지한 농부라면 누구나 상당히 기분 나쁠 일들이 있다. 그러나 누가는 그 여행길 내내 우리의 상상력 속에서 이 비유가 작용할 수 있도록 일찌감치 그것을 배치해 놓았다.

여행길에 나선 예수님과 그의 제자들이 처음으로 한 경험은 사마리아인들의 적나라한 적대감을 맛본 것이다. 하룻밤 머물 장소를 찾으려고 할 때 사마리아인들은 분명하게 알아들을 수 있는 말로 그들이 이 곳에서 환영받지 못함을 보여 주었다. '우레의 형제들'인 세베대 형제들은 화가 머리끝까지 나서 초자연적인 불을 불러 그 자리에서 그들을 죽여 버리고 싶어했다. 예수님이 그들을 꾸짖으셨지만, 씁쓸함이 그들 입안에서 맴돈다.

그로부터 하루 정도 후에 예수님은 상황이 더 나아지지 않을 것이라고 말씀해 주신다. 사람들이 자신들이나 예수님을 두 팔 벌려 환영할 것이라는 착각에 빠지지 말라고 말씀하신다. "내가 세상에 화평을 주려고 온 줄로 아느냐. 내가 너희에게 이르노니, 아니라 도리어 분쟁하게 하려 함이로라!"(눅 12:51)

예수님은 이 여행길에 나서기 전에 두 번이나 자신을 따르는 자들에게 그들이 무엇을 예상해야 하는지를 말씀해 주셨다. 앞으로 예수님은 버림받으시고 죽임을 당하실 것이다(눅 9:22, 44). 그들은 충분한 경고를 받았다. 예수님은 예루살렘에 도착하시기 직전에 똑같은 이야기를 또 들려주신다(18:31-33). 그리고 우리가 너무 잘 아는 대로 적대를 당하신 예수님은 죽임을 당하신다.

예수님은 여러 곳에서 적대적인 사람들을 만나셨다. 여행 초기에 예수님은 마귀와 결탁하고 있다는 비난까지 받으셨다. "그 중에 더러는 말하기를, 그가 귀신의 왕 바알세불을 힘입어 귀신을 쫓아낸다 하고"(눅 11:15). 사마리아 지역은 우호적인 지역이 아니다. 하나님의 의미를 이해하는 방식의 차이와 영적 생활의 본질에 대한 차이들은 폭력으로 분출되는 경우가 종종 있다. 종교 전쟁이 흔하게 일어나고 피를 보는 경우도 드물지 않다. 예수님 주변에서 부추겨진 잠재적인 폭력들은 처음부터 확실하게 존재했다. 그래서 누가는 사마리아 내러티브에 미사여구도 없고 해석도 없는 거름 이야기를 툭 던져 넣음으로써, 예수님이 폭력("찍어 버리게!")에 대해서 보이신 반응에 주의를 기울이지 않을 수 없게 한다.

예수님은 읽고 연구해야 하는 책 속의 단어가 아니다. 예수님은 토론해야 하는 단어가 아니다. 예수님은 '육신이 되신 말씀'이다. 예수님은 살아 있는 말씀, 살아 있는 음성이며, 팔레스틴이라는 실제의 장소와 1세기라는 실제의 시간에서 사시고, 빵과 물고기와 포도주와 같은 음식을, 이름을 가진 실제의 사람들(우선 몇 사람만 나열해도 마리아와 마르다, 베드로와 안드레, 야고보와 요한 등)과 함께 드신, 인간의 형체를 입은 하나님의 말씀이시다. 이 음성, 이 육신이 되신 말씀에 제대로 반응하기 위해서는, 실제로 우리 이웃과 어울리면서, 그들과 참치 찜 요리와 시금치 샐러드 등을 먹으면서, 우리를 알고 또한 우리도 그들의 이름을 아는(우선은 배우자와 자녀들, 친구와 직장 동료들이 있겠다) 무리 가운데서 그 음성을 듣고 거기에 대답해야 한다. 일반적인 것, 익명의 사람, 구체적인 실체가 없는 말은 거기에 있을 수 없다.

기독교 공동체와 그 지도자들은 이 사실을 잘 안다. 부지런히 경계하지 않으면 쉽게 불신앙에 빠지고, 생각 없이 배신하고, 예수님과 그리고 서로와 맺는 관계의 반응적이고 순종적이며 인격 대 인격이 만나고 서로 대화하는 성질을 잃어버릴 수 있음을 우리는 안다. 그래서 우리는 참여의 언어, 따름의 언어, 순종할 의도를 가지고 듣는 언어, 비인격화하는 종교적 언어를 경계하는 언어를 발전시키라는 권유를 받는다.

그 과정에서 우리는 예수님의 비유가 우리 언어의 참여성을 유지하는 데 얼마나 중요한지를 깨닫게 된다. 그 언어는 무엇에 **대한** 언어가 아니라 무엇과 **함께하는** 언어다. 정의와 인자 그리고 하나님과 함께 겸손하게 걷는 일(미 6:8)에 참여하고 깨어 있게 해주는 언어다. 비유는 자족하는 상태에 빠지는 것을 막아 주는 기본적인 언어적 방어다.

비유는 우리의 혈관에 긴박성의 아드레날린이 흐르게 해준다. 하나님은 이 세상에서 그리고 우리 동네에서 활발하게 일하고 계신다. 할 일이 참 많다. 우리는 그러한 행동에 참여하도록 초대를 받았다. 그 **하나님의** 행동을 같이 하는 일은 흥분되는 일이다. 하지만 억제해야 하는 때도 있다. 하지 말라는 명령이 떨어질 때도 있다. 그리고 적대감 앞에서 나타나는 우리의 직관적인 폭력적 반응에 대해서 그러한 명령이 떨어지는 경우가 많다. 적대감은 일련의 생각들이 빠르게 일어나게 한다. "하나님의 적은 나의 적이다. 나는 하나님 편에 서 있다. 나는 무슨 수를 써서라도 하나님의 대의와 하나님의 명예를 지킬 것이다." 이 때 가장 손쉬운 수단은 당연히 언어다. 바로 그 때 예수님이 개입하셔서 말씀하신다. "안 된다."

예수님의 명령에는 활기가 넘친다. "회개하고 믿으라.…나를 따르라.…가서 그렇게 하라.…너희는 기도할 때 이렇게 말하라.…아이야, 일어나라.…깊은 데로 나아가서 그물을 내려라.…" 그러나 어떤 때는 예수님의 명령이 우리가 가던 길을 멈추게 하기도 한다. 예수님이 하라고 하시는 일에 순종하는 것만큼이나, 예수님이 금지하시는 일을 하지 않는 것도 중요하다. 예수님은 베드로를 꾸짖으셨다. "내 뒤로 물러가라" 그리고 "칼을 칼집에 꽂으라"(막 8:33과 요 18:11). 그리고 이 거름 이야기에서 예수님은 "주인이여…그대로 두소서"라고 말씀하신다.

20세기가 조금 넘는 세월 동안 기독교 공동체는 예수님을 따르는 자들에게 주어진 예수님의 명령에 대해서 폭넓은 합의에 도달했다. 물론 만장일치의 합의는 아니지만 이런저런 상황들을 고려할 때, 적어도 예수님이 하나님을 사랑하고 이웃을 사랑하라고 명령하시면 거기에 주의를 기울일 준비가 되어 있다는 사실은 놀라운 일이다. 비록 그 말씀에 순종하지 않는다 하더라도, 명령 자체가 시시하다고 무시되지는 않는다. 그러나 이 비유에 나오는 "그대로 두라"는 예수님의 금지는 무시되는 경우가 많다. 좀 이상하게 들릴지도 모르지만, 어느 정도 동기 부여가 되어 있고 성숙하다면 무엇을 하지 않기보다는 하기가 더 쉬워진다. 우리는 그 행동에 참여하고 싶어한다. 사이드라인에 배치되는 것을 좋아하지 않는다. '아니오'보다는 '예'가 우리의 정신에 더 맞는다.

따라서 대부분의 경우 위협이 되는 것은 낙관적인 자기 만족이 아니라 신중하지 못한 성급함이다. 이 세상에서든 교회 안에서든 무언가 잘못된 것을 보면 우리는 바로 행동에 뛰어들어 잘못을 바로잡고 죄와 사악함에 대항하고, 적과 싸우고, 열을 내며 밖으로 나가 '그리스도의 병사들'을 모집한다.

바로 그 때, 우리의 상상력 속에 오랫동안 잠들어 있던 예수님의 거름 이야기가 벌떡 살아나 우리 안에 작용하기 시작한다. 그 비유는 행동하라고 부추기는 대신에 행동에서 발을 빼게 한다. 우리를 불쾌하게 하는 사람, 우리에게 혹은 하나님 나라에 쓸모없는 사람, "땅만 버리는" 사람과 마주칠 때 우리는 곧바로 인내심을 잃어버리고는 물리적으로 혹은 말로 그 사람을 없애 버린다. "그를 찍어 버리라! 그녀를 찍어 버리라! 그것을 찍어 버리라!" 우리는 절단해 버리는 것으로 하나님 나라와 관련된 문제들을 해결하려 든다.

국제적으로 그리고 역사적으로, 이 세상을 더 나은 곳으로 만들기 위해서 사람들이 가장 많이 선택하는 방법이 바로 죽이는 것이다. 그것은 가능성이 더 큰 어떤 사람이나 사물을 위해서 땅을 밀어 버리는 가장 쉽고 빠르고 효과적인 방법이다. 거름 이야기는 우리의 요란하고 공격적인 문제 해결 임무를 방해한다. 이 비유는 조용한 목소리로 말한다. "잠깐만, 그렇게 서두르지 마. 좀 기다려 봐. 시간을 좀더 줘. 이 나무에 거름을 좀 주게 해줘."

거름은 빠른 해결책이 아니다. 아무런 직접적인 결과가 없다. 거름이 어떤 변화를 가져오는지 보려면 오랜 시간이 걸린다. 결과를 원한다면 나무를 찍어 버리는 것이 가장 좋다. 우리는 그렇게 땅을 밀어 버리고 새로 시작할 준비를 한다. 아기의 탄생, 새로 출항하는 배를 명명하는 의식, 새 직장에 첫 출근하는 날, 전쟁을 벌이는 일 등 우리는 새로운 출발을 참 좋아한다. 그러나 거름을 뿌리는 일에는 그러한 흥분이 하나도 없다. 전혀 극적인 일도, 매력적인 일도, 사람들의 부러운 눈길을 사는 일도 아니다. 거름은 느린 해결책이다. 그러나 이 세상의 잘못을 바로잡는 일을 하실 때 예수님은 시간, 보이지 않는 것, 조용한 것, 느린 것을 좋아하신 것으로 유명하다. 누룩, 소금, 씨앗, 빛, 그리고 거름.

거름은 이 세상의 질서에서 그다지 높은 지위를 차지하지 않는다. 그것은 찌꺼기다. 쓰레기다. 우리는 그러한 것들이 눈에 띄지도 냄새가 흘러나오지도 않게 모아서 운반하는 효율적이고 때로는 정교한 시스템을 만들어 낸다. 그러나 주의 깊은 사람들과 지혜로운 사람들은 이처럼 죽은 것으로 보이는 경멸당하는 쓰레기가 사실은 생명으로 충만하다는 사실을 안다. 거기에는 효소와 온갖 미생물이 들어 있다. 그것은 바로 부활의 물질들이다.

우리가 예수님께 신실하려면 결코 해서는 안 되는 일, **할 수 없는** 일이 많다. 그 중에서도 폭력이 손꼽힌다. 우리 손으로 직접 해결하려 하고, 우리를 불쾌하게 하는 것과 함께 불쾌하게 하는 사람까지 없애 버리려고 하는 것이 바로 폭력이다.

예수님의 비유는, 예수님이 이 이야기를 들려주실 때 지나고 계셨던 그 사마리아에서 7백 년 전에 일어났던 일을 회상시켜 주는 요소를 담고 있다. 당시에 하나님의 백성은 거대한 제국을 세우기 위해 나선 무자비한 아시리아의 정복자 디글랏 빌레셀 3세의 침략을 받았다. 그는 팔레스틴을 손쉽게 정복하고는 대부분의 도시들을 차지했다. 불과 몇 년 만에, 그러니까 두 명의 왕이 바뀌고 난 후인 주전 721년에 사르곤 2세가 북쪽의 수도인 사마리아를 파괴함으로써 정복은 완수되었다. 그는 그 지역의 핵심 인사들 2만7천 명을 끌어다가 메소포타미아 지역 북부에 있는 여러 지역들로 강제 이송했으며, 그 곳에서 그들은 궁극적으로 자신들의 정체성을 잃어버렸다. 우리는 더 이상 그들의 소식을 들을 수 없게 된다.

당시에 아시리아 왕들이 썼던 정책은 바로 이송된 인구를 대신해서 자신들이 다른 지역에서 정복한 사람들을 데려와 그 곳에 남아 있는 사람들과 섞이게 하는 것이었다. 저항 의식을 키울 수 있는 민족적 정서를 모조리 뿌리 뽑아 버리기 위해서 고안된 참으로 잔인하고 무자비한 전략이었다. 그 후에 이어진 세월 동안 바벨론과 하맛 그리고 그 외에 다른 곳들에서 이송되어 온 사람들이 사마리아로 들어와 정착했다(왕하 17:24). 자신들의 민족적 관습과 종교들을 같이 가지고 들어온 이 외국인들은 후에 그 곳으로 들어온 다른 사람들과 함께, 남아 있는 이스라엘 인구와 뒤섞였다. 이 사람들이 바로 우리가 예수님 시대의 사마리아인들로 알고 있는 사람들이다. 그들은 혼혈 민족으로서 오랜 세월 동안 축적된 잔인함과 치욕을 안고 산 민족이었다.

아시리아가 사마리아를 침략했을 당시, 이사야는 결코 하나님의 백성은 칼로 칼에 맞서서는 안 된다고 예루살렘에서 열을 내며 설교하고 있었다. 그들은 불로써 불과 싸워서는 안 되었다. 그러나 그들은 듣지 않았다. 그들은 "천천히 흐르는 실로아의 물을 버렸다"(사 8:6). 위대한 스코틀랜드의 목사이자 학자인 조지 아담 스미스(George Adam Smith)는 히브리 민족의 역사에서 바로 그 시기에 주어진 이사야의 메시지를 이렇게 요약했다. "정죄하러 오신 것이 아니라…하나님의 형상에 이르기까지 인생을 세우러 오신 예수 그리스도의 방식을 따라서…우리는 전사가 아니라 예술가들이다."[1]

전쟁파가 이집트에서 군마를 가져와 전쟁 준비를 하는 것을 본 이사야는 그들에게 이렇게 경고했다.

말들이 도움이 될 줄 생각하고
    이집트로 가는 자들에게 파멸이 임할 것이다.
군사 수학에 매료되어,
    순전히 전차와 기수의 숫자에 사로잡혀
거룩한 이스라엘을 향해서는 눈길도 주지 않는,
    하나님께 기도조차도 하지 않는,

그들에게 파멸이 임할 것이다(사 31:1, 「메시지」).

그들은 군마를 가져오는 일에 강박적으로 매달렸다. 이사야는 그들에게 다음과 같이 반격했다.

주 여호와 이스라엘의 거룩하신 이가 이같이 말씀하시되,
　너희가 돌이켜 조용히 있어야 구원을 얻을 것이요,
　잠잠하고 신뢰하여야 힘을 얻을 것이거늘…(사 30:15).

"아시리아 인들을 찍어 내는 일은 잊어버려라. 내가 아시리아 인들을 다루겠다." 그리고 이렇게 말했다.

하나님은 아직 끝나지 않으셨다. 하나님은 너희에게 은혜를 베풀려고
　기다리고 계신다.
　너희에게 자비를 보여 주려고 힘을 모으고 계신다.
하나님은 모든 것을 제대로 하기 위해서 시간을 들이신다. 모든 것을.
　하나님을 기다리는 자들은 운이 좋은 자들이다(사 30:18, 「메시지」).

그러나 이스라엘은 듣지 않았다. 그들은 거름을 참지 못했다. 아시리아 사람들의 위협에 대한 그들의 반응은 "찍어 버리라"였다. 조급했던 그들은, 그리고 하나님의 구원에 대한 그들의 증언은 결국 파괴되어 버렸다.

거름. 시편은 하나님이 이 세상과 우리 안에서 일하시는 방식, 폭력과 반감으로 가득한 이 세상에서 하나님이 사용하시는 비폭력적인 방식과 일치하는 삶을 살도록 우리의 상상력과 순종을 형성하기 위해서 우리 삶의 토양에 뿌려지는 기도다. 우리가 너무도 조급하게 "찍어 버리고 하던 일을 계속 하자"고 하기 때문에 시편에서 가장 많이 반복되는 문장은 "여호와께 감사하라. 그는 선하시며 그 인자하심이 영원함이로다"(시 106:1; 107:1; 118:1 등)이다. 하나님의 사랑은 결코 포기하지 않으신다.

거름. 하나님은 서두르지 않으신다. 우리는 "하나님을 기다리라"는 말을 반복해서 듣는다. 그러나 그것은 미국인이건 아시리아인이건 순간적인 만족을 약속하는 광고에 길들여진 예수님의 추종자들이 선뜻 받아들이는 충고가 아니다. 두 차례에 걸친 세계 전쟁을 통해서 폭력을 광범위하게 경험한 현대의 위대한 예언자 중 한 사람인 유진 로젠스톡-휘시(Eugen Rosenstock-Huessy)는 이렇게 썼다. "우리 시대의 가장 큰 유혹은 성급함이다. 그 원래의 의미 그대로, 기다리고 견디고 참기를 거부하는 것이다. 우리는 창조적이고도 심오한 관계 속에서 우리 동료들과 함께 살면서 치러야 하는 대가를 치르기를 거부하는 것 같다."[2] 이사야처럼 그도 무시당했다.

거름. 침묵. 거름은 "나에게 이루어지이다"의 상태로 다시 돌아가는 것을 의미한다. 죽음을 생명으로 바꾸는 침묵의 에너지, 부활의 에너지에 순복하는 것이다. 말과 침묵, 둘 다 언어다. 언어의 예술은 말하는 기술만큼이나 말하지 않는 기술도 요구한다. 많은 해악과 오해가, 경청 없는 말하기로부터 비롯된다. 들을 때 우리는 침묵한다. 나는 솔 벨로우(Saul Bellow)의 견해를 좋아한다. "오래 입을 다물고 있을수록 더 비옥해진다."³⁾ 침묵은 부활을 이루어 내는 거름이다.

하나님은 행동하는 하나님이시다. 우리는 끊임없이 "인생에게 행하신 기적"(시 107:31)에 주의를 기울이라는 요청을 받는다. 그러나 하나님은 또한 기다리는 하나님이시기도 하다. "주의 약속은 어떤 이들이 더디다고 생각하는 것같이 더딘 것이 아니라. 오직 주께서는 너희를 대하여 오래 참으사 아무도 멸망하지 아니하고 다 회개하기에 이르기를 원하시느니라"(벧후 3:9). 심지어 사마리아인들도? 그렇다. 심지어 사마리아인들도 그렇게 되기를 바라신다. 아주 짧은 시간이라도 예수님과 함께 사마리아를 지나가는 사람이라면 누구나 이러한 느낌, "어떤 이들이 더디다고 생각하는" 느낌을 견디는 법을 배워야 한다.

거름 이야기는 사마리아를 지나가는 여행 내내 자유롭게 떠다닌다. 미국을 지나가는 여행에서도 마찬가지다. 우리가 적의와 반감 그리고 맹렬한 분노와 마주쳐 언어적이건 물리적이건 폭력으로 그와 같은 적대 세력에 맞서려 할 때마다 이 이야기는 사용될 수 있다. 그러나 예수님이 십자가에서 하신 말씀에서 이 이야기는 가장 강력하고 예리하게 표현된다.

예수님을 따르는 남녀들의 상상력 속에 이 이야기가 들어가고 나서 며칠 후에 예수님은 예루살렘으로 들어가셨다. 일주일이 채 지나기 전에 예수님은 골고다에서 십자가에 달리셨다.

빌라도와 가야바는 사악한 동맹을 맺어 예수님을 처치해야 한다는 데 합의했다. 예수님이 로마 군대가 유지하고자 하는 평화를, 안 그래도 위태한 평화를 위협하는 인물이라는 것이 그 이유였다. 예수님은 가야바와 그의 심복들이 예루살렘 성전에서 운영하고 있는 매우 수익성 높은 사업에 위협이 되는 인물이었다. 예수님은 그들의 목적에 필요한 땅을 '버리는' 인물이었다. 그래서 그들은 예수님을 죽였다. 그들은 예수님과 예수님의 나라를 이 땅에서 제거해 버렸다. 혹은 그렇게 했다고 생각했다. 예수님은 그들의 적대적인 폭력에 대해서 불과 며칠 전에 사마리아를 지나가면서 들려주셨던 바로 이 비유, 이 거름 이야기에 나오는 단어로 대답하셨다. 십자가에 달리셔서 예수님이 처음으로 하신 말씀은 기도였다. "아버지 저들을 사하여 주옵소서. 자기들이 하는 것을 알지 못함이니이다"(눅 23:34).

우리의 번역은 예수님이 십자가에서 기도하신 이 단어가 앞의 거름과 무화과나무 이야기에 나왔던 단어와 동일하다는 점을 드러내지 못하고 있다. 고난 주간에 울려 퍼진 "십자가에 못 박으

5. 거름

라!"는 외침은 "찍어 버리라!"는 농부의 명령이 일으키는 메아리다. "저들을 사하여 주옵소서"라고 아버지께 드린 예수님의 기도와 그 정원사가 "그대로 두소서" 하고 중재하며 나선 말에는 서로 똑같은 동사가 사용되었다. 이는 헬라어로 '아페스'(*aphes*)다. 어떤 맥락에서는 그 단어가 "손 대지 마.…침착해라.…내버려 둬…"라는 뜻으로 쓰인다. 죄나 죄책과 관련된 맥락에서는 "용서하라.…면제하라…"라는 뜻으로도 쓰인다. 이 단어는 예수님이 우리에게 가르쳐 주신 기도에 사용된 단어이기도 하다. "우리의 죄도 사하여 주옵시고…"(눅 11:4). 여기에서 비유와 기도의 맥락이 한데 모아진다.

무화과나무에 가하려 했던 폭력이 정원사의 "그대로 두소서"라는 말에 비켜가 버린다. 예수님께 닥친 폭력이 "아버지여, 저들을 사하여 주옵소서"라는 기도에 반격당한다.[4]

거름에 몰두하는 사람들, 다시 말해서 용서하는 일에 몰두하는 사람들은, 십자가에 예수님을 못박은 군중이 자신들의 잘못을 인정했다거나 그 사건 이후로 그 누구라도 먼저 자신의 잘못을 고백하거나 인정했기 때문에 예수님이 용서의 기도를 하신 것이 아님을 염두에 두어야 한다. 그것은 선제공격과도 같은 용서였다. "자기들이 하는 것을 알지 못하기에" 용서가 필요하다는 생각도 하지 못했을 때 예수님은 우리가 용서받을 것을 위해 기도하셨다. 아무런 전제 조건 없이. 놀라운 은혜다.

6

식탁 대화
••• 누가복음 14:1-14

1982년, 우리가 처음으로 이스라엘을 여행한 지 나흘째 되는 어느 날이었다. 우리가 탄 엘 알(El Al) 비행기가 로드(Lod)에 착륙하자 우리는 하이파(Haifa)까지 버스를 타고 가서 갈멜 산에서 이틀을 보내며 엘리야가 살았던 지역을 탐험했다. 그리고 우리는 갈릴리 호숫가에 있는 노프 기노사(Nof Ginnosar) 키부츠로 갔다. 우리는 그 곳에서 일주일 간 머물면서 갈릴리의 도시들과 언덕과 들판을 구석구석 다닐 예정이었다. 숙소에다 짐을 풀고 나사렛 지역을 여행할 계획을 세우느라 꼬박 하루를 보냈고, 다음 날 아침 일찍 우리는 버스를 타고 나사렛 지역으로 갔다.

우리는 그 날 하루를 나사렛에서 예수님의 흔적을 찾으며 보냈다. 좁은 길들을 오르락내리락하고, 시장에서 나는 냄새를 음미하고, 아주 작은 회당에도 들어가 보았다. 곳곳에서 예수님의 흔적을 보았다. 길거리에서 축구를 하는 아이들에게서 여덟 살 된 예수님이 축구공을 차는 모습이 그려졌고, 우물 가까이에 있는 벤치에서 어머니의 젖을 먹고 있는 3개월 된 아기에게서 예수님을 보았고, 마당에서 한 아이의 생일 잔치를 하고 있는 모습에서 예수님이 여섯 살 무렵에 치렀을 법한 생일 잔치의 모습이 그려졌다. 주인공은 머리에 왕관을 쓰고 임시로 만든 왕좌 같은 곳에 앉아 있고, 친구들이 그의 주위를 돌며 춤추고 노래하고 색종이 조각을 뿌렸다.

마태, 마가, 누가, 요한이 우리에게 미처 전해 주지 못한 일상의 세세한 내용들이 우리의 상상력을 가득 채워 준, 볼거리와 독특한 냄새가 가득한 하루였다. 그렇게 좋은 하루를 보내고 우리는 키부츠로 돌아갈 버스를 타기 위해서 벤치에 앉아 기다렸다. 약 삼십 분 정도 지나자, 우리가 거기에 앉아 있는 동안 차를 몰고 오르락내리락하던 택시 기사 한 사람이 차를 세우고는 우리에게 어디를 가느냐고 물었다. 우리가 대답을 해주자 그는 우리를 데려다 주겠다고 했다. 우리는 거절했다. 그냥 버스를 기다리겠다고 했다. 넉넉한 예산으로 온 여행이 아니었기에 택시는 우리가 감당할 수 없는 호사 같았다. 그러나 그 자리에 앉은 지 한 시간이 지나고 버스가 오리라는 기대가 서서히 줄어들자, 그 택시 기사는 다시 차를 세우고 우리에게 제안을 했고 우리는 그 제안을 받아들였다.

우리는 그 다음날 이스르엘 계곡과 그 지역에 있는 몇몇 고고학 유적들을 둘러보고 싶었다. 나는 그 기사에게 어떻게 그 곳으로 갈 수 있는지, 버스 노선이 어떻게 되는지를 물었다. 그는 우리가 가고 싶어하는 곳까지 가는 버스는 없다며 자신이 우리를 데려다 주겠다고 했다. 그는 자기 외에는 희망이 없다는 식으로 이야기했다. 그 날 하루를 위한 비용이 터무니없이 비싸게 느껴졌지만 우리는 결국 그의 제안에 동의하고 말았다. 대화는 부드럽게 이어졌다. 그의 이름은 사힐(Sahil)이었고, 팔레스타인에서 태어나 나사렛에서 자랐다고 했다. 나사렛이라…. 다시 한 번 예수님이 떠올랐다. 그는 자신이 아침 7시에 우리를 데리러 오겠으며 세 사람이 먹을 점심 도시락을 싸 오겠다고 했다.

다음날 벧산(Bethshan)의 폐허를 둘러보고 난 후에 나는 그 곳에서 남쪽으로 40킬로미터 조금 넘게 떨어진 곳에 있는 실로를 찾아보고 싶었다. 사힐은 그런 곳을 한 번도 들어 본 적이 없다고 했지만, 분명히 잘 표시되어 있을 것이고 찾을 수 있을 거라고 나는 생각했다. 하지만 그 곳은 잘 표시되어 있지 않았고 우리는 결국 찾지 못했다. 곧 사힐이 싸 온 도시락을 먹을 시간이 되었다. 우리는 탁 트인 들판에 차를 세우고 오이, 토마토, 피타 빵으로 이루어진 점심을 바닥에 펼쳐 놓았다. 그 때 유목민인 베두인 사람 하나가 밧줄에 낙타를 끌고 우리 쪽으로 왔다. 그는 우리에게 먹을 것을 좀 달라고 했다. 사힐은 아무런 망설임 없이 우리가 바닥에 펼쳐 놓은 음식에서 절반이 훨씬 넘는 양을 모아서 그에게 주

6. 식탁 대화

었다. 공짜로 아주 푸짐한 점심을 얻은 그 사람은 자기 갈 길을 갔다. 나는 사힐에게 왜 그에게 그 음식을 주었냐고 물어보았다. 아무것도 묻지 않고 그토록 많은 양을 말이다!

"무함마드가 명령하고 있으니까요. 누군가가 배고프면 네가 그를 먹여라."
"그게 다입니까?"
"그게 다입니다."

그 때 우리는 처음으로 중동 지역의 환대를 경험했다.

실로 근처 어딘가에 있는 들판에서 사힐이 마련해 온 점심을 대접받으며 낯선 사람에 대한 그의 친절을 목격하던 그 당시에는 깨닫지 못했던 사실, 솔직히 이 책을 쓰는 지금에서야 깨닫는 사실은, 그 지역이 바로 예수님과 그의 제자들이 예루살렘으로 가는 길에 들어섰을 때 그토록 무시당했던 바로 그 사마리아 지역이라는 사실이었다. 그런데 그와는 대조적으로 우리가 사마리아에서 처음으로 경험한 것은 환대였다.

사마리아인들의 냉대는 누가가 구성한 사마리아 여행 내러티브의 서두가 되는 사건이었다. 누가가 예수님에 대한 인식과 실천을 공유하지 않는 문화와 사람들 사이에 우리를 담그기 위해서 사용하는 여행 내러티브 은유에서 환대가 두드러지는 주제로 나타나는 것이 그리 놀랄 일은 아닌지도 모른다.

예수님은 회당에서 가르치셨고 성전에서 설교하셨지만, 하나님 나라의 일들을 다루기 위해서 예수님이 선택하신 현장은 환대가 일어나고 있는 현장인 것으로 보인다. 모든 복음서 저자들이 예수님의 식탁 대화를 기록하고 있지만, 식사 시간에 대화하시는 예수님의 이야기는 누가복음에 가장 많이 나와 있다. 식탁은 모든 문화권에서 환대의 중심이 되는 장소다. 함께 먹고 이야기하는 것. 누가는 그것을 최대한 활용한다.

때로는 예수님이 식사를 베푸시는 경우도 있었다. 오천 명을 먹이신 일(눅 9:10-17)과, 최후의 만찬을 베푸신 일(22:14-23)이 그 예다. 때로는 예수님이 손님으로 식사에 참여하셨다. 레위 집에서의 만찬(5:27-32), 바리새인들과 함께한 두 번의 저녁 식사(7:36-50과 14:1-14), 마리아와 마르다의 집에서 하신 식사(10:38-41), 삭개오의 집에서 하신 식사(19:1-10), 부활 후 세 번째로 나타나셨을 때 하신 식사(24:36-43)가 그 예다. 그리고 때로는 엠마오로 가는 길에서의 식사처럼, 주인과 손님을 구분할 수 없는 경우도 있다(24:28-35).

그리고 예수님이 자신의 식탁 대화에 엮어 넣으신 네 개의 환대 이야기가 있다. 그 네 개의 이야기 모두가 사마리아 여행 내러티브에 들어 있다. 한밤중에 예고 없이 방문한 친구를 위해서 식사를 준비하는 이야기(눅 11:5-8), 돌아온 탕자를 환영하는 만찬 이야기(15:11-32), 겸손을 가르치는 안식일 식사 이야기(14:1-14), 성대한 만찬 초대를 거절하는 무례한 변명 이야기(14:15-24). 첫 세 개의 이야기는 누가복음에만 나오며, 네 번째 이야기는 마태복음의 이야기를 조금 변형하여 들려준다(22:1-10).

사람들과 함께 앉아서 식사를 하는 단순하고 일상적인 행위에서 예수님은 상당한 적대감을 불러일으키셨다. 예수님이 사셨던 세계에서는 거역할 수 없는 엄격한 의식 규칙이 있었지만, 예수님은 그 규칙을 거역하셨다. 불쾌한 사람들(세리, 창녀와 같은 비주류 계층과 종교적으로 타당한 외양을 갖추지 않은 사람들 즉 '죄인들')과 함께 밥을 먹는 일은 엄격하게 금지되어 있었다. 그러나 예수님은 그들과 함께 식사를 하셨다. 시간이 지나면서 '죄인들'과 함께 먹는 일이 예수님의 정기적인 활동 중에서 가장 특징적이고 이목을 끄는 측면 중 하나가 되었다. 특히나 바리새인들은 그러한 의식 규칙을 열렬하게 지켰고 따라서 그들은 예수님을 열렬하게 비판했다.

이러한 바리새인들 몇몇과 함께 했던 식사에서 예수님은 환대에 대한 이야기를 들려주시면서 판세를 역전시키신다. 예수님의 이야기는 앞장서서 자기 문화의 환대 규칙을 지키는 사람들의 역설적인 냉대에 대한 날카로운 비난이다.

한번은 예수님이 바리새인 최고 지도자 중 한 사람과 함께 안식일 식사를 하기 위해서 가셨는데, 모든 손님들이 예수님을 주목하며 그의 일거수일투족을 지켜보았다. 예수님 바로 앞에 관절 부위가 심하게 부은 사람이 있었다. 그래서 예수님은 그 자리에 있는 종교 학자들과 바리새인들에게 물었다. "안식일에 병을 낫게 하는 일을 할 수 있습니까? 있습니까, 없습니까?"

그들은 말이 없었다. 그래서 예수님은 그 사람을 데려다가 치유하시고는 그가 가던 길로 돌려보냈다. 그러고는 이렇게 말씀하셨다. "여기에 있는 사람들 중에서 아이나 가축이 우물에 빠졌는데 그 날이 안식일인지 아닌지 물을 겨를도 없이 즉시 달려가서 그를 꺼내 주지 않을 사람이 있습니까?" 그들은 대답하지 못했다. 그 질문에 할 말이 없었다.

예수님은 이어서 식탁에 둘러앉은 손님들을 향해 이야기를 들려주셨다. 거기에 있는 사람들이 하나같이 명예의 자리를 차지하고 앉으려고 서로 밀치는 것을 보면서 예수님은 이렇게 말씀하셨다. "누군가가 당신을 식사에 초대하거든, 명예의 자리를 차지하지 마십시오. 당신보다 더 중요한 사람이 주인으로부터 초대를 받아 와 있을 수도 있습니다. 그러면 주인이 와서 모든 사람 앞에서 이렇게 말할 것입니다. '자리에 잘못 앉으셨군요. 명예의 자리는 이 사람의 것입니다.' 그러면 당신은 얼굴을 붉히며 유일하게 남아 있는 맨 끝 자리로 와야 할 것입니다.

식사에 초대를 받으면 가서 맨 끝 자리에 앉으십시오. 그러면 주인이 왔을 때, '친구여, 앞으로 오시게' 하고 말할 것입니다. 그렇게 되면 그 일은 식사에 초대된 손님들 사이에서 큰 화제가 될 것입니다! 내가 말하고자 하는 것은, 콧대를 세우고 돌아다니면 얼굴이 납작해지는 일을 당하게 된다는 것입니다. 그러나 그저 자기 자신인 것에 만족하면, 자기 자신보다 더 큰 사람이 될 것입니다."

그리고 예수님이 주인에게 말씀하셨다. "다음번에 식사를 차리거든, 친구들과 가족 그리고 부자 이웃들처럼 당시의 호의를 되돌려 줄 사람들만 초대하지 마십시오. 결코 초대받지 못하는 사람들, 사회에 제대로 자리 잡지 못한 부적응자들도 더러 초대하십시오. 그러면 그들에게 복을 베푸는 셈이 될 것이고 당신도 복을 경험할 것입니다. 그들은 그 호의를 되돌려 주지 못하겠지만, 그 호의는 분명히 당신에게 돌아올 것입니다. 하나님의 백성이 부활할 때 참으로 놀랍게 돌아올 것입니다"(눅 14:1-14, 「메시지」).

예수님이 바리새인 지도자로부터 안식일 식사 초대를 받으셨다. 초대받은 사람들은 아마도 예수님을 제외하고는 모두가 바리새인이었을 것이다. 함께 막 회당에서 예배를 드린 그들이 축하의 안식일 식사를 하기 위해서 그 지도자의 집으로 걸어가는 모습을 우리는 쉽게 상상할 수 있다. 그들은 모두 회당에서 하나님을 예배하도록 부름받았고 이제 지도자들 중 한 사람의 집에서 함께 식사하도록 부름받았다. 안식일의 예배와 안식일의 식사는 서로를 반영한다. 하나님이 창조와 구원에서 풍성하게 주시는 것들을 즐겁고 여유롭게 받는 시간을 보낸 후에, 이제는 하나님으로부터 받은 그것을 식사와 함께 좋은 대화가 오가는 환대 속에서 서로 나누는 것이다.

안식일. 우리의 마음과 입을 열어 그 모든 것을 다 받아들이는 날. 우리는 가난한 피조물이다. 우리는 먹을 것과 마실 것, 집과 옷이 필요하다. 그리고 하나님이 필요하다. 그 누구도 스스로 족한 사람은 없다. 우리는 이처럼 거대하고 복잡하게 얽힌 상호 의존의 세상에 던져져, 받고, 받고, 또 받는다. 관대한 젖으로부터 받고, 하나님이 베푸신 위대한 자연과 은혜로부터 받고, 창조와 언약으로부터 받는다.

그러나 신앙의 세계에서 길을 터득해 가면서 제자도의 몇몇 습관들을 익히고 나면 자신의 의존성에 대한 감각이 줄어들기 시작한다. 이제 우리는 익숙해졌다고 느낀다. 자기 집처럼 편안하게 느낀다. 더 이상 젖을 먹는 아기들이 아니다. 도와주기도 하고 몇 가지 책임들도 부여받은 어른이다.

자신도 눈치채지 못하는 사이에 우리는 위험한 지대에 놓이게 된다. 그 어느 때와 마찬가지로 하나님께 의존하면서도 의존에 대한 느낌이 예전처럼 날카롭게 다가오지 않는다. 이제 우리는 주류가 되었고, 자격을 갖추고 있다는 느낌이 날로 더 강해진다. 그토록 많은 것에 만족하면서도 여전히 의를 갈망하는 굶주림을 유지할 수 있을까? 혹 우리가, 노느라 정신이 팔려서 밥 먹으러 오라는 소리를 들어도 배고프지 않기 때문에 먹지 않겠다고 하는 어린아이와 같은 것은 아닐까?

그 날 예수님과 함께 안식일 식사를 하러 가던 바리새인들은 식사에 대해서 생각하지 않았다. 그들은 바리새인이 되는 일에 정신이 팔려 있었다. 그들은 배고프지 않았다. 예배를 통해서 하나님으로부터 생명을 받고 식탁에서 서로 생명을 나누는 공생의 관계가 깨어졌다.

그들은 예수님에 대해서 알았고, 예수님이 자신들 편이 아님을 알았다. 예수님에 대한 소문이 예수님보다 앞서갔다. 그들은 예배의 장소를 떠나면서 예배에 대해서는 잊어버렸다. 그들은 그 다음에 일어날 일에 더 몰두해 있었다. 죄인들, 안식일을 무시하고 결코 회당에도 가지 않는 죄인들과 함께 먹는 것으로 유명한 이 사람과 함께 그들은 식사를 해야 했다. 예수라는 자도 아마 안식일을 제대로 지키는 법을 하나도 모를 것이다 그들은 강박적일 정도로 미심쩍어한다. "그의 일거수일투족을 지켜보았다"는 누가의 문구에서 그들의 펄펄 끓는 적대감이 느껴진다. 그 안식일에 회당에서 식사하는 장소로 걸어가면서 그들이 나눈 대화는 결코 유쾌하지 않았다. 그들은 그 날의 성경 봉독이나 설교에 대해서 기분 좋은 토론을 하지 않았다. 그들은 하나님의 선하심에 잠기는, 선물로 주어진 이 날의 자유와 광대함을 누리지 못하고 있었다. 그들은 예수님이 안식일 지키기와 관련된 금기들을 조금이라도 깨는 행위를 하지 않나 지켜보고 있었다. 그러한 행위를 하나라도 발견하면 예수님의 가르침을 무효로 만들 수 있을 것이다.

예수님은 관대하게도 그들이 찾고 있는 그 일을 일부러 행하셨다. 길가에 "관절 부위가 심하게 부은" 사람이 앉아 있었다. 오늘날 의사들이 부종이라고 부르는 이 병은, 관절 부위에 물이 차서 움직이기가 불편하고 고통스러운 병이다. 예수님은 그들에게 그를 고쳐 주어도 되겠는지 물어보셨다. 바리새인들은 예수님이 미끼를 던지고 있다는 것을 직감했다. 그들은 대답하지 않았다.

예수님은 그들의 침묵을 허락의 뜻으로 받아들이셨다. 예수님은 그 사람을 고쳐 주시고 그가 가던 길로 보내셨다. 그러고는 그들에게 상식의 세계를 소개해 주심으로써 그들의 강박적인 안식일 단속이 어리석다는 것을 보여 주셨다. 아이가 우물에 빠져 죽고 있다면 안식일이라 하더라도 그를 구해 주지 않겠는가? 심지어 소가 빠져 죽고 있다 하더라도 그렇게 하지 않겠는가? 그들은 대답하지 않았다.

예수님은 그들에게 두 개의 질문을 던지셨다. 안식일에 병을 고치는 것이 합법적인가? 안식일이라 하더라도 아이가 빠져 죽고 있다면 그를 구하겠는가? 바리새인들은 두 가지 질문 중 그 어느 것에도 대답하지 않았다. 그들은 안식일에는 질문에 대답해서도 안 된다는 규칙을 가지고 있었던 것일까?

이제 장면이 바뀌어서 예수님과 바리새인들은 식탁에 둘러앉아 안식일 식사를 같이 하고 있다. 예수님은 회당에서 지금 식사하는 이 집까지 오는 길에 눈에 띄게 무례한 대우를 받았다. 그리고 이제 그들은 서로에게 그 안식일의 무례함을 보여 주는 것 같았다. 그 누구에게든 말을 거는 사람이 없었다.

그러나 그들이 말을 하지 않아도 예수님은 식탁에 둘러앉은 사람들, 손님들과 주인이 하나같이 보여 주는 행위만으로도 그 속을 알 수 있었다. 손님들은 식탁에서 명예의 자리를 차지하려고 서로를 이리저리 밀치고 있었다. 안식일 식사는, 특히 그것이 바리새인의 최고 지도자 중 한 사람의 집에서 이루어질 경우에는 자신이 중요한 사람으로 인식될 수 있는 기회였다. 주인 가까이 앉을수록 더 중요한 사람이었다. 주인 옆에 자리를 꿰차고 앉을 수만 있다면, 그 한 주간 내내 도시의 화젯거리가 될 수 있었다.

그러나 주인도 손님들과 별 다를 것이 없었다. 예수님은 그 식탁에 둘러앉은 사람들 모두가 어떠한 식으로든 '중요한' 사람이라는 것을 알아보셨다. 어쩌면 그렇기 때문에, 적어도 그 날 하루만이라도 **가장** 중요한 사람으로 보이려고 하는 경쟁이 유난히 더 치열했는지도 모른다. 주인은 이 '중요한' 사람들을 이용할 계획이 있었기 때문에 이 특정한 손님들을 초대한 것이다. 손님들은 자신이 유명한 바리새인의 안식일 식사에 초대받은 것으로 명예를 얻었다고 생각했다. 그러나 사실 주인은 냉소적으로 그들에게 의무를 부과하고 있었다. 초대를 받았다는 사실 때문에 생긴 허영심과 '가장 명예로운' 사람이 되고자 하는 열정에 사로잡힌 그들은 주인의 숨겨진 의도를 눈치채지 못했다. 그 주인은 주인이라고 할 수 없는 주인이었다.

그 날의 모든 식탁 대화는 예수님이 주도하셨다. 예수님은 그들의 행위에 맞는 말들을 제공하시고 그 상황으로부터 비유를 만들어 내셨다. 예수님은 냉대의 행위를 가차 없이 고발하는 이야기에 그들의 태도를 섞어 넣으셨다. 환대의 자리를 이용해서 다른 사람을 희생시키면서 자기 자신을 드러내고자 하는 것은 참으로 잘못된 행위라고, 환대의 기회를 다른 사람들을 조작하기 위한 기회로 이용하는 것은 심히 잘못된 행위라고, 비유를 통해서 말씀하셨다. 환대는 겸손을 연습하는 행위다. 손님일 때 우리는 받는 위치에 서게 된다. 환대는 관대함을 연습하는 행위다. 주인일 때 우리는 주는 위치에 서게 된다.

예수님은 이제 막 안식일 식사를 모독한 그 손님들과 주인의 집단적 행동을 유심히 보시면서 머릿속으로 대본을 작성하시고, 비유를 만들어 내셨다. 그 자리에 있던 주인과 손님들이 바로 그 비유, 모독당한 안식일 환대의 비유다.

조금 전에 행해진, 온통 형식만 있고 내용은 없는 안식일 환대의 관습 때문에 안식일 환대가 망쳐졌다. 자신들이 비유가 되어버린 그 비유를 그들은 들을 것인가? 그런 일은 자주 일어난다. 온통 형식만 있고 내용은 없는 교회의 관습은 교회를 망친다. 온통 형식만 있고 내용은 없는 결혼의 관습은 결혼을 망친다. 온통 형식만 있고 내용은 없는 부모 역할은 가족을 망친다.

냉대의 안식일. 관절이 부은 불행한 사람에 대한 냉대. 손님들끼리의 냉대. 주인의 냉대. 식사를 준비하고 함께 식사를 하는 행위는 개방적이고 관대하고 서로를 수용하는 태도를 실천하는 가장 흔하고 가장 우호적인 관습이다. 그와 같은 식사가 그토록 자주 그와는 정반대의 행위가 되는 이유는 무엇일까? 그 바리새인의 집에서 있었던 이 식사처럼 말이다.

아마도 이 이야기의 배경이 안식일 식사라는 사실에 관심을 모으는 것이 중요할 것 같다. 안식일은 우리가 모든 것을 받을 수 있도록 아무것도 하지 않는 시간을 따로 떼어 놓은 것이다. 유용한 존재가 되려고 안달하는 마음, 긴장하며 잠시도 가만히 있지 못하는 들뜬 마음, 미디어에 질려 버린 권태 같은 것들을 옆으로 제쳐 놓는 시간이다. 안식일은 침묵을 받아들이고 그 침묵이 감사로 깊어지게 하는 시간이며, 고요함을 받아들이고 그 고요함 가운데서 잊힌 얼굴들과 음성들이 슬며시 떠오르게 하는 시간이며, 이제 막 완성된 주간의 하루하루를 받아들이고 아직도 여운이 남아 있는 그 하루하루의 경이와 기적을 빨아들이는 시간이며, 우리 주님의 놀라운 은혜를 받아들이는 시간이다.

그러나 이 엄격한 안식일 지킴이들은 먼저 예수님이 무슨 일을 벌이는지 지켜보았고, 그 다음에는 서로를 지켜보며 어떻게 서로를 이용할지를 생각했다. 그들은 안식일을 '지키는' 바로 그 행위에서 오히려 안식일을 어기고 있었다.

안식일은 하나님이 우리에게 주신 위대한 선물 중 하나다. 창조의 모든 날이 '좋았다.' 하나님이 창조하신 모든 것을 받기에 좋았고, 하나님의 일에 참여하기에 좋았고, 하나님의 정원에서 일하기에 좋았고, 하나님이 주신 것에 이름을 붙이고 돌보기에 좋았고, 서로에게 '돕는 배필'이 되기에 좋았다. 그러나 안식일은 거룩한 날로서, 각 주의 첫 여섯 날과는 구분되었다. 하나님 앞에 현존하기 위해서, 창조와 구원의 모든 선물을 흡수하고 경축하기 위해서 따로 떼어 놓은 날이었다.

안식일은 한 주간 중에 실제로 존재하는 날이지만 또한 환대가 이루어지는 모든 상황으로 확장되는 시간의 성례전이기도 하다. 가장 흔하게는 아침, 점심, 저녁 식사 시간일 것이다. 안식일은 우리가 생존하기 위해서 필요한 것들을 받고 흡수하고 소화시킬 수 있도록 주어진 시간과 장소로 확장된다. 우리는 너무도 많은 것을 받았다. 우리는 줄 것이 참으로 많다. 이토록 풍성하게 주어진 선물들을 가지고 우리는 무엇을 해야 하나? "내가 구원의 잔을 들고…!"(시 116:13) 바리새인들과 함께한 식사에서 이루어진 예수님의 식탁 대화는, 우리가 예배 시간에 값없이 주고받은 것과 식사 시간에 값없이 주고받는 것 사이의 연속성을 확립해 준다. 예수님의 이야기는 우리를 순간 멈칫하게 만든다. 예배는 결코 그냥 예배가 아니며, 식사는 결코 그냥 식사가 아니다. 거룩이 환대에 스며들어 있다.

예수님의 비유는 안식일 환대 안에 잠복해 있는 신성 모독을 경계하게 해줄 뿐 아니라, **우리의** 말과 행위를 가지고 예수님이 만들어 내시는 예수님의 식탁 대화가 또 어디에서 메아리치고 있는지 언제나 귀기울이게 해준다. 우리의 식탁 맞은편에 누가 나타날지 우리는 결코 알지 못한다. 시횔과 같은 주인일 수도 있고 낙타를 끌고 가는 그 여행객 같은 손님일 수도 있다.

4세기에 이탈리아 몬테카시노에 수도원 공동체를 세운 베네딕투스는 자기 수도원의 수사들이 마치 그리스도를 영접하듯이 모든 손님을 영접하도록 했다. 그 이후로 베네딕투스 수도회의 환대는 여러 공동체로 스며들어 갔다.

캐슬린 노리스(Kathleen Norris)는 원래는 러시아 정교회의 수도원에서 비롯된 것으로 알려진 이야기 하나를 들려준다. 한 나이 많은 수사가 젊은 수사에게 말했다. "나는 비로소 사람들을 있는 모습 그대로 받아들이는 법을 배웠네. 이 세상에서 그들이 어떤 존재이든, 창녀이든 수상이든, 내게는 다 마찬가지네. 그러나 가끔씩은 어떤 낯선 사람이 길을 올라오는 것을 보면서, '오 주님, 맙소사. 또 당신이십니까?' 하고 말하는 때가 있네."[1]

7
잃어버린 형제들
••• 누가복음 15장

스물다섯 살 때 나는 볼티모어에서 대학원 공부를 하고 있었는데, 어느 날 무릎 수술을 받기 위해서 존스 홉킨스 병원에 입원했다. 운동으로 오래 전에 입은 부상인데, 찢어진 무릎 연골이 부쩍 불편하고 통증이 심해졌던 것이다. 몇 년 동안 치료를 미루고 있다가 급기야 길을 건너기조차도 힘들어서 의사의 판결에 나를 맡기기로 했다. 그의 판결은 '수술'이었다. 오늘날 같으면 별도의 회복기가 거의 필요하지 않을 정도로 간단히 이루어졌을 수술이었지만 당시에는 상당히 많은 부분을 절개하고 고통스런 회복기를 보내야 했다. 의사는 뛰어난 수술 솜씨로 내 무릎을 고쳐 놓았지만 상당한 통증이 남았는데, 의사는 서서히 가라앉을 거라고 했다.

한 달 정도 후면 통증 없이 걸어 다닐 수 있다는 기대가 나를 기쁘게 했다. 그런데 병원에 입원 중이던 나는 포도상구균에 감염되어 거의 죽을 뻔했다. 무릎은 의사가 말한 대로 그 달 안에 다 나았지만, 감염 상태는 18개월 동안 끈덕지게 계속되었다. 그 18개월 동안에 등을 오르락내리락하며 생긴 종기 때문에 73킬로그램 정도 되던 몸무게가 64킬로그램까지 빠졌다. 나는 거의 욥과 같은 처지가 되었다. 나는 사나흘에 한 번씩 병원에 가서 종기를 찢고 치료해야 했다. 정말로 욥과 같았다.

나는 감염을 치료하면서 내 외과의에게 새로운 단어를 배웠다. 바로 **의원병**이라는 단어다. 나는 이 단어가 무척 마음에 들어서 기회가 날 때마다 사용했다. 의원병이란 의사로부터 치료를 받는 과정에서 걸리는 질병이나 질환을 의미한다. 의사가 어떤 병을 치료하는데, 그 치료가 그 질병은 치료하지만 또 다른 질병에 걸리게 하는 것이다. 의원병을 나타내는 단어 iatrogenic은 헬라어로 의사(혹은 치료자)라는 뜻의 '이아트로스'(*iatros*)와 원인이라는 뜻의 '제닉'(*genic*)이 합해져서 만들어진 말이다. 즉, 치료받는 과정에서 비롯되는 질병이나 질환이다. '의원병'이라는 단어가 내게는 좀 멋있게 들렸고 그에 비해 '종기'는 질척하고 추한 느낌이 들었다. 이 단어를 사용하는 즐거움이 종기의 고통을 어느 정도 보상해 주었다.

내가 의원병을 경험하고 난 지 이십 년 후에, 이반 일리히(Ivan Illich)라는 사람이 북미 지역에 놀랍도록 확산된 의원병에 대해서 책을 썼다. 나는 우연히 그 책을 보게 되었는데, 그 책을 읽으면서 내가 사전에서 그 단어를 찾아보지 않아도 되는 몇 안 되는 사람 중 하나가 아닐까 생각했던 기억이 난다. 일리히는 의원병을 전염병으로 묘사했고 의료 시설이 미국인들의 건강에 주요 위협이 되었다고 하는 자신의 날카로운 비난을 입증하기 위해서 그 책을 사용했다.[1]

그 무렵 나는 이미 목사가 되어 있었고, 그 의원성 종기와 관련해서 내게 남은 것이라고는 흥미로운 추억밖에 없을 때였다. 그러나 일리히의 책을 읽으면서, 나는 미국 교회 안에도 마찬가지로 전염병이라고 할 수 있는 그와 놀랍도록 비슷한 일이 일어나고 있다는 사실을 깨닫게 되었다.

기독 교회는 구원이 선포되고 죄를 용서받는, 성령에 의해 형성된 공동체다. 교회 안에서 사람들은 성부, 성자, 성령의 이름으로 받는 세례로 다시 정의되고, 그리스도 안에서 사는 생명이 형성되며, 성찬의 의미를 지키는 예배를 하나님께 드리고, 고난과 불의, 전쟁, 절망, 중독 그리고 (뻔뻔하게 혹은 은밀하게 행해지는) 죄로 가득 찬 세상에서 (이웃 그리고 하나님과 반목하는 세상에서) 거룩한 삶을 실천한다. 참으로 대단한 일처럼 보인다. 그리고 실제로 대단하다. 이 많은 사람들이 새로운 삶, '속죄받고, 치유받고, 회복되고, 용서받은' 진짜 삶을 맛보고 삼위일체의 거룩한 일에 직접 참여하는 일이 어찌 대단하지 않겠는가.

하지만 이러한 일에 참여하는 사람들은 머지않아 이 새로운 삶은 완성된 삶이 아니라 진행 중인 삶이라는 사실을 깨닫게 된다. 우리 중 많은 사람들이 느리게 배우는 사람들이다. 많은 사람들이 성장하기를 꺼리면서 가능한 한 오래 이기적인 미성숙을 붙잡고 늘어진다. 또 어떤 사람들은 거룩함에 이르는 지름길을 찾으면서 불순종하는 과거의 습관으로 돌아간다. 또 어떤 사람들은 인생을 계속해서 스스로 통제하고, 스스로 할 수 없는 일들은 하나님이 해주시도록 하나님을 조작해 볼 방법들을 이리저리 실험해 본다. 또 적지 않은 사람들이 자기 이웃에게는 주의를 기울이지 않으면서 하나님을 대할 수 있는 길을 찾으려고 계속 노력한다. 그 어떠한 회중이든 자세히 들여다보면, 일반적인 사람들 가운데서 횡행하는 대부분의 영적인 죄(도덕적인 것과 감정적인 것 모두)와 사회적 무질서가 하나님의 선택받은 백성들 틈으로 계속 파고들어 오며, 때로는 번창하고 있는 모습을 보게 된다.

이것은 상식이다. 우리 모두가 경험하고 있다. 그렇기 때문에 그리스도인들이 예배를 드리기 위해서 모일 때면 공동으로 죄를 고백하는 것이 표준적인 관례다. 그러한 기도에 사용되는 언어는 단도직입적이고 전혀 우회적이지 않다. "우리는 마치 길 잃은 양처럼 당신의 길을 벗어나 딴 길로 갔고…우리가 마땅히 해야 할 일은 하지 않은 채로 내버려두었고, 하지 말았어야 할 일은 했으며, 우리에게 건강함이 하나도 없습니다.…오 주님, 이 비참한 범죄자들에게 자비를 베푸소서."[2]

"비참한 범죄자들"이라는 표현은 오늘날의 사람들에 의해 상당히 창의적으로 편집될 가능성이 있지만, 사실 이 표현 자체도 충분한 것은 아니다. 실질적으로 모든 기독교 회중이 죄를 고백하는 이 기본적인 기도를 다양한 형태로 변주해서 가지고 있다. 적어도 최근까지는 그랬다. 이 기도는 우리를 정직하게 해준다. 우리의 동료 그리스도인들을 인공적인 성자들로 이상화하거나 낭만화하거나 성급하게 성인으로 추앙하는 것을 막아 준다. 오랫동안 우리와 '평화롭게 지내던' 남자 혹은 여자가 간음하는 자이거나 횡령하는 자라는 사실을 알았을 때 느낄 법한 환멸을 막아 준다. 회중 바깥에서 비롯되는 모든 죄는 조만간에 회중 안에도 나타나게 된다.

그러나 종교 공동체 바깥에서는 거의 불가능한 방식으로 공동체 안에서 번창하는 죄의 형태가 한 가지 있다. 아예 그 죄가 **시작되는** 장소가 바로 예배가 드려지는 자리다. 종교 공동체가 이러한 영적 무질서, 이 **죄**의 조건을, 세속화된 세계가 제공해 주는 것보다 훨씬 더 많이 제공한다. 이 죄를 일컫는 일반적인 명칭은 '자기 의'다. 이 죄가 뿌리를 내리기 위해서는 의를 명예롭게 여기고 추구하는 공동체의 토양을 필요로 한다. 의로운 길을 실천하는 공동체 없이는 자기 의가 불가능하다.

일리히가 의료 시설이 미국인들의 신체적 건강에 심각한 위협이 되고 있다는 사실을 알아채고 있을 당시에, 목사로 일하면서 전에는 한 번도 심각하게 여기지 않았던 사실이 눈에 들어오고 있었다. 그것은 바로 내가 책임지고 있는 종교 시설이 자기 의라는 형태로 기독교 신앙에 심각한 위협이 되고 있다는 사실이었다. 나는 예배하는 회중이 일반적으로 알아채고 회개하는 그러한 죄들과는 달리, 자기 의라는 죄는 거울에 비춰 봐서는 결코 간파되지 않는 죄라는 사실을 인식하게 되었다. 간혹 다른 사람에게 그 죄가 있는 것은 눈에 띌지 모르지만 결코 나에게서는 발견하지 못하는 죄였다.

이 현상은 너무도 흔하고, 무척 해롭고, 대개의 경우 눈에 띄지 않아서 전형적으로 풍자되는 형식으로밖에는 언급되지 않기 때문에 나는 이 현상에 주목하게 하기 위해서는 특별한 이름을 붙일 필요가 있다고 생각했다. 바로 '경건병'(eusebeigenic)이다. 의학 용어인 '의원병'에서 유추해서 이 단어를 구성했다. 헬라어로 '유세비아'(*eusebeia*)는 '거룩한, 경건한, 독실한'이라는 뜻이다. 거룩한 사람, 하나님 앞에서 온통 신앙과 순종으로 사는 사람 즉 **의로운 사람**(righteous)이라는 뜻으로 성경에서는 언제나 긍정적인 의미로 사용된 단어다.

하지만 문제는 이것이다. '유세비아'의 특징을 가진 사람들은 그렇지 않은 사람들(의에 대해서는 상관하지도 않고 당연하다는 듯이 더 많은 돈, 더 많은 쾌락, 더 즐거운 섹스, 안정된 노후를 추구하는 사람들)은 할 수 없는 방식으로 죄를 지으며 다른 사람들도 죄를 짓게 하는 위치에 있다. 그리스도인이 된 이들만 지을 수 있고 지을 기회가 있는 몇 가지 죄들 중에서 가장 높은 순위를 기록하는 죄가 바로 자기 의의 죄다. 우리 모두가 기독교 국가라고 알고 있는 나라에 살면서 공개적으로 신앙을 시인하는 그리스도인이 되고 나면 자기 의의 죄를 지을 수 있는 가능성과 기회는 기하급수적으로 커진다.

그러나 자기 의라는 것이 신선함을 잃은 진부한 표현이 되었고 따라서 자기 인식을 유발하는 경우가 거의 없기 때문에, 그 죄가 어떻게 작동하고 우리가 얼마나 쉽게 그 죄에 무심결에 감염될 수 있는지를 보려면 이런저런 방법을 다 동원해야 한다. 나는 우리의 건강관리 체계를 전염시키고 있는 의원병을 진단해 낸 일리히의 전례를 따라서, 사회에서는 오히려 인정받는 기독교 공동체 안의 이 죄를 주목하게 하고 그것에 대해 경고를 주기 위해서 '경건병'이라는 용어를 제안한다.

경건병의 죄를 가장 잘 막는 길은, 늘 절박하게 구원자를 필요로 하는 잃어버린 존재로서의 자신의 상태를 첨예하게 인식하는 것이다. 하지만 새로 산 원피스를 입고, 혹은 코트 차림에 넥타이를 매고 일터로 들어서면 "안녕하세요, 목사님" 혹은 "의사 선생님, 반갑습니다" 혹은 "교수님, 이제 막 교수님이 쓰신 책을 읽었는데, 정말로 잘 쓰셨던데요"라는 말을 듣는 사람들이 그와 같은 인식을 유지하기란 쉬운 일이 아니다. 한 손에 대학 학위나 주일학교 수업 계획표나 짐바브웨로 가는 선교 여행을 지도하는 데 필요한 가장 최근의 업무 지시서를 들고 있으면서, 어떻게 하면 "내 손에는 아무것도 가진 것이 없으니, 오직 십자가만 붙들리라"는 의식을 날카로운 상상력으로 실현해 낼 수 있을까? 어쨌거나 우리는 그리스도가 선택하신 증인들이라는 자격 증명서를 가진, **그리스도인**이 아니던가!

경건병이라는 죄는, 온갖 의로운('유세비아', 거룩한, 독실한 즉 히브리어로 *tzadik*) 외양을 다 갖춘 말과 행동 속에 묻혀 있기 때문에 간파하기 어렵다. 의원병이 치료가 일어나는 장소인 병원에서 가장 흔하게 걸리는 병이듯이, 경건병은 의와 연관된 장소 즉 교회나 성경 공부나 기도 모임에서 가장 자주 짓는 죄다.

예수님은 우리가 교회에 다니면서 대체로 무심결에 짓게 되는 자기 의의 죄, 경건병의 죄를 자각하게 만드는 이야기, 예수님이 들려주신 최고의 이야기 중 하나라고 할 수 있는 이야기를 들려주신다. 이 이야기에는, 우리가 사실은 잃어버린 자들이라는 깨달음으로 깜짝 놀라게 하는 기교적인 장치가 있다. 이 이야기를 알고 묵상하는 것은 자기 의에 대한 치료이자 동시에 방어다.

누가는 사마리아 여행 내러티브의 거의 정중앙에 이 이야기를 배치함으로써 예수님을 따라 예루살렘으로 가고 있는 우리들에게 그 이야기의 중요성을 부각시킨다. 그 이야기는 다음과 같다.

그 무렵에는 평판이 의심스러운 다수의 남녀들이 열심히 예수님의 말씀을 들으며 그 주변에 머물고 있었다. 바리새인들과 종교학자들은 그러한 사실이 마음에 들지 않았다. 전혀 마음에 들지 않았다. 그들은 "저 자는 죄인들을 받아들이고 그들과 함께 식사를 하면서 마치 오랜 친구처럼 그들을 대하는군" 하며 투덜댔다. 그들의 투덜거림에 다음의 이야기를 들려주셨다.

"여러분 중에 누군가가 백 마리의 양이 있었는데 한 마리를 잃었다고 합시다. 그러면 아흔아홉 마리는 들판에 놔두고 잃어버린 양 한 마리를 찾을 때까지 쫓아가지 않겠습니까? 그 양을 찾게 되면 분명 즐거워하며 어깨에 둘러멜 것이며 집에 도착하고 나면 친구들과 이웃들을 불러서 이렇게 말할 것입니다. '나와 함께 축하합시다! 내가 잃어버린 양을 찾았습니다!' 내가 확실히 말하는데, 천국에서도 구출이 필요 없는 아흔아홉 명의 선한 사람보다도 죄인 한 사람의 생명이 구출된 것을 더 기뻐할 것입니다.

혹은 동전 열 개를 가지고 있었는데 그 중 하나를 잃어버린 여인이 있다고 상상해 봅시다. 그 동전을 찾을 때까지 그 여인은 등불을 켜서 집안에 있는 온갖 구석과 틈새는 있는 대로 다 뒤지고 살피지 않겠습니까? 그리고 그 동전을 찾게 되면 분명히 친구들과 이웃들을 불러서 '나와 함께 축하합시다! 내가 잃어버린 동전을 찾았습니다!'라고 말할 것입니다. 내가 확실히 말하는데, 잃어버린 영혼 하나가 하나님께로 돌아올 때마다 하나님의 천사들이 벌이는 잔치가 바로 그런 것입니다."

그러고는 또 말씀하셨다. "한번은 어떤 사람에게 두 아들이 있었습니다. 그 중 어린 아들이 아버지에게 말했습니다. '아버지, 지금 당장 내가 받을 몫을 주세요.'

그래서 그 아버지는 두 아들에게 재산을 나누어 주었고 머지않아 어린 아들은 짐을 싸서 먼 나라로 떠났습니다. 거기에서 규율도 없이 방탕하게 살다가 그는 자신이 가진 것을 다 써 버리고 말았습니다. 그가 돈이 바닥났을 때 마침 그 나라 전체에 심한 기근이 와서 그는 궁지에 빠지게 되었습니다. 그는 그 곳에 사는 사람에게 고용되어 돼지에게 밥 주는 일을 했습니다. 그는 너무도 배가 고파서 돼지 먹이에 있는 옥수수 속대라도 먹었겠지만, 그것조차도 주는 사람이 없었습니다.

그러자 그는 제정신이 들어 이렇게 말했습니다. '내 아버지 밑에서 일하는 그 모든 일꾼들도 하루 세끼를 먹는데 나는 여기에서 굶주려 죽게 생겼구나. 내 아버지에게로 돌아가야겠다. 가서, 아버지, 내가 하나님 앞에 죄를 짓고 아버지께도 죄를 지었습니다. 당신의 아들이라고 불릴 자격이 없습니다. 나를 농장 머슴으로 받아 주십시오, 라고 말해야겠다.' 그래서 그는 일어나 아버지가 있는 집으로 갔습니다.

그가 멀리서 오고 있을 때 그의 아버지는 그를 알아보았고 두근거리는 가슴을 안고 뛰어나가 아들을 끌어안고는 입을 맞추었습니다. 그의 아들이 준비해 온 말을 했습니다. '아버지, 내가 하나님 앞에 죄를 짓고, 아버지께도 죄를 지었습니다. 내가 다시는 당신의 아들이라고 불릴 자격이 없습니다.'

그러나 아버지는 듣고 있지 않았고 오히려 종들을 부르고 있었습니다. '서둘러라. 깨끗한 옷을 가져와서 그에게 입혀라. 그의 손가락에 가족 반지를 끼워 주고 발에는 신발을 신겨라. 그리고 여물 먹여

키운 어린 암소를 데려다가 구워라. 잔치를 열 것이다! 즐거운 시간을 보낼 것이다! 내 아들이 왔다. 죽은 줄 알았는데 살아서 왔다! 잃어버린 줄 알았는데 이제 찾았다!' 그렇게 그들은 즐거운 시간을 가지기 시작했습니다.

이러한 일이 벌어지고 있는 동안 그의 큰아들은 밭에 나가 있었습니다. 하루의 일과를 마치고 돌아오는데 집 가까이에 와서 보니 음악소리와 춤추는 소리가 들렸습니다. 그는 집안에 시중드는 아이 하나를 불러서 무슨 일인지 물어보았고 그 아이가 이렇게 말했습니다. '당신의 동생이 돌아왔어요. 그가 무사히 집으로 돌아왔다고 당신 아버지께서 잔치를 명령하셨어요. 소고기 바비큐요!'

형은 부루퉁하게 화가 나서 휙 가 버리고는 잔치에 참여하기를 거부했습니다. 그의 아버지가 나와서 그와 이야기를 하려 했지만 그는 들으려하지 않았습니다. '내가 얼마나 오랜 세월을 여기에 머물면서 아버지를 섬겼는지 보십시오. 아버지께 근심의 여지를 눈곱만큼도 드린 적이 없건만 나와 내 친구들을 위해서는 잔치를 여신 적이 있습니까? 그런데 창녀들에게다 아버지의 돈을 탕진해 버린 아버지의 아들이 나타나자 정신없이 잔치를 베푸시다니요!'

그의 아버지가 말했습니다. '아들아, 네가 이해를 못하는구나. 너는 항상 나와 함께 있었고, 내가 가진 모든 것이 다 네 것이다. 하지만 지금은 참으로 놀라운 시간이고 우리는 축하할 수밖에 없었다. 네 동생이 죽었다가 살아났어! 그를 잃어버렸다가 찾았다고!'"(눅 15장, 「메시지」)

이 이야기는 예수님에 대해서 비판적으로 투덜대는 바리새인들과 성경학자들이 촉발시킨 이야기다. 그 당시에 사마리아를 여행해 지나가면서 예수님이 이야기하셨던 대상은 신앙 세계의 이방인들이었다. '세리와 죄인들', 불쾌한 사람들, 평판이 나쁜 사람들이었다. 종교적 주류들, 올바르고 책임 있게 사는 바리새인들과 성경학자들은 기분이 나빴다. 그들은 이렇게 불평했다. "죄인들을 받아들이고, 식사 시간에 그들과 허물없이 사귀고, 마치 오랜 친구처럼 그들을 대하다니." 의로운 사람들은 예수님이 의롭지 못한 사람들, 사마리아의 하층민들을 예의 바르게 대하시고 환대하신다고 불평하고 있었다. 그들의 불평이 이 이야기를 촉발시켰다.

이 사건은 따로 분리된 사건이 아니라 자세한 기록으로 남아 있는 예수님의 습관이었다. 이방인들 즉 행실 좋은 사람들이 모인 종교 사회에서 배제된 남녀들을 편하게 대하시고 환영하신 태도는 예수님의 습관이었다. 이 이야기에 나오는 동사들은 현재 시제로 되어 있어서 그것이 예수님이 언제나 하시는 일임을 암시하고 있다. 예수님은 존경할 만한 삶과는 거리가 먼 사람들, 적어도 종교적, 도덕적 존경을 받을 만하지는 않은 사람들과 거리낌 없이 지내셨다. 그렇다면 그 자리에 모인 사람 중에 책임 있고 존경할 만한 삶을 사는 사람들이 화가 나서 투덜거릴 만도 했다.

그들의 행위를 지칭하는 헬라어(*diegongudzon*)를 영어 성경에서는 murmur(웅얼대다, RSV), grumble(툴툴대다, NRSV), mutter

(투덜대다, NIV) 등으로 번역했다. 신약 성경 저자 중에서 누가만이 이 단어를 사용하고 있는데, 여리고에 사는 부자 세리 삭개오를 예수님이 친절하게 대하신 것에 대한 사람들의 반응을 묘사하는 비슷한 맥락인 19:7에서 누가는 다시 한 번 이 단어를 사용하고 있다.

다른 복음서 저자들이 사용하지 않는 단어를 누가가 사용할 때는 다시 한 번 살펴보는 것이 좋다. 네 명의 복음서 저자들 중에서 누가가 가장 광범위한 단어를 구사하고 있다. 그는 또한 초대교회가 사용하던 표준 번역본인 (히브리어 성경을 헬라어로 번역한) 70인역에 가장 정통한 사람이었다. 그가 선택한 단어들은 옛 히브리 성경에 나오는, 이스라엘의 기초가 되는 이야기들을 끊임없이 암시하는 단어들이며 이번 경우에도 마찬가지다. '투덜대다'는 단어는 성경에서 출애굽기 15:24와 16:2에 처음으로 사용되었다.

출애굽기 본문에서 이스라엘 백성은 이집트를 탈출해 가나안으로 가고 있었다. 홍해를 건너는 흥분되는 사건이 지난 후에 그들은 광야를 지나가는 여행길에 힘든 일들을 만나게 된다. 제법 힘든 여섯 주간의 여행을 하고 난 후에 "이스라엘 온 회중이 그 광야에서 모세와 아론을 원망하여(*diegongudzen*) 이스라엘 자손이 그들에게 이르되, 우리가 애굽 땅에서 고기 가마 곁에 앉아 있던 때와 떡을 배불리 먹던 때에 여호와의 손에 죽었더라면 좋았을 것을 너희가 이 광야로 우리를 인도해 내어 이 온 회중이 주

려 죽게 하는도다!"(출 16:2-3)

여기에서 누가는 이 구약 성경의 사건과 현재의 사건이 서로 비슷한 맥락이라는 사실에 우리가 주목하게 하려는 것일까? 나는 그렇다고 생각한다. 사람들은 모세가 위험하고 지도에도 나와 있지 않은 힘든 지역으로 자신들을 이끌고 가고 있다고 투덜댔다. 그들은 어디에 와 있는지도 몰랐다. 이정표도 없었다. 그들은 이집트에서 노예로 지내던 때의 안정과 안전을 그리워하고 있었다. 사람들은 예수님이 사마리아라는 익숙하지 않고 적대적인 지역, 평판 나쁜 이교도들과 죄인들이 사는 광야로 이끌고 지나가신다고 투덜댔다. 그들은 도덕주의라는 안정과 안전을 그리워했다.

여기서의 내 가정이 반드시 옳다고 고집하지는 않겠지만, 문맥상으로는 적절한 가정이다. 이 바리새인들과 성경학자들은 예수님을 따르는 자들이었다. 그들은 제자도에 들어선 자들이었다. 그들은 예수님과 함께 예루살렘으로 가고 있었다. 그런데 이제 그들은 다시 생각하고 있었다. 이 잃어버린 영혼들, 이 사마리아의 오합지졸과 정말로 어울리고 싶지는 않았다.

이스라엘 백성은 나쁘고 악해서 투덜댄 것이 아니라 선하고 신성해서 투덜댄 것이었다. 바리새인들과 성경학자들은 나빠서 투덜댄 것이 아니라 선하고 신성해서 투덜댄 것이었다. 두 가지 경우 모두 투덜대는 자들은 하나님을 예배하는 경건하고 독실한 사람들로서, 이교의 미신으로부터 구출되어 하나님의 지도자를 따르는 중이었다. 투덜대는 두 부류 모두 '유세비아', '거룩한',

'의로운'이라는 형용사를 쓸 수 있는 사람들이었다. 그런데 모든 것을 뒤죽박죽으로 만드는 일이 벌어지고 있었다. 스스로를 의롭다고 규정하는 그들의 자기 이미지가 갑자기 사라져 버렸다. 그들은 혼란스럽고 방향을 잃은 것 같았다. 그 느낌이 좋지 않아 그들은 투덜댔다(*diegongudzon*). 이해할 만한 일이다.

예수님의 가장 유명한 비유라고도 할 수 있는 이 이야기는 거기에서 비롯되었다. 바리새인들과 성경학자들이 투덜대고 있었다. 과거 이스라엘 백성의 투덜거림이 거기에 함께 섞여 들려오는 것 같다. 이러한 투덜거림, 툴툴거림과 불평 가운데로 예수님은 이 비유를 던지셨다.

(흔히 생각하는 대로 세 개가 아니라) 네 개의 작은 이야기들이 이 비유를 구성하고 있다. 이 이야기들은 갈수록 강화되는 나선형 구조로 배치되어 있다.

첫 번째 이야기에 나오는 숫자는 100이다. 일백 마리의 양. 일백 마리 중에 한 마리가 길을 잃었다. 목자는 잃어버린 양을 찾아 나섰다가 그것을 찾고는 집으로 데리고 와 친구와 가족을 불러 그와 함께 기뻐하자고 한다.

두 번째 이야기에 나오는 숫자는 10이다. 열 개의 동전. 열 개 중에 한 개를 잃어버린 주부가 구석구석 그 동전을 찾다가 마침내 찾아내고는 친구와 가족을 불러 함께 기뻐하자고 한다.

세 번째 이야기에 나오는 숫자는 2다. 두 아들. 둘 중 하나를 잃어버렸는데 아버지가 그 아들이 돌아오기를 기다린다. 그 아들은 실제로 돌아오고 아버지는 축하의 잔치를 연다.

세 번째 이야기는 처음 두 이야기보다 묘사가 더 많다. 잃어버리는 과정에 대한 내용(떠남), 잃어버린 상태, 깨어진 관계에 대한 느낌, 찾는 과정의 드라마(귀가)가 다 포함되어 있다. 우리는 이 잃어버린 상태의 깊이와 강렬함에 빨려든다. 잃어버린 사람은 잃어버린 동물이나 사물보다 더 많은 관심을 받는다. 그러나 또 한 가지 차이점은, 그 아버지가 목자가 자기 양을 찾거나 주부가 동전을 찾는 것과 같은 방식으로 자기 아들을 찾으러 나서지 않는다는 것이다. 아버지는 전혀 찾으러 나서지 않지만, 언제 그 아들이 돌아올지를 기다리며 마찬가지로 찾고 있다. 저 멀리서 아들을 알아보고 뛰어나가 그를 반기고 환영한다.

우리가 동물을 찾거나 동전을 찾는 것처럼 잃어버린 아들(혹은 사람)을 찾아다니지 않는다는 것은 분명한 사실이다. 여기에서는 활동적인 에너지와는 다른 것이 필요하다. 강도는 비슷하면서도 수동적인 것, 수동적인 에너지가 필요하다. 우리의 적극성보다는 수동성이 앞서게 되는 상황들이 있다.

기다리는 행위는 다른 사람들이 구원에 참여할 수 있는 시간과 공간을 마련해 준다. 기다리는 행위는 잠시 작전 시간을 요청해서 우리로 하여금 경기장 바깥에 서 있게 함으로써, 우리도 모르는 사이에 일어나고 있는 가장 중요한 하나님 나라의 작업에 간섭하지 않게 해준다. '하지 않음'은 자아의 거리 두기와, 포괄적이지만 강압적이지 않은 하나님의 방식에 대한 이해를 요청한다. 수동성은 그리스도께서 대신하여 죽으신 우리 안에, 교회 안에, 그리고 이 세상 안에서 소리 없이 일하시는 성령께 자리를 내어준다. 복잡하게 얽힌 성령의 사역은 대개 우리 눈에는 보이지 않는다. 에밀리 디킨슨은 그것을 "포기, 뼈에 사무치는 미덕"이라고 불렀다.[3] 목자가 자기 양을 찾아 나선 것처럼 그리고 여자가 자기 동전을 찾아다닌 것처럼 자기 아들을 찾으러 나서지 않기가 그 아버지로서는 쉽지 않았을 것이다. 모든 잃어버린 아들과 딸과 친구와 '구원받지 못한 자'들을, 수색 구조대를 부른다고 해서 찾을 수 있는 것은 아닐 것이다. 분별이 필요하다.[4]

숫자의 비율이 줄어드는 것은 우리의 기대를 강화시킨다. 백 중에 하나, 열 중에 하나, 그리고 둘 중에 하나. 각각의 경우 소중했지만 잃어버린 것을 성공적으로 되찾는다. 각각의 경우 축하하고 기뻐하자는 요청이 있다.

이 간단하고도 소박한 이야기가 우리 안에 작용한다. 우리는 박수친다. 우리가 일상적으로 겪는 극적인 사건들과 동일시된다. 잃어버린 개나 고양이, 어디에 두었는지 알 수 없는 십 달러짜리 지폐, 잃어버린 혹은 가출한 아이. 기대감이 커진다. 백 중에 하나, 열 중에 하나, 둘 중에 하나. 목자, 주부, 부모. 그 이야기에 나오는 사람들과 한마음이 되어 우리는 갈채를 보낸다.

툴툴대던 바리새인들과 성경학자들도 박수를 치고 있었을까? 물론이다. 어떻게 그러한 이야기를 들으면서 계속 분노를 내뿜을 수 있겠는가? 이 사람들은 잃어버린 것을 찾는 일을 평생 해 온 사람들이다. 그들은 잃어버린 것을 열심히 찾다가 그것을 찾고 축하하는 일에 대해서 잘 안다. 그러한 일이 일어날 때마다 다시는 아무것도 잃어버리지 않겠다고 결심한다. 이제부터는 안전하게 해야지. 이제 다시는 조심성 없이 인생을 살지 말아야지. 어디에 무엇이 있는지 그들은 다 안다. 특히 하나님과 관련된 것들은 더 잘 안다. 모든 것이 다 제자리가 있고 모든 것이 다 제자리에 가 있다. 바리새인들은 착실하게 사는 사람들이다. 그들이 특히 착실한 분야는 종교. 과거에는 더러 무엇을 잃어버리기도 했을지 모르지만 이제는 아니다. 이제는 잘 관리하고 있다. 그들은 잘 정리된 인생을 살고 있다. 그들은 의롭다. 스스로 의롭다. 그들은 길을 잃지도, 무엇을 잃어버리지도 않는 사람들의 전형이다.

그래서 예수님과 예수님의 조심성 없는 방식에 투덜대던 그 바리새인들은 잠시 이 이야기에 사로잡혀 투덜대기를 멈췄다. 그들은 무엇을 잃어버렸다가 찾는 경험에 대해서 좀 아는 바가 있기에, 그들의 상상력은 그들을 이야기의 참여자로 만들어 버렸다. 바리새인들도 양과 동전과 아들을 찾은 이야기에 박수를 보내고 있었다. 그러지 않을 사람이 누가 있겠는가?

그 때 자기 의의 방어막이 잠시 늦춰진 틈을 타서 예수님은 네 번째 이야기를 집어넣으신다. 이 이야기는 또 다른 잃어버린 아들에 대한 이야기다. 그러나 이 아들은 삼중으로 잃어버린 아들이다. 그는 아버지로부터, 자기 형제로부터, 축하하는 공동체로부터 떨어져 나왔다. 눈에 띄게 무엇을 잘못한 적이 없는 아들, 규칙을 지킨 아들, 농장에서 열심히 일한 아들이었다. 그런데 이런 일을 당하게 되었다. 어린 아들이 돌아오기를 몇 년 동안 기다렸던 아버지가 그 아들을 찾더니 그더러 축하 잔치에 같이 가자고 촉구하고 간청하시는 것이다. 여기에서 사용된 동사는 '파라칼레이'(*parakalei*)다. 이 동사는 요청의 의미를 가지고 있다. 노래하고 잔치를 벌이고 축하하는, 잃어버렸다가 찾은 자들의 공동체로 우리를 이끄는, 구애와 초대와 환영과 격려의 단어다. 이 동사는 무엇보다도 보혜사이신 성령과 연관된 단어다. 하나님이 우리 곁에 오셔서, 잃어버렸다가 찾은 자들의 공동체로 이끄신다.

예수님은 이 네 번째 이야기의 결론을 이야기하지 않으신다. 앞의 세 이야기는 비슷한 구조와 동일한 결말을 가지고 있다. **잃고**, 이어서 **찾아다니고**, 이어서 **찾고**, 이어서 **축하한다**. 네 번째 이야기도 동일한 구조를 따르고 있다. 잃고, 찾아다니고, 찾고. 그런데 마무리가 없다. 축하가 없다. 형이 찾은 자가 되어 축하 잔치에 참여했는지 우리는 알지 못한다. 똑같이 잃어버렸다가 찾은 이야기이지만 결말이 없다. 결말이 없는 이야기는 경청자나 독자가 그 결말을 만들도록 청한다.

내가 만든 결말은 이렇다. 하나씩 쌓여 가는, 잃어버렸다가 찾은 이야기는 갈수록 초점이 좁혀진다. 백 중에 하나, 열 중에 하나, 둘 중에 하나. 그리고 이제는 그저 하나. 모든 사람의 시선이 그 하나에, 남아 있는 잃어버린 형에게 쏠려 있다. 예수님이 말씀을 마치신다. 침묵.

마지막으로 나오는 이 잃어버린 자는 어떻게 되었는가? 예수님이 이야기를 마저 하지 않으시려는 것일까? 침묵은 긴장감으로 발전한다. 침묵이 처음에는 불편했다가 그 다음에는 견딜 수 없어졌다가 결국에는 지진처럼 폭발한다.

투덜대던 사람들 중 하나가(바리새인일까? 성경학자일까?) 그 이야기의 의미를 깨닫고는 충격에 힘써어 말힌다. "내가 그 형입니다. 그게 바로 **나입니다!** 나의 잃어버린 상태는 다른 모든 사람보다 더 심각합니다. 내가 그 사람입니다. 그런데 내가 발견되었습니다! 하나님 아버지께서 나를 찾으셨습니다."

그러자 다른 사람이, 그리고 또 다른 사람이 연달아서 고백한다. 그들이 딛고 있던 땅이 구조 변형을 일으키면서 자기 의는 모두 잡석으로 변했다.

그 투덜대던 자들은 잇달아서 스스로 규정한 군중들의 인정을 받는 의로운 자라는 안전한 지위를 버리고, 잃어버렸다가 찾은 자의 무리에 가담한다. 그들은 친구와 이웃과 천사들의 축하로 예수님의 이야기에 결말을 제공한다. 더 이상의 투덜거림은 없다.

이제야 우리는 깨닫는다. 예수님은 자신이 잃어버린 자라는 생각을 오래 전에 잊어버린, 어느 잃어버린 자에 관한 이 네 번째 이야기를 들려주시기 위해서, **자신**은 결코 잃어버린 자라고 생각하지 않는 회중 가운데에 있는 주류들의 자기 인식을 비켜가기 위해서 앞에 나오는 세 개의 짤막한 이야기들을 '빗대어서' 들려주셨던 것이다. 우리야말로 자신의 처지는 잊고 잃어버린 자를 찾아 나서는 사람들, 혹은 아무도 그리고 아무것도 잃어버리지 않도록 모든 것을 챙기는 사람들이 아닌가?

자기 의는 대체로 자신의 잃어버린 상태를 부인하는 데서 비롯된다. 그것은 경건병으로서 수많은 죄를 양산한다. 그것을 죄로 인식하기가 어려운 이유는 너무도 존경할 만한 자리에서, 그러니까 교회 의자에 앉아 찬송가를 부르고 성경을 읽고 '예수님의 이름으로' 일하는 그리스도인들 사이에서 옮아온 것이기 때문이다. 그러나 예수님의 지진과도 같은 이야기가 폭로한 것처럼, 사실은 예수님이 우리를 찾아다니신다. 우리는 헤매고 있는 그 어느 양 못지않게, 떨어뜨린 그 어느 동전 못지않게, 그 어느 탕자 못지않게, 길을 잃은 자들이다.

착실하게 잘하고 있는 듯한 외양을 조금이라도 붙잡고 있는 한 우리의 기독교 신앙은 더 깊어지고 성숙해질 수 없다. 우리의 잃어버린 상태를 인식하기를 회피하는 한 우리는 발견됨의 세련된 깊이를 경험하지 못할 것이다. 언제나 자신이 선 자리를(그리고 나머지 사람들이 선 자리를!) 알고 있는 안전한 도덕적 틀, 이 자족감의 자세를 유지하겠다고 고집하는 한 우리는 찾은 양, 찾은 동전, 두 명의 찾은 형제들, 그리고 축하하는 천사들의 무리로부터 스스로를 소외시키게 될 것이다.

경건병의 죄는 막을 수 있다. 그것은 어렵지만 또한 간단하기도 하다. 날마다 우리의 능력과 기술을 제단 위에 올려놓는 것이다. 우리 구세주께서 찾으러 오셔서 '단 한마디의 변명도 필요 없이, 있는 모습 그대로' 우리를 찾으시고는, 하늘의 모든 천사들이 기뻐하는 가운데 당신의 양떼로, 당신의 지갑으로, 당신의 가족으로 우리를 데려가시는 그 잃어버린 상태로 날마다 다시 들어가는 것이다.

언제 어디서나 우리는 예수님의 이야기가 구성하고 있는 상황들을 받아들이고, 기독교의 길을 가는 지혜로운 안내자들이 주는 충고를 받아들이는 법을 배우게 된다. 그 안내자들은 이렇게 말해 준다. 우리 자신의 행동이나 도덕주의로는 의로움을 만들어 낼 수 없고, 키에르케고르가 '우리를 준비시켜 주는 혼돈의 능력'이라고 부른 상태, 십자가의 요한이 '영혼의 어두운 밤'이라고 부른 상태, 그리고 익명의 영국인 작가가 '무지의 구름'이라고 부른 상태로 끊임없이 다시 들어가야만 한다고.

8
부정직한 관리인
••• 누가복음 16:1-9

잃어버린 형제들(탕자와 그의 형)에 대한 예수님의 이야기는 식을 줄 모르는 인기를 누리고 있으며, 세대를 거듭해서 다시 들려지는 이야기다. 그와는 대조적으로 그 이야기 바로 뒤에 나오는 이야기는 가장 무시당하는 이야기 상을 받을 법한 이야기다. 사람들은 그 이야기를 그냥 무시하거나 아니면 아예 노골적으로 건너뛴다. 그것이 그토록 인기가 없다는 사실이 오히려 우리의 이목을 끌며, 우리는 그 이야기에 주목할 수밖에 없게 된다.

모든 학자들이 그런 것은 아니지만 대체로 학자들에게도 이 비유는 골칫거리였다. 20세기의 대 주석가라고 할 수 있는 루돌프 불트만(Rudolf Bultmann)은 이 비유를 이해할 수 없는 비유라고 선언했다.[1] 비록 이 비유가 이해하지 못할 정도는 아니라 하더라도 이상한 비유인 것만은 분명하다.

그 이야기는 다음과 같다.

예수님이 제자들에게 말씀하셨다. "관리인을 두고 있는 어떤 부자가 있었다. 그런데 그 관리인이 자신의 위치를 이용해서 개인 지출을 크게 늘렸다는 소식을 들었다. 그래서 그는 그 관리인을 불러다가 말했다. '내가 너에 대해서 듣고 있는 이 소문이 무엇이냐? 너는 해고다. 그리고 네 장부를 완벽하게 회계 감사해서 가져와라.'

그러자 관리인은 이렇게 혼잣말을 했다. '이제 어떻게 하지? 직업도 잃어버렸고, 육체 노동을 할 만큼 튼튼하지도 않고, 구걸해 먹자니 자존심이 상하고…. 아, 계획이 하나 떠올랐다. 이렇게 하면 되겠다. 그러면 내가 길거리로 내쫓기더라도 사람들이 자기 집으로 나를 맞아 줄 거야.'

그는 계획대로 했다. 그는 자기 주인에게 빚을 지고 있는 사람들을 하나씩 불렀다. 첫 번째 사람에게 그는 말했다. '우리 주인에게 얼마나 빚졌는가?'

그가 대답했다. '올리브 기름 일백 단지요.'

그 관리인이 말했다. '자, 계산서를 받고 여기 앉아서, 얼른 오십이라고 쓰게.'

그 다음 사람에게 그가 말했다. '그리고 자네는, 얼마 빚졌는가?'

그가 대답했다. '밀 일백 가마니요.'

그가 말했다. '계산서를 받고, 팔십이라고 쓰게.'

자, 이제 깜짝 놀랄 일을 말해 주겠다. 그 주인이 이 부정직한 관리인을 칭찬한 것이다! 왜 그랬을까? 왜냐하면 그가 자기 자신을 돌볼 줄 알았기 때문이다. 세상 물정에 밝은 사람들이 이런 면에서 착실하게 법을 지키는 시민보다 더 영리하다. 그들은 언제나 정신을 바짝 차리고 이리저리 기회를 엿보면서 요령껏 생존한다. 너희들도 마찬가지로 영리하기를 바란다. 하지만 옳은 일을 위해서 그렇게 해라. 모든 역경을 자극제 삼아서 창의적으로 생존하고, 사는 데 꼭 필요한 것들에 주의를 집중해서, 그저 착하기만 한 모습으로 그럭저럭 사는 것이 아니라 정말로 치열하게 살아가도록 해라"(눅 16:1-9, 「메시지」).

처음에 이 두 이야기를 읽으면 마치 서로 다른 세상에 속한 이야기들처럼 느껴진다. 잃어버린 형제들과 인내심과 연민 많은 아버지의 이야기는 우리 마음 깊은 곳에 있는 감정을 건드린다. 자신을 비참하게 만드는 두 아들을 둔 아버지. 작은아들은 무정하고 잔인한 배신으로, 큰아들은 냉정하고 무뚝뚝하고 완고하고 쌀쌀맞은 자기 의로 아버지를 괴롭힌다. 그러나 아버지는 그 두 아들 모두를 심금을 울리는 연민과 수용과 화해로 기쁘게 맞이한다. 우리는 이 이야기를 사랑한다. 아무리 들어도 질리지 않는다. 이 이야기를 그린 렘브란트의 그림도 우리를 감동시킨다. 그러나 두 번째 이야기는 이런 식의 가슴 짠하게 하는 가족적인 파토스를 전혀 불러일으키지 않는다.

그럼에도 불구하고 이 두 이야기에는 놀랍도록 비슷한 점이 있다. 누가복음 15장의 아들은 아버지의 자비에 자신을 맡긴다. 누가복음 16장의 관리인은 주인의 자비에 자신을 맡긴다. 아들과 관리인 모두 매우 궁핍한 상황에 처해 있고, 낭비하고 탕진한 인생밖에는 보여 줄 것이 없는 사람들이다. 한 사람은 아들 노릇을 망쳐 버렸고, 다른 한 사람은 관리인 노릇을 망쳐 버렸다.

아들과 관리인 모두 자신들이 받았던 신뢰를 저버렸다. 모두 자신의 핵심적 정체성을 제대로 지키지 못했고 아무것도 내세울 것이 없었다. 방탕한 아들이나 부정직한 관리인 모두 변명을 하지 않는다. 합리화도, 참작할 만한 상황도 없다. 아무것도 없다.

'디아스코르피드조'(*diaskorpidzō*, 눅 15:13과 16:1, '허랑방탕하다', '낭비하다', '방탕하게 살다')라는 단어는 두 이야기 모두에서 매우 중요한 위치에 사용되었다. 이 이야기에 끌리는 이유가 무엇이든, 적어도 도덕적인 업적이 그 이유는 아니다. 이 이야기들은 선한 일을 하라고 부추기는 이야기가 아니다.

아들과 관리인은 둘 다 '놀라운 은혜'를 경험한다. 아들은 가족으로부터 추방당하지 않는다. 관리인은 감옥에 갇히지 않는다. 그들은 자신들이 심을 것을 거두지 않는다. 자신들이 받아 마땅한 대접을 받지 않는다. 오히려 평생 잘못 살다가 드디어 인생을 바로잡게 된다. 아들은 아버지로부터 후한 대접을 받고, 관리인은 상사로부터 놀라운 칭찬을 받는다.

그리고 두 이야기 모두에는 제대로 된 '결말'이 없다. 우리는 큰아들이 어떻게 됐는지 알지 못한다. 그리고 관리인이 어떻게 되었는지도 알지 못한다. 결말이 없는 이야기는 결말을 강력하게 요구한다. 해결을 요구한다. 우리 독자들, 청취자들은 은혜의 세계로 확 끌려 들어가게 된다. 우리는 무엇을 해야 하는가? 글쎄, 아무것도 할 것이 없다. 하지만 부모나 상사에게 잘못을 한 사람이 예상하는 결과는 그런 것이 아니다. 종교 스승의 경우도 마찬가지다. 이 이야기들은 우리가 잘못한 일을 보상하기 위해서 무언가를 해야겠다는 생각이 들게 만드는 것이 아니라, 우리가 온전해지고 잘되기를 바라시는 그분으로부터 모든 것을 받으라고 초대한다.

볼티모어에 있는 존스 홉킨스 병원에서 주차할 자리를 찾고 있던 어느 날, 나는 이 이야기의 중요성을 이해하게 해주는 통찰력을 처음으로 얻었다. 나는 목사로서 최근에 수술을 받은 교구민을 방문하기 위해서 그 곳을 찾았다. 근처에는 주차장이 눈에 띄지 않았고 길에는 주차된 차들이 길게 늘어서 있었다. 병원을 세 바퀴 돌았지만 주차할 자리는 하나도 나지 않았다. 그러한 상황에 처하면 자리가 하나 나게 해 달라고 언제나 기도하는 친구들이 생각나기에 나도 한번 그렇게 해 보기로 했다. 나는 주차할 자리를 달라고 기도했다. 그러자 6미터 정도 앞에서 차 한 대가 빠져나갔다. 나는 그 자리에 주차를 하고는 자동차 문을 잠갔다. 정말로 흐뭇했다. 동볼티모어의 거리에서 작은 기적을 경험했을 뿐만 아니라, 나의 기도가 효과가 있다는 것을 증명해 줄 만한 이야깃거리도 하나 생겼으니 말이다.

병실에서 회복 중인 친구와 한 시간 정도 시간을 보내고 난 후에 나는 엘리베이터를 타고 내려와 기도의 응답으로 마련된 주차 공간에 대해 생각하며, 친구들에게 이 이야기를 흥미진진하게 늘어놓을 생각을 하며 다시 그 자리로 돌아갔다. 그런 식으로 기도가 응답된 것은 나로서는 처음 있는 일이었다. 그런데 이런, 자동차에 열쇠를 꽂아 놓고 문을 잠가 버렸던 것이다. 나는 이러지도 저러지도 못하고 시동 거는 자리에 대롱대롱 매달려 있는 열쇠를 바라보며 그렇게 서 있었다.

나는 어쩔 줄을 몰라 주머니에 손을 넣고 머릿속으로 궁리만 했다. 바로 그 때 열 살 정도 된 아프리카계 미국인 소년이 다가와서는 물었다. "무슨 문제 있으세요?" 내가 대답했다. "그래. 자동차 안에 키를 놔두고 문을 잠가 버렸어." 그가 말했다. "제가 도와드릴게요." 그는 주머니에서 철사 한 가닥을 꺼내더니 삼십 초도 채 안 되어서 문을 열고는 손을 뻗어 키를 빼다가 내게 건네주었다.

나는 말했다. "네가 나타났을 때 내가 여기에 있었다는 것이 참으로 다행이구나." 그는 씩 웃으며 말했다. "이 정도면 아저씨한테 1달러 정도의 가치는 있지 않겠어요?" 나는 지갑을 꺼내면서 그를 칭찬했다. "1달러라고? 2달러의 가치가 있다!" 하면서 나는 그에게 돈을 건네주었다.

차를 몰고 그 자리를 떠나면서, 여러 세대의 독자들을 혼란스럽게 하고 심지어는 분개하게 만든 이 예수님의 이야기(부정직한 행위로 오히려 칭찬을 받은 부정직한 관리인의 이야기, 악당인 것에 대해 칭찬받은 악당의 이야기)가 내 무의식의 상상력 위로 떠올랐다. 내가 이제 막 경험한 것이 바로 그런 것이 아니었을까? 볼티모어의 도심에 사는 세상 물정 밝은 이 열 살짜리 소년은, 그 나이에 이미 잠긴 자동차를 여는 일에 선수가 되어 자신의 기술로 용돈 될 만한 일을 찾아다니며 그 척박한 환경에서 살아남았는데, 그러한 그가 자신의 수상한 기술과 용감한 행위로 창조적인 생존을 해 나간다고 칭찬을 받았다.

나로서는 기도를 통해 기적을 경험했다는 다소 종교적인 몽상에 빠져, 새롭게 발견된 나의 기도하는 능력을 알아본 친구들의 박수갈채를 약간 으스대며 기대하고 있다가 갑자기 정신이 번쩍 들지 않았던가? 그 날 벌어 그 날 먹고 사는 도심 거리의 힘겨운 현실과, 병실에서 드려진 잘 계획된 나의 목회 기도와 성시가 나란히 병치되어 있었다.

그로부터 몇 년 후, 어떤 책을 읽다가 존스 홉킨스 병원의 보도에서 내가 얻은 예수님의 이야기에 대한 통찰력이 맞았다는 것을 확인하게 되었고, 그 통찰력이 더 깊어지게 되었다. 그 책은 바로 케네스 베일리(Kenneth Bailey)가 쓴 책이었는데, 그는 당시 베

이루트에 있는 근동 신학교(Near Eastern School of Theology)의 교수였다. 그는 오랜 기간 중동(레바논, 이집트, 시리아, 이라크, 팔레스타인)에서 살면서, 교실에서 가르치기만 한 것이 아니라 1세기의 신약 성경 세계와의 연속성이 강한 생활 방식을 유지하고 있었던 농부들의 언어와 관습을 깊이 파고들었다. 그러한 농부들의 문화에 친숙했던 그는 예수님의 비유를 이해하는 데 신선하고 독창적인 돌파구를 얻기도 했다. 나에게는, 그리고 나의 많은 친구들에게는 그가 예수님의 비유를 가르쳐 주는 큰 스승이 되었다. 우리 시대에 가장 포괄적으로 신약 성경을 가르치는 학자인 톰 라이트(N. T. Wright)는 베일리가 예수님의 비유를 읽는 모든 자들에게 "눈먼 자들의 눈이 되어 주었다"고 평했다.[2] 베일리는 "악당을 칭찬하고, 적어도 배교자 율리아누스가 기독교 신앙과 그 신앙의 창시자의 열등성을 주장하기 위해 사용했을 내부터 교회의 골칫거리였던"[3] 누가복음 16장 이야기를 다시 상상해 냄으로써 내게도 그와 같은 눈이 되어 주었다.

이 본문을 이해하는 데 밑바탕이 되는 정확한 문화적 이해를 가진 베일리는 그 문화의 민속 전통과 농부들의 전통을 찾아내어, 그 관리인이 토지 임대 관리인이고 채무자들은 자신들의 임대료를 (본문에서는 기름과 밀이 언급되어 있는) 현물로 지급하는 소작농들이라는 사실을 알아내었다. 그 관리인이 자신이 책임지고 있는 자금 일부를 횡령했다는 사실이 밝혀지자 그는 그 자리에서 해고당한다. 그는 자신이 무죄라고 항의하지 않는다. 그는 말이 없고 변명하지 않는다. 그는 침묵으로 자신의 죄를 인정하고, 자신의 일자리를 되찾으려는 책략을 짜지 않는다. 오직 자신이 다음에 무엇을 해야 하는지에만 온전히 주의를 기울인다.

그러나 그러한 침묵 속에서 베일리는 이 이야기를 이해하는 열쇠를 찾게 된다. 그 관리인은 해고당했지만 벌을 받지는 않았다. 그는 감옥에 갇히지 않았다. 사실 그는 꾸지람조차도 받지 않는다. 베일리는 이 장면을 이렇게 요약한다. "그 종은 자기 주인의 성격에 대해서 두 가지 양상을 경험했다. 주인은 순종을 기대하고, 순종하지 않는 종은 심판을 했다. 그러나 그는 또한 부정직한 청지기에 대해서조차 특별한 자비와 긍휼을 베푸는 주인이었다. 신중한 청취자/독자라면 이 두 가지 사실 중 그 어느 것도 놓치지 않을 것이다."[4]

그렇다면 그 종은 어떻게 할 것인가? 그에게는 일자리가 필요했다. 그는 막노동을 생각해 보았지만 그 일은 포기한다. 구걸하는 일도 생각해 보았지만 그것도 포기한다. 하지만 누가 그를 고용해 주겠는가? 그의 공개적인 이미지는 이미 땅에 떨어졌으니 말이다. 그 때 계획이 하나 떠올랐다. 무슨 계획일까? 그 계획은 언급되지 않는다. 그 침묵이 극적인 긴장을 더한다.

베일리는 이렇게 추측하는데, 그 추측은 농부들의 문화와 더 큰 성경적 맥락에 다 들어맞는 추측이다. 그 관리인의 계획은 "그가 이미 자기 주인에게서 경험한 자비에 모든 것을 거는 것이다. 만약에 실패한다면 그는 확실히 감옥에 갈 것이다. 만약에 성공한다면 그는 그 공동체에서 영웅이 될 것이다."[5] 그 침묵의 순간에 그의 인생 전체가 뒤바뀐다. 그는 자신이 전에는 결코 알지 못했던 세계로 들어가게 되고 그것을 경험하게 된다. 바로 은혜의 세계다. 그는 자신의 꾀와 약삭빠른 계산으로 살아왔고, 그것으로 성공한 듯 보인다. 그러나 그 세계는 아주 비좁고 작은 세상이었다. 이제 그는 또 다른 훨씬 더 큰 세상을 보게 되었다.

그는 이렇게 한다. 그가 해고되었다는 사실을 아직은 아무도 모르고 있다. 그래서 그는 채무자들을 한 사람씩 불러들였다. 그 관리인은 농부들에 대한 토지 임대를 관리하는 책임을 맡은 토지 관리인이었고, 그 농부들은 추수 때에 현물(올리브 기름, 밀 등)로 임대료를 내는 소작농들이었다. 그들은 주인과 오랫동안 관계를 맺어 온 공동체 안에서 신뢰할 만한 자리를 차지하고 있는 사람들이었다. 그들은 그 관리인이 주인으로부터 아주 중요한 전갈을 받은 것으로 생각하고, 그 관리인은 그들이 그렇게 생각하도록 내버려둔다. 그는 서두른다. "얼른 쓰게." 주인이 알아채기 전에 그는 이 일을 끝내야 했다. 만약에 채무자들이 거기에 속임수가 있다는 것을 알면 협력하지 않을 것이다. 그러면 주인과의 신뢰가 깨지고 주인이 더 이상 그들에게 땅을 임대해 주지 않을 것이기 때문이다. 채무자들은 그 계산서를 고쳐 쓰는 일이, 주인이 명령해서 관리인이 시행하는 합법적인 일이라고 생각한다. 그들은 또한 그 관리인이 주인을 설득해서 그렇게 되었다고 생각할 것이다. 채무자들은 관리인이 계획해서 주인이 베푸는 그 관대한 보너스에 아주 기뻐한다.

주인이 마침내 일이 어떻게 되었는지를 알았을 때 그에게는 두 가지 선택이 있었다. 그는 채무자들에게 가서 그것이 실수였다고, 이미 해고된 관리인이 고안해 낸 책략이었다고 말할 수 있다. 그렇게 하면 물론 채무자들은 화를 낼 것이고, 그 주인의 자비에 대한 열광이 그의 인색함에 대한 저주로 바뀔 것이다. 또 다른 선택은, 아무 말도 하지 않고 그들의 칭찬을 받아들이고, 비록 그 관리인이 나쁜 녀석이기는 하지만 그가 인기를 얻게 내버려두는 것이다.

주인은 곰곰이 생각한다. 어쨌거나 그는 관대한 사람이었다. 그는 그 관리인을 감옥에 집어넣지 않았다. 귀족의 관대함은 동양에서 아주 높이 평가받는 미덕이었다. 그 관리인의 책략은 주인을 간접적으로 칭찬하는 것이었다. 그는 주인의 관대함을 농부들에게 전달하고 있었던 것이다. 그 관리인은 "주인이 자비롭고 관대한 사람임을 알았고, 주인의 그러한 성격에 자신의 모든 것을 걸었다. 그리고 그가 이겼다. 주인은 실제로 자비롭고 관대한 사람이었기 때문에 그 관리인의 구원을 위해서 온전히 다 값을 치르기로 선택했던 것이다."[6]

있을 법하지 않은 놀라운 은혜에 대한 은유로서 이 비유는 다소 쾌활한 면을 가지고 있다. 동볼티모어 거리에서 만난 그 열 살짜리 소년과 비슷하다. 어떤 작가는 그 관리인에 대해서 '미워할 수 없는 악당'이라는 용어를 쓴다.[7] 악당을 아주 똑똑한 악당이라고 칭찬하시는 예수님에 대해서 어떻게든 변명을 해 보려고 이 비유에서 건설적인 도덕적 교훈을 찾고자 필사적으로 애써 온 숱한 사람들이 끊임없이 이 본문을 철저하게 연구했는데, 이것은 결국 구원에 대한 이야기였던 것이다. 예수님의 복음의 핵심에 있는 바로 그러한 종류의 이야기였다.

한 가지 더 있다. 바로 '분별 있게'(개역개정 성경에서는 '지혜 있게'로 번역되었다―역주)라는 단어다. "주인이 그를 **분별 있게** 일했다고 칭찬했다"(RSV). 다른 번역본들에서는 그 관리인이 "약삭빠르게 일했다고"(acted shrewdly, NRSV와 NIV), "지혜 있게 하였다고"(had done wisely, AV), "자신을 돌볼 줄 안다고"(knew how to look after himself, 「메시지」) 등으로 번역했다. 여기에 해당하는 헬라어는 '프로니모스'(*phronimos*)이고, 히브리어는 '초크마'(*chokmah*)이다.

이 헬라어와 히브리어는 보통 '지혜로운'으로 번역된다. 구약성경에 흔히 잘 나오는, 특히 평생을 깨어서 하나님의 길에 집중하며 살아온 사람에게서 나타나는 삶을 잊지 못할 비유와 격언으로 들려주는 시편과 잠언에 많이 나오는 단어다. 이와 동일한 의미의 단어 즉 잘 사는 것, 좋은 삶, 도덕적 삶, 영적인 삶, 기독교적 삶을 사는 것의 의미를 전달해 주는 단어들이 언어마다 있다. 모든 종교와 문화에는 광범위한 지혜의 전통이 있다.

그러나 이 단어들은 흔하고 유용하기는 하지만, 다소 딱딱한 느낌도 가지고 있다. 이 단어들은 냉철한 단어, 진지한 단어다. 그 단어는 깊은 경험과 성숙한 성찰에서 나와 우리의 언어 가운데 자리를 잡지만, 한편으로는(비록 그 단어 자체의 잘못은 아니지만) 나이 든 사람들과 연관되는 단어이기도 하다. 그들은 살아갈 날보다 살아온 날이 훨씬 더 많은 사람들로서 이제는 다른 사람들에게 어떻게 하면 인생을 망치지 않을 수 있는지를 조언하고 충고하는 위치에 있는 사람들이다. '착한', '예의 바른' 그리고 '반듯한'과 같은 단어들도 같은 맥락에서 사용된다. 그러한 과정에서 이 단어들은 자신이 원래 가지고 있던 특징들을 잃어버리게 된다. 형용사 '착한'에서는 아무런 활력이 느껴지지 않는다. '예의 바른'에서는 열기가 느껴지지 않는다. 프루던스(Prudence, 분별이라는 뜻의 prudence가 여자 이름으로도 사용 된다—역주)라는 이름의 퀘이커 소녀는 내숭 떠는 여자의 이미지와 겹쳐진다. 그러나 이러한 단어들이 예수님을 따르는 삶 안에 위치한 고유의 자리를 잃고 스스로 자신의 자리를 정의하게 되면 갑갑해진다. 소설가들에게는 악당이나 불량배보다, 착한 사람을 매력적이고 흥미롭게 만드는 일이 훨씬 더 힘들다.

이 부정직한 관리인에 대한 예수님의 이야기는 악당더러 분별 있다고 함으로써, 일종의 점잔빼기와 지루한 예의 바름으로 종종 그 빛을 잃어버리는 지혜와 관련된 단어들을 구출해 준다. 우리 언어에서 '분별 있다'는 단어는 조심성과 신중함, 위험을 무릅쓰지 않는 것, 문제를 일으키지 않는 것 등의 의미를 함축하고 있다. 이 부정직한 관리인 이야기는 평생 자기 잇속만 차려 온 계산의 삶에서 가까스로 벗어나 거대한 자비의 세상, 하나님의 자비의 세상에서 한껏 즐기게 된 사람의 태도를 보여 주고 있다. 이제 그가 대면해야 할 상대는 하나님이다. 강박적인 책략 짜기, 횡령, 장부 조작이 아니라, 하나님의 관대한 행위가 이 사람의 인생을 규정해 준다.

예수님은 우리의 영혼을 구원하기 위해서 오셨다. 그리고 우리의 언어를 구원하기 위해서 오셨다. 하나님의 자기 계시의 핵심에는 말씀과 언어가 있다. 부주의하게 혹은 악의를 가지고 사용해서, 혹은 잘 손질되어 있지 않아서, 혹은 나쁜 무리들과 어울리면서 주워들은 것들이 딱 달라붙은 채 떨어지지 않아서 언어가 손상되면, 예수님을 계시해 주는 날카로운 내용들이 무더진다. 예수님을 섬길 때 언어를 부주의하게 사용하면 엄청나게 큰 해를 끼치고, 우리에게 주시는 하나님의 복음의 메시지를 듣고도 반응하지 못하게 하는 방해물이 되어 길을 가로막는다.

따라서 언어가 잘 손질되어 있게 하려면, 지속적으로 부단히 경계하는 주의력이 필요하다. 언어는 닳는다. 질감이 떨어지고 색감이 흐려진다. 그래서 다시 닦고, 복원하고, 수리해야 할 필요가 있다. 과도하게 사용해서든 혹은 잘못 사용해서든, 한때 원기왕성했던 단어들이 무뎌지고 칙칙해지는 경우가 많다. 언어를 사용하는 사람들은 그러한 단어들을 다시 날카롭게 만들고, 깨끗하게 닦고, 부적절한 연관성의 때를 벗겨 내야 할 책임이 있다. 대부분의 사람들이 사랑과 약속, 헌신과 충성을 말할 때 사용하는 언어의 상태를 잘 보존하기보다는, 식사 때 사용하는 그릇과 칼과 포크를 깨끗하게 유지하는 데 더 많은 주의를 기울인다.

C. S. 루이스(Lewis)의 참으로 재치 있는 책 「스크루테이프의 편지」(*Screwtape Letters*, 홍성사 역간)를 보면, 악마의 거장 스크루테이프가 수습 악마인 웜우드에게 편지를 쓰면서 지옥에서 중요한 부서 중 하나가 문헌학 부서라고 말하는 부분이 나온다. '저 지하에 계신 우리 아버지'께서는 언어를 침식해서 망쳐 버리는 일에 부지런히 매진하고 있는 뛰어난 문법학자 팀을 가지고 있다. 그들은 기독교 공동체가 대화할 때나 증언할 때 사용하는 말들을 가지고 작업하는 것에 특별한 관심을 가지고 있다. 오늘날에는 '회개'라는 단어를 가지고 그들이 얼마나 성공적으로 작업했는지를 볼 수 있다. 그들은 도시의 길거리에서 포스터가 붙은 광고판을 몸 앞뒤로 걸고 구부정하게 다니는 만화 인물을 소개함으로써 '회개'라는 단어를 망쳐 버렸다. 그리고 '구원받았다'는 단어는 천국에 들어가게 해주는 패스워드로 축소시켜 버렸고, '사랑의 행위를 하다'(make love)라는 말의 의미를 성관계에 국한시켜 버렸다.

'분별 있다'라는 단어와 그 주변의 한 무리의 지혜의 말들은 그저 관상용으로 걸어 놓기에는 너무도 활력이 넘치는 단어들이기에, 지금의 상태에서는 다시 손질을 할 필요가 있다. 예수님은 이 단어들이 다시 살아서 활기차게 움직이게 하신다. 우리가 사전을 뒤적거리며 그 단어의 어원을 찾게 만드는 것이 아니라, 폭발할 듯이 튀어나와 예수님께 반응하는 그 단어의 건강한 성질을 결코 놓칠 수 없는 이야기에다가 집어넣으심으로써 그렇게 하신다.

9

눈에 띄지 않는 사람

••• 누가복음 16:19-31

예리한 독자들은 성 누가가 사용한 헬라어에서 작지만 특징적인 요소 하나를 발견했다. 그저 단순한 문구인데, 잃어버린 형제들의 이야기와 부정직한 관리인의 이야기, 나사로와 부자의 이야기 등 15장과 16장에 나오는 예수님의 이야기 세 개를 연결시켜 주는 문구다. 이 연결 문구는 튀지 않으면서 분명하게 두 번째 이야기와 세 번째 이야기를 첫 번째 이야기와 연결한다. 15장에 나오는 첫 번째 '잃어버린' 이야기는 비유로 소개되고 있다. "예수께서 그들에게 이 비유로 이르시되…"(눅 15:3). 이 이야기들은 예수님이 이방인과 죄인들을 환대하신다고 투덜대는 서기관들에 대한 예수님의 답변이었다. 그런데 도입부의 역할을 하는 잃어버린 양과 잃어버린 동전 비유 다음에 나오는 주요 비유들(아버지와 그의 아들들, 부자 농부와 그의 부정직한 관리인, 그리고 나사로와 부자)은 모두 신약 성경에서 오직 누가만이 사용하는 문구로 소개되고 있다.[1] "어떤 사람에게 두 아들이 있는데…"(15:11), "어떤 부자에게 청지기가 있는데…"(16:1), "한 부자가 있어 자색 옷을 입고…"(16:19). 여기에서 공통적으로 사용된 문구는 '안트로포스 티스'(*anthrōpos tis*, 어떤 사람)이다.

여기에서 우리는 누가가 15-16장에 나오는 일련의 이야기들을 일단 '비유'라는 용어로 소개하고 난 후에, 각각의 주요 이야기들을 "그와 같은 종류의 이야기가 또 하나 있는데, **어떤 사람이**…" 하는 식으로 소개하는 것을 보게 된다. 여기에는 이 모든 이야기가 서로의 의미를 강화하고 있다는 암시가 들어 있다. 각각의 이야기에는 이러저러한 방식으로 길을 잃은 중심 인물들이 나온다. (한 아들은 성미 급한 방탕함 때문에, 또 한 아들은 싸늘한 경멸 때문에) 아버지로부터 소외된 두 아들, 자기 주인이 맡긴 재산을 낭비한 부정직한 관리인, 질병과 가난이라는 주변부 극단의 어두움으로 내몰린 비참한 걸인이 각 이야기의 주인공들이다.

그리고 각 이야기마다 은혜가 임함으로써 플롯이 역전된다. 둘째 아들은 적절한 회개로 반응한다. 우리는 첫째 아들이 어떻게 반응했는지 알지 못하지만, 잔치에 같이 가자고 그의 아버지가 너그럽게 청했음을 알고 있고 그래서 그도 마찬가지로 회개하고 그 잔치에 참여하기를 바라는 마음을 가지게 된다. 부정직한 관리인의 반응은 명확하지는 않지만, 그 이야기가 전하는 암시적인 증거는 그가 주인 뒤에서 몰래 공모하던 자신의 삶을 급격하게 바꾸어서 주인의 후한 선물을 다른 사람들과 함께 나누는 삶을 살게 되었다는 것이다.

비참한 나사로는 자기 스스로는 아무것도 하지 않지만 자신에게 어떠한 일이 행해지는 것을 경험한다. 그는 개가 자신의 상처를 핥는 비인간적인 불결함의 상태에서 들어 올려져 '아브라함의 품' 안에서 살게 된다. 거기에서 그는 부자의 방종함 때문에 자신이 그토록 오랫동안 맛보지 못한 삶의 기쁨을 맛보고, 그 부자는 마치 나사로를 처음 보는 것처럼 그를 보면서 비록 너무 늦기는 했지만 자신의 다섯 형제들이 회개할 기회를 갖기를 바라게 된다. 이 부자의 다섯 형제들은, 첫 번째 이야기에 나오는 큰 형처럼 적어도 이야기상으로는 지옥의 변방에 머물러 있다. 우리는 그들이 회개할지 어떨지 알지 못한다. 각각의 이야기에는 부활이 간접적으로 암시되어 있다.

각 이야기에 나오는 공통된 요소가 하나둘 축적된다. 예수님 안에서 그리고 그 주변에서 무슨 일인가가 일어나서 '사물의 존재 방식'이 뒤바뀐다. 이야기의 등장 인물들이(그리고 이스라엘이) 그토록 오랫동안 처해 있었던 유배의 상황이 이제 끝나려고 한다. 사람들은 그에 따른 적절한 반응을 해야만 한다. 그것은 바로 회개다. "회개하라!"는 명령적 지시는, 예수님이 처음 설교를 시작하셨던 그 초기의 날들(마 3:2과 4:19) 이후로는 명백하게 나타나지 않지만, 예수님이 들려주신 이야기들 속에 계속해서 암

시되어 있다. 그러나 나사로의 이야기에서는 회개에 대한 언급이 두드러지게 나타난다(눅 16:30).[2]

이와 같은 관찰은, 참으로 오랫동안 내세에 대한 이야기 즉 우리가 죽은 후에 지옥 불로 인도되는지, 아브라함의 품으로 인도되는지에 대한 이야기로 국한되었던 나사로의 이야기를 그 오해의 속박에서 풀어 준다. 톰 라이트가 명민한 해석을 통해서 주장하듯이, "이 비유는, 흔히 가정하는 것처럼 자신의 궁극적 종착지에 대해서 확신을 가져야 한다고 경고하는, 내세에 대한 설명이 아니다.…사실은 심기가 불편할 정도로 그것과는 다른데…오히려 **현재에** 그 부자와 가난한 자에게 일어나고 있는 일에 대한 이야기다. 예수님이 가난하고 버림받은 사람들을 환영하신 것은 유배로부터의 진정한 귀환, 새로운 시대, '부활'이 정말로 오고 있다는 징조였다. 그리고 만약에 그 새로운 시대가 밝아 오고 있다면, 거기에 속하고 싶은 사람들은 회개해야만 하는 것이다."[3]

그렇다면 이 세 번째 회개의 이야기가 그 앞에 나오는 이야기들에 기여하는 새로운 통찰들은 무엇일까?

어쩌면 무엇보다도 경고일 것이다. 부자는 세속적인 관점에서건 영적인 관점에서건, 사회적 개혁과 경제적 정의의 문제에서 언제나 손쉬운 표적이 된다. 그들은 냉소적이고 우스꽝스런 풍자의 모델을 끝도 없이 제공해 준다. 나사로의 이야기도 그렇게 그려질 가능성이 전혀 없는 것은 아니지만, 예수님이 이 이야기를 들려주시는 취지로 봤을 때 나는 오히려 나사로에 초점을 맞추고 싶다. 어쨌거나 이 이야기에서 개인적인 이름으로 그 존엄성이 인정받는 사람은 나사로뿐이기 때문이다.

"한번은 어떤 부자가 있었는데, 그는 최신 유행의 옷으로 비싸게 차려입고 소비에 몰두하며 자신의 세월을 낭비하고 있었다. 나사로라는 이름의 가난한 사람이 종기에 뒤덮인 몸으로 그 부자의 문턱에 버려졌다. 그는 오로지 그 부자의 식탁에서 떨어지는 부스러기로 한 끼 식사를 해결하면서 살 뿐이었다. 그의 가장 친한 친구는 와서 그의 상처를 핥는 개들이었다.

그러다 이 가난한 사람이 죽었는데 천사들이 그를 데려다가 아브라함의 무릎에 앉혀 주었다. 그 부자도 마찬가지로 죽어서 땅에 묻혔다. 지옥에서 고통에 신음하던 그가 위를 올려다보니 저 멀리 아브라함이 보이고 그의 무릎에 나사로가 있는 것이 보였다. 그가 외쳤다. '아버지 아브라함이여, 나를 긍휼히 여겨 주십시오! 불쌍히 여겨 주세요! 나사로를 보내서 손가락을 차가운 물에 담가서 내 혀를 좀 식히게 해주세요. 불 속에서 내가 무척 고통스러워하고 있습니다.'

그러나 아브라함은 이렇게 말했다. '애야, 네가 살아 있을 때에 너는 좋은 것을 받았고 나사로는 나쁜 것을 받았던 것을 생각해라. 여기에서는 그렇지 않다. 이 곳에서 나사로는 위로받고 너는 고통받는다. 게다가 이런 모든 문제와 관련해서 우리 사이에는 깊은 구렁이 있어서 만약에 원한다 해도 여기에서 너에게로 건너갈 수 있는 사람이 없

고, 너희 편에서 우리에게로 건너올 수 있는 사람도 없다.'

부자가 말했다. '그렇다면 아버지, 부탁 하나 드리겠습니다. 나사로를 나의 다섯 형제가 살고 있는 내 아버지의 집으로 보내서 그들에게 이 사실을 알리고 경고해서 이 고통의 장소에 그들이 오지 않게 해주십시오.'

아브라함이 대답했다. '그들에게는 모세와 예언자들이 이런 모든 내막을 이야기해 줄 것이다. 그들의 말을 들으면 된다.'

'아버지 아브라함이여, 저도 압니다.' 그가 말했다. '하지만 그들이 듣지 않습니다. 만약에 죽었다가 살아난 사람이 있다면 그 사람의 말은 듣고 자신들의 길을 바꿀 것입니다.'

아브라함이 대답했다. '그들이 모세와 예언자의 말을 듣지 않는다면, 죽었다가 살아난 사람이 말을 해도 설득되지 않을 것이다'"(눅 16: 19-31, 「메시지」).

나사로는 눈에 띄지 않는 사람이다. 부자는 매우 눈에 띄고 목소리도 아주 잘 들린다. 유행하는 옷을 화려하게 차려입고, 전리품과도 같은 집에서 벌어지는 끊임없는 파티에서 흘러나오는 소리와 향기, 웃음과 춤과 풍성한 음식 등 그 마을에서는 그 누구도 이 부자의 존재를 놓칠 수 없었다. 사람들의 잡담 속에, 들리는 소문 속에 빠지지 않는 그의 존재는 그의 중요성에 무게감을 더했다. 그의 존재 자체가 그 마을을 차별화시켜 주었다. 그가 가진 유명 인사의 지위는 마치 우승한 스포츠 팀처럼, 모든 평범하고 두

드러지지도 않고 무미건조한, 그리고 바로 그러한 평범함 때문에 그의 마법의 원에서 배제되어 시기하며 부러워하는 구경꾼들에게 간접적으로라도 그 영예를 나누어 준다.

그런데 나사로는 눈에 띄지 않는 사람이다. 아무도 나사로를 보지 못했다. 그의 비가시성은 가난하고 병들고 착취당하는 '이 땅의 모든 비참한 자들'이 공유하는 운명이다. 사회마다 그러한 사람들에 대해서 눈을 감고 귀를 막을 방법들을 찾아낸다. 아낌없이 방향제와 청소차를 사용해서 부패와 더러움과 악취와 불결함의 냄새를 없애 버리려고 한다. 병든 자들은 병원에다 집어넣고, 노인들은 요양원에 집어넣고, 가난한 사람들은 빈민가에 집어넣고, 쓰레기는 쓰레기 매립지에 묻어 버린다. 그러한 것들이 보이지도, 냄새나지도, 소리가 들리지도 않게 하는 일을 결코 온전히 성공적으로 해내지는 못하더라도, 우리는 최선을 다한다. 가끔 가다 한 번씩 소설가나 시인, 기자나 설교가가 그러한 일에 간섭하게 하고자 애써 보기도 한다. 그러나 대체로 우리는 시선을 돌림으로써, 소리를 꺼 버림으로써, 환경을 위생적으로 관리함으로써 나사로와 같은 사람을 보지도 듣지도 냄새 맡지도 않게 꽤 잘 관리해 나간다.

나에게는 카렌이라고 하는 친구가 있는데, 그녀는 우리가 사는 작은 도시에 있는 신문사 기자였다. 몇 년 전 고대 이집트 왕 파라오 투탕카멘의 위대한 보물이 미국을 순회하며 전시되고 있었는데, 우리가 사는 도시에서 불과 80킬로미터밖에 떨어지지 않은 워싱턴 시 스미소니언 박물관에도 왔었다. 그래서 카렌은 편집자들과 상의해서 그 전시를 다루도록 했다. 당시에는 정말로 큰 뉴스거리였다. 많은 이웃 사람들이 그 보물을 마치 순례자들처럼 보러 갔다. 그러나 카렌에게는 그 일을 추진하게 된 개인적인 사정이 있었다. 당시는 공공 건물에 장애인들이 쉽게 드나들 수 있도록 하기 위해서 많은 사람들이 애를 쓰던 때였다. 우리 교회에 나오는 칼라라는 소녀는 평생을 휠체어에서 보내야 하는 아이였는데, 함께 예배를 드리면서 카렌은 우리나라에 있는 참으로 많은 사람들의 기본적인 필요가 너무도 오랫동안 무시되었다는 사실과 그러한 필요를 돌보는 것이 얼마나 중요한지를 예배 때마다 매주 상기하게 되었다. 카렌은 자신이 기자로서 받은 임무와, 장애인들의 필요를 위해서 무엇인가를 해야겠다고 하는 커져 가는 열정을 결합시키기로 했다.

그녀는 휠체어를 임대하고 목발을 빌려서 남편까지 그 일에 끌어들여서 투탕카멘 전시장까지 차로 자신을 데려가서 그 복잡한 전시실 사이를 자신이 탄 휠체어를 밀며 다녀 달라고 부탁했다. 비록 몇 시간 동안이기는 하지만, 그녀는 우리의 친구 칼라와 그 외에 참으로 많은 사람들이 날마다 감당해야 하는 것이 무엇인지를 직접 경험해 보고 싶었다. 박물관의 복도는 사람들로 북적였다. 좀더 구경거리가 될 만한 장신구와 조각상들(비유에 나오는 부자의 "자색 옷과 고운 베옷"에 해당하는 투탕카멘 왕의 물건들) 앞에는 잠깐이라도 그것을 보려는 사람들의 줄이 길게 늘어서 있었다. 임대한 휠체어를 탄 카렌도 이러한 유물과 이집트 왕족의 엄청난 소비에 깊은 인상을 받으며 전시를 보았는데, 정말로 그녀를 놀라게 한 것은 남편이 밀어 주는 휠체어를 타고 그 박물관을 돌아다닌 다섯 시간 내내 단 한번도, **단 한번도**, 그녀를 똑바로 쳐다보거나 그녀에게 말을 건 사람이 없었다는 사실이었다. 남자든 여자든 할 것 없이 다 시선을 돌렸다. 그들의 눈에는 오직 죽은 부자의 유물만이 들어오는 것 같았다. 그녀는 눈에 띄지 않는 사람이었다. 마치 휠체어를 탄 나사로 같았다.

카렌도 나도 당시에는 알아채지 못했지만 그로부터 몇 년 후 가벼운 대화를 나누는 도중에 깨닫게 된 것은, 그 주간에 우리 지역 신문에 카렌이 쓴 특집 기사는 부자와 나사로의 이야기를 다른 방식으로 들려주는 글이었다는 사실이다. 그 이야기는 우리가 죽고 난 후에 일어나는 일에 대한 이야기가 아니라, 날마다 우리 주변에서 다양하게 변주되며 반복되는 이야기였다.

이 이야기를 들려주시기 몇 년 전에 예수님은 자신의 첫 설교에서 "하나님의 나라가 가까이 왔으니 회개하라"(막 1:15)고 외치셨다. 이스라엘의 오랜 유배 생활이 이제 끝났다. 예수님은 새로운 삶의 방식, 새로운 규칙, '사물의 존재 방식'의 급진적 전환에 동참하라고 유배자들을 모으고 계셨다. 예수님은 예루살렘으로 가고 계셨고, 가는 길에 이 새로운 규칙, 새로운 하나님 나라의 방식에 동참할 추종자들을 모집하셨다. 예수님은 "들을 귀"를 가진 모든 사람을 환영하신 동시에, 사백 년 혹은 그보다 오래 전에 유배지의 이사야가 유배당한 회중에게 복음이라고 설교한 바로 그것을 자신이 완성하고 있다는 사실을 가능한 한 분명하게 말씀하셨다.

주의 성령이 내게 임하셨으니
이는 가난한 자에게 복음을 전하게 하시려고
내게 기름을 부으시고(눅 4:18).

예수님은 눈먼 자와 말 못하는 자 그리고 불구자도 자신의 왕국 사업에 포함시키셨지만, "가난한 자"를 먼저 언급하셨다는 사실은 의미심장하다. 지위나 명성이나 사격을 논하지 않고 이방인이든 버림받은 자든, "누구든지 올 사람은 오라"고 말씀하셨다. 예수님은 이름 없는 자에게 이름을 붙이시고, 아무도 보지 않는 사람을 보이게 만드시고, 아무도 듣지 않는 자의 말에 소리를 더하심으로써 "누구든지"로 일컬어지는 사람들의 외연을 넓히고 계셨다. 우선 나사로가 그 시작이었다.

나사로 이야기는 우리가 예수님의 하나님 나라 사역에서 리더십의 최전방에 설 사람들이라고 가정하는 전형적인 남녀의 상을 산산조각 내 버린다. 예수님은 자신의 왕국 통치를 확립하는 일에 참여할 추종자들을 찾아다니고 계셨다. 예수님의 첫 모집자는 대부분의 구경꾼들을 화나게 할 만큼 놀라운 인물이었다. 부자이고 권세 있고 영향력 있는 사람들이 결코 배제된 것은 아니지만 (부자였던 아리마대 요셉과 영향력 있는 랍비였던 니고데모도 예수님의 추종자로서 이름이 언급되고 있다) 기록된 복음서의 이야기에 보면 예수님이 '똑똑하고 잘난' 사람들을 찾아다니셨다는 암시는 하나도 없다. 바울은 부름받은 자들을 액면 그대로 평가하면서 이러한 예수님의 방식을 강조했다. "하나님은 일부러 문화 속에서 간과당하고 착취당하고 이용당하는 남자와 여자들을 선택하셨습니다. 내세울 '이름도 없는 사람들'을 선택하셨습니다…"(고전 1:28, 「메시지」).

이것은 하나님 나라의 일을 할 사람으로 영향력 있고 숙달된 이들(우리가 흔히 "리더십 자질이 입증되었다"고 말하는, 혹은 적어도 '리더십의 잠재력'을 갖추었다고 말하는 남자와 여자들)을 겨냥하는 미국식 전략과는 대조적이다. 이러한 미국식 전략은 널리 확산되어 있을 뿐만 아니라 전혀 문제시되지 않고 있다. 도대체 그러한 생각은 어디에서부터 생긴 것일까? 예수님이 들려주신 이야기나 예수님에 대해서 우리가 들은 이야기에서 얻은 생각은 분명 아닐 것이다.

(예수님이 들려주신 이야기처럼) 정확하게 이야기를 들려주는 언어의 특징은, 그 이야기들이 결코 분리되어 있거나 그것 자체

로 완전하지 않고 항상 더 큰 이야기, 상위의 이야기, 모든 것을 설명해 주는 포괄적인 이야기와 유기적으로 연결되어 있다는 것이다. 이야기는 삶의 응집성, 시작과 중간과 결말의 상호 연관성을 언어를 매개로 증명해 준다. 더 큰 이야기, 상위의 이야기가 세밀하게 모든 것을 다 포함하는 것은 아니지만, 원칙적으로는 그 어느 것도 빠뜨리지 않는다.

그러나 모든 '이야기'가 이야기인 것은 아니다. 예를 들어, 예화와 농담은 겉으로 보기에는 이야기이지만 사실은 그렇지 않다. 그러한 것들은 루이스 캐롤(Lewis Carroll)의 「이상한 나라의 엘리스」에 나오는 체셔 고양이의 웃음과도 같아서, 이야기를 하찮은 것으로 만든다. 비록 설교자들이 설교할 때나 기자들이 재미를 주고 흥미를 끌기 위해서 그런 예화나 농담을 자주 사용함에도 불구하고, 그것은 인생의 파편들일 뿐이다. 아무리 즐겁다 해도 그것은 전례도 결과도 없으며, 전경도 배경도 없는 스냅 사진과도 같다. 마치 멜기세덱처럼, "아버지도 없고 어머니도 없고 족보도 없고 시작한 날도 없고 생명의 끝도" 없다(히 7:3). 하나님의 계시라는 복잡한 이야기에서 따로 떼 낸 예화나 농담은 유통기한이 아주 짧다.

그러나 이야기는 언제나 상위 이야기의 맥락 속에서 작동하며, 적어도 암묵적으로라도 인식과 의식을 발전시켜 주고, 우리가 그럴 마음만 있다면 더 크고 더 건강하고(거룩하고) 궁극적으로 의미 있는 실재에 참여시켜 준다. 이야기는 우리의 상상력이 우리의 즉각적인 감정과 배경보다 더 큰 것(다른 인생, 다른 상황, 다른 가능성)을 붙잡게 만든다. 죄 많고, 자기에 집착하고, 자기 안에 갇혀 있는 자아의 '진흙탕'에 빠져 꼼짝 못하던 상태에서 일단 자유롭게 되고 나면, 우리의 상상력은 무에서 유를 만들어 내기 위해서 성령께서 사용하시는 믿음의 촉매제가 될 수 있다. 여기에서 믿음은 우리가 바라는 것들에 대한 확신, "보이지 않는 것들"에 대한 신념이며, 그 믿음으로 우리는 "모든 세계가 하나님의 말씀으로 지어진 줄을" 알고 "보이는 것은 나타난 것으로 말미암아 된 것이" 아님을 안다(히 11:1-3). 혹은 다르게 표현하면, 믿음은 "인생을 살 만한 가치가 있는 것으로 만드는 모든 것의 굳건한 기초이며…우리가 볼 수 없는 것에 달려 있는 손잡이와도 같다.…믿음으로 우리는 하나님의 말씀으로 존재하게 된 세상을 보게 된다. 우리가 보는 것은 우리가 보지 못하는 것에 의해 창조되었다"(히 11:1-3, 「메시지」). 믿음의 행위를 통해서 우리는 전체 이야기, 하나님의 방식과 일, 예수님이 '하나님 나라'라고 이름 붙이신 이야기에 기꺼이 참여하는 자가 된다. 그 길에서 듣는 모든 정직한 이야기는 우리를 다루시는 하나님의 방식, 그리고 우리가 하나님을 대하는 방식에 대한 이야기에 다가가게 해준다. 그 이야기는 계속해서 발전되고 확장된다. 성경은 그러한 이야기로 가득하다. 우리의 인생도 그러한 이야기로 가득하다.

나사로의 이야기는 고대 이집트의 민간 설화를 사용하셔서 예수님이 들려주신 이야기다. 예수님 당대에 팔레스틴 지방에서는 잘 알려진 이야기였고 다양한 변형들이 있었다. 이야기의 기본 줄거리는 시-오시리스(Si-Osiris)라는 신이 지하 세계로 여행을 가는 내용인데, 거기에서 그는 부자와 서민의 운명이 뒤바뀌는 것을 보게 된다. 부자의 장례식에는 아무도 오지 않고 서민은 화려한 무덤에 묻힌다. 팔레스틴에서는 이 기본적인 이야기를 이렇게 저렇게 바꾸어서 들려주는 일들이 있었다. 예수님의 이야기를 듣고 있던 사람들은 이 민간 설화를 잘 알았을 것이고, 예수님은 아브라함과 나사로의 이름을 집어넣어서 이 이집트의 이야기가 유대인과 사마리아인 청취자들에게 맞도록 맞춤 제작하셨다.

예수님은 또한 이 이야기를 다시 구성하셔서 그 의미를 내세에서 현세로 옮기셨다. 예수님은 이 옛 민간 설화에 에필로그를 덧붙이셨는데, 그 에필로그가 이야기의 내용을 근본적으로 바꾸어 버린다. 우리가 처음에 이 이야기를 들을 때는 나사로에 대한 이야기를 듣는 것이라고 생각한다. 그러나 이야기가 끝나고 나면 나사로는 일종의 속임수였음을 깨닫게 된다. 이 이야기는 부자의 형제들에 대한 이야기였던 것이다. **이것이** 바로 결론이다. 그것을 결코 예상할 수는 없었지만 (그리고 당시 예수님의 이야기를 듣고 있던 사람들도 마찬가지였지만) 이제는 이해하게 된다. 바로 **이 이야기**를 하려고 했던 것이다. 그 다섯 형제들은 어떻게 될 것인가?

예수님의 이야기는 눈에 띄지 않는 나사로를, 군중 속에 있는 부자와 그를 둘러싼 환경에만 시선을 고정시키고 있던 바로 그 사람들의 눈에 띄게 만든다. 그렇다면 그 청취자들은 그 다섯 형제들에게서도 자신들의 모습을 볼 것인가? 그리고 사마리아를 지나가는 이 은유적인 길에서 듣는 모든 예수님의 이야기의 틈새 사이로 조용히 울려 퍼지는 예수님의 첫 명령("회개하라!", 마 3:2; "나를 따라오라", 4:19)에 그들은 반응할 것인가?

우리 시대에 예수님의 비유를 최고로 잘 배운 사람 중 하나인 요아킴 예레미아스(Joachim Jeremias)는 나사로 이야기보다 더 좋은 이름은 "여섯 형제들의 비유"일 것이라고 제안했다.[4] 아니면 "다섯 형제의 비유"는 어떨까? 탕자의 형이 어떻게 되었는지 확실하게 알지 못한다는 사실을 이 나사로의 이야기에까지 끌어온다면 그 제목도 괜찮을 것 같다. 그 형은 회개하고 부활의 축연에 참여했을까, 안 했을까? 그 다섯 형제들은 회개하고 부활의 축연에 참여할 것인가, 하지 않을 것인가?

고대 이집트의 민간 설화를 재구성해 들려준 이 전복적인 이야기에는 부활이라는 주제가 확실히 들어 있다. 이 이야기는 부자와 가난한 자에 대하여 그리고 내세에 대하여 생각해 보게 만드는 도덕적이고 윤리적인 교훈에서, 부활은 예수님 주변에서 계속해서 일어나고 있다는 눈이 번쩍 뜨이는 깨달음으로 전복되었다. 그러나 그 눈을 뜨게 하려면 회개의 행위가 있어야 한다. 부자에게만 시선이 고정되어 있다면 계속해서 나사로는 보지 못할 것이다.

이 비유가 복음서에 나오는 비유 중에서 등장 인물에게 이름이 주어진 유일한 비유라는 사실 때문에, 요한복음에도 기록된 나사로라는 사람의 부활 사건에 주목하게 된다. 우리는 초대교회의 교부였던 오리게네스가 이러한 연관성을 지적한 최초의 사람이라고 알고 있다. 민간 설화의 나사로와 예수님의 친구 나사로 사이에 어떤 관계가 있는 것일까? 이 질문에 대한 확실한 대답은 없지만, 이 질문을 던지는 것만으로도 회개의 역동성이 우리 앞에 살아 있게 하는 데 도움이 된다. 부자가 아브라함에게 "만일 죽은 자에게서 그들에게 가는 자가 있으면 회개하리이다"라고 말하면서 나사로를 보내 그의 다섯 형제들에게 경고하게 해 달라고 부탁했을 때 아브라함은 그에게 이렇게 말한다. "모세와 선지자들에게 듣지 아니하면 비록 죽은 자 가운데서 살아나는 자가 있을지라도 권함을 받지 아니하리라"(눅 16.30-31). 중요한 단어 두 개가 있다. "회개하다" 그리고 "살아나다"(부활).

나사로의 비유는 부활 자체가 회개하게 만들지는 않을 것이라고 말한다. 실제 인물 나사로의 부활이 그러한 사실을 확인해 준다. 사실 그의 부활은 회개를 이끌어 내는 데 실패했을 뿐만 아니라, 더 심한 외고집을 부추겼다. 살인까지 저지르게 하는 불신앙을 품게 한 것이다. 나사로의 부활 사건은 비록 그것을 통해 일부가 믿기는 했지만, 결국에는 예수님을 십자가에서 죽게 만든 음모를 행동으로 옮기게 한 결정적인 사건이 되었다. "이 날부터는[나사로가 다시 살아난 그 날] 그들이 예수를 죽이려고 모의하니라"(요 11:53).

마찬가지로, 그로부터 열흘 정도 후에 일어난 예수님의 부활 사건도 전국적인 회개로 이어지지 않았다.

'회개'는 영성 생활의 표준적인 명령 중 하나다. 이해하기 어려운 말도 아니다. 그러나 **듣기는** 참으로 어려운 말이다. 회개는 복잡한 일이다. 물론 그 명령 자체는 직설적이고 쉬우며 믿음의 삶에서는 예전부터 있었던 것이다. 이 말은 그저 '돌아서다' 혹은 '마음을 바꾸다'라는 뜻이다. 그 의미에는 아무런 모호함이 없다. 그냥 하면 된다. 개인주의적으로가 아니라 개인적으로, 하면 된다. 성경의 이야기에서 회개는 사적인 것으로 그 범위가 좁혀질 수 없다. 예를 들어 자신의 죄를 유감스럽게 여기며 보상을 하려고 마음을 먹는 것이 회개가 아니다. 성경에서 말하는 회개는 하나님과 하나님이 자신의 백성을 다루시는 방식으로 돌아오라는 요청이다. 하나님의 이야기로, 그리고 그 이야기에 있는 모든 것과 모든 사람에게로 돌아오라는 요청이다. 그것은 새로운 삶의 방식으로 들어가는 것이며, 하나님 나라의 일원이 되는 것이다. 예수님은 하나님 나라에 포함되기를 의지적으로 바라는 삶의 방식에 자신과 함께하자고 사람들을 부르신다. 십자가의 길을 따라 예수님을 따른다는 말이 그 방식을 가장 간결하게 압축하는 은유일 것이다. "너는 너의 삶을 개정해야만(revise) 한다"(릴케).

　이미 바쁜 생활에다가 경건 실천과 관련된 추천 사항을 갖다

붙이는 것으로는 안 된다. 일련의 결심을 하는 것으로도 안 된다. 허비한 인생에 대해서 깊이 슬퍼하며 회개의 마음을 느끼는 것은 출발점은 되겠지만 그것으로는 충분하지 않다. 분위기는 조장될 수 있고, 감정은 쉽게 조작될 수 있다. 회개에 대해서 우리가 반드시 버려야만 하는 잘못된 이해는 "외로운 후기 계몽주의 시대의 개인이 사적인 구원을 열심히 추구하는 것이다."[5]

몇 년 전에 아내와 나는 산기슭을 깎아서 좁은 길을 낸 어느 국립공원을 통해서 차를 몰고 로키 산맥을 지나가고 있었다. 그러다 사고 현장을 지나가게 되었는데, 오토바이를 타고 가던 사람이 길을 이탈해 200미터 아래의 절벽으로 떨어진 곳이었다. 몇몇 경찰과 국립공원 관리인들이 교통 정리를 하고 있었고, 다른 사람들은 밧줄과 도르래를 가지고 이리저리 씨름하면서 사람이든 오토바이든 남아 있는 잔해를 건져 보려고 애쓰고 있었다.

당연히 모두가 호기심이 일었지만, 누구든지 멈춰서 둘러보지 못하도록 경찰과 공원 관리인들이 막고 있었다. 그러나 바로 그 사고 현장만 지나면 길이 구부러져 있어서 뒤를 돌아다보면 계곡 너머로 150미터 정도 떨어진 지점에 사고가 난 곳이 내려다보였다. 나는 차를 멈추었고 우리 부부는 쌍안경을 꺼내서 무엇이 보이는지 살펴보았다. 사고 현장에 있던 경찰 한 사람이 멀리서 우리를 보고는 확성기를 통해서 "차 안으로 돌아가세요! 아무것도 볼 게 없습니다" 하고 계곡 너머로 명령을 했다. 하지만 나는 거기에 볼 것이 있다는 것을 알고 있었고, 그것이 보고 싶었다. 나는 그 명령에 즉시 따르지 않았다(법을 준수하는 내 아내는 따랐지만 말이다). 그저 쌍안경을 통해 내다보는 것만으로는 어떤 법도 어기는 것이 아니라고 생각했다. 그러자 다시 그 명령이 반복되었다. "차 안으로 돌아가세요! 아무것도 볼 게 없습니다." 그리고 또다시 그 명령이 들렸다. 썩 내키지는 않았지만, 아내가 부추기기도 하기에 나는 할 수 없이 그 명령에 따랐다.

그 사건에 대한 이야기는 그게 전부다. 우리는 호기심이 충족되지 않은 상태로 그냥 계속 차를 타고 갔다. 그러나 그 이야기는, 이야기가 종종 그러하듯이 내 상상력 속에서 계속 작동했다. 부모, 목사, 성경 해석가로서 나는 명령형에 특별한 관심을 가지고 있다. 명령형은 가장 간결하고, 명확하고, 가장 덜 모호하게 동사를 구사하는 방식이다. 잘 사는 것에 관심이 있고 다른 사람들도 잘 살게 하는 일에 책임을 지고 있는 사람이라면, 누구에게나 명령형은 말하자면 밑천이다. 밥 먹어라, 방 치워라, 하나님을 사랑해라, 이웃을 사랑해라. 명령형은 사람의 주의를 끌며, 쉽게 이해되고, 설명을 요구하지 않는다. 그리고 적어도 단기적으로는, 대개 효과가 있다.

그 날 그 산길에서 경찰이 했던 명령은 그 세 가지를 다 했다. 나의 주의를 끌었고, 내가 차 안으로 들어가게 했고, 그 자리를 뜨게 했다. 그러나 그것이 하지 **않은** 것은, 그 때 일어나고 있던 일에 나를 참여시키는 것이었다. 사실 그렇게 할 계획도 없었다. 오히려 그 반대를 의도했다. 당시 일어나고 있는 일에 내가 참여하는 것을 배제하는 것이 그 명령형의 의도였다. 그러나 내가 관심을 가지고 있는 것은 나의 주의를 끌고 나를 움직이게 하는 격리된 명령형이 아니라, 그것이 어떻게 직설법과 가정법, 미완료 시제와 완료 시제로 발전해 나가는가 하는 것이다. 한 문장에, **인생에**, 온갖 다양한 종류로 관여하는 것이다.

예를 들어, 만약에 그 경찰관이 자기 부하 한 사람을 내게 보내서 "시신을 수습하는 일에 도움이 필요합니다. 거기서 그렇게 쌍안경을 통해 바라보고 있으면 방해가 됩니다. 도와주시겠습니까? 저 밧줄 잡는 일에 도움이 필요합니다"라고 말했다면 어떻게 되었을까?

그 일을 내가 하지 않는 것을 상상할 수 없다. 그리 큰일은 아닐 것이다. 그저 밧줄을 붙잡고 있거나 잡아당기거나 하는 정도의 일이었을 것이다. 그리고 아무런 기술도 필요하지 않았을 것이다. 그러나 나는 방해가 되는 구경꾼으로 서 있는 것이 아니라 그 이야기 안에 들어가 있을 것이다.

우리의 주의를 끌고 우리가 무슨 일을 하거나 하지 않게 만드는 데 명령형은 반드시 필요하지만, 우리를 그 이야기 안으로 끌어들이기 전까지는 **결코** 원래의 의도대로 기능하지 않는다.

명령형의 효력은 반복이나 부연으로는 대개 증가되지 않는다. 우리를 이야기 안으로 끌어들일 때에만 명령형은 제대로 작동하게 된다. 그리고 "회개하라!"는 명령형은 우리를 예수님의 하나님 나라 이야기로 끌어들인다. 사랑과 순종의 온갖 얽힘과 신비와 가능성을 안고 있는 그 이야기 안으로 말이다.

   예수님의 방식으로부터 우리는 많은 것을 배우게 된다. 사마리아의 길을 지나시면서 예수님은 자신의 개회 설교인 "회개하라!"를, 예루살렘으로 접근해 가시면서 계속해서 더 크게 그냥 반복하기만 하지 않으신다. 예수님은 주로 부활의 세계에 우리가 참여하도록 초대하는 이야기들을 들려주신다. 그토록 많은 당시의 사마리아인들과 오늘날의 미국인들처럼, 이야기가 있다는 사실조차도 모르는 사람들을 위해서 예수님은 목청을 높이지 않으면서 끈기 있게, 이야기에 이야기를 거듭해서 들려주신다. 하나님의 이야기로 우리를 끌어들이는 이야기들을 들려주신다.

10
과부

••• 누가복음 18:1-8

오늘날의 사람들과는 달리 성경은 기도 그 자체에 대한 관심이 거의 없다고 하는 사실에 나는 큰 흥미를 느낀다. 무엇보다도 예수님의 이야기가 그렇다. 어떻게 기도해야 하는가에 대한 체계적인 지도도 없고, 기도에 대한 강의도 없고, 기도의 역동(기도가 어떻게 작용하는지)에 대한 고찰도 없고, 기도의 종류와 기도를 드리는 시기를 분류해서 정리해 주지도 않는다.

물론 성경 곳곳에 기도하는 남녀들이 등장한다. 시편은 우리가 가진 가장 포괄적인 기도의 기록이다. 그리고 예수님은 우리의 가장 대표적인 기도의 모범으로서 중심적인 위치를 차지하신다(제2부에서 이 주제를 다룰 것이다). 그러나 우리가 따로 분리해서 연구하고 실천할 수 있는 주제로서 기도에 대한 이야기는 거의 없다. 우리에게 주어진 것은 그저 기도에 임하는 사람들, 기도하는 사람들뿐이다.

기도하는 우리 선조들의 발자취를 따라가 보면, 그들은 가던 길을 멈추고 기도에 대한 세미나를 하거나, 기도의 효력을 증명하는 통제된 실험을 하지 않는다. 그들은 '예수의 길'을 따르면서 주님을 위해서 길을 예비한다. 그들은 기도하기 위해서 따로 시간을 내지 않는다. 기도는 그들이 그 길을 예비하면서, 예수님을 따르면서 하는 일이다.

이 말은 역사적 맥락이 없는 기도에 대한 해설은 없다는 뜻이다. 모든 기도는 사람과 장소와 시간에 뿌리박고 있다. 기도는 추상적으로 접근할 수 있는 종류의 것이 아니다. 우리가 기도를 드리는 대상인 계시된 하나님과는 별개로, 그리고 기도하는 그 사람이 실제로 살아가는 조건들과는 별개로 기도를 한다는 것은 성경적 계시에서는 있을 수 없는 일이다.

누가의 사마리아 여행기에만 나오는 예수님의 이야기 중에서 두 개가 기도와 관련된 것이다. 첫 번째 이야기인 친구의 이야기(눅 11:1-13)는 기도를 일상적이고 가정적인 배경 가운데에 놓고 있다. 어떤 사람이 한밤중에 찾아온 자기 친구를 위해서 또 다른 친구에게 빵 한 조각을 부탁한다. 여기에는 우리가 '영적'이라고 부를 만한 것이 아무것도 없다. 이것은 명백하게 **인격적인** 이야기,

서로가 이름을 알고 있는 사이라고 추정할 수 있는 **친구들** 사이에 오간 대화다. 그들은 어쨌거나 이웃이다. 이 이야기에 나오는 모든 내용과 그것에 대한 논평은 모두 인격적인 것에 그 뿌리를 두고 있다. '친구'라는 단어가 네 번 나오고, '자녀/자녀들'이라는 단어가 네 번 나오고, 하늘에 계신 '아버지'라는 단어가 한 번 나온다. 이것은 전부 인격적이고 관계적인 용어다. 기도는 삼위일체와의 관계 속에서 관계적으로 사용되는 단어다. 끈질김(*anaidia*)이란, 자신에게 필요한 것을 구할 때 대담하고 뻔뻔한 끈기로 구하는 태도다. 어쨌거나 아버지는 우리의 친구이지 '남'은 아니지 않은가.

기도에 대한 두 번째 이야기는 그것과는 사뭇 다르다. 여기서는 인격성을 강조하지 않는, 재판관에게 탄원하는 과부에 대한 이야기가 나온다. 이들은 서로 편하고 친근한 사이인 두 이웃이 아니라, 정의의 문제로 관계가 결정되는 법정에서 만난 비인격적인 관계다. 이름 없는 과부 그리고 얼굴 없는 재판관.

그러나 공통된 줄기가 이 두 개의 이야기를 엮고 있다. 첫 번째 이야기는 빵을 구하는 친구의 '끈질김'을 언급하고, 두 번째 이야기는 그 이야기를 들려주는 목적을 먼저 제시하는데, "항상 기도하고 낙심치 말아야 할 필요성"을 강조하는 것으로 시작하고 있다. '낙심치 않다'(*mē engkakein*)는 앞에 나오는 '끈질김'과 병렬 관계에 있다. 이 은유적인 사마리아 여행이 막바지로 다가오는 이 시점에 어쩌면 기도의 이러한 측면은 특별하게 강조될 필요가 있는지도 모른다. 기도는 선택의 문제가 아니라, 근본적으로 필요한 것이다. 기도는 경건한 간주곡이 아니라, 때와 장소를 가리지 않고 인생 전체에 반드시 스며들어 가는 것이다.

예수님은 끊임없이 기도하고 결코 포기하지 말아야 한다는 내용의 이야기를 들려주셨다. 예수님이 말씀하셨다. "어떤 도시에 하나님은 아랑곳하지 않고 사람들에 대해서도 관심이 전혀 없는 재판관이 한 사람 있었다. 그 도시의 과부가 그를 끈덕지게 졸라 댔다. '내 권리가 침해당하고 있습니다. 나를 보호해 주십시오!'

그는 그 과부에게 약간의 관심도 주지 않았다. 그러나 그 과부가 계속해서 졸라 대자 그가 이렇게 혼잣말을 했다. '하나님이 어떻게 생각하시건 나는 신경 쓰지 않고, 사람들이 어떻게 생각하는지에 대해서는 말할 것도 없다. 하지만 이 과부가 나를 계속해서 졸라대니, 어떻게든 문제를 해결해서 이 여자가 구하는 정의를 얻게 해야겠다. 안 그러면 저 두드리는 소리에 내 몸까지 멍이 들겠다.'"

그리고 주님이 말씀하셨다. "저렇게 부패한 사람이지만, 그 재판관이 하는 말이 들리느냐? 그렇다면 왜 하나님이 나서서 계속해서 도와달라고 울부짖는 자신의 택하신 사람들을 위해서 정의를 이루지 않으실 것이라고 생각하느냐? 왜 그들 편에 서지 않으실 것이라고 생각하느냐? 내가 너희에게 확실하게 말하는데 하나님은 그렇게 해주실 것이다. 하나님은 꾸물거리지 않으실 것이다. 그러나 인자가 돌아왔을 때 이 땅에서 그와 같이 끈질긴 믿음을 얼마나 볼 수 있겠느냐?" (눅 18:1-8, 「메시지」)

고대 사회에서 과부는 개인적인 자원이 없는 여인들이었다. 그들은 마을 사람들의 환대에 의지해야만 필요한 것을 얻을 수 있었다. 이야기에 나오는 이 과부에게는 정의가 필요했다. 누군가가 그녀를 부당하게 대했거나 사기를 쳤다. 그녀에게는 자신을 변호해 줄 만큼 부자이거나 권세가 있거나 영향력 있는 사람이 하나도 없었다. 우리가 흔히 말하듯 그녀는 "기도밖에 할 수 없었다." 그녀는 마을 재판관에게 가서 도움을 요청했다. 어쨌거나 자신과 같은 사람을 보호해 주는 법이 있고, 그 법을 실행하는 것이 그의 일이었다. 그러나 그 재판관은 하나님을 무시하는 것처럼 그 여자를 무시했다. 그는 그 도시에 있는 다른 모든 사람을 경멸했던 것처럼 여자를 경멸했다. 참으로 대단한 재판관이었다.

그러나 그 과부는 포기하지 않았다. 그녀는 계속해서 그를 졸라 댔다. 한밤중에 찾아가서 그의 집 문을 두드렸다. 길에서 만나면 다짜고짜 붙잡고 이야기를 했다. 지칠 줄 모르고 그를 졸라 댔다. 그녀가 하도 주먹으로 두드리듯이 졸라 대서 그 재판관은 마치 자기 얼굴에 온통 멍이 들고 두 눈가에도 멍이 든 것만 같았다(이것이 바로 동사 *hupopiadzō*의 문자적인 의미다). 드디어 그는 굴복했다. 그는 그녀가 요구하는 정의를 시행해 주었다.

이 이야기는 기도에 대한 이야기다. 우리는 "항상 기도하고 낙심하지 말아야 한다"(눅 18:1). 우리는 "끊임없이 기도하고 결코 포기하지 말아야 한다"(「메시지」).

대부분의 사람들이, 어쩌면 모든 사람이 한 번쯤은 기도를 한다. 그리고 많은 사람들이(얼마나 많은지 누가 알겠는가?) 포기한다. 왜 그러지 않겠는가? 자신이 요구하는 것을 얻지 못한다면, 자신들이 '응답'이라고 생각하는 것을 얻지 못한다면, 왜 계속해서 기도를 하겠는가? 기도의 놀라운 점은, 참으로 많은 사람들이 기도를 한다는 것이 아니라 일부의 사람들이 포기하지 않고 계속해서 기도를 한다는 점이다. 왜 계속해서 기도하는가? 기도의 결과로서 보여 줄 것이 그토록 적은데 왜 계속해서 기도하는가? 기도의 습관을 들인 사람이라면 누구나 기도가 물 새는 바가지와 같다는 느낌, 때로는 압도적이기까지 한 그 느낌을 안다. 물 한 바가지를 뜨러 강으로 갔는데 집으로 돌아와 보니 바가지는 비어 있다. 자신이 강까지 갔다 온 수고를 보여 줄 수 있는 것이라고는 오면서 흘린 물이 만들어 놓은 자국밖에 없는데, 그나마도 곧 태양에 말라 버릴 것이다.

그러니 예수님이 격언 한마디로 이 이야기를 마치시는 것도 그리 놀랄 일이 아니다. "그러나 인자가 올 때에 세상에서 믿음을 보겠느냐?" 이 말은 "아직도 기도하고 있는 남자와 여자들, 포기하지 않은 사람들, 낙심하지 않는 사람들을 찾을 수 있겠느냐?"는 뜻이다. 이 "믿음"은 일반화된 추상적 개념이 아니라 끈질긴 기도로 표현되는 삶의 방식이다. 헬라어에서는 '믿음'이라는 단어에

정관사가 붙어 있다. 즉 믿음은 믿음의 모든 실천들을 수용하고 그것을 기도로 드리며, 하나님 나라로 그 추종자들을 기쁘게 맞이하시고 초대하시는 예수님 편에 계속 서 있는 **믿음의 삶**이다.

사는 바를 기도하고 기도하는 바를 살아내며 예수님을 따르는 믿음의 삶을 끝까지 버텨 내는 사람들은, 우리의 무지한 감정으로는 하나님의 무응답 혹은 하나님의 침묵으로 해석할 수밖에 없는 그것을 어떻게 다루어야 하는지를 사실상 배운 사람들이다.

우리는 경험을 통해서, 우리의 기도 앞에서 하나님이 침묵하시는 이유는 우리에게 무엇인가가 부족해서도 혹은 올바로 된 기도 매뉴얼만 손에 넣으면 없앨 수 있는 기술적인 결함이 있어서도 아니라는 것을 배웠다. 하나님의 침묵은 기도하는 모든 사람들이 공통적이고 반복적으로 경험하는 것이다. 기도를 위한 공식적인 기도서 같은 것이 만약에 있다고 한다면 그것은 바로 시편이다. 시편은, 우리의 기도하는 선조들이 하나님이 자신들에게 주신 말씀에 반응하기 위해서 사용한, 복잡하게 뒤얽힌 언어의 세계에 접할 수 있게 해주는 기도다. 그런데 그 시편을 보면 하나님의 침묵이 기도의 한 부분임을 알게 된다. 기도하는 사람들은 하나님의 침묵을 깊이 경험했다.

> 여호와여, 어찌하여 멀리 서시며
> 어찌하여 환난 때에 숨으시나이까?(시 10:1)

여호와여, 어느 때까지니이까? 나를 영원히 잊으시나이까?
　주의 얼굴을 나에게서 어느 때까지 숨기시겠나이까?
나의 영혼이 번민하고 종일토록 마음에 근심하기를 어느 때까지 하오며
　내 원수가 나를 치며 자랑하기를 어느 때까지 하리이까?(13:1-2)

내 하나님이여, 내 하나님이여, 어찌 나를 버리셨나이까?
　어찌 나를 멀리하여 돕지 아니하시오며, 내 신음 소리를 듣지 아니하시나이까?
내 하나님이여, 내가 낮에도 부르짖고
　밤에도 잠잠하지 아니하오나, 응답하지 아니하시나이다(22:1-2).

주여, 깨소서! 어찌하여 주무시나이까?
　일어나시고 우리를 영원히 버리지 마소서.
어찌하여 주의 얼굴을 가리시고
　우리의 고난과 압제를 잊으시나이까?(44:23-24)

하나님이여, 대적이 언제까지 비방하겠으며
　원수가 주의 이름을 영원히 능욕하리이까?(74:10)

주께서 영원히 버리실까,
　다시는 은혜를 베풀지 아니하실까,
그의 인자하심은 영원히 끝났는가,

그의 약속하심도 영구히 폐하였는가,

하나님이 그가 베푸실 은혜를 잊으셨는가,

노하심으로 그가 베푸실 긍휼을 그치셨는가?(77:7-9)

여호와여, 어느 때까지니이까? 영원히 노하시리이까?(79:5)

여호와여, 돌아오소서! 언제까지니이까?(90:13)

"왜, 왜, 왜?" "어느 때까지, 어느 때까지, 어느 때까지?"

기도하는 사람들은 아무런 응답이 없을 때의 기분을 안다. 기도로 자신들이 무언가를 구한다고 해서 그것을 모두 받을 수 있는 것은 아니다. 기도하는 사람들은 "어느 때까지?" 그리고 "왜?"라고 많이 묻는다.

그러나 중요한 것은 이 시편 기자들, 우리가 도제가 되어 기도를 배우는 이 기도의 대가들이 그 침묵에도 불구하고 계속해서 기도했다는 사실이다. 우리가 그들이 계속해서 기도했다는 사실을 아는 이유는, 우리가 기도의 세계에 잠길 수 있는 시편에 그들의 기도가 모두 모여 있기 때문이다. 세대에 세대를 거듭해서 유대인과 그리스도인들은 계속해서 이 똑같은 시편을 기도하고 노래했다. "왜?" 그리고 "어느 때까지?"라는 질문을 기도하고 노래하며, 기도와 노래로 그 침묵을 지나갔다.

마치 낙심하지 않은 그 과부처럼 말이다. 왜 우리는 그렇게 하는가?

우리가 그렇게 하는 이유는 하나님이 누구이신지, 하나님이 어떤 분이신지를 알기 때문이다. 하나님은 자신을 말씀과 행동을 통해서 창조하시는 하나님, 구원하시는 하나님, 그리고 자신의 창조와 구원의 말씀과 행동을 말과 행동으로 증언할 백성을 선택하시는 하나님이라고 계시하셨다. 하나님은 천지만물을 만드셨고 그것이 보기에 "매우 좋다"고 하셨다. 하나님은 하나님의 길을 잃고 하나님의 사랑으로부터 소외된 남자와 여자들을 구원하셨다. 하나님은 "제사장 나라"(출 19:6)로서 한 백성을 선택하시고 그들이 "만민의 빛"(사 51:4, 온 세상에 하나님의 길을 보여 주고 알리며, 만나는 모든 사람에게 같이 가자고 청하는 증인들)이 되게 하셨다.

좋으신 하나님, 구출하시는 하나님, 환영하시는 하나님. 계시는 약 이천 년에 걸쳐서 계속해서 이야기로 주어졌다. 하나님이 우리에게 말씀하시고, 우리 삶에 관여하시고, 하나님의 삶에 우리를 관여시키신다. 이러한 모든 일이 이름을 가진 사람들에게, 이름을 가진 장소에서 일어난다. 그것은 전부 인격적이고 지역적이다. 우리는 결코 이야기 전체를 알지 못한다. 우선 그것은 너무나 크고 복잡하다. 계시하시는 분이 하나님이라는 사실을 염두에 둘 때, 우리가 결코 이해하지 못할 많은 신비들이 있을 수밖에 없다. (우리가 이해할 수 있는 신은 참 신이 아니다.) 그러나 그 신비들은 선하고 빛으로 가득한 신비이지, 불길하고 악이 스며 있는 신비가 아니다. '변하지 않는 사랑', '신실함', '축복', '용서', '은혜'와 같은 말들이, 하나님을 계시하는 이야기와 기도 속에서 계속해서 아낌없이 사용된다. 우리가 제기하는 대답 없는 질문들("왜?"와 "어느 때까지?")과 어떠한 식으로든 나타나는 침묵들이 모든 것을 감싸 안는 선하시고 구원하시고 환영하시는 하나님의 이야기 속에 일단 통합되고 나면, 그러한 질문과 침묵 때문에 우리의 기본적인 신뢰가 감소하는 것이 아니라 오히려 우리가 받아들일 수 있는 한계를 넘어서까지 확장된다.

예수님의 이야기에 대략적으로 그려진 악한 재판관은, 우리가 그렇지 **않다고** 알고 있는 하나님의 모습이다. 우리는 그 오랜 세월 동안의 이야기와 노래, 기도와 성찰에 푹 잠겨 왔기에 이 재판관이 우리에게 계시된 하나님을 악하고 기괴하게 패러디한 모습이라는 것을 단번에 안다. 그 악한 재판관의 묘사는 우리가 아니라고 알고 있는 하나님의 모습과 우리가 그렇다고 알고 있는 하나님의 모습을 새롭게 깨닫게 해주는 신선한 충격이다. 이제 예수님과 함께해 온 우리는 우리와 함께하시는 하나님, 우리가 상관해야 하는 하나님의 성품과 사역을 안다.

그렇기 때문에 우리는 계속해서 기도하고 낙심하지 않는 것이다. 하나님이 모든 것이고 악한 재판관은 그렇지 않다는 것을 알기에 우리는 기도한다. 하나님의 침묵이든 부재든, 그것이 경멸이나 무관심의 증거가 아님을 안다.

계속해서 기도하고 낙심하지 않는 또 한 가지 이유가 있다. 우리는 이 하나님 나라의 일이 긴급한 일임을 안다. 예수님이 직접 그렇게 말씀하셨다. 하나님 나라는 이따금씩 토론거리로 올라오는 그런 문제가 아니다. 하나님 나라는 우리가 의식하든 못하든 언제나 일어나고 있는 일이다. 하지만 예수님의 의도는 우리가 그것을 의식하는 것이다. 하나님의 나라는 우리의 상상력이 완전한 혁신을 일으켜서 우리의 눈이 보지 못하는 것을 보고, 내일 아침 신문에 보도되지 않을 그러한 일에 동참할 것을 요구한다.

누가는 사마리아를 지나가는 이 은유적인 여행에 예수님의 무리와 함께 우리를 이끌고 가면서, 과부의 이야기를 들려주기 직전에 이 이야기의 맥락을 이해할 수 있도록 우리의 상상력을 준비시켜 준다. 그는 (눅 17:20-37에서) **하나님 나라**의 시간과 장소의 성질을 근본적으로 다시 소개해서, 우리가 예수님이 들려주시는 과부의 이야기를 들을 때 끈질긴 기도란 그저 무작정 밀어붙이는 것과는 매우 다르다는 사실을 깨달을 수 있게 해준다. 끈질긴 기도란 하나님이 시간과 공간에서 일하시는 방식을, 말하자면 '하나님 나라 식으로' 이해하는 것과 유일하게 일치하는 기도다.

바리새인들이 하나님 나라가 언제 오는지에 대한 질문으로 이러한 가르침에 발동을 걸었다. '하나님 나라'는 모든 것을 포함하는 하나님의 통치 사역, 예수님이 선포하시고 시행하고 계셨던 하나님의 다스림에 대한 은유로서, 예수님이 자주 사용하신 용어다.[1] 바리새인들은 그 때가 '언제'인지를 알고 싶어했다.

그들이 던진 질문에 약간의 회의적인 빈정거림이 들어 있는 것일까? 마치 "하나님의 나라라는 것에 대해서 계속해서 말씀하시는데, 이제 좀 지겨워지려고 합니다. 보여 주십시오. 언제 우리가 그것을 볼 수 있습니까? 언젠가는 볼 수 있기나 한 겁니까?"라고 말하듯이 말이다.

예수님의 대답은 이렇다. "지금 당장 볼 수 있다. 그것은 마치 길거리에서 코끼리 한 마리를 보는 것처럼 볼 수 있는 것이 아니다. 지금 여기에 있다. 너희들도 그 안에 있다. 하나님 나라는 바로 이 곳에서 형성되고 있다. 하나님 나라는 낙타를 타고 이집트로 가면 볼 수 있는 피라미드처럼 이 세상 불가사의 중 하나가 아니다. '언제?'라고 물으며 두리번거리지 마라. 너희가 누구이고 내가 누구인지에 주목해라. 우선, 기도를 해 볼 수 있을 것이다."

그리고 예수님은 그 주제에 대해서 제자들에게 더 자세히 가르쳐 주심으로써 바리새인들에 대한 자신의 대답을 더 정교하게 다듬으신다. 예수님은 하나님 나라가 마치 축구 경기처럼 표를 사서 관람석에서 그 경기를 지켜볼 수 있는 종류의 사건이 아니라고 강조하심으로써 바리새인들에게 하신 말씀을 반복하신다. 예수님은 그들의 판에 박힌 사고방식을 일깨우기 위해서 묵시의 언어를 사용하신다. 묵시의 언어는 상상력의 언어다. 묵시의 언어는 극단의 언어이며, 이목을 끄는 언어다. 묵시의 언어는 전형적으로 지진과 일식, 죽음과 지옥, 용과 마귀 등과 같은 재난 즉 종말의 때와 관련된 것들을 다룬다. 그리고 천사들과 천사장과 하늘의 광채도 다룬다. 묵시의 언어는, 이 경이의 세계를 몽유병 환자처럼 멍하니 지나가는 사람들을 깨우는 데 특히 더 유용하다. 그것은 카메라로 포착할 수 없는 것을 보게 해주는 언어이며, 전기를 사용해서 녹음할 수 없는 것을 듣게 해주는 언어다.

묵시의 언어는 다가오는 최후 심판 날의 사건들(심판, 재림, 핵으로 인한 대학살 등)을 언급하는 예언으로 이해될 수 있다. 그러나 그 똑같은 언어가 또 한편으로는 긴박감을 전달하는 은유로 이해될 수도 있다. 예수님이 은유를 무척 즐겨 사용하셨다는 사실과 예수님이 일하셨던 역사적인 맥락으로 미루어 볼 때, 바로 후자의 방식으로 예수님이 묵시의 이미지를 사용하셨을 가능성이 훨씬 더 크다. 예수님은 지금 현재 일어나고 있는 위대한 구원의 드라마(미래에 일어날 세계적인 사건이 아니라 지금 존재하는 하나님 나라의 현존)에 우리가 적합하게 동참할 수 있도록, 우리의 상상력을 훈련하고 계신 것이다.

예수님은 어떻게 이 절대적인 긴박감, 위기 상황의 긴박감을 전달하시면서 동시에 그 추종자들이 자신의 가족과 친구들과 더불어 살면서 일하고 예배하며 계속해서 신실하게 순종하도록 하시는가? 미래에 대한 사색에 빠지게 하거나 너무도 무서워서 히스테리 증세를 나타내며 꼼짝 못하게 만들지 않으면서 어떻게 그 긴박감을 전달하시는가? 예수님은 묵시의 언어를 사용하시는데, 단 은유적으로 사용하신다. 예수님은 사람들이 잘 알고 있는 노아와 홍수 이야기 그리고 롯과 소돔의 이야기에서 위기의 이미지를 가져오신다. 바로 **그러한** 긴박감, 우리를 구원하시기 위해서 하나님이 우리 가운데 함께하시는 방식이 포괄적으로 재정리되는 그러한 일이 바로 **지금** 일어나고 있는 일이다. 또 한 차례의 홍수가 아니라, 또 한 차례의 물과 유황의 대학살이 아니라, 하나님 나라를 세우는 일에 예수님을 따르고 예수님과 함께한다는 것의 의미를 근본적으로 다시 상상하게 만드는 것이다. 묵시는, 겉으로는 온화해 보이는 일상의 표피 밑에서 서로 엄청난 에너지로 경쟁하는 선과 악을 인식하도록 우리를 흔들어 깨우는 언어적 전략이다. 묵시적 비전의 언어는 기도하는 이들의 상상력이 하나님이 지금 하고 계시는 일에 활발하게 개입하게 해준다.

예수님이 사셨던 당대에 팔레스틴에서는 많은 혁명 운동이 있었다. 로마의 압제를 물리칠 전략을 가지고 나타나는 지도자들이 줄을 이었다. 묵시의 언어가 팽배했고 대부분의 경우 사람들은 그것을 문자적으로 이해했으며, 사실상 그 모든 언어가 폭력을 가정했다. 쿰란을 중심으로 하는 에세네파도 현재의 성전 통치가 폭력에 의해 끝이 날 것이라는 문자적인 묵시의 언어를 사용했지만, 그 폭력은 사실상 초자연적인 것이었다.

예수님도 로마의 악한 압제와 성전의 부패로부터의 구원을 선언하셨다. 그리고 예수님도 마찬가지로 묵시의 언어와 이미지를 사용하셨다. 그러나 예수님은 그 언어를 전복적으로, 은유적으로 사용하셨다. 이 하나님 나라는 강력하게 형성되고 있기는 하나, 피를 흘리는 폭력을 통해서가 아니라 오히려 희생과 고난, 거절을 통해서, 그리고 인내하는 끈질긴 기도를 통해서 형성되고 있었다. 이 세상의 잘못을 바로잡으시는 하나님의 일에 지금 여기에서 동참하는 삶은 바로 믿음의 삶, 기도하는 삶이다. 징조를 기다리지 않으면서, 사건을 찾지도 않으면서, 바로 이 과부처럼 말이다.

이것이 바로 우리가 항상 기도하고 낙심하지 않는 또 하나의 이유다. 하나님이 포괄적인 하나님 나라 방식으로 일하시기에, 그리고 우리도 그 일에 동참하기 원하기에, 우리는 쉬지 않고 기도한다.

과부에 대한 예수님의 이야기에서 마지막으로 주목해야 할 것이 있다. 이 이야기를 무슨 일이 있어도 버티라는 명령으로 읽을 가능성이 있다. 그리고 실제로 어떤 사람들은 그렇게 읽는다. 그러면서 어떤 특별한 치유를 달라고, 혹은 폭력적인 결혼 생활을 버티게 해 달라고, 혹은 꿈 같은 직업을 달라고 고집스럽게 기도한다. 그러나 끈질긴 기도의 팔레트에는 흰색과 검은색만 있는 것이 아니라 매우 다양한 색이 함께 있다. 기독교 역사 초기에 쉬지 않고 기도했던 기도의 대가 중 한 사람인 고독자 에바그리우스의 조언을 기억하는 것이 좋을 것이다.

기도할 때, 나는 종종 내가 좋다고 생각하는 것을 구했고 나의 간구를 끈질기게 계속했다. 하나님이 보시기에 내게 가장 좋은 대로 알아서 일하시도록 하나님께 맡겨 두지 못하고, 어리석게도 하나님의 의지를 행사해서 나의 간구를 이루어 달라고 성가실 정도로 졸라 댔다. 그러나 내가 구한 것을 얻었을 때, 나는 하나님의 뜻이 이루어지기를 구하지 않은 것을 참으로 후회했다. 왜냐하면 일의 결과가 내가 생각했던 것과는 달랐기 때문이다.···자신이 구하는 것을 하나님으로부터 당장 받지 못했다고 해서 괴로워하지 말라. 하나님은 당신에게 더 좋은 것을 주시기를 바라신다. 당신이 포기하지 않고 기도를 계속해서 하기를 바라신다. 하나님의 사랑을 누리고 하나님과 교제하는 것보다 더 좋은 일이 어디에 있겠는가?[21]

에바그리우스는 '나의 간구'를 끈질기게 계속하는 것과 '우리의 기도'를 포기하지 않고 계속하는 것을 구분한다. '끈질기게 계속하는 것'(persist)과 '포기하지 않고 계속하는 것'(persevere)은 서로 동의어일 수 있다. 그러나 에바그리우스는 자신이 그와 같은 단어를 근본적 불순종에 대한 허가증으로 이용했음을 분별 있게 간파했다.

예수님이 들려주신 과부의 "항상 기도하라" 이야기는 우리의 지속성이 이스라엘과 예수님을 통해 계시된 하나님의 방식 안에서 이루어지는 지속성이어야 함을 깊이 깨닫게 해주며, 예수님을 따라 예루살렘으로 가는 길에 오해와 혼란의 사마리아를 지나가면서 전개되는 현재의 묵시적 긴박성과 원기에 참여하게 해준다. 그러한 하나님의 방식과 묵시의 긴박성으로부터 분리된 끈질긴 기도는 이내 완고한 고집을 감추는 변명에 지나지 않게 된다.

11

죄인들

••• 누가복음 18:9-14

2분 정도만 생각해 보아도 사람에게는 겉으로 드러나 보이는 것보다 **내면의 것**이 훨씬 더 많다는 사실이 자명해진다. 눈에 보이는 몸의 표면인 피부는 사람 몸 안에 들어 있기는 하지만 결코 밖에서는 볼 수 없는 것들(심장, 장, 정맥과 동맥, 간, 폐, 뇌, 신경, 피와 뼈, 담낭과 신장, 병균과 기생충)과 비교할 때 참으로 사소하다. 몸무게가 90킬로그램 나가는 남자의 피부만을 저울에 달면 400그램도 채 나가지 않을 것이다.

게다가 이것은 단지 신체적인 차원만 따진 것이며, 무게로 측정할 수 있는 것보다 그럴 수 없는 것들이 훨씬 더 많다. 생각과 지식, 감정과 기분, 꿈과 비전, 말과 숫자, 기도와 노래, 믿음과 사랑과 소망, 습관과 기억들은 무게로 측정할 수 없다. 실제로 우리가 어떤 존재냐와 관련된 대부분의 내용은 배를 갈라서 장기를 살펴보는 것만으로는 발견할 수 없다.

어떠한 사람에게 일어나고 있는 모든 일들, 심지어 그가 아무리 촌스러운 여자나 둔감한 남자라 할지라도 그 사람이 경험하는 그 모든 소리와 침묵, 가시적인 것과 비가시적인 것들의 소용돌이를 조금이라도 알려면 이야기꾼이 필요하다.¹⁾

비인간 세계의 경우도 마찬가지다. 그 세계의 대부분도 우리 눈에는 보이지 않는다. 과학자들은 이처럼 우리 눈에 보이지 않는 땅 밑과 하늘 위에 무엇이 있는지를(태양계에 널리 펼쳐진 은하계, 지구 표면 밑에 있는 흙과 바위와 마그마, 바다 깊숙이 있는 동물들과 식물들) 알아내는 임무를 맡고 있다. 그들은 이야기꾼의 내면적 상상력을 사용하는 대신에 고도로 정교한 현미경과 망원경, 전파 탐지기와 수중 음파 탐시기를 사용해서 우리 수변에, 그리고 아래위에 무슨 일이 일어나고 있는지, 그리고 수십억 년 동안 무슨 일이 일어나고 있었는지에 대해서 복잡하게 얽힌 이야기들을 서로 짜 맞춘다.

이야기꾼들은 우리의 상상력을 작동시켜서 인생 이면에 있는 것을 보고 듣게 하며, 우리 등 뒤에서 혹은 저 모퉁이 너머에서 일어나고 있는 여러 양상의 일들에 우리를 참여시킨다. "금박지(foil)를 흔들 때의 빛처럼"(제러드 맨리 홉킨스) 눈부시게 빛나는 아름다움을 드러내기 위해서는 이야기꾼이 필요하다.

예수님이 이야기를 들려주실 때마다 그 이야기를 듣는 이들의 세계는 확장되고, 이해는 깊어지고, 상상력은 활력을 얻는다. 이야기가 없으면 전형만 남게 된다. 납작한 지구 위에 존재하는, 아무런 질감이나 깊이가 없는, **내면**이 없는, 종이 인형처럼 납작한 인물들만 남게 된다.

이야기꾼은 참여하도록 초대한다. 이야기꾼은 이 세상의 존재 방식을 우리가 인식하도록 일깨워 준다. 그저 구경꾼으로서 바라보도록 일깨우는 것이 아니라, 이 경이의 세계를 경험하도록, 그 땅을 딛고 걸어 다니도록, 나무에서 붉은 사과를 직접 따서 그 시큼함을 음미하도록, 호수에 뛰어들었다가 그 침례로 인해 원기를 얻고 올라오도록, 아이의 손을 잡고 그 손가락을 통해 전달되는 신뢰의 맥박을 느껴 보도록 우리를 일깨운다.

예수님은 하나님과 구원, 마귀와 저주에 대한 거대한 '진리'들을 설명하기 위해서 이야기를 들려주시는 것이 아니다. 물론 우리가 알고 이해해야 하는 진리들이 있다. 하나님에 대한 진리, 옳고 그름에 대한 진리, 역사적인 진리 등 말이다. 그러나 예수님은 우리에게 추상적인 진리를 말씀해 주시는 것에 대해서는 별 관심이 없으신 듯하다. 예수님은 우리가 직접 발로 진흙을 밟고 손으로 빵 반죽을 하는 식으로, 이 세상에서 일하시는 살아 계신 하나님께 구체적으로 참여하기를 바라신다. 그렇기 때문에 예수님은 이야기를 들려주시는 것이다. 설명하거나 규정하기 위해서가 아니라, 우리가 시간을 보내는 집과 동네와 일터에서 하나님의 방식과 뜻에 적극적으로 참여하게 하기 위해서 이야기를 들려주신다.

예수님을 일요일에 나타나서 우리에게 하나님에 대해서 가르쳐 주고 어떻게 하면 사고치지 않고 살 수 있는지를 알려 주는 주일학교 선생 정도로 취급하는 것보다 더 무례하게 예수님을 무시하는 행위는 없다. 예수님께 그와 같은 역할을 부과한다면, 우리는 예수님은 누구이신지, 무엇을 하시는 분인지에 대해서 심각하게 오해하는 것이다. 예수님은 그분을 따라 예루살렘으로 가면서 사마리아를 통과해 가는 바로 지금 이루어지고 있는 영원한 생명의 구원 사역을 같이 하자고 우리를 부르신다.

예수님이 들려주시는 또 하나의 이야기는 바로 죄인들의 이야기다.

다음의 이야기는 예수님이 자신의 도덕적 행위에 대해서 스스로 만족하면서 평범한 사람들은 무시하는 사람들에게 들려주신 것이다. "두 사람이 성전으로 기도하러 올라갔는데, 한 사람은 바리새인이고 또 한 사람은 세리였다. 바리새인이 자세를 잡고는 이렇게 기도했다. '오, 하나님, 내가 다른 사람들처럼 도둑질을 하거나, 사기를 치거나, 간음을 하지 않고, 저 사람처럼 세리가 아닌 것에 감사를 드립니다. 나는 일주일에 두 번 금식하고 나의 모든 수입에 대해 십일조를 내고 있습니다.'

반면에 그 세리는 그늘진 곳에서 몸을 웅크리고는 손에 얼굴을 묻고 감히 올려다보지도 못하면서 말했다. '하나님, 긍휼히 여겨 주십시오. 죄인인 나를 용서해 주십시오.'"

예수님이 이렇게 덧붙이셨다. "바리새인이 아니라 이 세리가 하나님 앞에서 의로워져서 집으로 돌아갔다. 콧대를 세우고 돌아다니면 코가 납작해질 일을 당하겠지만, 그저 자기 자신인 것에 만족한다면, 자기 자신보다 더 큰 존재가 될 것이다"(눅 18:9-14, 「메시지」).

이 이야기의 배경은 기도의 장소다. 하나님과의 친밀함을 과감하게 시도해 보고자 온 인류가 매달리는 행위인 이 기도는, 너무도 기본적이고 시작은 쉽지만 지속적으로 하기는 참으로 어렵다. 그저 피상적인 삶 이상의 삶을 살고자 하는 바람의 표출인 이 기도는 참으로 자주 억압되거나 다른 데로 관심이 돌려진다. 직무 기술서, 머리 색깔, 피부결과 같은 그저 표면적인 인생을 사는 것에 만족하지 못하는 인간의 마음을 반영하는 행위. 나의 하나님과 나의 영혼에 대해서 아웃사이더로 살기를 거부하는 행위. 너무도 쉽게 '최악'으로 부패하고 마는 이 '최고'의 행위. 바로 기도다. 그 풍요로운 내적 성숙은 참으로 쉽게 종교적인 상투어로 부패해 버린다.

서로 대조되는 두 인물인 바리새인과 세리가 이 이야기를 전개한다. 그러나 처음부터 나의 주의를 끄는 것은 그들이 가지고 있는 공통점이다. 그들은 모두 같은 교회(성전)로 가서, 모두 기도를 드렸고, 모두 죄인이다.

나는 목사다. 오십 년 전에 나는 기도의 장소에서 책임 있는 지위를 맡게 되었다. 바로 교회가 내가 최우선적으로 일하는 장소인데, 예수님이 이 이야기의 배경으로 삼고 있는 성전과 별다르지 않은 장소다. 어쩌면 그렇기 때문에 나의 목회적 상상력이 교회에서 기도하고 있는 이 두 사람을 계속해서 떠올리는지도 모른다. 이 이야기는 예수님이 들려주신 이야기 중에서 예배의 장소를 배경으로 하는 유일한 이야기다. 다른 모든 이야기들은 비종교적인 배경들, 농장과 저녁 식사와 결혼식을 배경으로 하고 있으며, 목사가 아닌 사람들이 일터에서 사용하는 비종교적인 언어를 대부분 사용하고 있다. 그러니까 내 목회의 대상인 남자와 여자들이 대부분의 시간을 보내는 바로 그러한 세계를 배경으로 하고 있는 것이다.

그래서 나는 이 두 사람에게 특별히 관심이 간다. 두 사람 모두 교회 안에 있고, 두 사람 모두 기도하고 있고, 두 사람 모두 죄인이다. 나는 계속해서 그들이 떠오르고 그들의 유사한 점과 대조적인 점들에 대해서 깊이 생각하게 된다. 나는 내가 알고 있는 사실들을 일종의 목회적 미드라쉬(midrash, 성경의 구절들을 개개인의 상황에 적용시켜 해석하려는, 유대교의 성경 주석 방법, 또는 그 내용을 담은 책─역주)로 재구성해서 그 내용에 살을 붙이려고 한다. 미드라쉬는 본문에 기록된 대로의 내용만큼이나 그 행간의 내용에도 주의를 기울이는 다소 유희적인 텍스트 참여 방법인데, 중세의 히브리 랍비들이 즐겨 사용하던 독서 방식이다.

나는 바리새인과 세리 모두를 대상으로 목회를 했고 지금도 많은 사람들의 이름을 기억하고 있다. 그 두 부류를 구분하기가 언제나 쉬운 일은 아니다. 바리새인들은 대체로 자기 자신에 대해서 퍽 좋은 견해를 가지고 있다. 확실한 직업을 가지고 있으며, 가족들을 잘 돌보고, 대부분의 계명들을 대부분의 경우 지키고, 교회 생활 문화에 익숙하고, 매주 예배 때마다 헌금을 하고, 리더십의 자리를 제안받으면 대체로 받아들인다. 세리들은 외양으로는 그렇게 많이 다르지 않지만, 자기 자신에 대해서 그다지 좋은 견해를 가지고 있지 않다. 많은 이들이 과거의 어떤 일들로 인한 거대한 죄책감의 짐을 지고 산다. 또 어떤 이들은 은밀한 죄, 중독, 해로운 관계, 그리고 절망의 근심을 안고 산다. 그들은 이러한 것들의 상당 부분을 다른 사람들이 알지 못하도록 잘 숨기는데, 자기 가족들에게도 숨기는 경우가 많다. 그들은 한 번씩 생각나면 교회에 참석하는 경우가 많다. 어떤 사람들은 직장에서는 썩 잘해 내지만, 폭력적인 부모나 친척, 목사나 신부로부터 받은 성적, 영적, 감정적(그리고 어떤 때는 세 가지 모두의) 상처가 서로 뒤얽힌 채 자리 잡고 있어서 회중 안에서 편안한 느낌을 갖거나 수용되고 있다는 느낌을 갖기가 힘들다.

나는 예수님을 따르는 일에서 바리새인들과 세리들을 모두 인도하면서 이 사람들을 격려하고, 그들의 말을 듣고, 그들과 대화하고, 그들을 위해서 기도하고, 그들에게 설교하고, 가르치는 일을 책임지고 있다. 두 부류 모두 내가 목회를 하고 있는 기도의 장소에 나타난다. 두 부류 모두 죄인이다. 나는 두 부류 모두에게 동일한 목사다. 그래서 쉽지 않다.

이 두 부류의 사람들, 죄인들이 같은 교회에 있다는 사실은 놀라운 일이 아니다. 교회는 범죄 기록을 가진 사람들을 밝혀 내기 위해서 배경 조사를 지시하거나, 악을 은폐하기 위해서 교회를 이용할 수도 있는 사람들을 걸러 내기 위한 안보 장치를 장착하는 일에 철저하지 못한 것으로 유명하다. 그 결과 교회에는 바람직하지 않은 사람들, 정직하게 거룩하신 하나님을 예배하고, 사랑과 정의, 회개와 용서로 이 세상을 섬기고, 기쁨과 즐김에서 날마다 희생적 순종으로 예수님을 따르려고 애를 쓰는 사람들의 모임을 곤혹스럽게 하는 남자와 여자들을 상당히 많이 끌어들인다. 교회가 바리새인과 세리에 대한 보안 점검을 했더라면 그들은 교회의 문을 통과하지 못했을 것이다.

세리는 그 당시의 사회에서 파렴치한 사기꾼으로 잘 알려져 있었다. 로마 정부를 위해서 세금을 거두는 일은 아마도 1세기의 유대인들이 가질 수 있는 가장 착취적이면서 돈을 많이 벌 수 있는 직업이었을 것이다. 오늘날로 치면 마피아의 앞잡이와 같은 부류였을 것이다. 그렇다면 바리새인들은? 바리새인들은 그 사회에서 전반적으로 존경을 받는 사람들이었다. 그들은 하나님과 하나님의 율법을 진지하게 받아들였다. 그들은 분명하게 하나님 편에 서 있었고, 그 사회에서 도덕적이고 영적인 중추 역할을 했다. 하지만 이 이야기에 나오는 바리새인은 가짜 바리새인이었다. 악의 모양은 하나도 띠지 않는 바리새인의 관습들을 행했지만 전부 외형에 불과했다. 하나님 편에 선 올바른 사람들로 인식되는 이 사람들, 이 바리새인들이 조금은 필요 이상으로 허세를 부리고 의로운 자라는 명성의 특권을 조금은 지나치게 내놓고 즐기는 경우가 없지는 않았지만, 대부분의 사람들은 그들을 우러러보았고, 우러러본 정도가 아니라면 적어도 그들을 참아 주었다. 어쨌거나 바리새인들이 명백하게 악하다고 할 만한 일을 하는 것도 아니었고, 공동체 도덕성의 기준을 지키는 상당히 좋은 일을 한 것도 사실이었다. 하지만 그렇다고 해서 젖과 꿀이 넘쳐흐르는 삶을 특별히 더 설득력 있게 살아낸 것도 아니었다.

세리들은 물고 물리는 돈과 경쟁의 세상에 익숙한 사람들이다. 그 세계는 세상에 믿을 사람 하나도 없다는 사실을 빨리 배우게 되는 세계이며, 그럭저럭 살아가게만 해준다면 무엇이든 허용되는 세계다. 사람들은 세리를 경계하게 된다. 그들은 믿을 수 없는 존재들이다. 그들은 종종 쓸데없는 일을 도모한다. 그들은 끊임없이 위험을 무릅쓰고 무엇이든 이익이 될 수 있는 일을 찾아다닌다. 그들은 자신의 목적을 위해서 그들을 이용하는 데만 관심이 있는 지배자 로마인들과 그들의 동료 유대인들 사이에서 유리

한 위치를 점하려고 이런저런 방법들을 끊임없이 시도한다. 세리들은 언제나 사람들을 못살게 굴고 내키는 대로 사람들을 속이기 때문에 그들의 동료 시민들은 그들을 무척 싫어한다. 하지만 모든 세리가 그런 것은 아니다. 어떤 세리들은 놀랄 정도로 점잖은 사람들로서, 로마인과 유대인들 사이의 불안한 경제가 그런대로 최대한 잘 굴러가게 해준다. 그럼에도 불구하고 그들은 여전히 주시의 대상이다. 특히 유대인들의 도덕적 태도를 감시하는 감시자로 자처하는 경우가 많은 바리새인들이 주시하는 대상이다.

그 이야기에 나오는 그 날, 두 사람 모두 기도하러 교회에 갔다. 그것이 바로 교회가 존재하는 이유다. 사람들은 여러 가지 잘못된 이유들로 교회에 간다. 교회에 가는 바른 이유는 기도하기 위해서다. 바리새인과 세리 모두 교회로 들어갔고, 그렇게 함으로써 그들은, 사람이 말을 들으시고 그들에게 말씀하시는 하나님의 말씀을 잘 듣고 그 하나님께 잘 이야기하고자 애쓰는 것이 인간됨의 핵심이라고 확신하는 남녀들의 공동체에 들어간 것이다. 기도에는 가시적으로 볼 수 있는 외적 형태와 귀로 들을 수 있는 말이 있지만, 대체로 기도는 내면적인 행위다. 사실, 인간이 할 수 있는 가장 내면적인 행위다.

기도의 외형을 갖추고 기도의 말을 하는 사람이 실제로 기도하고 있는지는, 그냥 겉으로만 관찰해서는 전혀 알 수 없다. 우리 자신을 돌이켜 볼 때, 실제로 기도하지 않으면서 '기도'하기가 얼마나 쉬운지, 하나님께 애써 주의를 기울이지 않으면서도 하나님과의 관계가 좋은 사람이라는 명성을 얻기가 얼마나 쉬운지, 하나님과 하나님의 백성 그리고 하나님의 창조 세계와 직접 대면하는 만만치 않은 일을 회피하기 위해서 교회라는 배경과 기도의 말과 형식을 이용하기가 얼마나 쉬운지 이내 알 수 있다. 이처럼 사람을 속이기가 쉽다는 사실을 생각해 볼 때, 기도의 장소와 기도의 실천이 아무도 눈치채지 못하는 가운데 하나님을 피할 수 있는 가장 좋은 자리가 된다고 하는 사실은 전혀 놀랍지 않다. 따라서 내면성을 계발하기에 가장 좋은 환경에서 오히려 그 내면성이 부족한 경우가 많다는 사실도 놀랍지 않다. 하나님과 대면하지 **않으려는** 의도를 가지고 교회에 기도하러 가는 사람은 사실상 없다. 적어도 초기에는 그렇다. 하지만 하나님과 대면하지 않고서도 하나님과 관계 맺는 데서 얻는 모든 사회적인 혜택을 별 노력 없이 그토록 쉽게 얻을 수 있다는 사실을 알게 되면, 내용 없는 형식(우리가 흔히 일컫는 말로 '위선')이 기도의 장소에 그토록 팽배하다는 사실도 그다지 놀랍지 않다.

위선을 계발하려는 의도를 가지고 교회에 나가기 시작했다고 하는 사람을 나는 한 번도 만난 적이 없다. 그러나 그런 사실을 숨기기가 얼마나 간단한 문제인지를 깨닫고 나면, 우리도 알지 못하는 사이에 그렇게 된다. 게다가 나는 자신의 위선을 인식하고 있는 사람도 만난 적이 없다. 고혈압처럼 그것은 '침묵의 살인자'다. 물론 여기에서 손상되는 것은 순환기 계통이 아니라 믿음과 기도라는 내면 생활이다. 종교적인 장소에 자주 가고 종교적인 행위들을 할 경우에 우리는 자신이 의식하지도 못하는 문제에 빠질 수 있다. 이 이야기에 나오는 바리새인의 경우는 확실히 그랬다.

예수님은 이 이야기에서 '위선'이라는 용어를 사용하지 않으셨다. 종교적인 연기를 하는 것을 폭로하기 위해서 이 용어를 사용하시는 경우가 다른 곳에서는 있었다(특히 마태복음 23장에서 가장 많이 사용하셨다). 반면 이 이야기에서는 우리를 교회 안에 있는 바리새인과 세리 사이에 놓으시고 그 위선이 어떻게 작용하는지를 보게 하신다.

위선은 잘못된 행위를 하고자 하는 유혹에서 출발하지 않는다는 점에서 독특한 죄다. 부모에게 망신거리가 된다거나, 다른 사람의 돈이나 소유를 훔친다거나, 살인을 한다거나, 바람을 피운다거나, 모독과 기만의 언어를 사용하는 경우와는 다르다. 표준적인 죄에는 '금지된 열매'의 측면이 있어서 그 죄를 매력적으로 보이게 만든다. 무언가 탐나는 일을 하고픈 유혹, 흥분과 희열의 암시, 단조로운 인간의 유한성을 초월하고픈 마음, '신과 같이 되고픈' 유혹을 일으킨다. 그러나 위선은 다르다. 위선은 기도의 장소에서 그리고 기도하는 사람들에게서 발생한다. 하지만 일반적으로 위선의 죄는 긴 잠복기를 가지고 있다. 우선은 하나님과 의와 기도에 대한 진정한 끌림에서 대체로 시작된다. 하지만 그러는 도중에 우리는 그저 시간 날 때 잠시 만지작거리는 정도로는 그러한 일을 제대로 할 수 없다는 사실을 알게 된다. 우리는 의롭다는 명성을 누리는 기도의 사람으로 알려지기를 바라지만, 신선한 물을 갈망하는 목마른 사슴처럼 헐떡이는 것만으로는 안 된다는 사실을 알고 나면 열망은 산만하게 흩어져 버린다. 그러한 사람이 되려면 주의 깊어야 하고, 가만히 잘 들어야 한다. 영웅적이라고 할 만한 일은 하나도 없고, 마리아처럼 "내게 이루어지이다"(눅 1:38) 하는 일종의 수용적 기대의 자세로 분명한 자기 주장 없이 강가로 가서 기다려야 한다.

위선은 '나쁜 씨앗'의 열매가 아니다. 그것은 하나님과 대면하는 많은 노력을 요하는 내면의 삶을 종교적인 분장과 수다스런 종교적 잡담으로 대체해 버리는 게으름이다. 그렇게 대체하고 난 후에도 그 열망의 근원이 완전히 억압되기까지는 오랜 시간이 걸린다. 위선은 서서히 자란다. 초기에는 발견하기가 힘들다.

그렇기 때문에 자신이 위선자가 되어 가고 있다는 사실을 의식하는 사람은 하나도 없다. 하나님이 하시는 일에 참여하고 싶다는 최초의 충동을 가진 사람은 아무런 의식 없이 게으름의 영역으로 넘어가고 만다. 결국 하나님의 조건에 따라 하나님께 주의를 기울이는 데 실패하고 마는 것이다. 선을 의도하다가 주의력이 떨어지면 위선을 낳게 된다.

모든 표준적인 죄는 비교적 명쾌하다. 그 죄를 범하는 사람은, 자신의 동기에 대해서는 아무리 스스로를 속인다 할지라도 자신이 무슨 짓을 하고 있는지는 안다. 아침에 일어나서 옆에 다른 사람의 배우자가 있는 것을 보면 자신이 간음을 했음을 안다. 방아

쇠를 당겨서 사람을 죽이고 나면 자신이 살인자임을 안다. 자동차를 훔쳐서 봄꽃이 피어나는 사막 지대를 운전해 간다고 해서 그 아름다운 풍경이 자신이 도둑이라고 하는 인식을 지워 주는 것은 아니다. 그러나 목사로서 나는 자신이 위선자임을 아는 위선자를 한 번도 만난 적이 없다. 적어도 위선의 초기 단계에서는 말이다.

예수님의 이야기에 나오는 두 사람 모두 죄인이다. 그 사실만큼은 분명하다. 세리는 사람을 곤궁하게 만들 정도로 착취하는 야비한 직업을 가진, 눈에 띄는 죄인이다. 그러나 죄인으로서 바리새인의 지위는 그런 식으로 눈에 띄지는 않는다. 그는 사회적으로 전형적인 '죄인들'과 같은 부류로 취급되지 않을 만한 역할을 부여받은 사회 계급의 일원이다. 전형적인 죄인들의 부류에 가장 걸맞은 사람들로는 도둑, 불량배, 간음하는 자, 그리고 세리(눅 18:11) 등이 있는데, 모든 사람이 바리새인은 그런 사람이 아님을 알고 있었다. 그는 사회에서 존경받는 지위를 가지고 있었다. 그러나 같은 회당에 있던 적어도 몇몇 사람들은 그 사람이 종교적으로 상당히 거만하다는 것을 아마도 눈치채고 있었을 것이다. 그의 기도가 정직한 것인지에 대해서 의문을 가지게 만드는 그러한 거만함 말이다. 그러나 거만함과 부정직한 기도에는 도둑, 불량배, 간음하는 자, 세리에게 붙어 다니는 것과 같은 사회적인 비난이 따라붙지 않는다. 그것은 심지어 죄라고 불리지도 않는다. 그렇지만 그 바리새인은 여전히 죄인이었다.

세리는 자신이 죄인임을 안다. 바리새인은 자신이 죄인일 것이라고는 눈곱만큼도 생각하지 않는다.

이 이야기가 그 바리새인의 가짜 기도를 진짜 기도로 바꾸어 줄 적절한 상상력을 그에게 제공해 줄까?

목사로서 내가 하는 일이 좀 쉬우려면 바리새인과 세리를 전형화하면 된다. 그러면 일이 많이 단순해진다. 그러면 각 사람을 나름의 이야기를 가진 인격체로 대하지 않아도 된다. 사람들은 종종 예수님의 이야기를 탈이야기화하고 밋밋하게 전형화해서 도덕적 교훈에 대한 예화나 신학적 교리에 대한 소개로 만들어 버린다. 바리새인은 교정될 수 없는 역겨운 위선자로 전형화된다. 세리는 '구원받은 자'로 낭만적으로 전형화된다. 바리새인은 '종교'의 대변자로, 세리는 '영성'의 대변자로 그 역할을 부여받는다.

없애 버려야 할 때가 충분히 무르익은 전형화에는 이러한 것들이 있다. 종교적인 위선자와 영적인 프리랜서, 위선이라는 풀을 먹인 뻣뻣한 제도적 종교와 공중 나는 새와 더불어 사귀는 자발적인 영성, 상투적인 표현들에 푹 싸인 채 예수님의 품 안에서 안전을 누리는 종교와 늑대와 함께 달리고 광야에서 인생의 모험을 하는 영성.

그러나 현실은 그보다 더 복잡하다. 전형화는 쉽다. 영성과 종교를 대립시키고픈 유혹이 드는 것은 사실이지만, 그렇게 하면

명쾌해지는 것보다 모호해지는 것이 더 많다. 인생은 그보다 더 복잡하다. 회중은 그보다 더 복잡하다. 성숙한 기도의 삶은 그보다 더 복잡하다. 실상은 두 사람 모두가 공식적이고 제도적인 종교의 장소에 있다. 그리고 두 사람 모두 같은 일을 하기 위해서, 즉 기도를 하기 위해서 거기에 갔다. 바리새인과 세리가 흑백으로 분명하게 나눠지는 경우는 드물다. 그들은 실제 삶에서는 잘 구분되지 않는 여러 색조로 등장한다.

그런데 사실 나는 바리새인들을 좋아한다. 목회를 시작했을 때 나의 회중은 주로 바리새인들로 구성되어 있었다. 위선자들이라는 것이 아니라 그냥 바리새인들이었다. 그들은 자신들의 세례받은 정체성을 혼란스런 미국 문화의 피상성과 분명하게 구분해 주는 예배의 장소를 원했다. 그들은 그 정체성을 키울 수 있는 회중에 속하고 싶어했다. 나는 그 점을 좋아했다. 나는 의에 대한 욕구가 있고 기존의 종교 형식 안에 머물면서 그와 같은 욕구가 더 민감해지고 깊어지도록 하는 것을 불편해하지 않는 남녀들의 동반자가 되는 것이 좋았다. 그러나 그러한 환경 속에서 위선이 얼마나 쉽게 번식하는지를 알고 있었기에 나는 아주 진지하게 사람들이 주의력과 수용성을 가지도록 격려했고, 너무도 쉽게 깊은 생각을 파괴시켜 버리는 강제적 행동주의, 기도를 형식과 공식으로 축소시켜 버리는 복음주의적 분주함의 흔적이 보이지는 않는지

부지런히 경계했다.

 가끔씩 세리가, 대개는 절박한 심정이 되어 내 일터 가운데 모습을 드러내기도 했다. 해가 지날수록 그러한 부류가 늘어났다. 그런데 알고 보니 그들은 위선을 막아 주는 그 무엇보다도 강력한 방어막이었다. 세리가 드리는 기도의 정직함과 신선함, (아!) 그리고 순진함은 회중 가운데서 커 가고 있을지도 모르는 그 어떠한 위선의 전조도 막아 주는 강력한 해독제였다. 은혜에 대한 그들의 신선한 자각은 바리새인들에게로 소리 없이 옮겨 갔다.

마흔 살의 아비게일은 중년의 히피였는데, 생애의 대부분을 자기 배우자와 자녀들의 마약 중독과 알코올 중독으로 씨름하며 보낸 여자였다. 그녀가 어느 주일 날 교회 뒤편에 와서 앉았다. 그녀는 항상 뒤에 앉았다. 그리고 마지막 찬송가를 부를 때 그녀는 슬쩍 빠져나가서 자신의 익명성을 유지했다. 그로부터 약 여섯 달 정도 후에 그녀는 축도가 끝날 때까지 남아 있었다. 출구에서 나와 인사를 하던 그녀가 말했다. "나는 정말 행운아예요. 이런 이야기는 한 번도 들어 본 적이 없어요. 이 세상에 이런 곳이 있는 줄은 몰랐어요. 나는 정말 행운아예요." 교회 안에서 일어나는 일들에 '행운'이라는 표현을 쓰는 것을 나는 그 때 처음 들어 보았다.

 그로부터 석 달이 더 지나서야 그녀는 자신의 이름을 밝혔다. 그러고는 자신의 이야기를 드문드문 내게 들려주기 시작했다.

그녀만이 아니었다. 거의 한 달 간격으로 또 다른 세리가 등장했다. 그렇게 또 한 사람. 그리고 또 한 사람. 우리 회중에 정말로 동화된 사람은 그리 많지 않았다. 그들은 우리의 바리새 문화에 잘 '맞아드는' 사람들은 아니었다. 그러나 나는 일찍부터 그들이 이 회중의 건강을 위해 얼마나 중요한 존재인지를 깨달았다. 나는 위선에 대한 설교를 했던 기억이 없다. 그럴 필요가 없었다. 교회 뒤편에 앉아 있던 세리들, 최대한 눈에 띄지 않게 그 곳에 머물던 세리들이 온갖 종류의 위선에 대한 강력한 항체였던 것이다. 어떠한 식으로든 그들은 아비게일이 행운이라 말한 그것을 전달해 주었다. 이 세리들은 회중에게 거룩한 행운을 소금처럼 뿌려 주는 사람들이었다. 머지않아 많은 사람들이 행운을 느끼기 시작했다. 행운의 바리새인들. 이러한 세리들을 은혜의 신선함과 기도의 단순함의 (대개는 말이 없는) 증인으로 두고 있으니 행운이었다. 위선의 전 단계인 자기 만족이, 위선이라는 치명적인 죄로 굳어지기 전에 우리 안에서 노출되었으니 행운이었다.

이 이야기는 예수님이 사마리아 도상에서 들려주신 이야기 중에서, 우리를 기도의 삶으로 초대하시는 세 번째 이야기다.

친구의 이야기(눅 11:5-13)는 예상치 못한 손님 때문에 빵을 빌리러 한밤중에 옆집을 찾아가는 일상적인 행위를 가지고 기도를 이야기했다. 기도는 신비스럽거나 무슨 비법과도 같은 영성이 아니다. 기도는 평범한 행위다. 기도는 사람 사귀는 법, 영향력 있는 사람이 되는 법을 전수하고 다니는 동기 부여 전문가로부터 배울 수 있는 기술이 아니다. 그것은 우정의 행위처럼 간단하다. 기도는 인공호흡처럼 비상시나 위기 상황에 사용하는 것이 아니다. 그것은 빵을 부탁하기도 하고 얻기도 하는 일상적인 환대의 행위처럼 아주 흔한 것이다. 하나님께 드리는 우리의 기도에서 일어나는 일은 우리가 사는 동네에서 그리고 가족 안에서 늘 일어나는 일들과 그리 다르지 않다.

과부의 이야기(눅 18:1-8)는 우리가 흔히 '응답받지 못한 기도'로 분류하는 것을 그와는 사뭇 다른 것으로 다시 생각하도록 도와준다. 우리의 기도 앞에서 하나님이 침묵하시는 것을 냉담한 무관심의 문제라고 생각한다면, 다시 생각하길 바란다. 하나님은 그 이야기에 나오는 악한 재판관과는 정반대다. 모든 면에서 정반대다. 기도는 하나님이 모르고 계시는 어떤 일, 꺼리시는 어떤 일, 혹은 시간이 없어 관심을 기울일 수 없는 어떤 일을 해 달라고 애원하는 것이 아니다. 기도할 때 우리는 끈질기게, 신실하게 신뢰하며 하나님 앞으로 나와서, 하나님이 바로 지금 우리를 대신해서 일하고 계심을 확신하며, 하나님의 주권에 우리를 굴복시킨다. 우리는 하나님의 '선택받은 자들'이다. 결코 그 사실을 잊지 말라. 하나님은, 바로 지금("속히", 8절) 당신의 삶과 상황 속에서 하나님 자신의 뜻을 이루어가고 계신다. 그러니 계속해서 기도하라. 포기하지 말라.

그리고 바리새인과 세리에 대한 이 이야기는, 인격적이지도 평범하지도 않은 기도, 일상 생활 속의 직접적이고 인격적인 관계와 언어에 뿌리를 두지 않은 기도, 소위 기도라고 불리는 모든 것들의 위선적인 어리석음을 생생하게 폭로한다.

차례로 누적되는 이 세 개의 이야기는, 기도 즉 하나님과의 관계에서 사용되는 언어가, 우리 삶의 대부분을 구성하는 거대한 내면을 계발하는 데 사용되는 언어가, 우리가 서 있는 그 어떤 성전이나 교회 못지않게 그 어떤 사마리아 도상에서도 자연스러운 행위임을 확인시켜 준다.

12

최소한의 기대로 사는 사람

••• 누가복음 19:11-27

바벨론으로 유배된 우리의 히브리 선조들은 이렇게 물었다. "우리가 이방 땅에서 어찌 여호와의 노래를 부를까?"(시 137:4) 그로부터 2천5백 년이 지난 오늘날에도 이 질문은 여전히 우리의 폐부를 찌른다. '하나님'이라는 단어가 의미하는 바에 대해서 우리와는 매우 다른 생각을 가진 사람들의 무리 속에 살면서, 우리는 어떻게 하나님에 대해서 이야기할 수 있을까? 우리 주변의 사람들이 이 세상이 돌아가는 방식에 대해서 우리와 같은 이야기와 같은 전통을 공유하지 않을 때, 하나님이 이 세상에서 일하시는 방식에 대해서 어떻게 이야기해야 할까? 온전하고 완전한 자신의 진정한 모습을 이루어 가는 방식과 수단에 대해서 우리와는 상당히 다른 부류의 방식과 수단들을 당연하게 받아들이는 삶을 사는 남녀들과 날마다 부대끼면서, 우리는 어떻게 하나님에 대해서 이야기해야 할까?

미국이라는 사회에서 우리는 어떻게 "여호와의 노래를 불러야" 하며, 예수님에 대해서 이야기할 수 있을까?

누가는 시편 137편의 질문으로 사마리아라는 지리학적 은유의 틀을 형성한다. 사마리아에서 예수님은 이방인 중에서도 이방인이셨다. 예수님은 공통된 예배, 공통된 전통을 가지지 않은 이 남녀들과 어떻게 이야기하시는가? 우리는 어떻게 이야기하는가?

이제 사마리아를 통과해 가는 예수님의 은유적 여행 이야기가 끝나는 시점이다. 이제 예수님은 예루살렘으로 들어가실 것이고 일주일 안에 죽으실 것이다. 예수님은 예루살렘으로 가시기 위해서 갈릴리에서 출발하셨다. 예수님은 하나님의 나라가 "하늘에서와 같이 땅에서도" 임하였음을 가르치며 설교하신 인생을, 그리고 그 길을 가시며 추종자들을 모집하신 인생을 예루살렘에서 완결하실 것이다. 우리는 그 추종자들이 상당히 다양한 사람들로 구성되어 있었을 것이라고 추측할 수 있다. 헌신된 갈릴리의 제자들, 진지한 종교적 바리새인들, 부패한 세리들 그리고 그 무렵에는 소극적으로 가담한 사마리아인들이 상당수였을 것이다.

우리는 예수님이 들려주신 열 개의 이야기를 들었다. 그것은 누가의 복음서에만 나오는 사마리아 도상의 이야기들이며, 자신의 청자들에게 하나님의 나라를 이해시키기 위해서 예수님이 사용하신 이야기들이다. 이 이야기들은 청자가 상상력을 발휘해서 참여해야 한다는 특징을 가지고 있다. 하나의 이야기("죄인들")를 제외하고는 모든 이야기들이 비종교적인 배경에서 일어나고 있으며, '하나님'이라는 단어도 그 근사치 정도의 용어로만 등장하고 있다. 이 이야기들은 진리나 도덕을 설명하기 위한 예화들이 아니다. 이 이야기들은 에둘러서 말한 것이다. 청자들에게 '빗대어' 다가가서 그들의 방어막과 오해와 적대적 편견들을 슬쩍 넘어간다. 누가는 이방인들을 예수님의 무리에 끌어들이는 일에 특별한 관심이 있었기 때문에, 갈릴리의 회당과 예루살렘의 성전에서 쓰는 언어와 관습 속에서 자라지 않은 사람들의 주의를 끌기 위해서, 그리고 그들의 참여를 기대하는 마음으로 이와 같은 사마리아의 언어적 조건들(규범적 유대교에 대한 생경함, 오해, 비호의성)을 사용하고 있다.

예수님이 사마리아를 지나가시는 길에 들려주신 이 마지막 이야기는, 누가복음에만 나오는 이야기가 아니라 앞서 마태가 기록한 이야기(마 25:14-30)를 다시 구성한 것이다. 그럼에도 이 이야기를 포함시키고 싶은 이유는, 그것이 사마리아를 지나가는 은유적 여행이 실제로 예루살렘으로 들어가 팔레스틴 땅에서 자신의 생애를 완성하게 되는 예수님의 마지막 주간의 사건으로 본질적으로 전환되는 것을 보여 주는 이야기이기 때문이다.

그들이 예수님의 이야기에 주목하고 있을 때에, 예수님은 이 이야기를 들려주셨다. 그들이 예루살렘에 거의 다 왔고 하나님 나라가 이제 곧 나타나리라는 기대가 증가되고 있었기 때문이다.

"한번은 왕궁에서 온 사람이 있었는데, 그는 먼 길을 여행해서 본부로 돌아가 자신의 통치에 대한 권한을 받고 다시 돌아와야 했다. 그러나 우선 그는 열 명의 하인들을 불러 모아서 그들에게 각각 얼마의 돈을 주며 지시했다. '내가 돌아올 때까지 이것을 가지고 일해라.'

그러나 그 곳 시민들은 그를 싫어했다. 그래서 그들은 몇 사람을 위임해서 그의 통치에 반대하는 서명을 한 탄원서를 그들에게 들려보냈다. '우리는 이 사람이 우리를 통치하기를 원하지 않습니다.'

통치에 대한 권한을 위임받고 돌아온 그는 자신이 돈을 주었던 그 열 명의 하인들을 불러서 그들이 어떻게 했는지를 알아보았다.

첫째 하인이 말했다. '주인님, 당신의 돈을 두 배로 불렸습니다.'

그가 말했다. '잘했다! 잘했어! 이 작은 일에 대해서 내가 너를 믿을 수 있으니 너를 열 도시를 책임지는 총독으로 세우겠다.'

두 번째 하인이 말했다. '주인님, 저는 당신의 돈을 가지고 50퍼센트의 이윤을 냈습니다.'

그가 말했다. '네게는 다섯 도시를 책임지게 해주마.'

그 다음 하인이 말했다. '주인님, 여기 당신의 돈이 고스란히 있습니다. 지하 저장실에 잘 숨겨 두었습니다. 사실, 저는 좀 무서웠습니다. 당신은 기준이 높고 게으르고 무책임한 것을 아주 싫어하고, 어리석은 사람을 기꺼이 참아 주지 않는다는 것을 나는 알고 있습니다.'

그가 말했다. '내가 어리석은 사람을 기꺼이 참아 주지 않는다는 네 말이 옳다. 그런데 네가 바로 그 어리석은 사람이구나! 하다 못해

유가증권 같은 데라도 그 돈을 투자해서 내가 조금의 이자라도 벌게 하지 그랬느냐?'

그러고는 거기에 서 있는 사람들에게 말했다. '이 사람의 돈을 가져다가 나의 투자 금액을 배가시킨 그 종에게 주어라.'

그들이 말했다. '하지만 주인님, 그는 이미 두 배를 가지고 있지 않습니까…'

그가 말했다. '바로 그것이다. 위험을 무릅쓰고 너희 인생을 걸면 너희가 상상했던 그 이상을 얻을 것이다. 위험을 무릅쓰지 않으면 아무 소득도 없을 것이다.'

그리고 나의 통치에 반대하는 청원을 낸 나의 적들은 다 쫓아내어라. 다시는 이 동네에서 그들의 얼굴을 보고 싶지 않다'"(눅 19:11-27, 「메시지」).

그 동안 누가는 십자가에서의 죽음, 부활, 승천을 통해 결정적으로 자신의 생애를 완성하시는 예수님의 예루살렘 입성이 가지는 '종말론적' 특징을 소개해 주는 이 이야기를 잘 들을 수 있도록 우리를 잘 준비시켜 주었다.

세 복음서 저자는 모두 예수님이 예루살렘으로 출발하시기 전에 제자들에게 그 예루살렘이 사실 자신의 목적지이며 그 곳에서 자신이 고난받고, 죽고, 다시 살아날 것이라고 이야기하신 일을 기록하고 있다. 누가는 처음 두 번의 예언을 사마리아를 통과하는 여행에 나서기 직전에 배치하고 세 번째 예언은 예루살렘으로 가는 길의 마지막 정거장인 여리고에 도착하기 직전에 배치해 놓았다. 마지막 때가 가까이 오고 있었던 것이다.

누가는 또한 '약속된 땅을 얻는' 입구로서 여리고의 중요성을 강조하고 있다. 천 년 전에 ('예수'라는 이름의 히브리어 철자 및 발음과 동일한) 여호수아가, 그리고 이제는 예수님이 하나님의 영광과 구원의 임박성을 가시적으로 증명해 보이기 위해서 여리고를 선택했다. (여호수아는 여리고 성벽의 붕괴를 통해서, 예수님은 바디매오의 시력을 회복시켜 주심으로써 그렇게 했다.) 그리고 두 사람 모두 여리고에서 '잃어버린' 영혼을 구출한다. 바로 라합과 삭개오다.

누가는 이 마지막 사마리아의 이야기를, "그들이 예수님의 이야기에 주목하고 있을 때에(혹은 '오늘은 이 집이 구원받은 날이다!'라는 삭개오에 대한 환영의 말을 듣고 있을 때에), 예수님은 이 이야기를 들려주셨다. 그들이 예루살렘에 거의 다 왔기…때문이다"라는 말로 시작함으로써, 라합과 삭개오에 대한 암시를 확실하게 포착하도록 해준다.

이 이야기를 들려주신 이유는 "그들이 예루살렘에 거의 다 왔고 하나님 나라가 이제 곧 나타나리라는 기대가 증가되고 있었기 때문"이었다. 이 이야기는 "왕궁에서 온" 사람에 대한 이야기였는데, 그는 자신을 왕으로 임명하는 증명서를 받기 위해서 긴 여행을 떠났다. "그를 싫어하는" 그래서 "우리는 이 사람이 우리를 통치하기를 원하지 않습니다"라고 적힌 청원서에 서명까지 한 시민들이 대표단을 보냈음에도 불구하고 그는 여행 목적을 달성하고 돌아왔다.

이 이야기를 들려주고 난 후에 예수님은 여리고를 떠나 예루살렘으로 가셨다. 1킬로미터 높이에 실제 거리가 27킬로미터나 되는 힘겨운 오르막길이었다. 종려 주일의 행렬이 그 다음 날 예수님의 뒤를 따랐다. 감람산을 내려와 예루살렘으로 들어가실 때 예수님은 그를 왕으로 인정하며 "지금 오시는 이분, 하나님의 이름으로 오시는 이 왕에게 복이 있을지어다!"(눅 19:38, 「메시지」)라고 외치는 거대한 무리의 환호를 받으셨다. 예루살렘에 계셨던 그 주간에 예수님은 네 번 더 왕으로 언급이 되셨는데, 두 번은 빌라도 앞에서 심판받을 때였고(23:2-3), 또 두 번은 십자가에 달리셨을 때였다(23:37-38). 다 합해서 다섯 번인데, 첫 번째는 그를 찬양하며 받아들이는 호칭이었고, 이어지는 네 번은 그를 죽음에 이르게 한 거절의 호칭이었다. 그들은 명확한 말로 자신들의 평결을 내렸다. "우리는 이 사람이 우리를 통치하기를 원하지 않습니다."

아직 이 이야기에 대해서 할 말이 더 있지만(우리는 아직 주요 요점을 다루지 못했다) 잠시 멈추고 예수님이 이 이야기를 통해서 무엇을 우리에게 준비시키려고 하셨는지를 생각해 보는 것이 좋을 것 같다. "우리는 이 사람이 우리를 통치하기를 원하지 않습니다." 정말일까? 정말이다.

사마리아 도상에서 들려진 예수님의 마지막 이야기는, 며칠 후에 예수님이 예루살렘에서 들려주실 사악한 소작농의 이야기(눅 20:9-19)에서 다시 들을 수 있겠지만, 성경의 이야기 전체를 하나의 실로 꿰는 핵심적 주제를 잘 요약하고 있다. 이 실은 두 가닥으로 되어 있다. 바로 하나님은 우리를 원하신다는 사실과 우리는 하나님을 원하지 않는다는 사실이다.

하나님은 우리를 원하신다. 예수님의 언어는 하나님이 우리를 원하시는 세상에서 말씀하신 언어다. 우리는 하나님을 위해서 하나님에 의해 창조되었다. 우리는 하나님으로부터 멀어졌고 하나님은 기어코 우리를 되찾으러 하신다. 하나님은, 사랑하는 자가 그 사랑하는 대상을 원하듯이 우리를 원하신다. 하나님은 고집스럽고 끈질기게 우리와의 회복된 관계를 추구하신다. 하나님은 우리를 추구하신다. 하나님은 우리를 추구하고 계시고, 우리가 하나님을 추구할 생각을 조금이라도 품기 오래 전부터 우리를 추구하고 계셨다.

하나님과 우리의 관계는 하나님이 첫 단어를 말씀하시는 것으로 시작된다. 우리가 하나님께 말을 건다는 생각 혹은 하나님에 대해서 생각한다는 것조차도 떠오르기 전에 하나님은 우리에게 말씀하신다. 마리아에게 그러셨던 것처럼 말이다. 하나님은 마리아에게 천사 가브리엘을 보내셨고 가브리엘은 이러한 말로 그녀에게 인사했다. "은혜를 받은 자여, 평안할지어다!"(눅 1:28) 마리아는 그것이 무슨 말인지 전혀 이해하지 못했다. 그녀는 당황하고 놀라면서 이해하려고 애를 썼다. 자신에게 전해진 말이 무슨 의미인지는 차치하고라도, 이것이 **하나님이** 자신에게 말씀하시는 것인 줄 마리아가 어떻게 알겠는가? 하지만 머지않아 그녀는 알게 되었다. 천사가 자신의 인사말에 설명을 덧붙여 주었고, 마리아는 이제 곧 하나님이 자기 생명을 그녀의 몸 안에 잉태하게 하실 것임을 알게 되었다. 그 말의 의미를 명쾌하게 밝혀 주는 질문과 답변이 오간 후에 마리아는 찬성했다. "주의 여종이오니 말씀대로 내게 이루어지이다"(1:38). 하나님은 우리를 원하신다. 하나님은 우리 안에 새로운 생명, **하나님의 생명**을 잉태하게 하려고 하신다.

하나님은 우리가 하나님에 대해서 고려해 보는 것도 좋겠다는 생각을 할 때까지 기다리지 않으신다. 하나님은 우리를 도서관으로 보내셔서 사람들이 하나님에 대해서 무어라고 말했는지를 알아보고 그것에 대해서 어떻게 생각해야 할지를 고민해 보게 하지 않으신다. 하나님은 베테랑 천사들로 수색대를 조직하셔서 우리가 하나님을 조금이라도 볼 수 있는, 그리고 운이 좋다면 하나님의 사진도 찍을 수 있는 장소를 찾아내게 하지 않으신다. 그렇지 않다. "우리 하나님이 오사 잠잠하지 아니하시니"(시 50:3). 우리가 하나님께로 가는 것이 아니라, 하나님이 우리에게로 오시는 것이다. 우리가 대화를 시작하는 것이 아니라 하나님이 시작하신다.

그러나 **우리는 하나님을 원하지 않는다.** 자세하게 기록된 증거에 의하면 우리는 스스로 자신의 신이 되기 원한다. 모든 대륙과 문명에서, 모든 세기와 종교에서 그 증거가 계속 쌓이고 있다. 반박의 여지가 없다. 우리의 성경에서 그 증거가 철저하고 설득력 있게 확인되고 있고, 각 사람의 인생에 그 증거가 기록되어 있다. 종교 사업에서 하나님은 동맹이 아니라 적수다. 우리는 자기 자신의 신이 되기를 원한다. 뱀이 우리에게 그렇게 될 수 있다고 약속했고("너희가…하나님과 같이 되어", 창 3:5) 그 때 이후로 우리는 계속해서 그 시도를 하고 있다. 그리고 결과도 썩 괜찮다.

하나님의 백성으로서 우리의 선조인 이스라엘 민족이 들려주는 이야기들을 보면 그와 같은 결론을 피할 여지가 하나도 없다. 광야에서 기적처럼 음식과 물을 공급받은 후에 새로 구원받은 이스라엘 백성은 시내 산에 모여서 지진과 연기와 불과 나팔 소리와 울려 퍼지는 천둥 가운데서 하나님의 언약을 받았다. 그러한 일은 결코 잊을 수 없을 것이다. 홍해에서의 구원, 광야에서의 만나와 메추라기, 바위에서 쏟아져 나온 물, 구름기둥과 불기둥의 인도, 그리고 그 모든 것의 절정을 이루는, 규정하시고 자유를 주시고 인격적이신 하나님의 말씀. 그런데 그들은 잊어버렸다.

사건의 정황은 이렇다. 하나님이 모세를 불러서 다시 시내 산으로 올라와 더 자세한 지시를 받으라고 하셨다. 사람들은 그 산이 다시 한 번 영광으로 광채가 나는 것을 보았다. 그들은 무언가 중요한 일이 진행되고 있다는 것을 알 수밖에 없었다. 그러나 모세는 너무도 오랫동안 돌아오지 않았고(사십 일 낮과 사십 일 밤) 사람들은 기다림에 지치기 시작했다. 그들의 부지도자인 아론이 그들이 손으로 다루고 사용할 수 있는 금으로 된 송아지 신을 만들어 주었다. 신비가 없는 신, 자신들이 필요할 때 거기에 있는 신이었다. 그들은 그 신이 너무도 마음에 들었다. 그들은 예배하고, 먹고 마시고, 대단한 잔치를 벌였다.

그들은 신을 만들었고 그 다음에는 자신들이 만든 신처럼 되었다. 그 뱀의 약속은 거짓말이었던 것이다. 그들이 "신과 같이" 된 것은 사실이었지만, 그들이 "같아진" 신은 죽은 신이었다.

> 그들의 신은 지하 작업실에서 만든
>   쇠와 나무다.
> 새겨진 입은 말을 못하고,
>   칠해진 눈은 보지 못하고,
> 깡통으로 만든 귀는 듣지 못하고,
>   주형을 뜬 코는 냄새를 맡지 못하고,
> 손은 무엇을 잡지도 못하고, 발은 걷거나 뛰지도 못하고,
>   성대에서는 아무런 소리도 나오지 않는다.
> 그것을 만드는 자들은 그것과 똑같이 되었고,
>   자신들이 신뢰하는 신들과 똑같이 되었다(시 115:4-8, 「메시지」).

그리고 우리는 계속해서 그 일을 반복한다. 바알과 아세라 그리고 몰록. 가나안과 두로, 이집트와 아시리아와 바벨론의 신들. 페르시아와 그리스와 로마의 신들. 러시아와 중국의 신들. 인도와 아프리카의 신들. 영국과 호주의 신들. 그리고 미국의 신들. 미국은 현재 금송아지 생산에서 세계 선두다.

하나님을 원하지 않는 우리를 보여 주는 구약의 이 전형적인 이야기가, '아브라함, 이삭 그리고 야곱'의 하나님에 대해서 한 번도 들어보지 못한 이교도들에 대한 이야기가 아니라는 사실을 알아야 한다. 그것은 하나님이 구원하신 백성, 말하자면 '거듭난' 백성에 대한 이야기다. 그들은 하나님의 계시를 온전히 다 받았고 그 계시를 지키겠다고 약속한 사람들이었다. "여호와의 모든 말씀을 우리가 준행하리이다"(출 24:7)라는 말을 그들은 참으로 진지하게 했었다.

하나님의 백성이 살아 계신 하나님으로부터 다른 데로 관심을 돌리게 하는 마귀의 성공 사례가 성경에 참으로 광범위하게 다루어진 사실로 미루어 볼 때, 예수님을 좀더 매력적인 존재로 만들면 사람들이 예수님을 따르려고 떼를 지어 올 것이라고 생각하는 그 순진함이 참으로 놀라울 따름이다. 복음의 메시지를 크고 분명하게 들려주기만 하면 사람들이 그 자리에서 참여하겠다고 나설 것이라고 하는, 널리 확산된 미국인들의 생각은 마귀가 주는 환상이다.

그것은 하나님의 진리와는 연결되어 있지 않은, 하나님의 진리의 용어들만 사용하는 가정일 뿐이다. 그것은 성령과는 분리된 영성이다. 그것은 예수님의 삶에는 동참하지 않는 예수님에 대한 정보일 뿐이다.

다시 예수님이 들려주신, '자신을 싫어하는' 백성들을 다스리기 위해서 돌아온 왕의 이야기로 돌아가자. 이 사람은 왕으로 임명 받으러 떠나기 전에 열 명의 하인들에게 동일한 액수의 돈을 주고 이렇게 말했다. "내가 돌아올 때까지 이것을 가지고 일해라. 잘 사용해서 무언가를 이루어 보아라." 다시 말해서 그들은 주인이 없는 동안에도 그 주인의 사업을 계속해서 해야 했다. 그 주인이 떠나지 않고 있었더라면 했을 일을, 그들이 주인을 대신해서 주도적으로, 그리고 주인의 이익을 위해 하인으로서 함께 일한 세월 동안 습득한 지식과 경험을 사용해서 그 일을 계속해야 했다. 주인이 가까이에서 매 작업마다 특정한 지시를 내려 줄 수 없는 상황이었기에 주인은 하인들이 알아서 하도록 믿고 맡겨 두는 것이었다.

주인은 돌아오자마자 하인들을 불러 모아서 일이 어떻게 되었는지부터 물었다. 첫 번째 하인은 주인이 그에게 주고 간 돈을 두 배로 불렸다고 보고했다. 두 번째는 자신에게 맡겨진 것을 50퍼센트 인상시켰다고 말했다. 세 번째는 아무 일도 하지 않았다고 말했다. 그의 변명은 별 설득력이 없었다. "사실, 저는 좀 무서웠습니다. 당신은 기준이 높고 게으르고 무책임한 것을 아주 싫어하고, 어리석은 사람을 기꺼이 참아 주지 않는다는 것을 나는 알고 있습니다."

이제 왕이 되어 돌아온 그 주인은 앞의 두 하인은 칭찬했고, 안전 지향적이고 최소한의 기대만으로 사는 세 번째 하인은 상당히 엄한 말로 해고해 버렸다.

이 이야기는 예수님이 사마리아 도상에서 들려주신 마지막 이야기다. 이 이야기의 다음 장면에서 예수님과 그의 추종자들은 예루살렘으로 들어간다. 참으로 영광스런 입성이었으나, 수명이 참으로 짧은 영광이었다. 취임 행렬(사람들은 자신들의 새로운 왕을 환영하고 있다고 생각했다) 중간 즈음에 예수님은 그 도시를 보며 우셨고 적들이 그 도시를 잔인하게 유린할 것이라고 선언하셨다. "이것은 하나님께서 너를 찾아오신 때를 네가 알지 못했기 때문이다"(눅 19:44, 새번역). 그 날이 지나기 전에 예수님은 가야바가 타락시킨 성전으로 돌진해 지나가시면서 뻔뻔하게 종교를 팔며 그 곳을 돈 버는 시장으로 만들어 버린 사람들을 내쫓으셨다. 예수님은 예언자 이사야의 말을 인용하시고("내 집은 기도하는 집이 되리라", 눅 19:46; 사 56:7을 보라) 다시 예레미야가 쓴 표현을 사용하셔서(렘 7:11) 그들에게 최악의 신성 모독죄(순진한 사람들에게 '신'을 팔고, 그들의 영혼을 구원하는 척하면서 돈을 뜯어낸 죄)를 선언하셨다.

예수님이 왕으로 취임하고 하신 일은 그것이 전부였다. 그 주가 지나기 전에 그 왕은 십자가에 달려 죽었다. 하나님의 나라는 이루어지지 않았다.

예수님을 새로운 왕으로 환호한 무리들은 그 날 당장 하늘의 천사들이 그 거리를 가득 메우고 로마인들을 단번에 해결하리라고 기대했을 것이다. 그러나 그런 일은 일어나지 않았다. 한편 여리고에서 예루살렘으로 올라가시면서 예수님이 들려주신 그 이야기는 적어도 예수님을 따르던 몇몇 사람들의 생각과 상상력 속에서 작용하고 있었을 것이다. 왕과 왕국에 대한 그들의 기대가 어쩌면 틀리지 않았는지도 모른다. 다만 그들은 왕과 그의 나라가 폭력에 의해 세워질 것이라고 생각했다. 그런 방법이 아니고서야 어떻게 나라가 세워지겠는가? 어쩌면 예수님은 지금까지 계속해서, 하나님의 나라는 결코 그러한 방식으로 그들 가운에 존재하지 않는다는 것을 이해하도록 그들을 준비시키고 계셨는지도 모른다. 예수님의 이야기가 이제야 앞뒤가 들어맞기 시작했다. 그들이 잘못 이해한 것은 오직 나라가 형성되는 **방식**과 그 나라의 왕이 통치하는 **방식**에 대한 것이었는지도 모른다.

이렇게 조심스레 추정하던 '어쩌면'들이 서서히 그러나 확고하게 굳건한 기초로 굳어졌다. 그 나라와 그 왕의 '실패' 후 사흘

만에 예수님의 부활이 촉발한 조용한 혁명이 일어나기 시작했다. 왕은 결국 살아 계셨던 것이다. 그러나 그들이 기대한 방식대로는 아니었다. 거기에 익숙해지는 데는 시간이 좀 걸렸다. 그 사실이 온전히 다 소화되기까지 얼마의 시간이 걸렸는가? 우리는 알지 못하지만, 소화된 것은 사실이다. 겟세마네에서 칼을 휘둘러 말고의 귀를 잘랐다가 예수님으로부터 칼을 치우라는 명령을 받은 베드로의 사건(요 18:10-11)이 우리가 복음서에서 칼에 대한 언급을 듣는 마지막 사건이다. 이제부터는 칼이 아니라 이야기가 예수님을 따르는 자들의 정체성을 형성할 것이고, 그들이 시민으로 있는 나라의 내용과 모양을 제공할 것이었다.

사마리아에서 들려주신 이 마지막 이야기는 그들 가운데서 새로운 정체성을 서서히 형성하기 시작했다. 물론, "우리는 이 사람이 우리를 통치하기를 원하지" 않는다. 그러나 여전히 그는 통치하고 계신다. 어쩌면 이제야 그들은 주인이 통치하시는 방식들을 배울 준비가 되었고, 주인의 일을 계속하도록 위탁받은 '하인들'로서 주인의 통치에 동참할 수 있는 방식들을 배울 준비가 되었는지도 모른다. 그들은 그 주인이 하던 일을 계속하고, 그가 말씀하신 방식대로 말하고, 회개하고 용서하고, 기도하고 축복하고, 뜻하지 않은 장소에서 이웃들을 발견하고, 하나님과 관련된 모든 것에는 다른 것으로 환원할 수 없는 인격적 성질이 있음을 깨닫고, 부활의 에너지처럼 죽음을 생명으로 바꾸는 그 소리 없는 에너지(거름!)에 굴복하고, 기도가 아닌 '기도'의 위험을 깨달아 선했던 것이 나중에는 나쁜 것이 자랄 수 있는 숙주가 되어 버리는 것을 경계하고, 잃어버린 상태, '혼란이 예비하는 힘', 있을 법하지 않은 은혜, 기도 안에 내재하는 묵시적인 긴박성을 기쁘게 깨달아야 한다.

이러한 하나님 나라의 삶은, 아침마다 일어나서 간밤에 성령께서 머리맡 탁자에 두고 가신 처리해야 할 안건의 목록을 받는 문제가 아니다. 우리는 이미 창조와 언약의 거대한 이야기, 이스라엘과 예수님의 거대한 이야기, 예수님에 대한 이야기와 예수님이 들려주신 이야기들 안에 잠긴 상태로 잠에서 깬다. 우리는 이처럼 우리를 형성시켜 주는 이야기들에 우리 자신을 맡기고, 특히 예수님이 들려주시는 이야기들을 들으면서 예수님이 일하시는 방식, 예수님이 말씀하시는 방식, 예수님이 사람을 다루시는 방식 즉 **예수 방식**(Jesus way)을 익힌다.

예루살렘에서 끝난 예수님의 이야기 즉 예수님의 죽음과 부활과 승천은 사실 끝이 아니었다. 예루살렘으로 가시는 예수님과 함께하는 우리의 삶은 예루살렘 이후에도 계속되며 지금도 계속되고 있다. '주인이 맡기신 돈' 즉 예수님이 들려주신 이야기들과 예수님이 사신 삶은 우리가 들려주는 이야기들과 우리가 살아내는 이야기 안에서 계속해서 순환되고 있다. 하나님 나라는 이 곳에 있다. 우리는 그 안에서 살고 있다. 우리에게 맡겨진 그 돈은 지키거나, 보호하거나, 안전하게 두어야 하는 것이 아니라 잘 써야 하는 것이다.

사마리아에서 들려주신 이 마지막 이야기는 우리를 정신 차리게 만드는 한마디 말이다. 참여하는 않는 것은 가벼운 문제가 아니다. 아무리 소극적이고 소심하다 할지라도 불참여는 엄연히 불순종이다. (동시에 소극적이고 소심한 순종의 여지도 많은 것이 사실이다. 열 명의 하인들 중에서 나머지 일곱 명은 언급조차 되지 않는다. 모든 이가 첫 번째와 두 번째 종처럼 눈에 띄는 순종의 행위를 하지는 않을 것이다.) 이 이야기는 약간의 여지도 주지 않는다. 자기 잇속만 차리는 안전주의는 선택 가능한 사항이 아니다. 예수님의 나라에는 참여하지 않는 사람이 하나도 없다. 사마리아에서 들려주신 이 마지막 이야기는 타협의 여지가 없는 엄한 심판의 이야기다 세 번째 하인에 대한 묘사가 열일곱 절 중 일곱 절을 차지하고 있다. 안전 지향적이고, 소심하고, 참여하지 않는, 하인 아닌 이 하인에게 내려진 심판의 내용이 나머지 아홉 명의 하인들에 관한 내용보다 더 많은 자리를 차지하고 있는 것이다. 심지어 이 왕의 통치에 반대하는 청원을 낸 사람들에 대해서는 딱 한 구절만이 할애되어 있다. 소극적으로 순종을 거부해도 공공연하게 반항적으로 불순종하는 것과 똑같은 심판을 받게 된다. 그러니 이미 임한 하나님의 나라에서 순종하며 예수님을 따르는 일은 참으로 중대한 일이 아닐 수 없다.

Tell It Slant:
A Conversation on the Language of
Jesus in His Stories and Prayers

※ 제2부
기도하시는 예수님

13
기도하는 예수님과 동행하기
••• 여섯 개의 기도

앞서 우리는 이야기하시는 예수님을 살펴보았다. 그 이야기는 은유에서 나오는 이야기들이었다. 은유와 이야기는 예수님이 쓰신 언어의 특징이다. 이야기는 인격적이며, 우리가 살고 있는 장소 그리고 그 곳에 사는 사람들의 일원이 되도록 만들어 준다. 이야기는 실제 삶의 현장에 가까이 있게 해주고, 우리 주변에서 들리는 소리에 민감하게 해주고, 침묵을 회피하지 않게 해준다. 이야기에는 형식도, 추상적 개념도, '거대' 진리도 없다. 이야기는 우리가 어디에 서 있는지를 항상 인지하기 위해서 이 세상을 지도로 그려 그 내용을 해독하는 데 사용하는 언어가 아니다. 이 세상과 그 안에 사는 사람들을 통제하고 명령하기 위해서 사용하는 언어가 아니다. 오히려 이야기는 모호함과 참여의 여지를 제공해 주는 언어다. 언어로 창조되고 형성된 세계, 말씀이 육신이 되어 오신 이 세계 속에서 서로가 대화하며 참여하게 해주는 언어다. 예수님을 따르기로 결정한 우리로서는 예수님이 하시는 말씀을 듣고 그분이 하시는 행동에 주목할 뿐만 아니라, 예수님의 방식대로 언어를 사용하는 법을 배울 수밖에 없다. 우리는 언어를 탈육화해서, 사상을 표현하거나 규칙을 요약하거나 정보를 나누어 주는 것으로 만들어 버리지 않도록 주의해야 한다.

그리고 이제는 기도하시는 예수님을 살펴볼 차례다. 기도는 하나님의 말씀에 언제든지 응답할 수 있도록 하나님께 주의를 기울이는 언어다. 이야기를 들려주시는 예수님에서 기도하시는 예수님으로 옮겨 가는 일은, 우리가 사마리아 여행 내러티브에서 푹 잠겨 있었던 언어의 구체적 용법, 일상 회화적 용법, 지역성의 용법을 버리고 저 너머의 푸르른 세계로 항해를 떠나 거대한 '영적' 추상성 안에서 길을 잃을 위험을 안고 있다. 하지만 그렇게 되어서는 안 된다. 그리고 우리가 기도하시는 예수님과 동행한다면 그러한 일은 일어나지 않을 것이다. 갈릴리에서 예루살렘으로 가는 길에 예수님이 들려주신 이야기는, 그 길에서 예수님과 그의 동료들이 사용한 언어의 지역성과 인격성을 유지해 주고, 그 언어가 상황과 여건에 대해 직접성과 현재성을 가지게 해준다. 예수님의 언어는, 함께 식사하고 같이 길을 가는 동료들과 이야기할 때와 마찬가지로, 하늘에 계신 아버지에 대해서도 지역성과 현재성과 인격성을 잃지 않는다.

나는 예수님이 기도하실 때 사용하신 언어가 이야기하실 때 사용하신 언어와 마찬가지로 온전히 예수님의 정신과 육체를 다 담고 있다고 주장하고 싶다. 기도에 사용되는 언어가 희미한 안개처럼, 감상적인 경건의 안개처럼 흩어지거나 진부한 종교적 용어로 흐릿해지면 기도는 힘을 잃는다. 우리가 기도하시는 예수님과 계속 동행하면 그러한 일은 일어나지 않는다.

이야기와 기도는 우리 인류의 핵심적 언어다. 우리는 서로에게 이야기를 들려줄 때 그리고 주님께 기도할 때 우리가 누구인지를 가장 진실하게 말한다. 이야기와 기도는 또한 성경의 핵심적 언어다. 하나님은 예수님 안에 자신을 온전히 다 계시하셔서 자신이 누구이신지를 우리에게 알려 주신다. 예수님은 육신이 되신 말씀이며, "아버지께서 내게 주사 이루게 하시는 역사"(요 5:36)를 완성하셨고, 그러는 중에 항상 아버지의 아들로서 주의 깊게 듣고 순종하며 따르셨다. 기도하셨다. 우리의 성경은 대부분 이야기와 기도로 이루어져 있다. 우리가 서로의 말을 듣고 서로에게 이야기를 들려줄 때, 그리고 기도하면서 하나님의 말씀을 듣고 하나님께 말씀드릴 때, 우리는 가장 적절하게 그 하나님의 계시 안으로 들어가게 된다.

그리고 당연히 침묵도 있어야 한다. 침묵이 반드시 필요하다. 침묵은 흔히 간과하는 언어의 한 요소인데, 사실 그렇게 되어서는 안 된다. 특히 기도의 언어에서는 결코 그래서는 안 된다. 예수님이 이야기와 은유를 통해서 하나님의 계시를 말씀하시고, 우리는 기도를 통해서 우리가 할 말을 하는 것이 정석이라고 생각하지만, 사실은 그렇지 않다. 기도의 경우, 대체로 집중해서 듣는 것으로 나타나는 침묵은 타협할 수 있는 것이 아니다. 들을 때 우리는 침묵할 수밖에 없는데, 이러한 경청은 말처럼 언어의 한 부분이다. 말하기의 한 요소로서 침묵을 강요하는 쉼표와 마침표들은, 명사와 동사만큼이나 언어에 본질적이다. 하지만 우리의 기도에서 침묵은 건성으로 다루어지는 경우가 더 많다. 침묵이 없다면 우리의 말은 어수선한 지껄임으로 타락하게 된다.

기도는 우리의 첫 언어다. 누구나 기도할 수 있으며, 실제로 모두가 기도한다. 기도하는지조차 모를 때에도 우리는 기도한다. "도와주세요"가 우리의 첫 기도다. 우리는 자기 자신으로 살아갈 수 있는 자원을 우리 안에 가지고 있지 않다. "감사합니다"는 우리의 마지막 기도다. 결국에 가서는 우리가 받은 모든 것이 선물이었음을 깨닫게 되는 것이다.

하지만 여기에는 묘한 아이러니가 있다. 가장 자연스럽고 진정성을 지닌 언어의 근본이라고 할 수 있는 기도는 또한 위조하기가 가장 쉬운 언어 형태이기도 하다. 결코 기도하지 않으면서도 기도하는 흉내를 낼 수 있고, 기도의 언어를 사용할 수 있고, 기도의 형식을 실천할 수 있고, 기도의 자세를 취할 수 있고, 기도의 명성을 얻을 수도 있다는 사실을 우리는 일찍감치 발견한다.

소위 우리의 '기도'라는 것이 기도가 없는 삶을 가리기 위한 위장술이 되는 것이다.

예를 들어, 주차장에서 친구를 만났는데 그녀가 내게 자신의 고민을 털어놓는다. 그 자리를 떠나면서 나는 "널 위해 기도할게"라고 말한다. 그러고는 장 볼 목록을 들고 슈퍼마켓으로 들어간다. 아스파라거스의 가격을 비교해 보고, 저녁에는 스테이크를 먹을까 간 요리를 먹을까 고민하고, 어제 두 아들 녀석이 모두 뛰었던 축구 경기에 대해서 계산원과 수다를 떠는 와중에 기도하겠다는 약속은 뒷전이 된다. 그렇게 기도의 약속은 우유와 오렌지 주스를 사는 급한 일에 밀려나거나 상당히 희석된다.

감사하게도 우리에게는 기도의 부재를 은폐하는 거짓 기도와 기도에 대한 수다를 막아 주는 손쉬운 방어책이 주어져 있다. 바로 '미리 마련된 기도'인데, 이는 우리 선조들의 기도에 부합하는 기도를 드릴 수 있도록 우리에게 제공된 기도이며, 다른 사람들이 드리기는 했지만 성경에 계시된 진정한 기도의 세계와 접촉을 잃지 않기 위해서 우리가 사용할 수 있는 기도다. 그것은 기만과 기도, 환상과 기도, 그리고 마술과 기도를 구별하는 데 사용할 수 있는 기도다. 그것은 우리가 주도하지 않아도 되는 기도이며, 우리의 기분에 따라 좌우되지 않는 기도다.

우리 집에는 '식탁 문화'[1)]가 제법 잘 발달되어 있다. 식사는 우리의 생활 양식에서 매우 중요한 요소다. 우리가 함께하는 생활의 상당히 많은 부분이 식사를 준비하고, 함께 식사할 사람들의 기호와 상황을 고려하고, 식탁을 차리고, 식사를 하고, 식사 후에 치우는 일들 속에 통합되어 있다. 그 어떠한 식사도 서로 똑같은 것은 없다. 식사에는 많은 변수들이 있다. 식사를 구성하는 음식의 종류, 함께 식사할 가족 구성원, 우리가 기다리는 손님 등이 그 변수다. 우리는 그 일을 즐긴다. 그러나 때로는 기운도 없고 식사를 구성해 낼 상상력도 바닥날 때가 있다. 그럴 때면 우리를 대신해서 누군가가 그 일을 해주도록 차를 몰고 우리가 좋아하는 식당으로 간다. 누군가가 우리를 대신해서 장을 봐서 음식을 준비하고, 식탁을 차리고, 식사를 내오고, 먹은 것을 치우고, 설거지를 해주는 곳으로 가는 것이다. 이것은 '미리 마련된' 식사다. 우리가 신뢰하는 다른 사람이 우리를 위해서 그 일을 다 해준다. 우리는 그저 자기 앞에 놓인 포크를 들고, 차려진 음식을 먹고, 다른 사람이 치우도록 내버려두면 된다.

우리가 어린아이일 때는 모든 식사가 미리 마련된 식사다. 직접 생각하거나 준비하지 않아도 식사가 자기 앞에 알아서 차려진다. 성장하면서 우리는 서서히 자신과 다른 사람을 위해서 식사를 차리는 일을 배우게 된다. 하지만 우리가 피곤하거나 혹은 입맛이 없을 때 누군가가 그 일을 대신 해주면 여전히 기분이 좋다. 기도를 이와 같은 식사에 비유하는 것이 아주 정확하지는 않지만, 이 맥락에서는 충분히 비슷하다고 하겠다.

그리스도인들과 유대인들을 위해서 미리 마련된 고전적 기도는 시편이다.[2] 그리고 그리스도인의 경우에는 예수님의 기도가 포함된다.

기독교 공동체 안에는 자신이 도제가 되어 성경에 주어진 예수님의 기도를 배우는 관습이 공통적으로 폭넓게 자리 잡고 있다. 우리는 기도하시는 예수님과 대화의 동반자가 된다. 우리는 삼위일체의 모든 작용 안에서 예수님처럼 자신의 필요에 대해서 정직하고, 예수님처럼 하나님의 현존에 집중하고, 예수님처럼 성령께 반응하고, 예수님과 더불어서 예수님처럼 폭넓게 참여하기 위해서 예수님이 기도하신 방식을 익힌다.

나의 회중에 속한 어느 젊은 아시아계 여성이 하루는 나의 서재를 찾아왔다. 그녀는 선물을 가져왔다고 말했다. 그 선물이란 바로 나의 중국어 이름이었다. 그녀는 내게 그 이름을 보여 주었다. 자신이 직접 정교한 붓글씨로 쓴 한자였다. "자, 한번 직접 써 보세요." 나의 시도는 서툴렀지만 그녀는 인내했다. 10분 정도가 지나자 나는 그 한자를 비슷하게 그려내고 있었다. "이제 발음해 보세요." 그녀는 천천히 음절을 발음해 주었다. 그 소리는 낯설었다. 나는 그러한 발음에 익숙하지 않았다. 하지만 그녀는 여전히 인내하며 나를 지도해 주었다. 다시 10분 정도가 지나자 나는 발음을 제대로 할 수 있었다. 하지만 그녀는 만족하지 않았다. "아주 잘하셨어요. 이제 목사님은 이름을 쓰실 수 있고, 이름을 발음하실 수 있어요. 하지만 그것만으로는 안 돼요. 목사님의 이름이 노래하게 해야 해요. 중국어로 노래해 보세요." 그녀는 내게 노래 수업을 해주었다. 나는 애를 썼지만 끝내 제대로 부르지 못했다.

나는 지금도 배우고 있는 도제다. 가끔씩 나는 기도할 때 이 일을 생각해 본다. 말은 하고 있는데, 그 말이 노래하고 있는가?

예수님의 기도는 성숙한 그리스도인의 기도 생활을 발전시켜 주는 정확하고도 확고부동한 중심을 제공해 준다. 우리는 예수님이 기도하시는 것을 지켜보고서 예수님과 늘 함께 다님으로써 그 기도를 시행한다. 우리는 예수님이 기도하셨다고 하는 역사적인 **사실**을 감지하고 예수님의 기도하신 **방식**을 계속해서 배우는 도제의 삶을 받아들인다.

우리가 너무 의식하려고 애를 쓰지 않을 때 "때로는 빛이 우리를 놀라게 한다"(윌리엄 카우퍼). 그리고 우리는 기도가 노래하고 있다는 사실을 깨닫게 된다.

"너를 위해 기도할게"와 같은 진부한 말들, 절박한 순간들, 순간적으로 터져 나오는 찬양이 희열, 완강한 그러나 서서히 시리지는 "더 많이 기도하겠다"는 결심, 경건한 감정과 같은 것들을 여기서 하나 저기서 하나 하는 식으로 모아서 기도의 삶을 짜 맞추어 봤자 그 결과는 실망스러울 뿐이다. 우리는 무언가 실질적이고 온전한 것을 찾고 있다. 말로도 하고 노래로도 하기를 원한다. 우리는 성령에 의해 아들을 통해서 아버지께서 계시하신 기도를 원한다.

그러나 예수님은 우리가 도제가 되어서 배우는 스승 이상의 존재이시다. 예수님은 지금도 우리를 위해서 기도하고 계시다. 어쩌면 이것이 우리가 알아야 하는 가장 중요한 사실인지도 모른다. 예수님이 어떻게 기도하셨느냐가 아니라(물론 그것도 중요하지만) 예수님이 지금 이 순간에도 **우리를 위해서** 기도하고 계신다는 사실 말이다. 예수님은 우리의 기도 선생이시다. 그리고 예수님은 또한 우리의 기도 동반자이시다. 예수님은 우리에게 "내가 너희를 위해서 기도하겠다…"고 말씀하셨고, 실제로 그렇게 하신다. 우리를 위해서 기도하시겠다는 예수님의 약속은, 향처럼 피워져 예수님의 제단으로 올라가는 온갖 천상의 간구와 중보, 고백과 감사 등의 소란스러움에 밀려 잊히거나 간과되지 않는다. 어떻게 그렇게 되는지는 우리의 상상력으로 도무지 이해할 수 없지만, 상당한 권위에 의해 그것이 사실임을 우리는 알고 있다.

히브리서는 승천하신 예수님이 제사장이 되어 언제나 현재적 시점에서 기도하고 계시다는 사실을 잘 설명해 주고 있다. 이 본문은 예수님이 우리를 위해서 단 한 번 기도하고 끝내신 것이 아니라, "그가 항상 살아 계셔서 그들을 위하여 간구하신다"(히 7:25)고 주장하고 있다. 예수님은 기도하신다. 예수님은 지금 우리를 위해서 기도하신다. 예수님은 어제 우리를 위해서 기도하셨다. 예수님은 오늘밤 우리가 잘 때 기도하실 것이고 내일 아침 우리가 일어날 때 기도하실 것이다. 예수님이 우리를 위해서 기도하시는 사건은 지금 일어나고 있는 사건이다.

자신이 어떻게 기도해야 하는지를 모른다고 생각하는가? 물론 당신은 배울 것이 많다. 그리고 이 순간에도 예수님이 당신을 위해 기도하고 계시다. 기도할 기분이 아닌가? 맘을 편히 가지라. 감정이란 원래 오락가락하는 것이다. 그리고 이 순간에도 예수님이 당신을 위해 기도하고 계시다. 기도할 시간이 없는가? 예수님은 기다리기를 개의치 않으신다. 그리고 이 순간에도 예수님은 당신을 위해서 기도할 시간이 아주 많으시다.

예수님은 기도하셨다. 복음서는 그리스도의 활발한 기도 생활에 대해서 17번 정도 언급하고 있다.³⁾ 누가는 예수님이 이야기하신 것을 가장 많이 인용하는 저자인 동시에, 기도하시는 예수님을 가장 자주 언급하는 저자이기도 하다. 그는 기도를 총 아홉 번 언급하고 있다.

예수는 물러가사 한적한 곳에서 기도하시니라(눅 5:16).

이 때에 예수께서 기도하시러 산으로 가사 밤이 새도록 하나님께 기도하시고(6:12).

예수께서 따로 기도하실 때에 제자들이 주와 함께 있더니…(9:18).

예수께서 베드로와 요한과 야고보를 데리고 기도하시러 산에 올라가사 기도하실 때에…(9:28-29).

예수께서 한 곳에서 기도하시고 마치시매 제자 중 하나가 여짜오되 주여…우리에게도 가르쳐 주옵소서(11:1).

시몬아, 시몬아, 보라 사탄이 너희를 밀 까부르듯 하려고 요구하였으나 그러나 내가 너를 위하여 네 믿음이 떨어지지 않기를 기도하였노니 (22:31-32).

그들을 떠나 돌 던질 만큼 가서 무릎을 꿇고 기도하여(22:41).

예수께서 고뇌에 차서 더욱 간절히 기도하시니(22:44, 새번역).

떡을 가지사 축사하시고 떼어 그들에게 주시니(24:30).

우리가 기도를 드리는 대상은 예수님이시다. 예수님은 또한 우리와 함께 그리고 우리를 위해서 기도하는 분이시기도 하다. 기도는 삼위일체의 언어, 인격적으로 친밀한 언어다. 기도할 때 우리는 예수님의 언어를 우리의 언어로 받아들인다. 이 기독교적 삶에서는 청사진대로, 규칙에 의해 자동적으로, 비인격적으로 일어나는 일은 하나도 없다. 모든 말은 인격적이다.

예수님은 기도하셨다. 예수님과 함께 언어의 학교에 가면 우리는 기도한다.

하지만 우리 스스로의 힘으로 모든 것을 터득하면서 해야 하는 것은 아니다. 우리에게는 입문서가 있다. 바로 미리 마련된 예수님의 기도가 있다. 우리가 혹 수줍어하고 자기 자신에 대해서 확신하지 못한다면, 예수님이 드리신 기도를 따라하면서 스승이 하신 방법대로 기도한다는 확신을 가질 수 있다. 예수님과 동행하면 예수님이 무엇을 하시는지, 어떻게 하시는지 서서히 익히게 될 것이다.

앞으로 이어지는 장에서 우리는 여섯 개의 미리 마련된 기도를 탐험하게 될 것이다. 우리와 함께 기도하시는 예수님, 감사 기도를 하시는 예수님, 마지막 때를 내다보시고 기도하시는 예수님, 우리를 위해서 기도하시는 예수님, 겟세마네의 고통을 기도하시는 예수님, 십자가에서 기도하시는 예수님.

기도하는 선조들이 우리에게 묻는다. 기도를 배우고 싶은가? 기도를 능숙하게 하고 싶은가? 하나님의 계시에 동참하고, 아버지와 아들의 대화에 동의하며 동참하기를 원하는가? 여기에서 시작하라. 말씀이 육신이 되신 예수님, "아버지께서 내게 주사 이루게 하시는 역사"(요 5:36)를 완성하시는 예수님과 동행하라.

14

우리와 함께 기도하시는 예수님

••• 마태복음 6:9-13

널리 알려진 예수님의 가르침인 산상수훈의 거의 정중앙에서 예수님은 기도를 다루신다(마 6:9-13). 산상수훈은 은유와 지침, 경고와 지도, 격언과 결정적 일격을 가하는 결론적 이야기들이 흥미로운 모자이크를 구성하고 있다. 산상수훈은 예수님과 동행하면서 우리가 누구인지 그리고 무엇을 하고 있는지를 이해하는 데 필요한 이미지와 말을 절묘하게 배치해 놓았다. 예수님이 하신 말씀의 많은 부분이, 우리 자신과 우리 주변의 세계에 대한 기존의 생각을 뒤집어 놓는다. 새롭게 이해해야 할 것, 다시 배워야 할 것, 다시 상상해야 할 것들이 참으로 많다.

기도는 산상수훈의 핵심이다. 그것은 산상수훈의 거의 정 중앙에 자리를 잡고 그 설교의 구심점이 되어 생기를 불어 넣는다.

하나님 나라의 삶은 해야 할 일과 생각의 방식들로 구성되어 있지만 그 중심에 기도가 없다면 모든 것이 죽는다. 기도는 모든 말과 행동에 피를 공급해 주는 심장이다. 기도는 하나님 나라에서 예수님을 따르는 삶을 구성하는 요소들의 목록에 덧붙이는 또 한 가지 요소가 아니다. 기도는 심장이다. 중앙에서 제 기능을 하는 심장이 없다면, 말이 아무리 정확하고 행동이 아무리 완벽하다 하더라도 거기에는 시체만이 있을 뿐이다. 아주 아름다운 시체일 수는 있다. 시체를 꾸미는 사람의 기술은, 특히나 그가 성경을 잘 아는 사람이라면 놀라운 외양을 만들어 낼 수 있다. 하지만 죽은 것은 죽은 것이다. 고인이여 평안히 잠드소서.

우리는 이와 같은 사실을 비교적 잘 안다. 그러나 잘 알지 못하는 사실 하나는 그토록 놀라운 선물인 기도의 행위가 위험을 잔뜩 안고 있다는 것이다. 그래서 예수님은 기도의 실천을 다루시기 전에 **위험**이라는 경고를 붙이신다. "…하지 말라"(마 6:5-8). 위험을 경고하는 표시가 세 번이나 나온다. 청중 앞에서 자랑하기 위해서, '보이기 위해서' 기도하지 말라. 기도는 연극이 아니다. '많은 말로' 하나님께 로비하기 위해서 기도하지 말라. 기도는 수사학이 아니다. 사람들, 그리고 무엇보다도 하나님께 감명을 주기 위해서 기도하지 말라.

기도는 이 하나님 나라에서 사는 삶의 심장이다. 그러나 이 사실을 기억하길 바란다. 사람의 몸속에서 살아서 제 기능을 하고 있는 심장을 육안으로 볼 수 있는 사람은 아무도 없다. 심장은 자동차 범퍼에 붙이는 스티커가 아니다. 예수님과 기도할 때 우리는 심장을 소매에 달고 다니지는 않는다.

잘 경고하시고 나서 예수님은 말씀하신다. "그러므로 너희는 이렇게 기도하라."

"하늘에 계신 우리 아버지여"

여기에 나오는 대명사가 중요하다. 예수님은 우리에게 가르쳐 주시는 기도 안에 자기 자신을 포함시키셨다. "…**우리**…." 당신과 나. 우리는 이 일을 함께 하고 있다. 예수님은 전문가들이 하는 것처럼 한걸음 물러서서 기도는 이렇게 하는 것이 정답이라고 지시하지 않으신다. 기도는 단어를 올바른 순서로 배열하는 데는 관심이 없다. 예수님이 자기 자신을 포함하면서 말씀하신 이 '우리'는, 바람이 잔뜩 들어간 풍선에 겸손의 구멍을 뚫어 준다. 예수님은 자기에게서 배우는 제자들 앞에서 잘난 체하지 않으신다. 예수님은 기도에 대해서 많은 말씀을 하시는 것이 아니라, 직접 기도하신다. 예수님은 어른이 아이 대하듯 하시지 않는다. 예수님은 우리와 함께 기도하신다. 그리고 우리도 예수님과 함께 기도한다.

이 '우리'는 지금도 중요하다. 기도는 언제나 '우리'다. 이 '우리'를 통해서 예수님은 우리 가운데로 들어오신다. 이 '우리'를 통해서 우리는 예수님과 기도하는 모든 사람의 무리 가운데로 들어간다. 기도는 결코 고독하지 않다. 기도할 때 우리는 결코 혼자가 아니다. 우리는 예수님과 함께 있고 또 예수님을 따르는 다른 모든 사람과 함께 있다.

기도하기 전에 붙이신 경고의 표시에서 예수님은, 우리가 기도드리는 대상인 하나님에 대해서 '아버지'라는 은유를 세 번 사용하신다. 산상수훈 전체(마 5-7장)에서 예수님은 '아버지'라는 용어를 열다섯 번 사용하시는데, 그 중에서 열 번은 '하늘에 계신 아버지' 혹은 '하늘 아버지'로 확장해서 사용하신다. 예수님이 선택하신 하나님에 대한 은유는 '아버지'다.

이 사실에 익숙해지기를 바란다. 아버지. 기도의 실천에서 가장 오래 되었고 가장 용서할 수 없는 적은 비인격화다. 기도를 기법으로 바꾸어 놓고 기도를 장치로 사용하는 것이다.

하나님에 대해서 '아버지'라는 은유를 사용하는 것은, 인간 조건에 스며들어 있는 미묘하고도 교묘한 기도의 비인격화를 막기 위한 언어적 전략이다. 기술의 포화 상태에 빠진 문화 속에 살면서 우리는 "어떻게 기도해야 합니까?" 혹은 더 심하게는 "어떻게 기도해야 효과적입니까?"라는 질문으로 도움을 요청하는 경우가 많다. 이와 같은 질문은, 근본적으로 인격적인 관계를 비인격적인 기법으로 왜곡시킨다. 하나님을 사상 혹은 힘 혹은 더 큰 권력으로 인식하는 것이다. 기도는 통제의 행위로 축소된다. "내가 분위기를 제대로 잡고 말을 잘 골라서 순서에 맞게 사용하기만 하면, 내가 원하는 일을 하나님이 하시게 하거나 내가 필요로 하는 것을 얻어 낼 수 있을 것이다"라는 태도를 갖게 된다.

예수님이 붙여 놓으신 위험 표시 중 두 가지가 기도에서 인격적이신 하나님을 제거하는 것과 관련된 위험이다. 경고! 하나님과 다른 모든 사람을 얼굴 없는 청중으로 비인격화하지 말고 종교를 연기하지 말라. 경고! 말을 언어가 아닌 숫자로 사용해서 하나님을 비인격화하지 말라. "빈말을 되풀이하면서" 그 말이 무엇을 의미하는지는 아랑곳하지 않고, 혹은 그 말이 아무런 의미가 없다 해도 개의치 않으면서 많으면 많을수록 좋은 줄 알고 반복해서 말함으로써 하나님을 비인격화하지 말라.

기도에서 인격성을 지워 버리는 순간 기도는 사라진다. 심장이 박동을 멈춘다. 하나님을 아버지라고 부름으로써 우리는 기도의 인격성에 정신을 바짝 차리게 된다.

은유로서 '아버지'는 사람을 부르는 것이지 사물을 지칭하는 것이 아니다. 아버지와 아들딸은 기능이 아니다. 그들은 독특한 혈연의 관계다.

아내 잰과 나는 이스라엘로 가는 엘 알 비행기를 타기 위해서 프랑크푸르트의 공항에서 기다리고 있었다. 엘 알 비행기를 타고 이스라엘에서 도착한 승객들이 대합실로 들어서고 있었다. 그 때 우리 근처에 있던 네 살인가 다섯 살쯤 되어 보이는 어린 소년이 벌떡 일어나서는 "아바! 아바! 아바!…" 하고 외치면서 커다란 대합실을 가로질러 뛰어갔다. 그 소년을 만난 아버지는 그를 번쩍 안아 올렸다.

살아 있는 대화에서 '아바'라는 말을 들은 것은 그 때가 처음이었다. 성경에서 나는 그 단어를 보아 왔다. 그 단어는 예수님의 모국어인 아람어로 아버지를 일컫는 애정 어린 표현이고 가족들 사이에서는 흔한 표현임을 나는 알고 있었다. 겟세마네 동산에서 예수님이 고통 가운데 기도하시면서 하나님을 '아바'라고 부르셨다는 마가의 기록도 읽었다. 그리고 바울이 로마에 있는 그리스도인들에게 쓴 편지에서, 그들이 기도할 때 하나님을 '아바'라는 말로 지칭한다는 사실 자체가 그 기도가 관계적 성질을 가지고 있다는 증거라고 말한 내용도 읽었다. "바로 그 때에 그 성령이 우리의 영과 힘께, 우리가 하나님의 자녀임을 증언하십니다"(롬 8:16, 새번역). 그리고 바울이 갈라디아 사람들에게 편지를 쓸 때, 그들이 아버지와 자녀의 관계처럼 하나님과 기본적으로 인격적이고 가족적인 관계를 맺고 있다는 사실을 강조하기 위해서 그 단어를 소개한 부분도 읽었다. "하나님께서 그 아들의 영을 우리의 마음에 보내 주시고 우리가 하나님을 '아바, 아버지'라고 부를 수 있게 하셨습니다"(갈 4:6, 표준새번역). 그리고 나는 독일인 학자 요아킴 예레미아스가 하나님을 지칭하기 위해서 이 단어를 사용할 때 전달되는 신선한 친밀감과 자연스런 직접성을 포착하기 위해 쓴 글도 읽었다. 그리고 목사들이 설교에서 그 단어를 사용하는 것도 들었고 교수들이 강의실에서 그 단어를 설명하는 것도 들었다. 나는 평생 그 단어를 들었지만, 그것은 언제나 '종교적인' 배경 속에서였다.

그런데 그 날 나는 비인격화되고 기술이 지배하는 독일의 공항에서, 내가 알지 못하는 어떤 아이가 내가 알지 못하는 어떤 남자를 지칭하기 위해서 그 단어를 사용하는 것을 들었던 것이다. 그 아이나 그 아버지에 대해서 그 단어는 내게 아무것도 말해 주지 않았지만, 그들의 관계에 대해서는 내가 알아야 하는 모든 것을 말해 주었다. 그 직접성, 그 친밀성, 그 기쁨을 말이다.

그 단어가 살아났다. 부활이었다. 나는 그 의미를 오래 전부터 알고 있었다. 그런데 이제 그 의미가 실제로 생동하는 것을 보게 된 것이다. 프랑크푸르트 공항에서 서로를 반기며 뛰어가는 아버지와 아들에게서 육화된 그 단어를 본 것이다. 나는 '아버지'라는 말이 익명의 어느 신을 부르는 공식적 호칭으로 사용된 것이 아니라, 자기 아버지를 알아본 한 아이의 외침에서 나오는 것을 들었다. 고어 사전과 성경 해석학 연구서로 뒤덮인 책상과 같은 학문적인 배경에서는 '아버지'라는 말을 충분히 많이 접했다. 그러나 아들이 행복과 신뢰 속에서 아버지를 반기는 살아 있는 맥락 속에서 그 단어가 사용되는 것은 한 번도 본 적이 없었다. 말하자면 그 단어가 노래하는 것은 한 번도 들어 본 적이 없었던 것이다. 나는 마치 그 갈릴리의 언덕에서 자신의 추종자들과 함께 기도하신 예수님의 무리에 들어가 있는 듯했다. 혹은 자신의 수난을 두고 기도하신 예수님과 함께 그 동산에 있는 듯, 혹은 **아바** 하며 기도할 때마다 예수님의 기도에 자신들이 포함되어 있다는 사실을 발견하는 로마와 갈라디아의 그리스도인과 함께 예배를 드리는 듯했다. "하늘에 계신 우리 아버지여…"

여섯 개의 간략한, 한 문장의 간구들이 이 기도를 구성하고 있다. 거기 사용된 각각의 동사는 모두 명령형이다. 행동을 요청하는 것이다. 기도는 수동적이지 않다. 기도는 체념이 아니다. 하나님은 능동적이시다. 예수님은 기도하시면서 하나님의 행동 가운데로 들어가셨다. 우리와 함께 기도하시면서 예수님은 암묵적으로 그 행동에 우리를 초대하고 계시다. 예수님과 함께 기도하면서 우리는 그 행동에 지원한다.

"이름이 거룩히 여김을 받으시오며"

하나님께는 이름이 있다. 하나님은 이름으로 자신을 계시하셨다. 바로 야웨다. 그 이름은 우리의 이야기로 들어와서 하나님이 우리와 함께 계심을 계시한다. 아브라함, 모세, 사무엘, 마리아, 베드로처럼 우리의 이름을 부르시는 하나님이 계속해서 우리와 함께하심을 계시한다. 하나님은 익명의 존재가 아니시다. 하나님은 원칙이 아니시다. 하나님께는 이름이 있다.

기도는 모세에게 자신을 계시하시고 예수님 안에서 자신을 계시하신 하나님께 말을 걸 때 사용하는 언어다. 기도는 '유치 우편물'(general delivery, 수취인이 찾으러 올 때까지 우체국에서 보관해 주는 우편물. 미국, 캐나다, 영국 등에 아직도 남아 있는 제도-역주)로 배달되는 전갈이 아니다. '담당자 귀하' 하는 식으로 보내는 공문서가 아니다.

그런데 이 이름이 거룩하다. 거룩은 하나님을 우리와는 다른 존재로 분리해서 구분해 주는 타자성의 특징이다. 하나님은 우리와 다르시다. 우리는 하나님과 다르다. 최초의 죄, 그리고 계속해서 기본적인 죄로 남아 있는 그 죄는 바로 "하나님과 같다"(창 3:5)고 가정하는 것이다. 우리는 하나님을 우리의 수준으로 끌어내림으로써, 하나님을 우리의 형상으로 축소함으로써 그러한 시도를 한다. 그리고 우리를 하나님의 수준으로 끌어올려 줄 바벨탑을 짓고는 그것을 타고 올라간다. 두 가지 시도 모두 타자성을 지워 버리려는 시도이며, 거룩을 없애 버리려는 시도다. 그리고 두 가지 모두 소용이 없는 짓이다.

순진해서 혹은 루시퍼와 같이 오만해서 기도가 하나님을 우리의 수준으로 끌어내리거나 혹은 우리를 하나님의 수준으로 끌어올려 주는 방편이라고 가정한다면, 궤도를 벗어나도 한참 벗어나 있는 것이다.

요아킴 예레미아스는 '아바'라는 단어가 '아빠'라는 말과 같은 계통의 것을 의미한다는 주장을 펼쳤고 많은 사람들이 그의 주장을 열렬히 환영했다. 그 단어가 가지는 포근한 비공식성은 많은 설교와 강의에서 사용되었다. 그것은 권위를 불편해하고, 위계에 반대하고, 모든 사람과 말을 트고 지내고 싶어하는, 심지어 누구나 별명으로 부르고 싶어하는 문화에 딱 맞는 개념이었다. 게다가 유명한 예레미아스가 학문적인 권위까지 덧붙여 주었으니 얼마나 좋은가! 이제 사람들은 하나님과도 그런 격의 없는 관계를 맺고 싶어했다.

그러자 옥스퍼드의 학자인 제임스 바(James Barr)가 그것은 사람을 감상적으로 만드는 포근함에 불과하다며 찬물을 끼얹었다. 그는 난처하게도 예레미아스가 오해했다는 것을 설득력 있게 증명해 보였다.[1] 하지만 이미 때는 늦었다. 고삐는 이미 풀린 뒤였다. 포근함이 거룩함을 대체하게 만든 그 오해는 학술적인 글과 대중적인 글 모두에 계속해서 나타나고 있다.

'아바'라는 단어를 사용할 때에는 물론 어린아이와 같은 친밀함과 기쁨이 있다. 그러나 그 단어는 여전히 경외와 존경 그리고 경의의 요소를 가지고 있다. 내가 아버지 앞에서 더 이상 자녀가 아닌 것은 아니다. 애정이 있다고 해서 타자성이 감소되는 것은 아니다. 친밀하다고 해서 경외가 배제되는 것은 아니다. 진정한 친밀함은 성스러운 경외를, 타자성을, 하나님의 타자성을 배제하지 않는다.

지금도 교회를 휩쓸고 있는 '아빠' 유행은 미성숙한 친밀함의 사례다. 우리는 하나님을 포근하게 느끼는 것에서 출발하는 것이 아니라, 하나님을 향한 엄숙한 경외감, 거룩에서 출발해야 한다.

첫 번째 간구에서 예수님은 우리가 첫 걸음부터 바르게 내디딜 수 있는 동사로 시작하신다. 경의에 찬 존경의 자세로 서는 자리, 경외하며 서는 자리에 우리를 데려다 놓으신다. 애정 어린 경외이기는 하지만, 여전히 경외인 것은 분명하다. "네가 선 곳은 거룩한 땅이니 네 발에서 신을 벗으라"(출 3:5). 첫 번째 간구는 세 번째 계명을 보호해 준다. "너는 네 하나님 여호와의 이름을 망령되게 부르지 말라", "너희는 주 너희 하나님의 이름을 함부로 부르지 못한다"(새번역).

몇 년 동안 나는 볼티모어에 있는 유대인-그리스도인 원탁 회의라는 그룹의 일원이었다. 스무 명의 사람들이 매월 만났는데, 열 명은 정통 랍비들이었고 열 명은 목사와 신부들이었다. 우리가 그렇게 모여서 실제로 한 일은 유대인과 그리스도인이 번갈아 인도하면서 성경 공부를 하는 것이었다. 랍비들은 언제나 우리가 함께 공부할 히브리어 본문의 유인물을 가지고 왔다. 그리고 나중에는 그 유인물들을 꼼꼼하게 다 거두었다. 다 수거했는지 확인하기 위해서 늘 그 페이지 수를 세는 것을 나는 보았다. 하루는 그 일을 맡고 있는 랍비에게 왜 나중에 그렇게 페이지 수를 세는지 물어 보았다. 그는 그것을 집으로 가지고 가서 경건하게 다 태워 버린다고 했다. 그것이 그들의 전통이라고 했다. 이방인들의 손에 거룩하신 이름을 남겨 두지 못하게 되어 있다고 했다. 그 이름이 부주의하게 사용되거나 불손하게 취급될까 봐, 심지어는 신성 모독적으로 취급될까 봐.

나의 즉각적인 그리고 겉으로는 드러내지 않은 반응은 부정적이었다. '좀 지나친 것 아니야?' 하는 생각이었다. 하지만 시간이 지나면서 나는 그들이 가지고 있는 경의, 그 이름을 거룩하게 여기는 자세의 무게를 느끼기 시작했다. 그 경험은 지금도 나의 기억 속에 남아서 내가 자주 왕래하는 사람들 사이에서 그토록 가볍게 그 이름이 오가는 현실에 대한 암묵적인 꾸지람이 되고 있다. 그리고 지금도 "이름이 거룩히 여김을 받으시오며"라고 기도할 때 종종 떠오른다.

'하나님'이라는 단어는 선함과 거룩함과 영광을 포함하고 있다. 그러나 그것은 일상적으로 사용되면서 미신이 덧붙여져 손상된다. 무심결에 그렇게 되는 경우가 많다. '하나님'이라는 단어는 두려움과 무지와 신성 모독의 의미와 결합한다. 그 이름은 지속적으로 씻고 닦을 필요가 있다. 그 이름이 거룩히 여겨지도록 기도할 때 우리는 하나님의 현존에 신성 모독의 얼룩을 조금이라도 묻히는 단어들을 정화하기 위해서 기도하는 것이다. 우상 숭배의 흔적을 조금이라도 우리 마음에 남기는 이미지들을 청소하기 위해서 기도하는 것이며, **예수님**과 **그리스도**가 하나님에 대한 분명한 진리를 드러낼 때까지 '하나님'이라는 명사에 묻은 녹과 때를 긁어 내기 위해서 기도하는 것이다.

"나라가 임하시오며"

예수님의 무리 가운데서, 우리 곁에서 기도하시는 예수님과 함께 이 여섯 개의 간구를 기도해 갈 때 우리는 이 세상의 실재, 우리가 날마다 살면서 대면하게 되는 현실의 실제적 성질이 우리를 위해 다시 규정되는 것을 보게 된다. 우선, 거룩이 있다. 우리와는 다른 하나님, 우리 자신의 목적을 위해서 사용할 수 없는 하나님이 계신다. 우리는 결코 직접 이 세상을 통치해 보기 위해 하나님이 되기를 열망할 수 없다.

그리고 나라가 있다. 나라는 이 세상이 존재하는 방식, 이 세상이 돌아가는 방식이다. 나라는 주권자인 왕이 통치하는 세상에 대한 은유다. 기도에서 이 용어가 유용한 이유는 그것의 포괄성 때문이다. 지리(산, 강, 바다, 숲, 화산, 사막, 그리고 극지방의 만년설), 날씨(비와 눈, 번개와 우박, 햇빛과 구름), 계절(여름과 겨울, 봄과 가을), 사람(인종과 언어, 농부와 은행가), 정치 체계(독재 정권, 민주주의, 사회주의 국가, 왕가), 경제(공산주의, 자본주의, 물물교환). 이처럼 나라에는 모든 것이 포함되어 있다.

우리는 기도할 때 하나님의 돌봄에 의해서 그리고 그 돌봄 아래에서 포괄적으로 창조된 실재에 우리 자신을 의도적으로 연루시킨다. 예수님이 공적 사역을 시작하셨을 때 처음 하신 말씀은 "때가 찼고 하나님 나라가 가까이 왔으니"(막 1:15)이다. 여기에서 "나라"는 히브리인들이 역사적으로 오랫동안 사용했던 단어다. 그런데 이제 예수님이 그 단어에 새롭게 주목하게 하시는 것이다. 1세기의 팔레스틴에서 그 잊지 못할 날에 예수님이 공식적으로 말씀하신 최초의 복음 본문은 말하자면 이런 뜻이다. "그토록 오랫동안 너희들이 들어 왔던 그 나라가 이제 여기에 있다. 나의 말을 잘 들어라. 나를 주의해서 보아라. 믿음으로 나를 따르라. 나는 여기에 나라의 일을 하러 왔고 그 일에 너희들이 함께하기를 바란다. 너희들이 내 곁에서 같이 일하기를 바란다."

이 설교를 하시고 머지않아 예수님이 자신의 추종자들에게 가르쳐 주신 첫 번째 기도에서 하신 말씀은, 사실상 이런 것이다. "내가 하고 있는 일이 바로 하나님의 일이다. 그리고 나는 너희들이 몸과 마음을 다해 이 일에 참여하기를 바란다. 그냥 구경꾼으로서 혹은 팬으로서 혹은 지지자로서가 아니라, 이 나라의 삶이 너희들 속으로 들어가기를 바란다. 너희가 나와 함께 나라가 임하기를 **기도**하기를 바란다."

"나라가 임하시오며"라고 기도할 때 우리는 우리가 보고 듣는 예수님의 일과 예수님의 말씀을 내면화하는 것이고 거기에 동참하는 것이다.

지금 이 곳에 있다고 예수님이 선언하시는 하나님의 나라는, 하나님이 특별하게 관심을 가지고 우리를 추종자로 모집하셔서 기도와 예배, 증거와 선한 일을 전문으로 하는 그 영역에 참여하고 그 영역으로 가득 채워지라고 하시는, 이 세상의 종교적인 영역을 말하는 것이 아니다. 그렇지 않다. 그 나라는 모든 것과 모든 사람을 포함한다. 다른 세상은 없다. 하나님 나라에 반항하는 요소들이 이 세상에 있을 뿐이다. 이 세상 어느 한편에서는 하나님 나라를 모르기도 할 것이다. 그러나 상관없다. 예수님이 여시고 선언하신 것은 현존하는 포괄적인 실재다. 하나님 나라 바깥에서 일어나는 일은 하나도 없다.

"나라가 임하시오며"라고 기도할 때 우리는 하나님이 사랑과 구원으로 다스리시는 이 세상의 참여자로 우리 정체성을 규명하고 우리를 그분께 바치는 것이다. 이 간구에 함축되어 있는 의미는 "나의 나라가 임한다.…"이다. 하나님은 결코 자신의 왕좌를 버리신 적이 없다. 하나님의 통치가 자주 부인되고, 날마다 도전받고, 종종 무시되는 그러한 상황에서 우리는 기도한다. "나라가 임하시오며."

민주주의 정부 아래서 성장한 사람들은 일반적으로 강제로 주어진 정부가 아니라 선거로 뽑은, 인간의 조건을 가장 잘 존중하는 정부 아래서 사는 것을 큰 행운으로 여긴다. 그것이 사실일 수도 있다. 하지만 그런 생각에는 하나님의 정부를 포함해서 최고의 정부는 민주주의의 선상에 있을 것이라고 생각하는 습관도 따라온다. 이것은 참으로 깨기가 어려운 습관이다. 하나님은 민주주의 체제의 대통령이나 수상이 아니시다. 하나님은 왕이시다.

"여호와께서 다스리시니…주의 보좌는 예로부터 견고히 섰으며…"(시 93:1-2). 하나님은 주권자이시다. 그것은 창세기에서부터 요한계시록에 이르기까지 성경이 확실하게 그리고 자주 증언하는 내용이다. 그러나 하나님의 보좌와 통치를 설명할 수 있는 적절한 비유가 이 세상에 없다. 그 통치는 강제적이지 않고 독재적이지도 않다. 우리의 모든 필요와 굶주림, 우리의 눈물과 갈망, 우리의 간구와 찬양이 하나님의 통치에 흡수된다. 그것은 우리의 참여를 초대하는 주권이다. 우리는 하나님의 통치에 참여하지만, 그것은 엄연히 **하나님의** 통치다.

따라서 "나라가 임하시오며"라고 기도할 때, 우리 곁에서 기도하시는 예수님과 함께 그 간구를 기도할 때, 우리는 동시에 예수님 안에 계시된 그 통치를 암묵적으로 확언하는 것이다. 그리고 우리가 이해할 수 없거나 찬성할 수 없는 모든 것에 대해서 이런저런 추측을 하는 것을 그만두는 것이다. 예수님의 많은 비유들이 그 나라에 대한 통찰력을 주고 있다. 그리고 우리는 최대한 많은 도움이 필요하다. 왜냐하면 하나님이 자신의 주권을 행사하시는 방식이 숨겨져 있기 때문이다. 하나님의 주권이 공공연하게 드러나는 경우는 거의 없다. 그러한 모호함 때문에 불평의 소리들이 번식하게 된다. "내가 만약에 하나님이라면, 나는 그런 식으로는 하지 않을 거야." 하지만 나는 하나님이 아니다. 하나님의 역할은 하나님께 맡겨 드려야 한다.

우리가 기도하는 나라는 신문에서 읽거나 역사책에서 읽는 내용으로는 결코 파악할 수 없다. 때로는 신학 책을 읽는 것으로도 안 된다. 그러나 우리의 기도를 통해서 분별할 수는 있다. 하나님은 하늘에서 통치하신다. 하나님은 창조와 구원과 축복의 사역을 막후에서 그리고 십자가에서 하신다. 우리는 계시를 구성하는 이야기를 듣고 기도를 드림으로써, 특히 예수님의 이야기와 기도를 듣고 드림으로써 무엇이 이 나라를 붙들고 있는지 그리고 무엇이 이 나라의 틀을 잡고 있는지를 감지하게 된다.

이스라엘의 이야기와 예수님의 이야기라는 전체 맥락 속에서 예수님의 말씀을 주의해서 듣지 않는다면, '나라'라는 말은 우리를 쉽게 오도할 수 있다. 우리의 문화와 정치가 그 단어를 규정하게 내버려둔다면 우리는 무엇보다도 신문에서 정의하는 권력과 영향력과 명성을 생각하게 될 것이다. 성경에 자세히 기록된 예수님의 맥락에서 조금이라도 벗어나서 나라를 생각하게 되면, 우리가 기도하는 그 나라가 우리의 역사책에 기록되었고 현재의 사건에서 보고되는 다른 나라들과 경쟁 관계에 있는 나라라고 생각하기가 쉽다. 그러면 머지않아 우리는 기업과 산업, 정부와 전쟁 등에서 작동하고 있는 그들 나라의 방식을 이겨 낼 방안들, 그래서 그들이 제시하는 조건대로 그들과 경쟁할 방안들을 생각하게 될 것이다. 그러나 우리가 "나라가 임하시오며"라고 기도할 때 참여하는 나라는 미국이라는 나라나 아이비엠 사(IBM), 혼다(Honda) 혹은 마이크로소프트(Microsoft)라고 하는 나라와 경쟁 관계에 있지 않다. 다만 그 나라는 이 나라들을 전복시킨다.

로마 제국에 대항해서 반란을 주도한다는 혐의를 받고 빌라도 앞에서 재판을 받으실 때 예수님은 이 주제에 대해서 최대한 명확하게 말씀하셨다. 예수님은 이렇게 말씀하셨다. "내 나라는 이 세상에 속한 것이 아니니라. 만일 내 나라가 이 세상에 속한 것이었더라면 내 종들이 싸워 나로 유대인들에게 넘겨지지 않게 하였으리라. 이제 내 나라는 여기에 속한 것이 아니니라"(요 18:36). 예수님은 '나라'라는 용어를 거부하지 않으시고, 그것을 다른 맥락으로 가져가신다. 예수님은 '왕'이라는 직함을 거부하지 않으시고, 그것을 전복시키신다. 예수님의 이야기와 예수님의 기도에 철저하게 잠기는 바로 그러한 맥락에서 우리는 "나라가 임하시오며"라고 기도하는 것이다.

우리는 또한 "나라가 임하시오며"라고 기도하라고 가르치시는 예수님과, '나라'라는 용어와 주권의 개념을 분리하지 않도록 주의해야 한다. 예수님은 하나님의 통치가 어떻게 실현되는지 보여 주시는 분이다. 그리고 그 초점은 바로 예수님의 십자가다. 왜냐하면 이 나라는 우리에게든 그 누구에게든 강요되는 나라가 아니기 때문이다. 우리가 기꺼이 순종하고 상상력을 발휘해 기도하며 그 통치에 참여할 때 그 나라는 존재하게 된다. 조급해하는 독재자의 주권은 참여하지 않는 것을 허락하지 않는다. 그러나 우리 하늘 아버지의 주권은 예배하는 순종을 인내하며 자비롭게 기다리신다.

여기서 예수님이 사용하신 전치사가 매우 중요하다. 그분의 나라는 이 나라**의** 것이 아니다. 예수님은 빌라도와의 대화에서 '의'라는 전치사를 두 번 사용하신다. 하나님 나라는 이 세상에서 비롯되는 것도 아니고 이 세상이 생각하는 주권의 작용 방식도 아니다. 이 세상의 투표에 맡겨진 것도 아니다. 그러나 예수님의 이야기와 기도를 통해서 우리가 아는 모든 것이 말해 주는 것은, 이 나라가 이 세상**과** 모든 면에서 상관이 있다는 것이다. '모든 면'이라는 단어를 나는 다시 한 번 강조하고 싶다. 하나님 나라의 행위와 하나님 나라의 삶은 이 세상을 향한 하나님의 사랑과 이 세상을 위한 하나님의 구원이라는 기초에서 이루어진다.

우리와 함께 기도하시는 예수님과 동참하며 이 두 번째 간구를 기도할 때 우리는 우리가 기도하는 그 나라와, 그 나라의 실현을 위해서 우리와 함께 기도하시는 그 나라의 왕을 분리하지 않아야 한다. 바울이 "성령 안에 있는 의와 평강과 희락"(롬 14:17)이라고 그 특징을 간결하게 묘사한 이 나라는 이 세상을 거부하는 것이 아니라 끈질기게 누룩과 소금과 빛으로 이 세상에 침입한다. 하나님은 "힘으로도 아니고, 권력으로도 아니고, 오직 하나님의 영으로"(슥 4:6) 힘 있게 그리고 영원토록 다스리신다. 그리스도는 참으로 말 그대로 왕이시다. 그러나 십자가에서 통치하는 왕이시다.

예수님과 동행하며 "나라가 임하시오며"라고 기도할 때, 우리는 담대하게 기도하게 될 것이다. 그러나 예수님과 동행해야만 그렇게 할 수 있다. 이 세상의 구원에 우리가 구체적으로 참여하고 있음을 우리는 알고 있다. 이 담대함은 오만함이 아니다. 그 담대함은 철저한 겸손으로 단련된 담대함이다. 우리는 자기 자신의 전략을 만들어 내서 자기 주장의 자세를 가지고, 칼과 돈과 유명인의 매력을 사용해서 스스로의 게임 규칙에 따라 정사와 권세를 누르는 그러한 나라의 거만한 비전을 조장해서는 안 된다.

"뜻이 이루어지이다"

세 번째 간구는 하나님의 뜻을 행하는 일에 동참하는 기도들의 더 큰 이야기 속에서 드려지는 기도다. 예수님이 이 간구를 우리에게 가르쳐 주시기 30년 전에 마리아는 예수님을 잉태하게 될 것이라는 말을 들었다. 그 때 마리아는 여기서 제시되는 예수님의 기도와 비슷한 기도를 드렸다. 천사 가브리엘이 마리아에게 나다나서 말했다. "보라, 네가 잉태하여 아들을 낳으리니, 그 이름을 예수라 하라"(눅 1:31). 복음 이야기에서 예수님이 이름으로 언급된 때는 이 때가 처음이다. 마리아는 당연히 당혹스러워 했다. 가브리엘이 마리아를 진정시켰다. 그는 하나님 나라라는 더 큰 맥락 속에서 이 잉태를 설명함으로써 자신이 한 말을 구체화한다. "영원히 야곱의 집을 왕으로 다스리실 것이며 그 나라가 무궁하리라"(눅 1:33).

아무리 천사라도 그렇지, 가브리엘은 인간의 생식 관계를 잘 모르는 것이 분명했다. 그래서 마리아는 자신이 처녀라고 그에게 설명을 해줬다. 하지만 마리아는 하나님 나라의 일들을 모르고 있었기에 이번에는 가브리엘이 설명을 해준다. "성령이 네게 임하시고…." '인간의 생식 관계'에 대해서 확실하게 알고 있었음에도 불구하고 그녀는 고집을 부리지 않았다. 마리아는 왕과 왕국에 대한 가브리엘의 선언에 자신을 열고, 사실상 당신의 **뜻이 이루어지이다**라고 기도한다. "주의 여종이오니, 말씀대로 내게 이루어지이다"(눅 1:38).

하나님의 뜻이 이루어지게 해 달라는 마리아의 기도**대로** 하나님의 뜻은 이루어져서 예수님이 잉태되고 태어나셨다. 그리고 마리아가 그 기도를 드린 지 30년이 지난 후에, 마리아에게 있어 하나님의 뜻이었던 예수님이 제자들과 함께 이 기도를 드리신다.

그로부터 3년 후에 예수님은 겟세마네에서 이와 똑같은 기도를 드리신다. "아버지의 원대로 되기를 원하나이다"(눅 22:42). 이 기도도 마찬가지로 응답된다. 하나님의 뜻이 이루어져서 예수님은 죽임을 당하시고 하나님 나라의 부활하신 왕이 되신다.

내가 이 세 번째 간구의 기도를 수태고지와 겟세마네 사이에 놓는 이유는 이 간구가 철저하게 **예수님**을 맥락으로 하고 있다는 사실을 주장하기 위해서다. "뜻이 이루어지이다"라는 기도는 예수님의 이야기와 예수님의 기도라는 맥락과 분리해서 우리가 원하는 대로, 마음대로 쓸 수 있는 것이 아니다. 우리는 반드시 예수님의 이야기와 기도 속에 있어야 한다.

누구든지 우리 주변에는 '하나님의 뜻'에 대해서 많은 질문을 하는 가족과 친구 그리고 이웃들이 있다. 이런 문제에 대해서 통계를 가지고 있는 것은 아니지만, 그리스도인들이 평생에 걸쳐서 가장 많이 하는 질문 중 하나가 바로 이것이리라고 나는 생각한다. 슬프게도, 그리스도께서 어떠한 큰 목적을 위해서 이 땅에 오셨는지와 관련해서 부정직하고 순 엉터리인 글과 말이 상당히 많다. 그 중에서 많은 것들이 "하나님의 뜻"이라는 제목으로 무더기로 분류된다.

'하나님의 뜻'이라는 문구는 기독교의 용어 중에서 가장 모호한 표현 중 하나다. 우리는 하나님의 뜻에 대해서 무책임한 논평과 주석이 난무하는 시대에 살고 있다. 불행히도 이러한 논평들 중에서 너무도 많은 것들이 성경에 뿌리를 두고 있지 않으며 신학적으로도 온전하지 않다. 이것은 좀 이상한 일인데, 왜냐하면 성경에서는 더할 나위 없이 분명하게 그 문제에 대해서 말하고 있기 때문이다. 그럼에도 불구하고 우리는 여전히 '하나님의 뜻'이라는 표현을, 내용을 상실한 상투적 문구로밖에는 사용하지 않는다. 또 어떤 때는 이 말이 예수님의 기도와 분리되어 사람을 혼란스럽게 하면서 커다란 불안 가운데로 몰아넣는다. 또 어떤 사람들에게 이 말은 '출입금지'라는 교리의 팻말이 되어서 생각이나 기도를 차단시킨다. 또 어떤 사람들에게 이 말은 과거와 미래에 대해서 커다란 물음표를 달게 하고는 우리가 실제로 살아가는 이 '거룩한 현재'에서 허우적대게 만든다.

하나님과 관련해서 '뜻'이라는 단어를 쓸 때 그것은 무슨 비법을 일컫는 것이 아니다. 그것은 우리 자신에 대해서 그 단어를 쓰는 방식과 크게 다르지 않다. 뜻은 의도, 목적과 관련된 것이다. 뜻이 없으면 우리는 정처 없는 삶을 살게 된다. 뜻은 또한 에너지와도 관련된 말이다. 뜻이 없으면 우리는 맥 빠진 삶을 살게 된다.

'뜻'을 가지고 사는 사람에 대해서 이야기할 때, 우리는 청사진을 들고 다니면서 오로지 그 청사진에 나온 대로만 하고, 그 청사진을 따르지 않으려는 무지한 혹은 반항적인 방관자들도 거기에 순응하도록 윽박지르는 사람을 상상하지는 않는다. 그리고 뜻을 가지고 의지적으로 사는 사람에 대해서 이야기할 때, 우리는 이미 작업 지시서에 나와 있는 대로만 하는 사람을 그리지 않는다. 이 말은 순순히 '따르는 것'을 암시하거나 마지못해 강압에 굴복하는 것을 암시하지 않는다.

하나님의 뜻을 '청사진'으로 이해하는 것에 대해서 성경과 복음이 반대하는 이유는, 그러한 청사진이 근본적으로 인격적인 관계인 것을("우리 아버지여!") 차갑고 죽은 것, 모호함도 없고 대화도 없는 것으로 비인격화하기 때문이다. '청사진'을 염두에 두고 하나님의 뜻을 위해 기도하는 것은 기도를 조롱하는 기도의 패러디다.[2]

최고의 목사들과 신학자들의 성숙하고 건전하고 지속적인 충고는 이것이다. "뜻이 이루어지이다"라는 예수님의 기도를 성경의 이야기와 기도의 맥락 속에 늘 유지하라. '하나님의 뜻'이 무엇인지 추측하는 일은 그만두고 그저 행하라. 마리아처럼, 예수님처럼. '하나님의 뜻'은 결코 추측의 문제가 아니다. 하나님의 뜻에서 초점은 믿음의 순종이다.

"하늘에서 이루어진 것같이 땅에서도"(간주)

기도의 삶에서 모든 것은 '땅에서'의 삶과 관련되어 있다.[3] 기도는 우리가 하는 일 중에서 가장 '세상적인' 일이다. 첫 세 개의 간구는 모두 하나님이 이미 성령을 통해서 그리스도 안에서 하시는 일에 동참하는 방식과 연관되어 있다. 하나님은 땅에서 창조, 구원, 축복의 사역을 하신다. 하나님은 우리의 가정과 일터에서, 우리의 정부와 학교에서, 우리의 감옥과 교회에서, 바다에 나가 있는 배에서 그리고 고속도로의 자동차에서 일하고 계시며, 배고프고 가난한 자들 틈에서, 신생아와 임종을 맞이하는 자들 사이에서 일하고 계시다. 당신 나름의 목록을 만들어 보라. 그리고 당신의 이름을 넣어 보라. 그리고 그것을 기도하라.

모든 것의 출발은 하늘이다. 모든 것의 끝도 하늘이다. 하늘은 우리를 넘어서는 무엇, 우리의 이해를 넘어서는 무엇, 우리가 보고 듣고 맛보고 만질 수 있는 것을 능가하는 무엇, 우리가 통제할 수 있는 한계 너머에 있어 우리의 손이 닿지 않는 무엇에 대해서 쓰는 은유다. 우리가 우리의 역할을 하는 곳은 바로 땅이고, 그 곳에서 우리가 보지 못하는 것과 보는 것이 서로 만나 창조와 구원과 거룩이 된다. 실재의 양극인 하늘과 땅이 융합된다. "하늘에서 이루어진 것같이 땅에서도."

"하늘에서 이루어진 것같이 땅에서도"의 가장 완전한 계시는 바로 예수님이다. 예수님의 이야기와 예수님의 기도다. 예수님의 모든 기도와 이야기는 하늘에서 시작되지만 땅에서 이루어진다. 우리의 이야기와 기도는 하늘에서 비롯되어 땅에서 이루어지는 일에 대한 자발적이고 순종적인 참여다. 그러나 우리의 이야기와 기도는 하나님이 예수님을 통해서 하늘과 땅에서 하시는 일에 대한 이야기와 기도 **안에서** 비롯되어야 한다. 우리가 성경과 예수님에게서 배우는 언어에서는 하늘과 땅이 구분되기는 하지만 서로 분리되어 있지는 않다. 하늘과 땅은 유기적인 통일체다. 그 어떠한 철의 장벽도 그것을 분리할 수 없다. 아름다움, 선함, 할렐루야, 아멘, 거룩, 구원, 백마와 스물네 명의 장로들, 죽임당한 어린 양과 결혼식 만찬, 네모 반듯한 도시와 생명의 강 등 하늘에 있는 모든 것이 땅에서 이루어진다.

"하늘에서와 같이 땅에서도"는 근본적인 실제성을 나타낸다. 우리가 하는 모든 기도에 들어 있는 '지금과 여기'의 성질을 나타낸다. 기도는 우리 주변에서 일어나는 일들로부터 도피하는 것이 아니다. 기도는 이 땅의 모든 일에 대담하게 참여하는 것이다. 기도는 하늘의 지극한 행복을 누리기 위한 준비 운동이 아니다. 성 테레사는 이렇게 말했다. "천국으로 가는 모든 길이 천국이다." 그러니 천국에 갈 때까지 기다릴 이유가 무엇이란 말인가?

"오늘 우리에게 일용할 양식을 주시옵고"

이제 우리는 전환점을 맞이한다. 첫 세 개의 간구는 하나님의 존재와 행위에 동참하게 해준다. 예수님이 우리와 함께 기도하시고, 그렇게 하심으로써 우리를 하늘과 땅의 일에 예수님과 함께 주류가 되게 하시고, 하나님의 이름을 거룩하게 하는 일, 하나님의 나라가 임하는 일, 하나님의 뜻을 행하는 일에 예수님의 동반자가 되게 하신다. 하나님은 하늘에 계시다. 모든 것은 하늘에서 시작된다. 예수님도 하늘에서 시작되었다. 예수님과 함께 우리도 거기에서 시작되었다. 우리는 이러한 일에 익숙하지 않다. 우리는 그저 길 하나 건너는 정도의 일에 몰두하면서 만들어 낸 '내가 원하는 것들의 목록'을 가지고 시작하는 습관을 평생 가지고 있었다. 간접적으로 그러나 절대적으로, 이 세 개의 간구는 그러한 원하는 것들의 목록을 포기한다. '하나님과 같이' 되고픈 마음, '우리의' 나라를 통제하면서 하나님을 조수로 쓰고 싶어하는 마음, 우리 자신의 뜻, 우리 자신의 의지를 추구하기 위해서 소위 기도의 비밀(청사진)을 손에 넣고픈 마음을 포기한다.

이 세 개의 간구들은 우리의 삶, 우리의 상상력, 그리고 우리의 언어를 재설정하여 그것이 하나님의 현존과 행위를 지향하게 만든다. 우리가 이 기도를 충분히 오래 드린다면, 그것을 습관으로 만든다면, 우리의 타고난 자기 중심성은 서서히 그러나 확실하게 하나님 중심성으로 근본적으로 재형성될 것이다.

이제 우리는 대명사가 바뀌는 중요한 지점에 오게 된다. 첫 세 개의 간구는 하늘에 계신 분('당신의')에 뿌리를 두고 있다. **당신의 이름**, **당신의 나라**, **당신의 뜻**. 기도는 하나님이 하시는 일에 우리를 참여시킨다. 그러나 마지막 세 개의 대명사는 땅에 사는 인간('우리')으로 바뀐다. **우리에게** 주시고, **우리를** 용서하시고, **우리를** 구하시고. 기도는 우리가 하나님의 영광을 위해 사는 데 필요로 하는 것에 하나님을 참여시킨다.

기도는 하나님의 모든 일에 우리를 깊이 책임 있게 연루시킨다. 기도는 또한 우리 삶의 모든 내용에 하나님을 깊이 변혁적으로 연루시킨다.

우리의 시작은 몸이다. 우리는 피와 살을 가진 피조물이다. 살아가기 위해서는 빵이 필요하다. 일용할 빵. **신선한** 빵. 음식. 우리는 영원히 살 영혼들이지만, 이 영혼은 또한 소화 체계를 가진 **몸**을 가지고 있다. 우리가 먹지 않는다면 우리는 기도하지도 못할 것이다.

우리는 하나님의 형상으로 창조된 인간이다. 하늘의 영광을 누릴 영적 존재들이다. 그러나 이 영광스런 삶을 살기 위해서 우리에게 가장 먼저 필요한 것은 빵이다. 물론 '빵으로만'은 아니지만, 일단은 빵이 있어야 한다. 우리의 몸은 창조의 계획에서 부주의하게도 빠뜨렸다가 뒤늦게 생각해 낸 것이 아니다. 우리의 몸은 창조를 완성한다. 그리고 이 몸은 그것을 건강하고 최적의 상태로 유지하는 데 필요한 모든 것과 더불어 **하나님이** 창조하신 것이다. 살 집, 옷, 목욕 등 몸을 가졌기 때문에 생기는 기본적인 필요들과 더불어, 이 몸은 빵이 필요하다. 우리의 지성, 아름다움, 유용성, 의, 영원한 영혼의 소중함 등과는 별개로 우리는 빵이 필요하다. 우리는 천사가 아니다.

가끔씩 '천사주의'의 사례들이 우리 가운데 나타나기도 한다. 이것은 하나님을 섬기는 데 있어서 하나님보다 더 영적이고자 하는 사람들에게서 나타나는 증세다. 그러한 사람들은 어느 복음성가에서 노래하듯이, 영혼보다 상당히 열등한 것으로 여겨지는 몸을 우리가 '날아갈' 때까지 그럭저럭 참아 준다고 생각한다. 천사주의는 우리의 거룩한 선조들이 맹렬히 비난한 기독교적 삶의 왜곡이다.

"우리에게 양식을 주시옵고"는 이 땅에서 사는 그 어떤 삶에서든 천사주의는 선택 사항이 될 수 없음을 뜻한다. 여기에서 '우리에게'는 예수님도 포함함을 기억하길 바란다. 빵보다 더 감각적이고, 물질적이고, 기본적일 수는 없다. 빵의 누룩 냄새, 호밀이 묻어 있는 두툼한 껍질, 질감이 풍부한 그 맛.

빵을 위해서 기도한다는 것은 필요를 인정한다는 것이다. 모든 사물과 모든 사람이 서로 연결되어 있고 서로 접촉하고 있는 이 거대하고 복잡한 경이의 창조 세계에서 우리는 상호 의존하며 사는 피조물이다. 빵을 위해서 기도할 때 우리는 결정적으로 비미국적인 의존 선언을 하는 것이다. 우리는 자기 자신이 될 수 있는 자원을 자기 안에 가지고 있지 않다. 우리는 스스로 존재하는 자들인 양 어리석게 허세 부리는 태도를 포기한다. 우리는 '존재의 위대한 사슬'에서 겸손하게 우리의 자리에 가 앉는다.

그러나 빵을 위한 기도는 필요를 인정하는 것 이상의 의미를 가지고 있다. 그것은 선한 창조와 창조 질서에서 우리가 차지하는 자리를 감사하며 받아들이는 것이다.

우리가 자신의 궁핍을 전혀 짜증스러워하지 않는 것은 아니다. 도움을 요청한다는 것은 우리 스스로는 그것을 할 수 없음을, 우리가 통제하고 있지 않음을 인정하는 것이다. 우리 안에는 도움을 결코 요청하지 않는 쪽을 선호하는 무엇인가가 있다. 우리의 DNA에 있는 루시퍼 유전자라고나 할까.

소비주의는 우리가 궁핍하다는 인식을 흐리게 하는 마약이다. 우리는 필요한 것을 구입함으로써 스스로의 삶을 통제하고 있다고 가정하게 된다. 우리는 필요에 대한 감각을 소유권에 대한 감각으로 바꾸게 되고, 그러면서 우리의 가난에 대한 인식은 줄어든다.

기술도 마약이다. 기술은 필요를 기계나 장치로 다룰 수 있는 무엇으로 비인격화한다. 우리는 필요에 대한 감각을 통제권을 쥐고 있다는 만족감으로 대체해 버린다. "내 필요는 내가 알아서 하겠습니다. 감사합니다."

돈과 기계는 우리의 궁핍함을 마취시켜 버린다. 우리를 책임자의 자리에, 통제권을 가진 자리에 데려다 놓는다. 계속 돈이 있고 기계 상태가 좋은 한, 우리는 기도하지 않아도 된다. 그러나 우리는 큰 대가를 치러야 한다. 마약은 인격적 관계의 능력을 감소시킨다. 마약은 살고, 느끼고, 사랑하고, 즐거워하는 능력을, 그리고 기도하는 능력을 무디게 하다가 결국에는 파괴시켜 버린다.

우리의 기본적인 궁핍함이 부과하는 한계를 충분히 감지하지 않고 살기로 선택하게 되면, 시편 기자가 "산자의 땅"이라고 축하한 그 창조 세계의 복잡하고도 경이로운 선함에서 우리가 차지하는 자리를 왜곡하게 된다. 한계 안에서 일하기를 거부하는 것은 인생을 선물로 받아들이기를 거부하는 고집스럽고도 반항적인 자세다. 필요는 우리의 삶을 간섭하거나 축소하거나 시시하게 만드는 한계가 아니다. 필요는 수용성 있는 삶을 살도록 우리를 준비시켜 주고, 오로지 선물로서만 받을 수 있는 그것을 받을 준비를 시켜 준다. 필요는 하늘과 바다, 네잎클로버와 벌, 남편과 아내, 말과 마차의 이 거대한 주고받음의 생태학적 복잡성에 문을 열어 준다. 필요는 우리를 '그저' 피조물에 불과한 존재로 축소하지 않는다. 필요는 야생화와 딱따구리, 아들과 딸, 부모 그리고 조부모와 상호적인 관계 속에서 살아갈 수 있는 조건을 마련해 준다. 필요에 내재하는 한계는 우리가 위대함의 환상에 빠지지 않도록, 이기적인 교만이 주는 고립에 빠지지 않도록 막아 준다. 우리의 창조된 상태가 가진 한계는, 우리 주변에 충만하게 살아 있는 창조 세계의 삶에서 자비롭고도 수용적인 역동 가운데서 살아가라는 초대다. 한계는 우리가 온전한 인간이 되는 것을 제한하지 않는다. 우리가 하나님이 되는 것을 제한할 뿐이다.

바이올린 연주자는 자기 바이올린에 현이 네 개밖에 없다고 불평하지 않는다. 시인은 쓰고 있는 소네트의 형식이 14행으로 제한되어 있다고 욕하지 않는다. 소위 한계라고 불리는 모든 것은 선물을 받는 통로다. 사랑의 선물, 아름다움의 선물, 열린 손으로 받도록 주어지는 모든 선물의 통로다.

필요한 것이 하나도 없는 삶을 살고 싶은가? 그렇다면 우리는 하나님 없이 살고 싶어하는 것이다. 우리의 필요는 선물을 주고 선물을 받는 실재 속에서 살아가라는 지속적인 초대다. "구하라, 그리하면 너희에게 주실 것이요. 찾으라, 그리하면 찾아낼 것이요. 문을 두드리라, 그리하면 너희에게 열릴 것이니"(마 7:7). "하나님의 은혜는 말하자면 이런 것이다. 여기에 네 인생이 있다. 너는 지금까지는 존재하지 않았을지 모르지만, 이제는 존재한다. 왜냐하면 네가 없이는 이 모임이 완전하지 않을 것이기 때문이다. 여기에 세상이 있다. 아름다운 일과 끔찍한 일 모두가 일어날 것이다. 두려워하지 마라. 내가 너와 함께 있다. 그 무엇도 우리를 갈라 놓을 수 없다. 나는 너를 위해서 이 세상을 창조했다."[4] 우리는 은혜가 충만한 세상에서 산다. 그래서 우리는 기도한다. "우리에게…주시고."

"우리가 우리에게 죄 지은 자를 사하여 준 것같이 우리 죄를 사하여 주시옵고"

하나님은 주신다. 인생은 선물이다. "하나님이 세상을 이처럼 사랑하사…**주셨으니**"(요 3:16). 주고받는 것은 하나님의 창조 규범이다. 그것이 바로 이 세상이 존재하는 방식이다. 그러나 인간 공동체에서 그것은 규범이 아니다. 우리에게는 잘못된 것이 참으로 많다.

우리를 적시고 있는 은혜는 끊임없이 죄로 가려진다. 죄는 은혜의 반대다. 죄는 선물에 반대하고 인격에 반대한다. 죄는 살아 있는 관계를 끊어 놓거나 고의로 방해한다. 받는 대신에 우리는 가져간다. 우리 접시에 놓인 빵이 맘에 안 든다고 생각하고는 그것을 바닥에 내팽개치고 여동생으로부터 아이스크림이 담긴 그릇을 뺏는다. 기꺼이 겸손하게 부탁하고 감사하게 받는 인격적이고도 열려 있는 자세를 요구하는 은혜의 세계 대신에, 조작과 폭력, 효율성, 통제의 비인격화된 세상을 택한다. 말은 선전으로 비인격화된다. 성은 포르노로 비인격화된다. 정치는 억압으로 비인격화된다. 권력은 전쟁으로 비인격화된다. 우리는 그러한 일을 많이 한다. 그래서 우리에게는 용서가 필요하다.

우리의 죄를 용서하여 주소서. 우리의 이웃과 정직하게 지내지 못한 것을 용서하여 주소서. 주어진 선물을 거부하고 우리의 것이 아닌 것을 훔친 것을 용서하여 주소서. 속이기 위해서 언어의 선물을 사용한 것을 용서하여 주소서. 유혹하기 위해서 성의 선물을 사용한 것을 용서하여 주소서. 폭력을 휘두르고 살인하기 위해서 힘의 선물을 사용한 것을 용서하여 주소서. 다른 사람을 가난하게 만들기 위해서 풍요의 선물을 사용한 것을 용서하여 주소서. 바울은 이 다섯 번째 간구를 다시 한 번 반복한다. "주님께서 여러분을 용서하신 것과 같이 여러분도 서로 용서하십시오"(골 3:13, 새번역).

'죄'는 우리의 잘못됨과 이 세상의 잘못됨을 포괄적으로 일컫는 단어다. 인류가 이 세상과 우리 자신과 다른 사람들을 망치는 정도와 그 창의성은 끝이 없어 보인다. 죄의 분류법을 보면 무자비할 정도로 우울하다. 악(evil), 사악함(wickedness), 죄(trespass), 불의(unrighteousness), 죄책(guilt), 위반(transgression), 불경(impiety), 불순종(disobedience), 반항(rebellion), 소외(alienation). 성경의 히브리어에서는 죄를 일컫는 단어가 50개가 넘는다.

그러나 죄를 폭로하고 명명하는 것은 하나님의 영광을 위해서 사는 삶의 핵심이 아니다. 추문을 캐고 다니는 것은 복음 사역이 아니다. 마녀 사냥도 복음 사역이 아니다. 추방당한 사람에게 창피를 주는 것도 복음 사역이 아니다. 바로 죄를 용서하는 것이 복음 사역이다.

우리가 죄의 난장판과 대면할 때 예수님이 우리와 함께 기도하신다. 예수님은 걸레와 양동이와 솔을 가지고 와서 어떻게 하면 우리의 삶에서, 그리고 우리 배우자와 자녀들의 삶에서, 그리고 우리 이웃의 삶에서 죄를 싹싹 씻어 낼 수 있는지를 보라고 하지 않으신다. 정부에서 일어나는 부패와 교회에서 일어나는 신성모독과 학교에서 일어나는 불신앙을 깨끗이 청소하는 성령의 능력을 어떻게 작동시킬 수 있는지 가르쳐 주지 않으신다. 예수님은 우리가 처한 엉망진창의 상황으로부터 멀찌감치 물러서 계시지 않는다. 예수님은 죄의 진흙탕에 빠져 있는 우리와 함께하신다("우리를 대신하여 죄로 삼으신 것", 고후 5:21을 보라). 예수님은 우리 곁에 서서 자신과 함께 기도하자고 우리를 청하신다. "우리 죄를 사하여 주시옵고…."

하나님은 마치 죄가 병균이나 다락 속에 있는 쥐인 것처럼 우리 삶에서 그것을 몰아내심으로써 죄의 문제를 다루지 않으신다. 하나님은 마치 죄가 괴저병에 걸린 다리인 양 그것을 잘라 내시고 우리를 불구로 만드심으로써 죄의 문제를 다루지 않으신다. 목발을 짚고 다니는 거룩한 자로 만들지 않으신다. 하나님은 우리를 용서하심으로써 죄의 문제를 다루신다. 그리고 하나님이 용서하실 때 우리는 부족한 존재가 되는 것이 아니라 더 풍성한 존재가 된다.

죄는 살아 계시고 인격적인 하나님과 인격적인 관계를 맺기를 거부하거나 맺지 못하는 것이고, 따라서 죄의 용서는 죄에 대한 사전적 정의 몇 개를 가지고 될 수 있는 일이 아니라 친밀한 관계를 회복시키는 깊은 인격적 행위에 의해서만 가능하다. 인격성을 거부하는 죄는 오로지 인격적으로만 다룰 수 있다.

하나님은 인격이시다. 확고한 인격이시다. 삼위일체는 하나님이 아버지와 아들과 성령으로 존재하는 방식을 이해할 수 있는 가장 포괄적이고 성경적인 방법이다. 삼위일체의 모든 작용이 인격적이다. **살아 계신** 하나님께는 추상적이거나 비인격적인 면이 하나도, 단 하나도 없다. 그리고 하나님의 뜻은 그리스도의 몸인 교회에도 추상적이거나 비인격적인 면이 모두 사라지는 것이다.

따라서 죄에 대한 해결책이 주어져야 한다면, 법과 규칙, 규약과 규율의 선상에서 주어지지는 않을 것이다. 하나님과 하나님이 창조하신 이 세상의 모든 남녀는 본질적으로 인격적이며 오로지 인격적인 관계에만 참여할 수 있다. 우리는 인격이다. 하나님의 형상을 지닌 인격이다. 죄는 서로에 대해서 그리고 하나님에 대해서 인간의 본질적 속성인 인격을 침해하는 것이다. 우리는 어떤 계명에 대해서 죄를 짓는 것이 아니라 한 인격에 대해서 죄를 짓는 것이다. 죄는 정의에 대한 범죄가 아니라 살아 있는 영혼에 대한 범죄다. 성적으로 부절적한 행위여서 죄가 되는 것이 아니라, 남자와 여자와 아이의 인격을 훼손했기 때문에 죄가 되는 것이다. 땅에 대한 법이나 집에 대한 법규를 위반해서 죄가 되는 것이 아니라 인격적인 관계를 침해했기 때문에 죄가 되는 것이다.

그래서 예수님은 우리 곁에 오셔서 우리와 함께 기도하신다.

"우리를 용서하여 주소서. 우리의 죄를 용서하여 주소서. 우리의 범죄를 용서하여 주소서. 우리의 죄악을 용서하여 주소서." 그리고 예수님은 자신이 가장 잘하시는 일을 우리도 최선을 다해 해 보려 할 것이라고 믿으신다. "우리가 우리에게 죄 지은 자를 사하여 준 것같이." 예수님이 합법적으로 그리고 진심으로 우리에게 용서하라고 격려하실 수 있는 이유는 이미 그분이 그토록 우주적인 차원으로 자신의 용서를 확장하심으로써 우리도 그렇게 할 수 있는 배경을 만들어 놓으셨기 때문이다.

예수님은 우리와 함께 "우리에게 양식을 주시옵고…"라고 기도하시면서 우리가 독립적인 인생을 사는 전제와 습관을 서서히 벗어 버리게 하신다. 하나님으로부터 독립된 인생, 그저 피조물에 되는 것에 만족하지 않고, 우리의 자녀와 이웃과 학생과 피고용인들은 말할 것도 없고, 물과 공기, 나무와 땅을 자기 마음대로 주관하고 싶어하는 독립적인 피조물로 사는 인생에서 벗어나게 하신다. 우리는 주관자가 아니다. 우리가 통제하지 않는다. 우리가 생존하는 데 필요한 것을 우리 자신은 가지고 있지 않다.

하지만 하나님은 가지고 계시다. 하나님은 자비로우시다. 하나님은 주신다. 인생은 선물이다. 우리가 선물이다. 우리는 "우리에게 주시옵고…"라고 기도하는 것을 배우게 되고, 예수님이 우리 곁에서 기도하시는 가운데 받는 편에 서는 것이 어떠한지를 직접 느낀다. 은혜의 나라에서 사는 것이 어떠한지를 말이다.

엉망진창이 된 죄의 문제를 다루시고 우리가 날마다 무엇을 대면해야 하는지를 가르치시면서 예수님은 다시 한 번 우리가 옛 습관에서 벗어나게 하는 일을 하고 계신다. 이 세상의 문제를 우리 스스로 어떻게든 해 볼 수 있는 문제라고 생각했던가? 우리는 할 수 없다. 죄를 다룰 수 있는 사법상의 혹은 교육적인 혹은 심리학적인 방법들이 있을 것이라고 생각했던가? 그런 방법은 없다. 은혜의 세계에서와 마찬가지로 죄의 나라에서도 우리는 하나님이 하시는 방법을 배우며, 우리와 함께 기도하시는 예수님을 따라 "우리 죄를 사하여 주시옵고"라고 기도하면서, 그러한 하나님의 삶의 방식으로 들어간다.

죄는 죽인다. 죄는 관계를 죽인다. 죄는 하나님의 형상으로 지어진 우리의 존재 안에 내재한 영혼의 친밀성을 죽인다. "일곱 가지 치명적인 죄"에서 요약되었듯이 죄는 치명적이다. 우리가 죄를 지을 때 우리의 일부가 죽는다. 더 이상 살아 계신 하나님과, 살아 있는 배우자와, 살아 있는 자녀와, 살아 있는 이웃과 살아 있는 관계에 있지 못한다. 죽은 자를 살릴 수 있는 약은 없다. 죽음을 무장해제시킬 수 있는 기계는 없다. 날마다 우리는 "죽지 않은 죽은 자"라고 누군가가 묘사한 자들의 거대한 죄의 공동묘지를 걸어 지나가는 자신을 발견하게 된다. 죄를 다룰 수 있는 유일한 길은 부활을 통해서다. 용서는 부활이다. 죽음에서 살아나는 것이다.

예수님의 죽음과 부활은 죄의 용서를 성취하는 복잡하고 복합적인 행위를 이룬다. 어떻게 그렇게 되는지는 깊은 신비다. 하지만 그렇게 **된다**는 사실은, 우리의 성경이 증언하고, 지혜롭고도 현명한 성도들이 곳곳에서 세대마다 확인해 주는 살아 있는 나날의 실재다.

커트 본구트(Kurt Vonnegut)는, 아인슈타인의 상대성 이론이 언젠가는 지구를 은하계 상의 어딘가에 위치시키는 지도를 그릴 수 있게 해줄지 모르지만 주님의 기도에는 훨씬 못 미칠 것이며, 반면 생명을 주는 방향으로 에너지를 끌어 모으는 주기도문은 불의 발견도 능가하는 사건이라고 말했다. 그가 염두에 두고 있는 우주를 비끄어 놓는 문구는 "우리가 우리에게 죄 지은 자를 사하여 준 것같이 우리 죄를 사하여 주시옵고"이다. 우주에는 제로섬 관계란 없다. 용서 없이는 미래도 없다. 영원 무궁히. 아멘.[5]

"우리를 시험에 들게 하지 마시옵고, 다만 악에서 구하시옵소서"

우리의 첫 복음서에 나와 있는 예수님의 이 첫 기도, 이 '주기도문'은 위대한 작곡가가 쓴 악보가 아니다. '완벽하게 읊을' 수 있을 때까지 간구 하나하나를 마치 음계처럼 연습하는 악보가 아니다. 기도는 그러한 것이 아니다. 나를 끊임없이 놀라게 하는 것은 이 기도가 놀랄 만큼 친밀한 성격을 띤다는 것이다. 예수님이 우리와 함께 기도하신다. 우리가 예수님과 함께 기도한다. 예수님은 우리에게 기도에 대해서 가르쳐 주시는 것이 아니라 우리와 함께 기도하신다. 우리가 기도에 대해서 배우는 것이 아니라 예수님과 함께 기도한다. 예수님께는 학교 선생 같은 면이 하나도 없으며, 우월한 자세를 취하시지도 않는다. 예수님은 우리를 상당히 위엄 있는 존재로 대하신다. 그렇다, 예수님은 우리의 주님이시다. 그러나 예수님은 또한 우리의 친구이시다. 우리는 예수님을 곁에 두고 이 익숙지 않은 기도의 세계로 모험을 떠나면서, 우리 앞에 현존하시고 우리 안에 활동하시는 하나님 앞에 인격적으로 존재하게 되고 굴복하며 순종하게 된다. 예수님은 자신의 삶을 기도하시고, 우리는 그 예수님과 함께 기도한다. 그러면서 우리는 예수님이 사시는 삶을 우리도 기도하고 살고 있음을 발견하게 된다.

예수님은 이름을 거룩하게 함, 나라의 임함, 뜻의 성취라고 하는 삼위일체의 모든 활동을 두고 우리와 함께 기도하셨다. 예수님은 우리와 함께 기도하시면서 우리가 가져가는 것이 아니라 받는, 은혜의 삶으로 들어가게 하셨다. 예수님은 우리와 함께 기도하시면서, 우리를 자족적인 존재로 만드는 도덕적 삶을 교만하게 구성하는 것이 아니라 하나님이 우리의 죄를 다루시게 하는 용서의 삶으로 들어가게 하셨다.

이제 우리는, 하나님의 모든 존재와 행위(거룩, 나라, 뜻) 안에 우리가 깊이 참여하고 있음을 안다. 이제 우리는 창조의 선물을 받을 수 있게 우리가 손을 벌리고 있고, 초대받은 식탁에서 먹을 준비가 되어 있음을 안다. 와서 먹으라. 이제 우리는 고개를 숙이고 마음을 연 우리가 죄를 용서받았고 만나는 모든 사람에게 그 용서를 전달할 준비가 되어 있음을 안다.

그렇다면 이제 남은 것은 무엇인가? 문제는 이제 무엇이 남았는지 우리가 모른다는 것이다. 우리는 아직 끝까지 가지 않았다. "아직 끝은 아니니라"(막 13:7). 우리는 아직 끝나지 않았음을 안다. 우리 곁에서 기도하시는 예수님과 더불어 우리가 기도한 모든 기도는 우리가 예수님의 십자가로 가는 길에, 이어서 부활로 가는 길에 드리는 기도다.

우리는 예수님이 그 십자가와 부활로 가는 여정을 마치셨음을 안다. 우리는 예수님의 죽음과 부활이 "이 땅에서 구원을 이루며"(시 74:12, 새번역) 우리 삶에 현존하는 실재임을 안다. 우리는 우리의 개인적 삶에서 그것을 살아낼 존엄성과 특권이 우리에게 주어졌음을 안다. 우리는 심지어 지금도 우리가 예수님의 죽음과 부활에 참여하고 있음을 안다(롬 6:4). 그리고 우리가 가야 할 여정의 구간이 아직 끝나지 않았음을 안다.

다섯 개의 간구는 하나님과 우리의 현재적 활동에서 출발하는 기도다. 그 간구들은 우리 일상의 상황과 조건에 기초하고 있다. 그러나 그것이 전부가 아니다. 이 여섯 번째 간구는 그 '전부가 아닌 것'을 위해 우리를 준비시켜 준다. 미래로 나아가서 우리가 아직 알지 못하는 것(예상치 못한 유혹과 현혹시키는 악)에 대비해 우리를 준비시켜 준다. 이 순례의 길에서 걸음마다 유혹이 있을 것임을 알지만, 그 유혹이 무엇이 될지는 알 길이 없다. 그리고 우리는 악이 (혹은 좀더 정확하게 표현하자면, 그 악한 자가) "문에 도사리고 앉아서"(창 4:7, 새번역), 우리 주님에게 덤벼든 것처럼 우리에게 덤벼들어서 우리가 소명을 완수하지 못하게 할 채비가 되어 있다는 사실도 안다. 하지만 그것이 어떠한 현혹의 모양을 띨지는 알 길이 없다. 우리가 도움이 필요한지조차도 인식하지 못할 그러한 때와 시기를 위해서 우리에게는 도움이 필요하다. 앞으로 있을 일을 준비하기 위해서 우리는 기도한다. 그러나 우리는 앞으로 무슨 일이 일어날지 알지 못한다.

아직은 구체적인 형태를 가지고 있지 않고, 우리가 알아채지 못하고 넘어가기 쉬운 그 어떠한 일을 위해서 예수님은 우리와 함께 기도를 드리신다. "우리를 시험에 들게 하지 마시옵고, 다만 악에서 구하시옵소서."[6] 톰 라이트는 이렇게 번역한다. "우리가 그 시험(Testing)을 당하지 않게, 그 거대한 환난(Tribulation)을 겪지 않게 해주시고, 악(Evil)으로부터 우리를 구하여 주소서."[7] 앞으로 무슨 일이 닥치든지 우리를 준비시키고 보존해 달라는 간구다. 나중에 우리는 "세상에서는 너희가 환난을 당하나, 담대하라. 내가 세상을 이기었노라"(요 16:33)라는 예수님의 말씀을 듣게 될 것이다. 우리의 기도에 예수님이 분명히 응답하실 것임을 믿어도 된다는 그 확신을 얻을 것이다.

환난에는 분명 시험과 유혹과 악이 포함된다. 이 세상은 영광스럽기는 하나 또한 매우 위험하다. 위험의 외양을 지니지 않은 위험이 곳곳에 있다. 악이 빛의 천사로 가장하고 다니는 일들이 종종 있다. 우리는 도움이 필요하다. 그리고 우리가 도움이 필요하다는 사실을 모를 때조차도 우리는 도움이 필요하다. 우리가 도움이 필요하다는 사실을 모를 때에 **특히 더** 도움이 필요하다.

"일곱 가지 치명적인 죄"에서 온갖 다양한 양태로 나타나는, 그리고 우리가 "용서해 주소서"라고 기도하는 범죄는 어느 정도 공개적인 것들이다. 대개의 경우 죄를 지었을 때 우리는 그 사실을 안다. 적어도 변명과 합리화가 양심을 무디게 하기 전인 초기 단계에서는 그 사실을 안다. 그리고 그 사실을 모른다 해도, 부모와 자녀들 그리고 이웃들은 알며, 머지않아 우리도 알게 해준다. 그러나 유혹과 시련, 시험과 악은 다른 부류의 것들이다. 유혹과 악은 거의 항상 선하고 아름다운 것으로 가장한 채 나타난다. 대개의 경우 그것은 우리가 방심하는 틈을 타서 오며, 우리를 깜짝 놀라게 한다.

에덴 동산에서 하와는 뱀에게 현혹되어, 전체적으로는 선한 것이라고 그녀가 확신하고 있는 무엇을 선물로 받으려는 유혹을 받았다. "여자가 그 나무를 본즉 먹음직도 하고 보암직도 하고 지혜롭게 할 만큼 탐스럽기도 한 나무인지라. 여자가 그 열매를 따먹고." 그러고서 그녀는 그 선한 것을 나눔으로써 그 선함을 완성시킨다. "자기와 함께 있는 남편에게도 주매 그도 먹은지라"(창 3:6). 음식은 선한 것이다. 아름다움은 우리 안에 있는 최선의 것을 끌어낸다. 지혜는 온전한 삶을 살도록 우리를 이끌어 준다. 나누는 삶은 그 기쁨을 배가시킨다. 동산에서의 유혹은 결국 선함의 환상에 참여하는 것의 문제다. 겉으로 보기에, 그 남자와 여자는 그 열매를 먹음으로써 자신들은 선한 일에 참여한다고 생각할 이유가 충분히 있다.

그러나 이것은 인류 전체를 유혹과 악에 던져 넣은 드라마의 서막이다. 그 때부터 그 드라마는 언제나 만석이다. 어떤 사람들은 단역이고 어떤 사람들은 주역이지만 우리 모두가 거기에 참여하고 있다.

광야에서 예수님은, 마귀로부터 오직 예수님이 하나님의 아들이기 때문에 할 수 있는 일 세 가지를 하라는 유혹을 받았다. 돌을 빵으로 바꾸고, 성전 꼭대기에서 뛰어내리고도 발목 하나 삐지 않음으로써 기적을 행하는 능력을 과시하고, 이 세상의 모든 나라를 다스리라는 유혹이었다. 빵을 만드는 것은 선한 일이고, 기적을 행하는 것도 선한 일이고, 이 세상을 다스리는 일도 선한 일이다. 광야에서의 유혹은 전부 선한 일에 대한 것이었다(마 4:1-11).

예수님은 그 미끼를 물지 않으신다. 예수님은 그 동산에서 그 남자와 여자가 하지 않은 일을 하신다. 예수님은 자기 앞에 제시된, 겉으로 보기에는 선한 일을 하지 않겠다고 거절하신다. 바로 이 거절이 아담과 하와의 자녀들을 악에서부터 구하는 주요 요소다. 그리고 우리가 바로 그 자녀들이다.

죄는 그것이 어떠한 이름으로 불리건 죄다. 그러나 범죄의 죄에서 유혹과 악의 죄를 분리해 내어 그것을 위해 별도의 간구를 하게 함으로써 예수님은 우리 앞에 '죄'라는 표시를 붙이고 나타나지 않는 죄의 형태에 대한 통찰력을 주신다.

모든 사람이, 때로 원죄라고 일컬어지는 죄, 우리보다 먼저 존재했던 죄, 우리의 의도와 상관없이 짓게 되는 혹은 자신이 하는 일을 알지도 못한 채 저지르는 죄를 짓는 기본적인 심리적 경향을 가지고 있다는 것은 분명하다. 이것은 모든 가정과 학교, 기업 그리고 국가에서 경험적으로 증명된 사실이다. 우리는 근본적인 '타락'의 삶 가운데 태어났다. 그 누구도 그것에 연루되는 것을 피할 수 없다. "하나도 없다"(시 14:3). 죄로 인한 손해는 몇 가지 잘못들을 막아 주는 도덕적 태도를 가르치고 훈련함으로써 부분적으로 완화된다. 그러나 일부일 뿐이다. 사회는 훈육을 위한 제재를 가하고, 경찰력을 동원하고, 군대를 동원하는 등의 지원책을 마련해서 사태를 통제하고 도덕적 무정부 상태를 잠시라도 모면하고자 한다. 그러나 이 모든 것이 비록 필요한 것이기는 하지만 결국 비인격적이며, 관계적 분리라는 죄의 문제를 다룰 수 없다. 용서만이 관계를 회복할 수 있는, 우리 인류의 핵심에 있는 하나님과의 친밀성 그리고 서로와의 친밀성이라는 인격적 영역을 회복할 수 있는 유일한 길이다.

이처럼 우리 모두가 경험하는 죄의 성향과 아울러 우리에게는 역설적으로 선함도 있다. 우리는 위협이나 보상이나 이익이라는 자극제가 없어도 자비와 기쁨과 돌봄의 마음으로 행동할 수 있는 능력, 예배하고 사랑할 수 있는 능력을 타고났다. 우리는 가르치거나 훈련받지 않아도 자발적으로 미소 짓고, 웃고, 섬기고, 친절을 베푼다. 이처럼 선한 영역, 심지어 순진하다고까지 할 수 있는 영역에서 유혹이 함정을 놓고 악이 속임수를 쓴다. 우리는 이러한 것을 당할 준비가 되어 있지 않다. 선을 행할 수 있는 이와 같은 본질적인 능력이 유혹을 받을 수 있고 종종 악으로 발전된다는 사실을 우리는 생각하지 못한다. 우리 안에 있는 최선의 것을 말과 행동으로 이끌어 내는 꾸밈없는 선도 부패할 수 있다는 사실을 누가 상상이나 했겠는가?

우리 주변의 사람들을 다치게 하고 파멸시키고 축소시키는 많고도 다양한 죄, 이 세상의 선함과 아름다움을 손상시키고, 하나님을 모독하고, 전반적으로 엉망인 인류의 상태에 기여하는 많고도 다양한 죄를 짓지 않도록 우리는 경고를 받았고 지침도 받았다. 그러나 우리 깊은 곳에서 순수하게 선한 것이라고 느끼는 것이 나쁘게 변질될 때 우리는 무방비 상태에서 당한 것처럼 깜짝 놀라게 된다. 선이라는 원료를 악을 위해서 사용하려는 유혹은 인식되지 못한 채 오랫동안 눈에 띄지 않고 계속될 수 있다. 때로는 너무 늦어서 그 결과로 인한 악이 활개치고 있을 때에야 비로소 눈치채게 된다. "썩어 가는 백합은 잡초보다도 더 심한 악취를 풍긴다"(셰익스피어).

우리는 선한 일을 하고자 하는 열망, 하나님을 섬기고, 이웃을 돕고, 이 세상을 더 나은 곳으로 만들고자 하는 열망에서부터 비롯되는 악을 이해할 만한 상상력이 거의 없다. 그 동산에 있던 하와와 그 광야에서의 예수님의 이야기는 우리의 순진함에 대해 강력한 해독제를 마련해 주기 위해서 전략적으로 배치되었다. 그것은 잊을 수 없는 이야기다.

에덴 동산의 하와 이야기는, 전혀 손상되지 않았고 매력적이고 목가적이고 아름다운 장소에서 살면서 지금까지 사람이 원하거나 상상했던 모든 것을 가지고 있어도, 사람은 선을 악으로 바꾸도록 속을 수 있다는 사실을 보여 준다.

광야의 예수님 이야기는 완벽하게 준비된 사람(이 경우에는 하나님의 아들이다), 자신의 삶이 독특하며 하나님의 뜻으로 복을 받았다는 것을 온전히 인식하고 있고, 구원이라는 최고로 영광스러운 일을 성취할 말과 행동들을 개시할 준비가 되어 있는 사람도 여전히 심각한 위험에 처할 수 있다는 사실을 보여 준다.

좋은 사람이 좋은 장소에 있다고 해서 유혹을 받지 않는 것이 아니다.

좋은 사람이 좋은 일을 할 것이라고 해서 유혹을 받지 않는 것이 아니다.

내가 논의를 지나치게 단순화한 것 같다. 하와나 예수님이, 죄를 짓게 하기 위한 미끼로 선을 사용하는 유혹에 대해 전혀 준비가 되어 있지 않은 것은 아니었다. 하와의 경우는 선악과에 대한 명령이 자기 영혼에 깊이 각인되어 있었고, 아담과 함께 동산에서 그 많은 밤들을 보내면서 하나님과 기도하며 동행하는 삶을 잘 발전시켜 왔다. 그리고 예수님의 경우는 예언자들의 설교가 있었고, 시편 기자들의 노래가 있었다. 거의 2천 년에 달하는 구원의 이야기가 예수님의 삶 속에 살아서 작동하고 있었다.

그럼에도 불구하고 우리는 숙련된 선의 에너지가 자주 죄의 유혹을 위한 연료로 사용된다는 사실을 가볍게 취급해서는 안 된다. 선한 삶이 악으로 왜곡되는 경우가 많다는 사실을 과소평가해서는 안 된다.

나는 성인이 되고 나서 대부분의 시간을 목사의 일을 하며 보냈다. 나의 직업은 온갖 종류의 죄인들을 날마다 대해야 하는 일이다. 그리고 많은 성인(聖人)들도 대한다. 하지만 대부분의 성인들은 자신이 성인인지도 모른다. 죄를 짓는 타고난 경향에서부터 시작되는 죄, 우리가 다섯 번째 간구에서 용서해 달라고 구하는 그러한 죄는, 선을 향한 우리의 열망과 능력에서 시작되는 유혹과 악, 우리가 여섯 번째 간구에서 구해 달라고 기도하는 죄보다 훨씬 더 쉽게 분별하고 다룰 수 있다.

사람들이 하나님을 예배하러 오는 곳이지만 하나님 노릇을 하는 즐거움을 누리도록 부추김을 당하게 되는 장소에서 큰 악이 형성된다는 사실에 나는 더 이상 놀라지 않는다. 선한 일을 할 수 있는 엄청난 자원을 얻을 수 있지만 스스로 권력을 가지기 위해서 권력을 사용하도록 부추김을 당하게 되는 기업이나 정부와 같은 권력의 자리에 커다란 악이 자리 잡고 있는 것을 보아도 더 이상 놀라지 않는다. 친밀감과 애정의 기회가 가장 많지만 그러한 기회가 비인격적인 조작과 통제의 유혹에 허비되는 가족과 결혼 관계에서 거대한 악을 보아도 나는 더 이상 놀라지 않는다. 절망적인 빈민가와 지하의 범죄 세계보다 선이 넘쳐나는 곳에 더 많은 악이 뿌리를 내리고 있다. 왜 그 사실에 우리가 놀라겠는가? 결국 그 시작은 에덴이 아니던가.

우리가 용서를 구하는 다섯 번째 간구의 죄는 여섯 번째 간구의 유혹(하와를 넘어가게 했던 유혹, 예수님이 거절하셨던 유혹, 선을 사용해서 악을 행하도록 우리를 속이기 위해서 신중하게 고안된 유혹)보다 알아채기도 쉽고 책임을 지기도 쉽다.

이러한 유혹에 처할 위험이 이처럼 더 크기 때문에 예수님이 이와 같은 예방의 간구를 주시는 것이다. "이 위험한 길에 우리의 동반자가 되어 주셔서 우리가 유혹 같아 보이지 않는 유혹에 마주칠 때, 머리에 후광이 있고 천사의 날개가 파닥거리는 모양으로 나타나는 유혹에 부딪힐 때 우리가 하와처럼 넘어가지 않도록, 우리가 예수님처럼 분별할 수 있도록, '우리를 시험에 들게 하지 마시옵소서.'

우리는 그 위험이 크다는 것을 압니다. 모든 사람이 마귀의 전략에, 뱀의 교활한 반쪽짜리 진리에, 사탄의 밀 까부름에 약하다는 것을 압니다. 우리는 그 악한 자의 간계를 꿰뚫는 준비된 상상력이 필요합니다. 우리의 힘이 미약합니다. 우리를 구해 주소서. 도와주소서. 구출해 주소서. '악에서 구하시옵소서.'"

성경에는 우리가 스스로는 할 수 없는 일을 하나님이 대신해 달라고 도움을 요청하는 다양한 표현들이 많다. 구원의 나라에서 구출은 기본이다.

우리가 언제 혹은 어떠한 형태로 유혹에 부딪힐지, 시련을 당할지, 혹은 악에 말려들어가 있을지 결코 알지 못한다. 예수님은 이 여섯 번째 간구를 이중 명령의 형태로 주심으로써 앞으로 닥칠 일에 대비하는 것의 긴급함을 강조하신다. "…들게 하지 마시옵고…구하시옵소서."

찰스 윌리엄스(Charles Williams)는 주기도문을 "중보기도의 당당한 의식"[8]이라고 불렀다. 그렇다. "당당한 의식"이다. 이 기도는 그리스도인들의 기도에 대한 상상력 안에 스며들어 있다. "기억력이 가장 안 좋은 사람도 기억할 수 있고, 생활이 가장 바쁜 사람도 이렇게 기도드릴 수 있다"(알렉산더 화이트).

"나라와 권세와 영광이 아버지께 영원히 있사옵니다. 아멘."

이게 전부다. 간결하고 담대한 기도다. 예수님이 우리 곁에서 함께 기도하시고 우리는 우리가 서 있는 자리를 안다. 우리는 이제 예수님을 따를 준비가 되었다. 더 이상 미적거리지 않는다. 다음에 무슨 일을 할지 몰라 발을 질질 끌지 않는다. 어떻게 작별인사를 하고 떠나야 할지 몰라 쩔쩔매는 손님처럼 불안한 잡담도 더 이상 하지 않는다.

하나님이 우리의 기도를 가지고 무엇이든, 어떻게든, 언제든 하나님이 신댁하시는 대로 하시도록 한걸음 물러서서 하나님을 신뢰한다. 역대기상에서 다윗이 했던 친숙한 말[9]로 마무리되고 있는 이 기도의 마지막 구절은 일종의 거룩한 분리처럼 우리를 기도의 바깥쪽에 서게 만든다. 우리의 모든 의도와 경험, 열정이 이제는 기도 안에 있다. 이제는 모든 것이 하나님 아버지의 손에 달려 있다. 줄리안 그린(Julian Green)은 그의 일기에 이렇게 썼다. "모든 기도가 언젠가는 이루어진다. 그러나 그것을 알려면 그럴 수 있는 관점을 갖춘 50세의 나이는 되어야 한다. 젊은이는 그것을 알지 못한다."[10]

40대 중반의 어떤 여성을 만나러 간 적이 있다. 그녀는 남편과 사별한 지 몇 년이 되었고 아이들도 다 자라서 딱히 할 일도 없이 막연해하고 있었다. 아무도 그녀를 필요로 하지 않았고, 그녀가 일을 해야 먹고 사는 것도 아니었다. 몇 달 동안 그녀는 내가 목사로 섬기고 있던 회중에서 예배를 드렸지만, 불규칙하게 참석했다. 나는 그녀의 거실에 앉아서 이 익숙한 중년의 정처 없음, 영혼의 표류를 반복해서 듣고 있었다. 우리의 대화는 그녀의 인생처럼 정처 없이 떠돌았다. 그 어디에도 내가 발판을 놓을 데가 없는 것 같았다.

그녀는 수틀에 끼운 자수 천을 무릎 위에 올려 놓고 있었다. 그때 아주 약하게 떨리는 목소리로 그녀가 말했다. "지금 저한테 필요한 게 뭔지 아세요? 내 인생의 틀을 잡아 줄 수 있는, 무언가 탄탄하게 당겨 주는 것이 필요해요. 내 영혼의 수틀이 필요해요. 나는 흐늘흐늘한 천 조각이에요. 흐늘흐늘한 천 조각에다가는 수를 제대로 놓을 수가 없어요."

그 말이 내게 발판이 되었다. "바로 그러한 수틀이 있습니다. 주님의 기도가 바로 당신의 영혼을 위한 수틀 같은 장치입니다. 당신의 영혼을 하나님의 현존에 대한 집중력으로 탄탄하게 당겨 줄 수 있는 틀입니다." 그러고서 우리는 약 한 시간 정도 기도에 대해 대화하면서, 지난 2천 년 동안 바로 그녀와 같은 사람들 그리고 나와 당신과 같은 사람들을 위해서 수틀로 사용된 기도의 간단하고, 실제적이고, 접근하기 쉬운 구조를 함께 음미했다.

15. 감사의 기도를 드리는 예수님

••• 마태복음 11:25-26

마태는 예수님의 감사 기도를 세례 요한의 오해와 마을 사람들의 거절이라는 맥락 속에 놓고 있다. 오해와 거절은 감사를 드릴 법한 조건이 아니건만, 예수님께는 그러한 조건이 되고 있다. 그 기도는 다음과 같다.

"천지의 주재이신 아버지여, 이것을 지혜롭고 슬기 있는 자들에게는 숨기시고 어린아이들에게는 나타내심을 감사하나이다. 옳소이다. 이렇게 된 것이 아버지의 뜻이니이다."

나는 이 기도를 무척 좋아한다. 이 기도는 딱히 이유가 있어서 드린 것도 아닌, 자발적이고도 열의가 넘치는 감사의 기도다. 이야기 가운데 갑자기 분출하듯 이 감사 기도가 드려지는 상황은 암울한 상황이며 감사가 나오게 되는 상황이 아니다. 그와 같은 암울한 상황은, 예수님이 메시아의 길을 가기 시작하는 데 가장 깊이 연루되었던 사람의 오해와, 예수님이 대부분의 초기 사역을 하셨던 마을의 사람들, 예수님의 행적을 보고 예수님의 말을 들은 남자와 여자들의 거절이 복합적으로 일어난 데서 비롯된다.

그 오해의 내용은 다음과 같다. 요한의 제자들이 예수님께 다가와서 이렇게 물었다. "오실 그분이 당신이십니까? 그렇지 않으면, 우리가 다른 분을 기다려야 합니까?"(마 11:3, 새번역) 요한은 1세기의 팔레스틴에서 엄중 경비로 악명 높았던 마케루스(Machaerus)에 갇혀 있었다. 그 곳은 헤롯 대제가 지은 감옥이었다. 그의 아들인 헤롯 안티파스가 요한을 그 곳에 집어넣었는데, 요한이 형 필립의 아내 헤로디아와 간통을 한 헤롯을 꾸짖는 '정치적인' 범죄를 저질렀기 때문이었다. 요한의 강력한 예언자적 음성을 그 나라에서는 더 이상 들을 수 없었다. 이제 곧 초를 꽂은 케이크 대신에 피가 뚝뚝 떨어지는 요한의 머리가 쟁반에 들려 바쳐지는 무시무시한 생일 파티에서 영원히 그 음성이 묵살될 참이었다.

요한은 팔레스틴 사람들에게, 오랫동안 기다려 온 메시아이신 예수님을 소개한 이사야의 음성이었다. 요한의 설교는 사람들이 예수님을 하나님 나라를 시작하러 '오실 그분'으로 영접하도록 길을 예비했다.

요한은 '주님의 길'을 예비하면서 전국적인 관심을 끌어모았다. 그가 예수님께 세례를 준 날, 그의 설교는 성령의 표시인 비둘기가 내려오는 것으로 하늘의 확인을 받았고, 바로 이어서 하늘에서 들려온 음성으로 비준을 받았다. "이는 내 사랑하는 아들이요, 내 기뻐하는 자라"(마 3:17).

그것으로 요한의 일은 끝났다. 이사야가 말한 '광야에서 외치는 소리'였던 그가 이스라엘 민족에게 예수님을 소개해 주었다. 그러고서 그는 예수님의 길을 방해하지 않기 위해서 옆으로 물러선다. "그는 흥하여야 하겠고 나는 쇠하여야 하리라"(요 3:30; 요 3:27-36을 보라). 이제 예수님이 중심으로 이동하신다. 요한에게 그 '옆'은 마케루스 감옥이었다. 요한 자신이 "쇠하는 것"에 만족하면서도 예수님의 "흥함"을 알리는 소식을 기다렸다는 것은 충분히 이해할 만한 일이다. 그러나 그러한 보고가 별로 없었다. 예수님은 신문의 헤드라인에 올라올 만한 일을 하지 않으셨다. 도대체 무슨 일인지 궁금해서 견딜 수 없었던 요한은 자기 제자들을 보내서 예수님께 설명을 좀 해 달라고 한다. "오실 그분이 당신이십니까? 그렇지 않으면, 우리가 다른 분을 기다려야 합니까?" 오늘날 많은 사람들이 그렇게 느끼는 것처럼, 요한도 메시아 예수가 충분히 메시아답지 않다고 느꼈던 것일까? 메시아가 오셨고 하나님 나라가 가까이 왔다. 그런데 무엇이 이렇게 오래 걸린단 말인가? 아무것도 달라지는 것이 없는 것 같다. 요한은 그냥

15. 감사의 기도를 드리는 예수님

감옥에 있고, 헤롯은 그 어느 때 못지않게 방종한 오만을 부리고 있다.

예수님은 요한의 제자들을 안심시키셨다. "그래, 맞다. 내가 그 메시아다. 그래, 맞다. 나는 요한이 설교한 이사야 본문에서 정의하고 있는 그 메시아의 일을 하고 있다. 하지만 요한이 기대한 것과 똑같은 방식은 아닐지도 모르겠다."

요한과 예수님은 각자 일을 하는 방식이 달랐다. 요한은 호통을 치며 설교했고 그것으로 대중적인 환호를 받았다. 예수님은 식사를 하시면서 그리고 친구들과 길을 가면서 이야기를 들려주셨다. 요한은 공공장소에서 헤롯 안티파스의 분명한 죄를 따지고 드는 공적인 인물이었다. 예수님은 대체로 갈릴리에 있는 작은 마을들에서 눈에 띄지 않게 일하셨다. 요한은 음식과 의복에 있어서 금욕적이었다. 예수님은 평판이 좋지 못한 이방인들과 함께 있을 때조차도 포도주 한 잔 정도는 즐기셨다. 도대체 무슨 일인지 요한이 궁금했을 것이라는 점은 이해할 만하다. 예수님이 메시아의 일을 하시는 방식에 대해서 요한이 기분이 상했을 수도 있다는 점도 이해할 만한다. 요한이 기대하고 있었던 "흥함"은 어디에 있단 말인가? 모여드는 군중과 방자한 권력과의 극적인 대결은 어디로 갔단 말인가?

예수님은 혼란에 빠진 요한을 안심시키신다. "그렇소, 요한. 나는 자네가 나에 대해서 그토록 잘 예언한 바로 그 일을 하고 있소. 하지만 내 나름의 방식대로 하게 해주시오. 당신이 그토록 잘 알고 있는 이사야의 말을 기억합니까? '…내 생각이 너희 생각과 다르며 내 길은 너희의 길과 다름이니라…'(사 55:8). 당신이 나를 위해 개시해 준 메시아의 일을 해 가는 '나의 방식'을 당신이 축복하듯 나도 감옥에 갇힌 당신을 축복하겠소. '누구든지 나로 말미암아 실족하지 아니하는 자는 복이 있도다'(마 11:6)."[1]

그렇다면 예수님이 함께 사셨던 마을 사람들은 어떤가? 그들은 본질적으로 예수님을 무시했다. 세례 요한의 오해가 예수님에 대한 실망이었다면, 사람들의 무관심은 모욕에 가까웠다.

예수님이 초기에 하셨던 대부분의 하나님 나라 사역과 메시아 사역은, 갈릴리 호수 북쪽 기슭에 있는 벳새다와 가버나움, 그리고 거기에서 도보로 약 한 시간 정도 거리에 있는 내륙 지방인 고라신이라는 세 개의 작은 마을에서 이루어졌다. 이 마을들은 우리가 때로 '복음의 삼각지대'이라고 일컫는 마을들이다. 예수님이 '권능을 베푸신' 대부분의 사건들이 이 지역에서 일어났다(마 11:20). 소경의 눈을 뜨게 하신 사건, 중풍병자를 고치신 사건, 로마군 백부장의 죽어 가는 아들을 고치신 사건, 귀신 들린 자를 고치신 사건들이 그 대표적인 예다. 예수님의 제자들 대부분이 이 마을들 출신이다. 벳새다는 빌립과 안드레의 고향으로, 예수님이 5천 명을 먹이신 곳이기도 하다. 베드로와 그의 아내는 가버나움에 집이 있었고, 베드로의 형제였던 안드레도 마찬가지였다. 예수님은 나사렛에서 이사를 하셔서 가버나움에 보금자리를 트셨고, 그 곳 회당에서 가르치셨으며, 십자가에 달리기 위해서 예루살렘으로 가실 때까지 하나님 나라의 사역 본부로 그 마을을 사용하셨다.

이 마을들은 전부 걸어서 갈 수 있는 가까운 거리에 있었다. 모두 작은 마을이었고, 누구나 서로를 알아볼 수 있는 그런 마을들이었다. 작은 도시에서는 익명의 사람이 없다. 그 누구도 예수님을 모를 리가 없었다. 예수님이 치유하신 이야기를 모두가 알 수밖에 없었다. 그리고 많은 사람들이 예수님이 설교하고 가르치시는 것을 들었을 것이다.

그러나 많은 사람들이, 어쩌면 대부분의 사람들이 예수님을 무시했다. 귀를 기울이지 않았다. 자신의 인생과는 상관없는 사람으로 여기고 예수님의 말에 신경 쓰지 않았다. 예수님은 이 세 개의 작은 마을을 세 개의 크고 부유하고 악명 높은 고대의 도시들과 비교하신다. 바로 두로와 시돈과 소돔이다. "너희는 악의 온상이었던 그 이교도들이 나빴다고 생각하느냐? 너희는 그들보다 더 심하다. 너희가 성적으로 문란하지 않고 불경하게 부도덕하거나 불결하지 않다고 해서 나머지 사람들보다 한 수 위라고 생각하느냐? 너희는 지옥의 문 앞에 위태롭게 서 있다. 하나님을 의도적으로 무시하는 것이 제일 나쁜 일이다. 회개하기를 강철같이 거부하고, 자족하는 삶을 계속해서 고집하면 망할 수밖에 없다. 하나님이 너희 가운데 현존하시는데, 너희는 너희 삶을 통해 그분에 대한 무관심을 외치고 있다."

겉으로 보기에는 악처럼 보이지 않는 악이 있다. 복음의 삼각지대에 있던 마을들에 팽배했던 악은 눈에 띄는 악이 아니었다. 헤롯의 궁전 복도를 활보하는 악처럼, 로마에서 날뛰는 악처럼 그렇게 극명하게 나타나는 오만방자함이 아니었다. 작은 마을에서는 눈에 띄는 죄가 번성하지 않는다.

예수님이 이웃들의 잘못을 지적하신 말씀에는, 그들이 확고하게 도덕적인 의미나 범죄의 측면에서 나쁘다는 암시는 없었다. 예수님의 비난은 하나님에 대한 그들의 적극적인 무관심, 판에 박힌 관습적인 평상성을 떠나기를 거부하는 태도를 폭로했다. 그들은 무채색의 진부함에 빠져 있었다. 그것은 신문에도 나지 않을 눈에 띄지 않는 악이지만, 그 결과는 소돔과 두로, 시돈을 능가한다. 그들은 하나님을 하나님으로 알아보면서도 고의로 무시한다. 자비롭게도 예수님이 하나님 나라에 참여하는 삶을 제의하시는데, 그들은 그저 어깨 한번 으쓱하고는 돌아선다.

예수님을 가장 잘 이해했던 사람이 예수님을 오해했다. 예수님이 자신을 감옥에서 꺼내 주지 않는 것에 대해 오해했고, 예수님이 대중적인 카리스마를 회피하시는 것을 비메시아적인 것으로 오해했다. 일상적으로 예수님을 가장 잘 알았던 사람들이 예수님을 알지 못했다. 그들 가운데 계신 그분의 존재를 구원자이자 치료

15. 감사의 기도를 드리는 예수님

자, 죄인들의 친구, 이 세상의 빵으로 받아들이지 않았다.

이것이 바로 가장 열의에 찬 감사의 기도를 드리신 그 날 예수님이 처하셨던 상황이었다.

"천지의 주재이신 아버지여, 이것을 지혜롭고 슬기 있는 자들에게는 숨기시고 어린아이들에게는 나타내심을 감사하나이다."

내가 이 감사 기도를 그토록 열광적으로 좋아하는 이유는 그러한 감사를 설명할 만한 '조건'이 없기 때문이다. 예수님의 메시아로서의 방식에 대한 요한의 오해와 예수님의 메시아로서의 존재에 대한 마을 사람들의 고집스런 무관심은 우울한 조건들일 뿐이다. 이러한 조건들은 오히려 예수님으로 하여금 자신이 지금까지 해 온 메시아 사역의 방식들을 진지하게 재평가하게 만들 수 있는 것들이었다. 만약에 요한이 이해하지 못하고 예수님의 이웃도 이해하지 못한다면, 다른 것을 시도해 보아야 하지 않는가.

그렇다면 우리는 이 감사의 기도를 어떻게 설명할 것인가? 예수님의 일이 효과가 있는 것인가 하는 의문을 가지게 만드는 요한의 오해와 마을 사람들의 무관심이, 하나님 나라의 표면에 있는 그을려진 껍질에 불과함을 깨달음으로써만 이해가 가능할 것이다. 두툼하고 딱딱한 그 껍질 층 밑에서는 천국이 **하나님의** 방식으로 이루어지고 있었다. 예수님은 어린아이와 같은 사람, 단순한 사람, 자신이 '신과 같다'고 생각하거나 하나님이 필요하지 않다고 생각하는 습관과 무관한 사람들, 예배의 친숙함에 빠지지 않고 하나님이 일하시는 방법에 대해 겸손히 열려 있는 사람들과 함께 자신의 은혜로운 뜻을 이루어 가는 것이 하나님의 방식임을 아셨다.

나는 이 기도에서 "지혜롭고 슬기 있는 자"가 언급된 것이 아이러니라고 생각한다. 예수님이 그 단어를 말씀하신 어조를 더 잘 이해하려면 "모르는 게 없고 무엇이나 아는 체하는 사람"이라는 표현을 쓰는 것이 좋을 것 같다. 예수님은 그 누구보다도 메시아를 잘 알고 자신의 설교로 수많은 군중을 끌어모았던 사람이 지금 일어나고 있는 일을 오해한다고 해서 위축되지 않으신다. 이 좋은 마을 사람들이, 자족하는 종교의 만족감 때문에 눈이 흐려지고 귀가 멀어서 바로 자신들 앞에서 하나님이 일하시는 것을 보지도 듣지도 못한다고 해서 흔들리지 않으신다.

오해와 무관심은, 가난한 자들과 마찬가지로 '언제나 우리와 함께' 있을 것이다. 그러한 것들은 하나님 나라가 현존하는지 여부를 알려 주는 믿을 만한 잣대가 되지 못한다. 하나님에 대한 통계적 수치를 세상에 알리기를 무척 좋아하는 여론 조사 기관들은 하나님 나라의 일에 있어서는 아무런 예언적 신뢰도도 없다. 예수님은 한 해 걸러 한 번씩 자신의 메시아 전략을 투표에 붙이지 않으신다.

참으로 많은 사람들이 종종 손을 비틀고 이를 갈게 되는 그러한 조건들이 예수님의 감사 기도로 인해 이처럼 상대화되었다.

숨겨진 천국의 에너지가 사방의 표피 층 밑에서 들끓고 있다. 지하에서 흐르는 거대한 기도의 강이(믿음과 순종과 찬양, 중보와 용서와 구원, 거룩과 은혜가) 땅 밑에서 자유롭게 흐르고 있다. 그리고 이 세상 구석구석에는 그림자에 가려 잘 보이지 않는, 군중 속에 묻혀 간과되는 "어린아이들"이 있다. 이들은 바로 하나님이 "원수들과 보복자들을 잠잠하게" 하시기 위한 방벽으로 언제나 사용하신 "어린아이들과 젖먹이들"이다(시 8:2).

물론 예수님은 그 '조건들'을 얕보지 않으셨다. 예수님은 참으로 진지하게 그것을 받아들이신다. 예수님은 지적하고 꾸짖으신다. 허식을 폭로하시고 사람들의 굳은 마음 때문에 우신다. 하지만 예수님은 절망하지 않으신다. 하나님 아버지에 대해서 다시 생각하지 않으신다. 거룩보다 못한 것을 가지고 자신의 거룩한 결심을 희석시키시지 않으신다.

감사 기도. 단지 야생화와 나비, 흰 눈 위에 비치는 달빛, 활기찬 은혜와 교향악과도 같은 소리에 대한 감사가 아니다. 선함과 진리와 아름다움을 증언하는 모든 것에 대한 감사는 확실히 적절한 것이고, 따라서 그와 같은 호의적인 조건들 아래서 감사 기도가 드려질 때 우리는 놀라지 않는다. 그러나 예수님의 감사 기도는 우리를 놀라게 한다. 이처럼 분출하는 예수님의 감사 기도는 반석에서 나오는 꿀이다(신 32:13 ; 시 81:16).

16

마지막 때를 내다보고 기도하시는 예수님

••• 요한복음 12:27-28

요한이 들려주는 예수님의 이야기 거의 정 중앙에 보면 네 단어로 된 간결한 기도문이 있다. "아버지의 이름을 영광스럽게 하옵소서"(요 12:28). 그보다 앞서서 요한은 열한 장에 걸쳐서 '육신이 되신 말씀', 살아 계신 예수님의 행동에 푹 빠져들게 한다. 예수님은 갈릴리와 예루살렘을 다니시면서 성경에 이름이 밝혀지거나 밝혀지지 않은 남자와 여자들을 만나시고, 제자들을 부르시고, 개개인과 대화를 나누시고, 불구자를 고치시고, 죽은 자를 살리시고, 배고픈 자를 먹이시고, 눈먼 자의 눈을 뜨게 하시고, 지금 이루어 가시는 하나님의 나라에 대해서 긴 강연을 하셨다. 요한은 예수님을 실제의 역사 가운데로 확고하게 붙든다. 실제로 있었던 도시 속에서, 평범한 사람들이 쓰는 언어로 말씀하시고, 그들과 함께 식사하시는 예수님을 보여 준다. 요한은 예수님이 "육신이 되셨다"는 그 부분을 아주 진지하게 다루고자 한다. 모든 인간의 인생은 성례전이며, 그 말씀이신 거룩을 담고 거룩을 계시한다. 예수님은 인간이시다. 참으로 인간이시고, 철저하게 인간이시며, 확고하게 인간이시다. "육신이 되셨다."

예수님 언어의 문학적 특징 중 하나는 자신이 누구이신지를 밝히기 위해서 사용하신 은유들, 바로 그 유명한 "나는…이다" 말씀이다. 그 은유들 중에서도 두드러지는 것은 요한이 모아 놓은 일곱 가지 **나는…이다** 발언이다.

"나는 생명의 빵이다"(6:35).

"나는 세상의 빛이다"(8:12).

"나는 양들이 드나드는 문이다"(10:7).

"나는 선한 목자다"(10:11, 14).

"나는 부활이요 생명이다"(11:25).

"나는 참 포도나무다"(15:1).

"내가 곧 길이요, 진리요, 생명이다"(14:6).

이 모든 은유들은 우리의 일상적인 용법에서 익숙한 단어들을 사용함으로써 예수님 안에 있는 성령의 생명에 구체적인 직접성을 부여한다. 은유들은 진지하게 받아들여야 하며 '의미' 혹은 '진리'로 축소되어서는 안 된다. 이 은유들은 우리의 발이 굳건하게 땅을 딛게 해주고, 우리 주변의 모든 것과 연결되게 해주며, 우리가 속한 인간 공동체에서 비롯되는 기도를 드리게 해준다. 매우 뛰어난 통찰력을 가진 막신 큐민(Maxine Kumin)이라는 시인은 이렇게 썼다. "은유는 인생보다 작지 않다. 은유는 대단한 진리들 사이에서 매개자 역할을 한다. 은유는 본능적인 감정들로부터 튀어 올라 사용 가능한 이미지들을 제시해 준다. 따라서 어떤 의미에서 은유는 실제의 사실보다 더 진실하다."[1]

요한의 복음서에 나오는 마지막 열 장은 예수님의 죽음 이야기를 우리에게 하나하나 자세히 들려준다. 예수님 생애의 마지막 주간은 예수님의 죽음 이야기다. 그 이야기는 예수님이 친구인 나사로와 마르다와 마리아가 대접하는 식사에 참석하시는 것으로 시작하고 있다. 식사 도중에 마리아가 예수님의 발에 향유를 부었고, 예수님은 그 기름부음을 "나의 장례할 날"을 위한 것으로 해석하신다(요 12:7). 그 다음 날인 종려주일 날 예수님이 예루살렘에 입성하신 사건으로 예수님은 유월절 축제의 초점이 되신다. 호산나를 불렀던 사람들은 자신들이 왕의 대관식에 참여하고 있다고 생각했다. 사실 그것은 자신들의 예언자 스가랴가 예언한 것과 똑같아 보였다(슥 9:9).

예수님이 왕으로 인식되신 것이 이 때가 처음은 아니었다. 예수님을 처음 만난 나다나엘은 잠시 대화를 나눈 후에 이렇게 감탄했다. "랍비여, 당신은 하나님의 아들이시요, 당신은 이스라엘의 임금이로소이다"(요 1:49). 그로부터 얼마 후에 예수님은 오천 명의 사람들을 빵과 물고기로 먹이셨다. 사람들은 자신들이 이제 막 기적의 식사를 했음을 깨닫고는 예수님을 그 자리에서 왕으로 추대하기로 결정했다. 그러나 예수님은 홀로 산으로 슬쩍 빠져나가심으로써 그들의 시도를 회피하셨다(6:15).

그리고 종려주일의 입성 사건에서 예수님은 '이스라엘의 왕'이라는 환호를 받으셨다(요 12:13). '왕'은 참으로 사람을 들뜨게 하는 말이다. 예수님은 그들의 기대를 완전히 재조정하셔야 했다. 제자들은 예수님을 따르기 시작한 때부터 왕에 대한 이야기와 메시아에 대한 이야기를 들어 왔다. 그 여세가 모아지고 있었다. 곧 그 일이 일어날 듯한 조짐이 보였고 빠를수록 좋을 것 같았다.

그러나 예수님은 이처럼 왕에 대한 온갖 과열된 이야기 앞에서, 자신의 죽음을 말씀하심으로써 찬물을 끼얹으신다(요 12:23-36). 예수님은 그들의 왕이시다. 그리고 그들의 메시아이신 것도 맞다. 그러나 그들이 생각하는 방식대로는 아니었다. 이제 얼마 안 있으면 그들은 죽어가시는 예수님이 십자가 위에서 전하시는 왕의 취임 연설을 들을 참이었다.

예수님의 일은 이미 준비되어 있었다. 예수님은 제자들을 따로 부르셔서 그들과 길고도 여유로운 대화를 나누셨다(요 13-17장). 먼저 예수님은 그들의 발을 씻기셨다. 그 다음에는 자신이 왕이자 메시아가 되는 방식에 대해서, 그리고 그들이 왕이자 메시아이신 그분을 경험하고 섬기는 방식에 대해서 반복에 반복을 거듭해서 말씀하셨다. 서두르지 않고 인내하시면서, 예수님은 그들이 기대하던 내용을 완전히 고쳐 놓으셨다. 예수님은 자신의 죽음에 대비해서 제자들을 준비시키신 것이다. 그러고서 예수님은 마치는 기도를 통해 그 모든 대화를 정리하신다.

그 다음 날 예수님은 십자가에 달리셨다.

예수님의 기도는 결코 예수님의 생애와 분리될 수 없다. 기도는 하나의 관심 분야가 될 수 있는 주제가 아니다. 기도는 전문적인 활동이 아니다. 교향악단의 경우 어떤 사람들은 클라리넷을 연주하고, 어떤 사람들은 오보에를 연주하고, 어떤 사람들은 바이올린을 연주하고, 어떤 사람들은 트롬본을 연주한다. 그러나 그리스도인의 삶에서는 그렇지 않다. 누구는 병든 자를 병문안하고, 누구는 찬송가를 부르고, 누구는 성경을 읽고, 누구는 돈을 내고, 누구는 기도하는 것이 아니다. 그리스도인의 삶은, 어떤 측면을 하나 선택해서 그것에 대한 지도와 훈련을 받고는 좋아하는 그 일을 전문적으로 하고 적성에 맞지 않는 일은 회피하는 것이 아니다.

기도는 계시와 성육신의 그물망으로부터 별도로 떼어 내서 '기도의 용사들'이 되기 위해 노력을 들이는 일이 아니다. 그것은 오히려 숨을 쉬는 것에 비유할 수 있다. 살기 위해서는 모두가 해야만 하는 일인 것이다. 숨을 쉬는 것과 관련된 질병은 있어도, 특별하게 탁월한 숨쉬기란 없다. 우리는 어떤 개인을 따로 지목해서 "저 사람은 숨쉬기의 대가야"라고 말하지 않는다.

기도는 인생이라는 천에 엮어 들어가 있다. 기도는 예수님의 인생이라는 천에도 엮어 들어가 있었다. 예수님의 기도가 특별하게 언급되었어도 그것은 예수님이 하신 다른 모든 일의 일부일 뿐이었다. 예수님이 기도하신 행위와 예수님의 기도 중에서 그 어떠한 것도 맥락에서 따로 분리해서 별도로 연구할 수 없다.

요한이 들려주는 이야기의 두 부분, 즉 예수님의 생애와 예수님의 죽음을 연결해 주는 것이 바로 예수님의 기도다. "아버지의 이름을 영광스럽게 하옵소서."

'영광'은 동사로 사용되든 명사로 사용되든 우리의 지평을 꽉 채워 주는 거대한 개념의 성경적 단어다. 그러나 사전은 그 단어의 음절에서 뿜어져 나오는 꽉 찬 에너지를 이해하는 데 최소한의 도움을 줄 수 있을 뿐이다. 그 단어를 이해하는 데는 네 명의 위대한 복음서 이야기꾼들이 들려주는 예수님의 이야기 전체가 필요하다. 그리고 그 예수님의 이야기를 더 자세하게 설명해 줄 토라와 예언서, 시편과 잠언, 서신서와 요한계시록에 나오는 창조와 언약의 이야기 전체가 필요하다. 우리는 영광을 단편적으로는 이해할 수 없다. 시작부터 끝까지, 탄생부터 죽음 그리고 그 너머까지 이르는 전체 이야기가 필요하다.

나는 열 살 정도 되었을 때 우리 교회 목사님으로부터 영광에 내포되어 있는 여러 가지 양상들에 대한 감각을 습득했다. 존스 목사님은 자신의 목소리를 통해서 그것을 전달하셨는데, 정말로 대단한 목소리였다. 그분은 웨일즈 출신이셨다. 온 예배당 안을 다 울리게 했던 그분의 목소리는 웨일즈 사람 특유의 음색과 유조를 온전히 다 지니고 있었다. 그분이 영광이라는 단어를 말씀하실 때는, 마치 열여섯 자의 파이프 오르간처럼 저음에서부터 '웅' 하고 울리면서 시작되었다. 그러고는 서서히 음량과 울림을 더해 가서 이내 예배당 안을 가득 채웠다. 그 소리는 단지 우리의 귀만을 채운 것이 아니라 마음을 채웠다. 대부분의 사람들은 그 단어를 두 음절로 발음한다. "영-광." 그러나 존스 목사님은 여러 개의 음절로 발음하셨는데, 소리는 갈수록 더 커지고 음도 높아졌다. "여-어-어-어-어-어-엉-광."

나는 그분이 그렇게 발음하시는 것을 좋아했고, 지금도 좋아한다. 존스 목사님은 그렇게 하심으로써 회중의 삶에까지 그 단어가 울리게 했는데, 그것은 진정으로 요한의 의도에 부합하는 것이었다. 그 때는 내가 그 단어의 사전적 의미를 배우기 훨씬 전이었고, 성경의 언어에서 그 단어가 가지는 토대적인 위치를 배우기는 훨씬 더 이전의 일이었지만, 나는 그 단어의 의미를 알고 있었다. 그것은 무언가 위대한 일이 벌어지고 있다는 뜻이었다. 존스 목사님이 그 단어를 말씀하시는 바로 그 순간에도 그 회중 가운데 있는 우리 및 하나님과 연관된 변혁적이고, 활기차고, 놀라운 어떤 일이 일어나고 있다는 뜻이었다. 그 단어는 우리 인생의 모든 파편들을 다 모아서 온전하고도 완성된 예수님의 생애로 위대하게 구성해 내는 단어다. 부활의 단어다.

몬태나 작은 도시의 그 작은 교회에서 그 날 설교의 주제가 무엇인지는 중요하지 않았다. 영광이라는 단어가 분출되지 않는 일요일은 거의 없었다. 그것이 문맥에 맞게 언급되었는지 아닌지는 나는 결코 알지 못했다. 지옥 불에 관한 설교이든, 천국의 소망에 대한 설교이든, 회개에 대한 설교이든, 사랑에 대한 설교이든, 언제나 영광이 등장했다. 영광은 반은 감탄이고 반은 증언이었다. 어느 때든 문장 안에 그 단어가 등장하면 아름다움과 생명력이 폭발했다.

그러나 영광에 대해서 어렸을 때 배운 것이 아무리 놀랍고 정확하다 할지라도 그것이 내 인생에 확실한 뿌리를 박고 있는 것은 아니었다. 그런데 내가 추구하는 것은 뿌리박음이다. 예배드리러 가고 일하러 갈 때의 뿌리박음, 신문을 읽고 친구들과 이야기할 때의 뿌리박음, 선거 때 투표하고 자동차 타이어를 살 때의 뿌리박음, 암에 걸려서 수술을 하고 회복기를 거칠 때의 뿌리박음, 생일과 결혼기념일이 한 해씩 더해져 갈 때의 뿌리박음, 편지를 쓰고 책을 읽을 때의 뿌리박음.

내가 찾고 있는 뿌리박음은 "아버지의 이름을 영광스럽게 하옵소서"라고 하는 기도 바로 앞에 나오는 구절들에 설명되어 있다. 그 구절은 다음과 같다. "예수께서 대답하여 이르시되, 인자가 영광을 얻을 때가 왔도다. 내가 진실로 진실로 너희에게 이르노니, 한 알의 밀이 땅에 떨어져 죽지 아니하면 한 알 그대로 있고 죽으면 많은 열매를 맺느니라"(요 12:23-24). 나는 막신 큐민이 표현한 방식을 좋아한다. "나는 뿌리를 내리고 잎사귀를 올린다."[2] 내가 추구하는 것이 바로 그러한 것이다.

예수님은 임박한 자신의 죽음을 내다보고 계셨다. 나는 예수님의 그 말씀을 이해하면서 영광의 뿌리는 죽음과 묻힘에 박혀 있음을 깨닫게 된다. 이것은 정말이지 새롭게 배워야 할 내용이다. 강단에서 천둥처럼 울려 퍼졌던 존스 목사님의 그 단어를 통해서 내가 배웠던 것보다 더 많은 의미가 그 단어에 있다는 말이 아닌가. 내가 기대했던 것들을 내려놓고 미지의 신비를 맞이할 준비를 해야 할 것 같다.

하지만 다른 모든 복음의 신비처럼 이것 또한 전적인 신비는 아니다. 우리에게는 단서와 암시가 주어져 있다. 모든 정원사들은 그런 것에 대해 좀 아는 바가 있다. 정원과 밭에서 그토록 놀랍게 자라는 꽃과 채소들은 정원사들이 땅에 심은 씨앗의 결과다.

내가 추구하는 것은 영광이다. 그런데 알고 보니 나는 느리게 배우는 사람이었다. 영광은 단순히 내가 이미 가진 것을 더 많이 가지는 것, 혹은 내가 이미 보는 것이 완성되는 것이 아니었다. 나는 나의 생물학적, 지적, 도덕적 삶이 평범한 무리들보다 몇 단계 더 올라가는 것이 기독교적 삶이라고 생각하고 있었던 것일까? 기도를 마치 자동차를 밀어 올리는 잭처럼, 하나님께 조금 더 쉽게 접근할 수 있는 높은 지대로 올라가는 데 사용하는 일종의 기계 장치라고 생각했던 것일까?

예수님의 말씀은 그것과는 사뭇 다른 것을 말해 준다. 내가 더 작은 자가 되어야 하는 것이다. 소중하게 여기는 것을 더 단단히 붙잡는 대신에 나는 그것을 놓아야 한다. 예수님은 "심령이 가난한 자는 복이 있나니"(마 5:3)라고 표현하셨고, "누구든지 제 목숨을 구원하고자 하면 잃을 것이요, 누구든지 나를 위하여 제 목숨을 잃으면 찾으리라"(마 16:25)라고 표현하시기도 했다.

나는 이 이미지와 은유들을 반복해서 보면서 서서히 이해하기 시작했다. 잘못 배운 것들이 참으로 많았다. 하지만 잘못 배운 것을 버리고 다시 배우는 일을 혼자서 할 필요는 없다. 함께할 친구들이 있기 때문이다. 그리고 이제 분명해지기 시작하는 한 가지 놀라운 사실은, 바로 우리가 죽기 위해서 죽을 때까지 기다릴 필요가 없다는 것이다. 이 영광에 참여하기 위해서 장례식을 치를 때까지 기다릴 필요가 없다. 가장 무례하고 대담한 성인 중 한 사람인 성 테레사가 늘 말했듯이, "지불은 이생에서부터 시작된다."

천천히 배우는 내가 인내하는 데 도움이 되는 사실은, 예수님께도 그것이 아주 쉬운 일은 아니었다는 점이다. 예수님은 자신의 짧은 기도를, 기꺼운 마음으로 하시는 것이 아니라 저항하는 마음으로 하신다. "지금 내 마음이 괴로우니, 내가 무슨 말을 하여야 할까? '아버지, 이 시간을 벗어나게 하여 주십시오.' 하고 말할까?"(요 12:27, 새번역)

상실, 거절, 죽음이라는 것이 영광에 포함되도록 영광의 의미를 재정의하는 것이 예수님께도 쉬운 일은 아니었다. 예수님도 그러한 종류의 영광을 위해서 기도하기보다 그러한 영광에서 구출되기를 기도할 생각이 일단 들었다는 사실 자체가 나의 기도에 어느 정도 숨통을 틔워 준다. 예수님은, "아버지, 이 시간을 벗어나게 하여 주십시오"라고 기도할 생각을 하셨다. 그러나 일단 그러한 생각을 내비치신 예수님은 그렇게 기도하지 않으셨다. 그러한 생각이 들자마자 그것을 뿌리치셨다. 구출을 위해서 기도하는 것은 결국 자신의 기본적인 정체성을 거절하는 것이었다. 다른 사람들을 위한 선물로 내어주는 생명, 모든 사람이 구원받은 삶을 살 수 있도록 사랑으로 희생하는 자신의 생명을 거절하는 것이었다. 그것은 기도의 본성 자체를 침해하는 기도였다.

예수님이 하지 않으신 기도는 예수님이 하신 기도만큼이나 중요하다. "모든 일에 우리와 똑같이 시험을 받으신"(히 4:15) 예수님이 "아버지, 이 시간을 벗어나게 하여 주십시오"라고 기도하지 **않으셨다**는 사실은, 나 또한 그 기도를 드리지 **않을** 수 있게 해준다. 나를 우선시하는 기도를 거절하고, 자기 잇속만 차리는 기도를 거절하고, 하나님을 회피하기 위한 수단으로 기도를 이용하는 것을 거절할 수 있게 해준다.

처음에는 '아니다' 이고 그 다음에서야 '그렇다' 이다.

"이 시간을 벗어나게 하여 주십시오?" **아니다.**

"아버지의 이름을 영광되게 하여 주십시오?" **그렇다.**

이러한 기도를 순수한 마음으로 드리려면 평생 배워야 할지도 모른다. 하지만 기도하면서, 그리고 기도를 통해 배우면서 갈수록 분명해지는 사실은 우리가 예수님으로 하여금 날마다 '영광'이라는 단어를 재정의하시도록 하지 않으면 그 영광을 완전히 놓치게 된다는 것이다.

그리스인들도 그것을 놓쳤다. 요한은 예수님이 이 기도를 드리신 그 날 예루살렘에는 몇몇 그리스인들이 있었다고 말하고 있다. 그들은 예수님을 보고 싶어했다. 그들은 예수님에 대한 소문을 들었고, 그분의 영광에 대해서 들었으며, 이제는 자신들이 직접 그것을 보고 싶어했다. 카메라를 준비하고 손에는 관광 책자를 든 그들은 안드레와 빌립에게 접근해서 그들을 자신들의 관광 가이드로 고용하려고 했다(요 12:20-22).

안드레와 빌립이 이 사실을 예수님께 말씀드리자 예수님은 그들을 거절하셨다. 그 그리스인들을 위해서 사진 찍을 자세를 취해 주시는 대신에 예수님은 자신의 죽음에 대해서 말씀하셨다. 평생 동안 예수님이 자신의 말씀과 행동에서 보여 주셨던 영광이 이제는 온전히 다 드러날 참이었다. "인자가 영광을 얻을 때가 왔도다"(요 12:23). 여기에서 "때"는 **죽을 때**를 의미한다. 이제는 인자가 영광을 얻기 위해서 죽을 때가 온 것이다.

안드레와 빌립은 가서 그 그리스인들에게 집으로 돌아가서 파르테논 신전이나 사진으로 찍으라고 이야기해야 할 판이었다. 예수님은 그들을 실망시키실 것이 분명했다. 예수님이 얻으시는 그 영광은 감동을 주는 것이 아니었다. 사람들이 모방하려 들 만한 것도 아니었다. 눈에 띄는 것도 아니었다. 매력적인 것도 아니었다. 그리스 섬들의 태양과 모래를 광고하는 번쩍이는 표지의 잡지와 여행 포스터에서 특집으로 다루는 그러한 영광이 아니었다. 그것은 사진으로 찍을 수 있는 영광이 아니었다.

우리는 이것을 배우기 위해서 예수님과 함께 기도한다. 우리의 문화로 인해 타락하고 우리의 죄로 인해 가치가 떨어진 단어의 의미를 다시 배우기 위해서 예수님과 함께 기도한다. 예수님은 우리가 단어의 뜻을 찾아보는 사전이시다. '영광'이라는 단어를 찾으면 무엇이 나오는가? 명성과는 거리가 먼 삶, 거절, 희생적 삶, 순종적 죽음이 나온다. 그리고 그 모든 것들 사이와 주변으로 하나님의 밝은 현존이 이 세상이 멸시하고 무시하는 그것, **우리도** 그토록 자주 멸시하고 무시하는 그것에 후광을 비춰 준다. 예수님의 삶과 죽음이 이 기도에서 확연하게 드러나며 그 삶과 죽음이 모든 인생에 빛을 비춰 준다. 그 빛이 너무도 인상적이어서 우리는 무릎을 꿇고 말하게 된다. "영광. 그것이 바로 내가 원하는 삶입니다. 아버지여, 아버지의 이름을 영광스럽게 하옵소서."

예수님이 드리신 기도 중에서, 우리가 하나님 아버지가 대답하시는 것을 들을 수 있는 기도는 이 기도밖에 없다. 놀라운 사실은 예수님과 하나님이 같은 견해를 가지고 계시다는 것이다. 예수님이 아버지의 이름이 영광스럽게 되기를 기도하시자, 아버지는 이렇게 대답하신다. "내가 이미 영광스럽게 하였고, 또다시 영광스럽게 하리라"(요 12:28). 이 기도에는 세 가지 시제가 모두 포함되어 있다. 과거의 영광, 현재의 영광, 그리고 미래의 영광. 영광에 대한 기대가 결과적으로는 영광에의 참여로 나타나고 있다.

17

우리를 위해서 기도하시는 예수님

••• 요한복음 17장

"내가 그들을 위하여 비옵나니….

내가 비옵는 것은 이 사람들만 위함이 아니요, 또 그들의 말로 말미암아 나를 믿는 사람들도 위함이니"(요 17:9, 20).

이제 예수님께서는 몇 시간밖에 남지 않았다. 머지않아 예수님은 십자가에 매달린 시체가 되실 것이다. 이제 막 예수님은 예루살렘에서 제자들과 함께 저녁 식사를 하셨다. 결국 그 식사는 제자들과 함께하는 마지막 식사가 되었다. 저녁 식사 후에 예수님은 대야에 물을 담아 제자들의 발을 씻기시고 수건으로 그 발을 닦으셨다. 베드로가 항의했다. 그는 주님이 스스로 품위를 떨어뜨리신다고 생각했다.

며칠 전에는 예수님과 제자들이 예루살렘에서 동쪽으로 3킬로미터가 채 안 되는 거리에 있는 베다니라는 마을에서 저녁 식사를 했다. 저녁 식사를 한 집은 마리아와 마르다, 나사로의 집이었다. 마르다가 식사를 준비했다. 거기에서도 발을 씻기는 일이 있었다. 이번에는 마리아가 예수님의 발을 씻겼는데, 물이 아니라 아주 비싼 향유를 가지고 씻겼다. 씻는다기보다는 기름부음에 가까웠다. 그리고 마리아는 수건이 아니라 자신의 머리카락을 가지고 예수님의 발을 닦았다. 가롯 유다가, 그로부터 일주일 후에 베드로가 그랬던 것처럼 이 행동에 항의했다. 하지만 그렇게 하는 동기는 서로 달랐다. 유다는 사회 정의의 문제를 제기했다. 그 돈을 차라리 가난한 사람들을 위해서 쓰는 것이 옳다는 것이다. 그러나 예수님은 마리아의 사치를 옹호하셨다(요 12:1-8).

두 번의 발 씻는 사건은 모두가 대관식을 예비하는 사건이다. 베다니에서 발을 씻어 주신 행동은, '이스라엘의 왕'이신 예수님의 대관식을 기대하는 유월절 무리가 기뻐서 "호산나! 호산나!" 하고 외치는 환호에 대한 준비. 예루살렘에서 발 씻어 주신 행동은, 제사장의 선동 아래 '유대인의 왕'이라는 간판이 붙은 십자가에 예수님을 매다는 적들이 "십자가에 못박으라! 십자가에 못박으라!" 하고 외치는 요구에 대한 준비. 두 번의 행동 모두 항의를 받는다. 첫 번째의 경우는 그 기름을 현금으로 바꿀 수 있음을 너무도 잘 알고 있는 유다가 항의하고, 두 번째의 경우는 예수님이 주님이 되시는 방식을 완전히 오해한 베드로가 항의한다.

예수님의 공적 사역이 이제 거의 마무리되고 있었다. 그런데 예수님의 최고의 제자와 최악의 제자 모두가 아직도 이해하지 못하고 있다. 유다에게 예수님은 무엇인가를 얻어 낼 수 있는 수단이었다. 베드로에게 예수님은 자기 자신보다 큰 무엇에 참여할 수 있는 수단이었다. 두 사람 모두 틀렸다. 예수님을 따르면 참으로 많은 것을 '얻는' 것이 사실이다. 예수님은 주시고, 주시고, 또 주신다. 우리는 얻고, 얻고, 또 얻는다. 그러나 그러한 '얻음'은 유다나 베드로가 상상하는 그러한 종류의 것이 아니다.

예수님의 일은 이미 준비되어 있었다. 그런데 예수님과 가장 가까운 사람들이 계속해서 (베드로의 경우처럼) 최선의 동기에서든 (유다의 경우처럼) 최악의 동기에서든 예수님을 오해하고 있었다. 그러나 예수님은 당황하지 않으신다. 예수님은 목청을 높이지도 않으신다. 그들이 둔하다고 질책하지도 않으신다. 예수님은 자신의 마지막 시간을 이들과 함께 길고 다소 두서없는 대화를 나누며 보내기로 마음먹으신다. 그 긴 대화는 긴 기도로 마무리된다. 우리에게 남아 있는 기록으로는 가장 긴 예수님의 기도다.

:: 대화

이 대화는 여유롭고 반복적이다(요 13-16장). 하나님은 밀어붙이는 방식으로 사람의 마음을 얻지 않으신다. 사랑과 순종의 삶도 밀어붙인다고 해서 받아들여지는 것이 아니다. 비록 제자들은 아직 알지 못했지만, 예수님은 자신의 삶이 위기에 직면했음을 아셨고, 그 위기가 이제 곧 터지리라는 사실도 아셨다. 그러나 예수님의 말투는 안심시키는 친밀한 말투다. 그 대화를 통틀어 제자들은 일곱 개의 질문을 던지고, 자신들이 이해하지 못하고 있다는 사실을 단적으로 보여 주는 말을 한 번 한다. 이 대화는 명료한 의사소통의 모델이 아니다. 그러나 그리스도의 생각을 드러내면서 동시에 그것을 '납득'하기란 쉽지 않은 일임을 알게 해주는 대화의 모델이라고는 할 수 있겠다. 계시에 내재된 간접성과 강요되지 않은 사랑의 친밀성을 이해하기는 쉽지 않다.

베드로가 첫 번째 질문을 던진다. 예수님이 대야에 물을 떠다가 제자들의 발을 씻기시고 수건으로 닦으신 사건 때문에 촉발된 질문이다. 베드로 차례가 되자 베드로가 수사학적인 질문을 던지며 항의한다. "주님, 주께서 내 발을 씻으시렵니까?" 어떻게 예수님이 그의 발을 씻기시겠는가. 예수님은 주님이시고 베드로는 그의 제자인데 말이다. 주님이 제자의 발을 씻기시는 것은 관계를 뒤집는 일이다. 하지만 이러한 생각도 있는 것이 아닐까? 제자들의 이름을 나열할 때 언제나 첫 번째로 거명되는 베드로가 지도자로서 자신의 탁월함을 이미 인식하고 있는 것은 아닐까? 그리고 그러한 자신의 지위가 이미 그를 교만하게 만들기 시작한 것은 아닐까? 만약에 예수님이 그의 발을 씻기신다면, 다른 제자들이 제자들의 리더인 그에게 보여야 마땅한 존경과 경의가 줄어드는 것은 아닐까? 베드로의 발 앞에 무릎을 꿇고 계신 예수님의 모습은, 베드로는 차치하고 예수님의 추종자 그 누구의 경우라도 리더십의 특권을 주장하고자 하는 시도를 극적으로 뒤집어 버린다. 예수님은 베드로의 질문을 가볍게 넘기신다(요 13:3-20).

그리고 예수님이 그들 중 한 사람이 자신을 배신할 것이라고 말씀하신다. 그들은 깜짝 놀란다. 배신이라고? 말도 안 돼! 도대체 누가? 요한으로 추정되는, '사랑하시는' 제자가 예수님 옆에 앉아 있었다. 그가 다음 질문을 던진다. "주님, 그가 누구입니까?" 그의 이름은 언급하지 않으시면서 예수님은 그가 유다임을 암시하시지만, 그러한 암시를 의미 있게 받아들이는 사람은 하나도 없었다. 그토록 친밀한 분위기 속에서 배신은 생각할 수가 없었다. 예수님과 함께 있는 그러한 자리에 사탄이 끼어든다고? 어떻게 그런 일이!(요 13:21-30)

그러자 예수님은 자신이 그들과 '잠시만 더' 함께 있을 것이라고 말씀하신다. 베드로가 묻는다. "주님, 어디로 가십니까?" 그러나 예수님은 직접적인 대답을 하지 않으신다. 예수님은 베드로가 그것을 이해하지 못하리라는 것을 아셨다. 그래서 예수님은 우회적으로 대답하신다(요 13:31-38).

이제는 도마의 차례다. 예수님은 자신이 '아버지의 집'에 그들을 위한 자리를 준비해 놓을 것이고 그들이 이미 그 집으로 가는 길을 알고 있다고 말씀하셨다. 도마는 예수님이 베다니나 여리고처럼 무슨 도시로 가는 길을 말씀하시는 줄로 알고 이렇게 묻는다. "(주님이 어느 도시로 가시는지 말씀해 주시지 않으면) 우리가 어떻게 그 길을 알 수 있겠습니까?" 예수님의 대답인 "내가 곧 길이요…"는 숨겨진 의미가 많아 이해하기가 쉽지 않다. 그들이 그 말씀을 자기 것으로 만드는 데는 앞으로 여러 해가 걸릴 터였다(요 14:1-7).

다섯 번째로 말하는 사람은 빌립이다. 이번에는 질문이 아니라 요청이다. 그는 예수님이 '아버지'라는 용어를 사용하신 것이 혼란스러워서 "우리에게 아버지를 보여 주십시오"라고 부탁한다. 예수님은 빌립의 요청이 내포하는 질문에 대해서 또 다른 질문으로 대답하신다. "네가 어떻게 우리에게 아버지를 보여 주십시오 하느냐?" 그 많은 시간을 예수님과 함께 보내고도 빌립은 예수님이 하나님에 대해서 이야기하신다는 사실을 몰랐던 것이다. 하지만 예수님은 인내하신다. 예수님은 다시 한 번 되풀이해서 설명해 주신다(요 14:8-14).

예수님은 성령을 소개하시고 그들이 성령으로부터 무엇을 기대할 수 있는지를 말씀해 주신다. (가룟인 아닌 다른) 유다가 명확하게 설명해 달라고 부탁한다. (가룟인 유다는 이 대화가 충분히 진행되기 전에 이미 그 방을 나갔다.) 이것이 여섯 번째 질문이다. 문제가 더 복잡하게 꼬여 가는 것만 같았다. 그는 "주님, 주께서 우리에게는 자기를 드러내시고, 세상에는 드러내려 하지 않으시는 것은 무슨 까닭입니까?" 예수님은 다시 한 번 대답이 아닌 대답을 하신다. 적어도 처음에는 그렇게 들린다. 그러나 제자들은 예수님의 말씀을 더 깊이, 더 본질적으로 들을 준비가 되어

가는 중이었다. 예수님이 유다에게 하신 말씀은 사실상 긴장을 풀고 지나치게 안달하지 말라는 뜻이었다. 예수님의 말씀을 소화하고 이해할 시간이 충분히 있을 터였다. "성령께서 너희에게 모든 것을 가르쳐 주시고, 또 내가 너희에게 말한 모든 것을 생각나게 하실 것이다"(요 14:15-31).

예수님이 다시 한 번 "조금 있으면 너희는 나를 보지 못할 것이다. 그러나 또 조금 있으면 나를 볼 것이다"라고 말씀하시자, 몇몇 제자들이(이번에는 그 이름이 언급되지 않고 있다) 다시 한 번 혼란스러워한다. "'조금 있으면' 하신 말씀은 무슨 뜻일까? 도대체 무슨 말씀을 하시는지 모르겠다." 이것은 앞에서 베드로가 던졌고 만족할 만한 대답을 얻지 못한 그 질문과 똑같은 질문이다. 이번에도 예수님은 대답을 하지 않으시지만, 예수님이 그들을 진지하게 대하고 계시다는 사실만큼은 재차 확인시켜 주신다. 비록 그들의 질문은 무시하는 것 같아 보일지라도 말이다. "그 날에는 너희가 내게 아무것도 요구하지 않을 것이다." 이제 더 이상 질문은 없었다. 그러나 앞으로 그들이 묻게 될 질문이 있을 것이었다. "내가 진정으로 진정으로 너희에게 말한다. 너희가 아버지께 구하는 것은 무엇이나 아버지께서 내 이름으로 주실 것이다. 지금까지는 너희가 아무것도 내 이름으로 구하지 않았다. 구하여라. 그러면 받을 것이다. 그래서 너희의 기쁨이 넘치게 될 것이다"(요 16:23-24, 새번역).

"지금까지는 너희가 아무것도 내 이름으로 구하지 않았다." 정말로 그랬을까? 지금까지 그들이 한 일이라는 것이 전부 답을 요구하는 질문을 던지는 것 아니었던가. 그들은 정보를 원했고, 그것을 구했다. 그들은 사실을 원했고, 그것을 구했다. 그들은 사태를 정확하게 파악하기를 원했고, 그것을 구했다. 예수님은 그들이 구하는 것을 주시지 않고, 대신에 그들의 질문을 사용하셔서 미지의 영역으로 그들을 데려가셨다. 그들이 아직은 어떻게 구해야 할지 모르는 신뢰와 관계의 영역으로 그들을 이끌고 가셨다. 그들은 '누가, 언제, 어디서'를 알아야 한다고 생각했다. 그런데 예수님은 친밀함과 성령을 넌지시 암시하고 계셨다.

예수님은 자신이 하고 계시는 그러나 아직은 하지 않으시는 일에 대해서 솔직하셨다. 예수님은 제자들에게 숨기지 않으셨다. "아직도 내가 너희에게 할 말이 많으나, 너희가 지금은 감당하지 못한다." 지금은 너희가 준비되어 있지 않지만, 앞으로는 준비될 것이다. 앞으로 고난과 슬픔과 실망을 겪게 될 것이다. 그러면서 지금은 너희가 눈이 멀고 귀가 멀어서 이해하지 못하는 것들을 이해할 수 있는 눈과 귀가 개발될 것이다. 너희는 지금 사실적 정보에만 집착하고 있는데, 앞으로는 진리를 좋아하게 될 것이다. "진리의 영이 오시면 그가 너희를 모든 진리 가운데로 인도하실 것이다"(요 16:12-13, 새번역).

이 대화에서 제자들이 마지막으로 하는 말은, 이 제자들을 참으로 우러러보는 우리로서는 다소 당황스러운 말이다. 그들은 자신이 그토록 많이 안다고 생각하는데, 제대로 이해하는 것이 거의 없다. "보십시오, 이제 밝히어 말씀하여 주시고, 비유로 말씀하지 않으시니, 이제야 우리는 선생님께서 모든 것을 알고 계심을 알았습니다. 그래서 누구도 선생님께 여쭈어 볼 필요가 없습니다." 더 이상 여쭈어 볼 것이 없다고? 예수님은 그들에게 너무 확신하지 말라고 하신다. 그들은 드디어 자신들이 다 이해했다고 생각하지만, 사실은 그렇지 않다. "너희가 나를 혼자 버려 두고 제각기 자기 집으로 흩어져 갈 때가 올 것이다." 그들은 아직도 갈 길이 멀지만, 그 길을 가고 있는 것만은 분명하다(요 16:25-30).

질문하는 것 자체는 문제가 되지 않는다. 그러나 질의응답 시간은 예수님의 스타일대로 대화를 이어 가는 가장 좋은 방법은 아닌 것 같다. 질문은 상황 정리에는 도움이 될 수 있다. 그러나 개가 뼈다귀를 물고 뒤흔드는 것처럼 그 질문을 자꾸만 쑤셔 대는 것은 헛된 일이다. 우리가 올바른 질문을 할 만큼 충분히 아는 경우는 드물다. 예수님과 동행할 때 우리는 우리가 던진 질문에 대한 대답을 강요하지 않는 것을 배우게 된다. 예수님이 원하시는 대로 대화를 이끌고 가시게 하는 법을 배우게 된다.

예수님은 이 대화를 기도로 이끌고 가시고자 했다. 어떤 의미에서 이 대화는 지속되고 있다. 그러나 예수님은 더 이상 제자들에게 말씀하지 않으신다. 예수님은 자신의 아버지(그리고 제자들의 아버지)께 말씀하신다.

이제는 기도할 시간이다. 제자들은 아직도 그 방에 있지만 더 이상 질문을 던지지 않으며 자신들의 견해도 말하지 않는다. 그들은 예수님이 하나님 아버지와 나누시는 대화를 듣는다. 예수님의 추종자로서 우리 또한 매우 분명하게 그 듣는 무리에 포함되어 있다.

:: 기도

요한복음 17장의 문턱을 넘어서면서 우리는 어느덧 조용하게 듣는 방 안에 들어가 있다. 그 방은 앞의 방과 같은 방이다. 모든 것이 똑같다. 그러나 또 한편으로는 그 어떠한 것도 똑같지 않다. 대야와 수건이 예수님이 두신 탁자 위에 그대로 있다. 유다는 아직도 돌아오지 않는다. 예수님을 따르고 예수님의 말씀을 듣고 예수님과 이야기하던 그 열한 명의 제자들이 그대로 거기에 있다. 예수님도 여느 때처럼 그들을 대하시고, 그들이 지금까지 따르고 말씀을 들었던 그 예수님과 다를 바 없다. 그리고 지나온 역사 동안 이 열한 명의 증언을 통해서 예수님을 믿게 되었고 지금 이 본문을 읽고 있는 우리들도 똑같다.

그러나 예수님은 더 이상 우리에게 말씀하지 않으신다. 예수님은 하나님 아버지께 말씀하고 계신다. 예수님은 기도하고 계신다. 오랜 시간 기도하신다. 이 곳은 거룩한 땅이다. 우리 자신도 거룩한 경청 안으로 들어왔다. 우리는 기도하는 장소에 있다. 기도하는 현존이다. 우리의 입은 다물어져 있다. 말이 없다. 내 영혼아, 잠잠하라.

이것은 우리에게 익숙한 상황이 아니다. 우리는 조용히 있는 것에 익숙지 않다. 우리는 말을 많이 한다. 우리는 예수님과 하나님에 대해서 말한다. 우리는 예수님과 하나님께 말한다. 우리는 증언하고, 충고와 조언을 주고, 설교하고 가르치며, 수다 떨고 토론하며, 노래하고 기도한다. 그러나 이제 우리는 요한복음 17장이라는 방에 들어와 있다. 예수님의 기도하시는 현존에 들어가 있다. 이제 곧 알게 되겠지만, 예수님은 우리를 위해서 기도하고 계신다. 그렇다. **우리를 위해서.**

기도를 받는 것도 기도하는 삶의 한 요소다. 아주 큰 요소다. 하지만 그것은 상당히 평가절하되는 경우가 많다. 우리를 위해서 기도하시는 분이 예수님이실 때는 기도를 받는 것이 기도의 가장 큰 부분이 될 수 있다.

여기가 어디인지 다들 기억할 것이다. 우리는 지금 요한복음 17장 기도 모임에 와 있다. 예수님이 기도하고 계신다. 우리 앞에는 요한복음이 펼쳐져 있다. 열한 명의 제자들은 잠잠하지만 수동적이지는 않다. 그들은 기도를 받고 있다. 우리도 잠잠하지만 수동적이지는 않다. 우리는 적극적으로 듣고 있다. 우리는 그 대화에 유기적으로 연결되어 있었던 것처럼, 예수님이 우리를 향해서 가지신 뜻에도 참여하기 원한다. 기도하시는 그분의 현존에 우리도 기도하며 현존하기를 의지적으로 바란다. 우리는 아무런 할 말이 없다. 말씀이 되신 육신이신 예수님이 하나님 아버지께 말씀하고 계신다. 예수님이 그 기도에 우리도 포함하고 계신다.

요한복음 17장 기도 모임에서는, 기도에 신실하지 못했기 때문에 가지고 있는 좀처럼 사라지지 않는 죄책감이 슬며시 사라져 버린다. 기도할 때 우리를 괴롭히던, 무언가 부적절한 느낌이 사라져 버린다. 수줍어하고 움츠러드는 모습이 다 증발해 버린다. 기도의 세계가 기하급수적으로 확장된다. 우리는 더 이상 우리가 무엇을 알고 무엇을 모르는지에 집착하지 않는다. 질문을 던지고 대답을 찾는 일에 매달리지 않는다. 기도하시는 예수님의 광범위한 현존 안에서 폭넓고 자유롭게, 그저 우리 자신인 채로 존재한다. 우리를 위해서 기도하시는 예수님의 현존 가운데 우리가 있다. 우리는 "이 최우선의 진실, 즉 창조된 존재와 창조된 본질 그리고 우리가 그토록 잘 아는 일상 세계, 그 세 가지가 융합된 치밀한 덩어리 전체가 전적으로 다른 요소의 측량할 수 없는 깊이 위로 마치 배처럼 항해하고 있다는 진실에 기꺼이 사로잡힌다. 그 전적으로 다른 요소는 바로 절대적이고 결정적인 유일한 요소, 즉 하나님 아버지의 무한한 사랑이다."[1]

예수님이 기도하신다. 본문에는 이렇게 되어 있다. "예수께서 이 말씀을 하시고 눈을 들어 하늘을 우러러 이르시되, 아버지여 때가 이르렀사오니 아들을 영화롭게 하사 아들로 아버지를 영화롭게 하게 하옵소서"(요 17:1).

예수님의 기도는 바로 앞에 나온 대화와 연속선상에 있다. 대화에서 기도로 옮겨 가실 때 예수님은 말의 속도나 방향을 바꾸지 않으신다. 예수님은 자신의 친구들과 이야기하시는 것과 똑같은 방식으로 하나님과 이야기하시고, 하나님과 이야기하시는 것과 똑같은 방식으로 친구들과 이야기하신다.

그 대화는 "때가 이르렀다"는 말로 시작되었다(요 13:1). 예수님은 그것과 똑같은 말로 그 대화를 마치셨다. "때가 오나니 벌써 왔도다"(16:32). 이제 우리는 이 문장의 의미를 안다. 바로 "죽을 때가 되었다"는 뜻이다.

예수님의 죽음, 예수님의 '때'가 이 대화의 배경이다. 그 배경은 이어서 이 기도의 배경이 된다. 그러나 영광이 그 행위를 이룬다. 죽음과 영광은 도무지 자연스럽게 어울릴 만한 한 쌍으로 보이지 않는다. 그러나 예수님에게서는 그것이 어우러진다.

요한복음을 읽는 독자들은 이미 '영광'과 '영광스럽게 하다'라는 말을 잘 알고 있다. 요한복음의 첫 장에서 요한은 하나님의 아들이자 메시아이신 예수님의 계시를 특징짓는 말로 '영광'이라는 단 하나의 단어를 선택했다. "우리가 그 영광을 보니 아버지의 독생자의 영광이요"(요 1:14). '영광'이라는 단어는 이 이야기가 전개되는 요한복음의 전반부(1-11장)에 동사나 명사로 열네 번 사용되었고, 나사로를 일으키시기 바로 전에 예수님이 마르다에게 하신 말씀으로 그 전반부의 이야기가 끝난다. "내 말이 네가 믿으면 하나님의 영광을 보리라 하지 아니하였느냐"(11:40).

호산나의 승리 행렬에 바로 이어지는 유월절 주간에는 이 '영광'과 '영광스럽게 하다'라는 단어가 더 많이 사용된다. 이어지는 닷새 동안 예수님이 수난과 죽음의 이야기를 들려주시는 동안에는 그 단어가 열아홉 번 사용되었다.

예수님은 자신의 십자가형을 내다보시면서, 요한복음 12장에서 드리신 짧은 기도에서 '영광스럽게 하다'를 주축 동사로 사용하신다. "아버지의 이름을 영광스럽게 하소서." 이 기도가, 이 **동사**가 예수님 생애의 이야기가 죽음의 이야기로 전환되는 시점을 알린다. 1-11장에서는 하나님을 계시하는 영원하고(3:16) 풍성한(10:10) 생명의 이야기를 들려주셨고, 12-19장에서는 기꺼이 희생하시는, 구원을 이루는 죽음의 이야기를 들려주시는데, 그 전환점이 바로 '영광스럽게 하다'는 동사다.

요한이 기록한 이 이야기를 읽으면서 우리는 예수님의 기도를 통해서 꾸준하게 그러나 눈에 띄지 않게 우리의 상상력을 하나하나 다시 구성하게 되고, 그럼으로써 영광을 깊이 있게 본질적으로 알아볼 수 있게 된다. 이 예수님의 기도가 우리 안에서 나름의 작용을 하도록 내버려둔다면 우리는 예수님의 죽음에서도 영광을 알아볼 것이다. 예수님이 시골 길과 도시의 거리에서, 그리고 갈릴리의 언덕과 예루살렘의 성전 뜰에서 이야기하시고 그 곳을 걸으실 때, 우리의 상상력은 서서히 확장되어 영광의 새로운 양상들을 받아들이게 된다. 솔로몬의 성전 그리고 시바의 여왕이 타고 온 향신료와 황금을 실은 낙타의 화려함에만 국한되지 않은 영광을 받아들이게 된다. 영광은 눈을 부시게 만드는 것에만 있는 것이 아니라, 믿는 마음을 서서히 밝혀 주는 것에도 있다. 영광은 내면으로 확장된다. 그러한 영광은 밑에서부터 생명을 불어넣으면서 보이지 않게 작동하는 계시된 실재도 포함한다. 그 밑에서는 씨앗이 싹트고 나무가 뿌리를 내리며 바위 깊은 곳의 대수층에서부터 소리 없이 샘이 솟는다. 그 영광은 화산이 불과 용광을 뿜어 올리는 그 깊숙한 내면에까지 미치며 그 불과 용광은 산을 만들어 낸다.

예수님은 요한복음 17장 기도를 드리시면서 영광의 이러한 내면적인 차원을 발전시키신다. "아들을 영화롭게 하사 아들로 아버지를 영화롭게 하게 하옵소서." 이 영광은 영광 같아 보이지 않는 영광이다. 그 외양만으로는 영광이라고 알아볼 수 없는 영광이다. 밝음이 아니라 밤이요, 명성이 아니라 조롱의 대상이다. 예수님이 이 기도를 드리시고 몇 시간이 지나지 않아서 이 기도는 응답된다. 예수님이 죽으시고 묻히셨다.

(세 번 사용된) '영광'이라는 명사와, (일곱 번 사용된) '영광스럽게 하다'(혹은 한국어 번역으로 '영화롭게 하다' – 역주)라는 동사가 이 기도를 지배하고 있다. 이 기도는 스스로를 상쇄시키는 두 개의 반대 개념인 영광과 죽음을 하나로 가져와서 같은 사

건의 양극적 요소로 만든다. 죽음의 행위에서 하나님은 예수님을 영화롭게 하신다. 죽음의 행위에서 아들이 아버지를 영화롭게 한다. 예수님은 영광을 위해 기도하셨다. 영광이 일어난다. 죽음으로서의 영광과 영광으로서의 죽음은 받아들이기 쉽거나 편안한 진리가 아니다. 그러나 예수님을 따르는 우리들에게는, 우리의 구원이자 이 세상의 구원이신 이 영광을 우선 이해하고 그 다음에는 거기에 참여하는 것이 절대적으로 중요하다.

이 대화와 기도에서 죽음과 영광, 영광과 죽음이 병치되는 것은 참으로 극적인 일이지만, 결코 요란스럽지는 않다. 이 두 실재는 마치 그것이 늘 서로에게 속해 있었다는 듯이, 자연스러워 보일 정도로 서로 얽혀 있다. 그런데 사실은 "창세 전부터"(요 17:24) 그 둘은 그렇게 서로 얽혀 있었다. 여기서는 논쟁적인 언어가 하나도 사용되지 않았고, 교훈적인 것도 없다. 그리고 감정을 부추기는 것은 더군다나 없다. 이 언어에서 우리는 진리를 분별한다. 긴박함을 감지한다. 그러나 심리적인 조작은 없다. 이것은 인격적 언어이며, 관계적 언어다. 마르틴 부버(Martin Buber)가 나-너(I-Thou)의 언어라고 참으로 탁월하게 탐구해 낸 그러한 언어다.

이것은 중요하다. 예수 그리스도의 복음에 있어서, 예수님이 말씀하시고 기도하시는 방식을 버리고 그 대신에 웃음 띤 세일즈맨의 화려한 웅변술이나 사악한 욕설을 취하는 언어를 사용하는 것만큼이나 파괴적인 것은 없다. 만약에 예수님의 이름으로 진리가 사실로 축소되거나, 구원이 전략으로 비인격화되거나, 사랑이 표어나 원칙으로 추상화되면 복음은 모독당하게 된다.

대화의 연속선상에 있는 기도의 언어는 인격으로 충만하다. 예수님은 하나님을 여섯 번이나 아버지로 부르고 있는데 그 호칭은 인격적인 관계를 강조하는 은유다. 그리고 2인칭 대명사('당신은' 그리고 '당신의')를 43번 사용하고 있다. 예수님은 자기 자신을 이름으로 한 번 지칭하시고(예수 그리스도), 아들이라는 인격적 은유로 한 번 지칭하시고, 1인칭 대명사('나는', '나를', '나의 것', '나의')로 57번 지칭하신다. 기도는 인격들 간에 사용되는 인격적 언어다. 예수님은 직접적이고 특수한 인격성으로부터 추상화된 '진리'가 아니시다.

이러한 인격적인 명칭과 대명사들에 추가해서, 예수님이 제자들을 위해서 기도하실 때 그 방에 함께 있었던 열한 명의 제자들을 지칭하는 45개의 언급들이 있다('그들은', '이 사람들', '그들의', '그들을', '사람들' : 여기서 대명사 명칭은 모두 영어 성경을 바탕으로 한 것이므로 한국어 성경과 일치하지 않을 수 있다—역주). 이 대명사 가운데 몇 개는 우리를 포함해서 세기를 넘어 앞으로 제자가 될 사람들에게까지 확장된다. 예수님은 그들과 우리를 중보라는 포용의 행위를 통해서 자신의 기도 안으로 끌어들이신다. 우리는 기도를 받고 있다. 기도하시는 예수님의 현존 가운데서 적극적으로 들음으로써 우리는 그 기도에 참여하게 된다.

기도라는 인격적으로 친밀한 언어의 용법은, 관여와 참여의 전치사인 '안에'가 열아홉 번이나 사용되면서 더 강조되고 있다. 기도는 거리를 두는 행위가 아니다. 기도는 '사물에 대한 시각을 잡아 주는' 혹은 '사람들이 제자리를 찾게 해주는' 종교적인 실천이 아니다. 기도는 참여의 행위다. 예수님은 아버지의 일에 참여하신다. 예수님은 제자들의 삶에 참여하신다. 예수님은 하나님이 참여하시는 일에 우리를 참여시키신다.

예수님의 수난과 죽음이 불과 몇 시간밖에 남지 않은 그 상황에서 기도와 고난이 중보의 재료가 된다. "네가 깊고도 위대한 사실을 깨닫고 있는지 모르겠다. 그러니까 영혼이, 모든 인간의 영혼이 깊이 서로 연결되어 있다는 사실 말이다. 그러니까 내 말은, 우리가 단지 서로를 위해서 기도할 수 있을 뿐만 아니라 서로를 위해서 **고난**받을 수도 있다는 사실을 말이다."[2)]

예수님의 기도는 어떤 사상이나 프로젝트에 대한 것이 아니다. 그 기도는 삼위일체의 모든 작용에 인격적으로 참여하는 것이다. 예수님의 기도 덕분에 우리는 성부가 하시는 모든 일과 성자가 하시는 모든 말씀과 성령이 우리 안에서 육화하시는 모든 것에 관여한다. 예수님과 그 제자들이 조금 전에 마친 긴 대화가 이제는 기도의 친밀성 안으로 한데 모아져 마무리되고, 그 기도 안에서 제자들은 성부와 성자와 성령의 관계에 참여하게 된다.

예수님은 우리를 위해서 많은 것을 기도하셨다. 이 중보기도에는 우리를 만들고 치유하는 모든 일, 우리의 구원과 성화 그리고 우리의 몸과 영혼과 연관된 사실상 모든 것이 포함되어 있음을 우리는 충분히 가늠할 수 있다. 예수님은 요한복음 17장 기도에서 우리에게 영생을 달라고 아버지께 기도하신다(2-3절). 그리고 예수님의 "기쁨"을 우리 안에 "충만히 가지게" 해 달라고 기도하신다(13절). 그리고 하나님 아버지께서 우리를 안전하게 지켜 주시고, 악한 자로부터 보호해 주시기를 기도하신다(6-15절). 그리고 아버지께서 우리를 진리로 거룩하게 해주시기를 기도하신다(17-19절).

그리고 예수님은 마지막으로 드리는 중보기도에서 삼위일체의 모든 작용에 예수님이 포함되신 것처럼, 우리도 포함되게 해 달라고 기도하신다. 하나님의 모든 존재와 말씀과 행동에, 그리고 하나님이 존재하시고 말씀하시고 행동하시는 모든 방식에 우리가 온전히 참여하게 해 달라고 기도하신다. 이것이 포괄성의 차원에서 그리고 친밀성의 차원에서 의미하는 모든 것을 생각해 볼 때, 참으로 놀랍다고밖에는 말할 수 없다. 우리가 신격에 참여하는 자가 된다니, 하나님의 일에 관여하는 주류가 된다니, 놀라울 따름이다. 그러나 예수님은 진심으로 하신 말씀이다. 예수님은 이것이 즉석에서 생각해 낸, 마지막 순간의 추가 사항이나 기도에 덧붙이는 가벼운 또 하나의 항목이 아님을 우리가 분명하게 이해하게 하신다. 이 마지막 중보기도의 내용은 매우 총괄적이며 포괄적이다. 예수님은 그것을 여섯 번이나 반복하심으로써 우리가 온전히 주의를 기울이게 하신다.

"거룩하신 아버지여, 내게 주신 아버지의 이름으로 그들을 보전하사 우리와 같이 그들도 하나가 되게 하옵소서"(11절).

"내가 비옵는 것은…그들도 다 하나가 되어…"(20-21절).

"아버지께서 내 안에, 내가 아버지 안에 있는 것같이 그들도 다 하나가 되어 우리 안에 있게 하사"(21절).

"…이는 우리가 하나가 된 것같이 그들도 하나가 되게 하려 함이니이다"(22절).

"곧 내가 그들 안에 있고 아버지께서 내 안에 계시어 그들로 온전함을 이루어 하나가 되게 하려 함은…"(23절).

"…이는 나를 사랑하신 사랑이 그들 안에 있고 나도 그들 안에 있게 하려 함이니이다"(26절).

인격적이고도 참여적인 언어가 이 기도의 전체적인 특징을 이루고 있다. 그러나 여기서 여섯 번이나 반복되는 간구("우리가 하나가 된 것같이 그들도 하나가 되게 하려 함이니이다")는 이 중보기도를 더 두드러지게 만든다. 성부와 성자 그리고 (예수님의 기도와 십자가, 성령의 사역을 통해서) 우리 한 사람 한 사람이 모두 하나가 된다는 사실을 놓치지 말라. 예수님의 생애에 나란히 왔던 영광과 죽음이 부활의 촉매가 되듯이, 여기서도 친밀성과 포괄성이 예수님의 기도를 통해서 통합되어, 머지않아 성령에 의해 형성될 예수님의 추종자들의 공동체 즉 교회 공동체를 만들어내고 있다.

요한은 예수님의 이야기의 마지막 부분으로 우리를 이끌고 가면서 이 기도의 중요성을 부각한다. 그리고 우리를 위해서 중보하시는 예수님은 계속해서 이 기도를 드리실 것이다("…이는 그가 항상 살아 계셔서 그들을 위하여 간구하심이라", 히 7:25). 이 두 가지 사실은 우리가 의도적으로 요한복음 17장 기도 모임에 참여하여, 예수님을 따르는 모든 사람을 위해서 그분이 지금도 드리고 계시는 그 기도, 예수님이 하나님 아버지와 하나이신 것처럼 **우리도 하나가 되게** 해달라는 그 기도 안으로 들어가서 거기에 굴복할 것을 요구한다.

이 기도를 마음에 새기기 어려운 주된 이유는 지난 20세기 동안 그 기도가 큰 변화를 가져온 것 같아 보이지 않고, 현재를 사는 그리스도인들에게도 확실히 별 영향을 미치는 것 같지 않기 때문이다. 기독 교회는 논쟁을 좋아하고 인색한 것으로 유명하고, 모세의 말과 예수님의 말씀을 배제와 정죄의 무기로 사용하는 것으로 유명하다. 예수님이 그 제자들에게 주신, 제자를 알아보는 표시 중 하나가 "너희가 서로 사랑하면"(요 13:35)이다. 그러나 몇 세기가 지나지 않아서 외부의 사람들은 그리스도인들을 보고 "그들이 어떻게 서로를 헐뜯는지 보라!"라고 말하기 시작했다. 우리는 동사와 명사, 칼과 총을 가지고 죽인다. 우리 '그리스도인들'은 그리스도의 십자가라는 깃발을 들고 행군한다.

여러 세기에 걸쳐 축적된 대량 학살(붕괴된 교회, 붕괴된 가정, 붕괴된 영혼)을 생각해 보면, "우리가 하나인 것처럼 그들도 하나가 되게" 해 달라고 하나님 아버지께 드리는 예수님의 기도에 조용히 굴복하면서 그 열한 명의 제자들과 함께 요한복음 17장 기도 모임에 계속 앉아 있기가 힘들다.

이러한 유감스러운 과거의 기록을 추적해 보고는 많은 사람들이 예수님이 기도하고 계시는 그 방을 떠나서 자신들 손으로 직접 문제를 해결해 보기로 결심하는 현실은 이해할 만하다. 많은 그리스도인들이 예수님의 기도가 효력이 없다고 생각하고는 성급하게 하나됨을 외부로부터 부과하는 것으로 문제를 해결하려 한다. 즉 권위를 제도로 비인격화한다. 그 형태는 위계적이고 그 방법은 관료적이다. 순응하기를 거부하는 개인이나 회중은 누구나 배제당한다. 추방하거나 파문시키거나 회피의 대상으로 만든다. 제도적으로 규정함으로써 하나됨을 유지한다.

마찬가지로 예수님의 기도가 이루어지기를 더 이상 기다리지 못하는 다른 그리스도인들은 분열로 그 문제를 해결한다. 그들은 같은 생각과 기질을 가진 남녀들을 모아서 해낼 수 있는 정도의 일로 하나됨의 척도를 축소시킨다. 종종 강력하고 카리스마를 가진 지도자가 나타나서 소위 하나됨이라고 불리는 것의 축소된 범위를 규정해 준다. 어느 개인이나 그룹이 그러한 하나됨을 규정해 주는 신학적인 양식이나 예배 혹은 태도의 양식에 더 이상 맞지 않는다고 생각하면 언제든지 또 다른 분열을 선택할 수 있다. 같은 생각과 정신을 가진 사람들과 그냥 분리해 나오기만 하면 된다. 그렇게 개인적인 선호에 의해서 하나됨이 유지된다.

예수님이 하나님 아버지와 하나이신 것처럼 우리도 하나가 되게 해 달라고 여러 번 반복해서 기도하실 정도의 그 긴박성은, 의도적인 분열의 행위를 반란의 행위로 날카롭게 부각시킨다. 그것은 삼위일체의 하나됨에 따라서 우리도 서로 관계적인 하나됨을 이루게 해 달라고 중보하시는 그분의 현존 앞에서 분출하는 폭력적인 외고집이다. 그리스도의 몸에 자주 가해지는 이 폭력, 끝도 없는 합리화로 정당화되는 이 폭력은 놀라울 따름이다. 그것은 예수님의 대의를 내세우면서 예수님께 반항하는 것이다. 참으로 끔찍한 추태다.

여기에서 우리를 구제해 주는 한 가지 사실은 그러한 반항이 예수님의 기도가 이루어지는 것을 막지 못한다는 것이다. 천천히, 점진적으로, 경이롭게 그 기도는 이루어진다. 하지만 그렇다고 해서 예수님의 이름으로 예수님께 반항하는 추태가, 추태가 아니라는 것은 아니다. 사람들은 이 추태는 교회를 보존하기 위해서 꼭 필요한 것이라며 종종 과장되게 자랑한다. 그러나 어떠한 언어를 사용하든, 깃발에 어떠한 표어를 내걸든, 분리주의자는 요한복음 17장 기도 모임을 어느 순간에는 떠난 사람임이 분명하다.

나는 가톨릭 교인을 싫어하도록 배우며 자랐다. 훗날에는 분리주의자들에 대해서 그들을 무시하는 속물적인 혐오감을 가지게 되었다. 그러나 그 모든 경우에 나는 하나님의 백성에게 폭력을 가하고 있었던 것이다. 예수님의 기도에 굴복하고 예수님이 끊임없이 이루어 가시는 그 하나됨으로 형성되어 가는 데는 시간이 좀 걸렸다. 대부분의 사람들이 그런 일에는 시간이 좀 걸린다. 이제 나는 온갖 다양한 형태의 교회에 속한 사람들을 형제와 자매로 두고 있다. 그리고 그 수도 적지 않다.

위에서부터 부과되는 포괄적인 하나됨에서 분열에 의해 유지되는 하나됨의 파편 형태에 이르기까지 다양한 형태의 교회 중 우리가 어디에 속해 있든, 우리는 거기에는 참으로 많은 건실하고 성숙하고 순종적인 예수님의 추종자들이 있다는 사실을 알아야 한다. 바티칸의 교황에서부터 애팔래치아 산맥에 사는 뱀 조련사 조합에 이르기까지, 그 모든 다양한 형태의 교회 안에 말이다.

예수님이 우리를 위해서 기도하시는 동안 그 방에 남아 있다면 우리는 모든 세례 받은 자들을 형제와 자매로 받아들일 수 있는 기꺼운 마음을 얻게 된다. 그러한 마음이 금방 들지는 않겠지만, 예수님의 기도는 언젠가는 우리 안에 그 의도를 이룰 것이다. 우리는 더 이상 다른 그리스도인들을 경쟁자로 규정하지 않을 것이다. 예수님은 기도하시면서 자신의 추종자들을 평가하시거나 점수를 매기지 않으신다. 앞으로 일어날 것으로 예상되는 논쟁들을 해결할 계획을 세우지 않으신다. 예수님의 기도는 우리가 편안한 마음으로 동지애를 가질 수 있게 해준다. 예수님의 기도하시는 현존 가운데 더 오래 머물면 머물수록, 우리가 가진 분열과 분리주의에의 충동 그리고 우리의 경쟁과 공개적 비판이 예수님이 우리가 '하나가 되도록' 기도하시는 그 방 안에서는 더 이상 설 여지가 없음을 더 많이 이해하게 될 것이다.

베드로는 가이사랴라는 세속적인 도시에서 고넬료라는 로마 군인이 뜻밖에도 신앙을 가진 것을 보았을 때 이렇게 말했다. "내가 참으로 하나님은 사람의 외모를 보지 아니하심을…깨달았도다"(행 10:34-35). 베드로의 이 말에다가 '혹은 교회의 외모'를 덧붙이는 것이 가능할까? 나는 그렇다고 생각한다.

:: 삼위일체

성급하게 예수님의 기도가 효과가 없다고 판단하고는 '응답되지 않은 기도' 목록 제1순위에 그것을 올려 놓고 우리 손으로 직접 해결하려 드는 것보다, 예수님의 기도를 더 잘 이해하고 접근할 수 있는 훨씬 더 만족스러운 방법이 있다. 그것은 바로 그리스도인들이 하나이자 다수이신 분, 보편성과 특수성의 결합을 삼위일체로 이해해 온 방법이다.

예수님이 우리를 위해서 기도하신 '하나됨'의 모델은 바로 한 분이신 삼위일체이시다. 이 '하나됨'은 진정 하나이지만, 모든 특수성들을 관계적인 하나됨으로 끌어모으는 하나다. 모든 것이 다른 모든 것의 존재에 기여하고 그럼으로써 모든 것이 자신의 독특함을 유지하게 해준다. 모든 것이 다른 모든 것과 상관이 있다. 모든 사람이 다른 모든 사람과 상관이 있다. 그 어떠한 것도 강제되지 않는다. 여기에는 수학적인 요소가 하나도 없다. 모든 사람이, 자신이 알든 모르든 순종적으로든 저항하면서든 성부와 성자와 성령의 모든 작용에 연루되어 있다.

성령 세례는 모든 존재의 기본이 되는 이러한 삼위일체의 토대를 설교하는 성례전이다. 우리는 성부와 성자와 성령의 이름으로 세례를 받는다. 우리는 세례의 물로 들어감으로써 진정한 우리 자신이 된다. 우리의 특별한 정체성이 인격적인 이름 안에서, 그리고 하나님이 하나님 되시는 모든 방식과의 인격적인 관계 안에서 확인되고 분명해진다. 우리는 자율적이지 않다. 우리 스스로는 우리 자신이 되지 못한다.

죄는 고립시키는 행위다. 죄는 우리를 하나님으로부터, 하나님의 창조로부터, 하나님의 공동체로부터 관계적으로 분리한다. 우리의 창조된 본질인 관계의 복잡성을 다시 세우는 일은 명령이나 법령으로 될 수 없다. 인격적이고 관계적인 친밀함은 비인격적으로 성취될 수 없다. 우리는 강제적인 성적 친밀함을 강간이라고 부르며, 그것은 참으로 인간을 가장 폭력적으로 격하시키는 행위 중 하나다. 하나님은 강간을 하시는 분이 아니시다.

찰스 윌리엄스의 소설에는 등장 인물들이 왜 하나님이 거룩한 일들을 좀더 잘 해결하지 못하시는지, 그리고 하나님이 하지 않는 일을 우리가 대신 해 드리는 것이 왜 적절하지 못한지에 대해서 토론하는 부분이 있다. 그 대화에는 이런 말이 나온다. "하나님은 주기만 하시는 분이신데, 하나님이 주실 것은 자기 자신밖에 없다. 그런데 심지어 하나님도 하나님 자신이라고 하는 상황에서만 자기 자신을 주실 수 있다."[3] 하나님은 자기 자신과 조화를 이루지 못하는 방식으로는 일을 하실 수 없다. 하나님은 인격이시고 자유로우시다. 따라서 기도에서 일어나는 모든 일은 인격적이며, 자유롭게 주고 자유롭게 받아야 한다. 기도는 누군가를 강요하는 초자연적인 기법이 아니다. 기도는 죄인과 성인을 익명의 두 무리로 구분해서 한 무리에게는 파멸을 부과하고 한 무리에게는 구원을 부과하는 것이 아니다. 기도는 각각의 사람과 사물을, 그리고 그 사람과 사물이 가지는 모든 특징을 절대적으로 진지하게 대하면서 동시에 절대적으로 자유를 유지한다. 우리는 자유를 떠나서는 서로와 혹은 하나님과 하나가 될 수 없다.

그렇기 때문에 예수님이 기도해 주시는 이 남자와 여자들(즉 **우리들**)이 "우리가 하나인 것처럼 그들도 하나가" 되는 데 그토록 오랜 시간이 걸리며, 그것을 강제하거나 서두를 수 없는 것이다. 그렇기 때문에, 예수님의 기도를 통해서 아무리 많은 사람들이 이러한 삼위일체의 하나됨으로 형성된다 하더라도, 언제나 새로운 추종자들이 이 지름길이 없는 형성의 과정에 들어오기 때문에 하나됨은 늘 진행 중에 있는 것이다. 조립 라인의 효율성은 여기에서 결코 허용되지 않는다. 자동차는 그런 식으로 만들 수 있을지 모르지만 성인은 그런 식으로 만들지 못한다. ("우리가 하나인 것처럼 그들도 하나가 되는" 이 일의 다른 명칭인) 성화의 작업은, 그 어떠한 회중이든 시험을 해 보고 나서 만족하면 구입할 수 있는 완성된 제품이 결코 아니다. 하나됨은 모방해야 할 모델이 아니다. 그것은 그 안으로 들어가야 하는 상호성의 삼위일체적 관계(성부, 성자, 성령)이다.

삼위일체는 하나와 다수를 융합하고, 포괄적이며 복잡하게 얽혀 있다. 삼위일체 하나님의 모든 작용을 이해하고 거기에 참여하려면 평생의 희생적 예배가 있어야 하며, 모두가 하나 되기를 끈기 있게 기도하시는 예수님의 기도에 평생 끈기 있게 굴복해야 한다. 특정한 장소에서 특정한 시간에 특정한 남녀들의 삶을 통해서 그 가시성을 드러내는 교회는 하나의 관념이 아니다. 그것은 이상도 아니다. 그것은 시간 속에 존재하는 역사적 실재다. 그것은 계속해서 형성되는 과정에 있다. 한 곡의 음악처럼, 교회가 교회로 존재하기 위해서는 시간이 걸린다. 모든 악기가 자신에게 할당된 모든 음을 다 연주해야만 비로소 하나의 곡이 제대로 존재할 수 있다. 우리가 고집스럽게 그 오케스트라의 일부가 되기를 거부한다면, 즉 모두가 똑같은 음을 계속 반복해서 연주해야 한다고 고집하거나 특별히 좋아하는 하나의 멜로디나 화음을 연주한다면, 그 결과는 그 곡의 작곡가나 지휘자가 만족스러워할 만한 결과와는 거리가 멀 것이다.

교회가 된다는 것은 복잡하고 힘든 일이지만, 존재할 만한 가치가 있는 모든 것은 그러한 어려움을 겪는다. 교회란, 하나님이 하나님 방식대로 존재하시고 예수님이 우리가 성부와 성자와 성령의 역동적 하나됨 즉 영광에 참여하도록 기도하시는 크고 건강한 삼위일체적 모임의 터전이다. 교회는 우리가 하나님을 위해서 하는 일에 영광이 존재하는 것이 아니라, 하나님이 우리를 위해서 하시는 일에 영광이 존재한다는 것을 배우는 일차적인 장이다. 교회는 우리가 죽음과 죽어가는 것에, 십자가에서 죽어가시는 예수님과 날마다 일어나는 우리의 죽음에 스스로 굴복하는 가지치기의 장이다. 그 때 우리는 주변 사람들을 맡아서 통제하려 들지 말아야 하고, 그들을 강제하지 말아야 한다. 부모의 협박으로든, 군사력으로든, 정치적 조작으로든 사람들이 우리 방식을 따르도록 강요해서는 안 된다. 그리고 유명 인사들과 하룻밤을 보내러 돌아다니느라 인생을 낭비하거나, 흥분에 차서 '예수님의 이름으로' 어떤 대의를 들먹이며 자신의 야심을 채우고 변덕을 만족시키며 인생을 허비해서도 안 된다.

가장 오래 된 형이상학적 질문 중 하나는 실재의 기본적 성질과 연관된 것인데, 이것은 요한복음 17장 기도 모임에서 조금이라도 시간을 보내는 그리스도인이라면 누구나 다루게 되는 문제다. 예수님의 공동체 안에서 사는 인생은 단일한가 아니면 다양한가, 단수인가 복수인가? 그리스인들도 이 문제를 가지고 넓고도 깊게 고민했다. 파르메니데스는 '단일성'을 지지하는 사람이었다. 헤라클레이토스는 '다양성'을 지지한 사람이었다. 예수님의 대화와 기도의 영향을 많이 받은 그리스도인들은 일찍부터 이 논의를 삼위일체의 관점에서 재구성했다. "내가 한 하나님을 마음속에 그리는 순간 세 하나님의 광채로 조명을 받는다. 세 하나님을 구분하는 순간 나는 다시 한 하나님으로 이끌리게 된다"(나지안주스의 그레고리우스).[4]

"우리가 하나인 것처럼 그들도 하나가 되는" 우리의 하나됨에 대해서는 예수님이 전적인 책임을 지신다는 사실을 지적하는 것이 좋겠다. 예수님은 기도하신다. "그들도 하나가 되게" 하려는 예수님의 의도가, 제자들에게 "하나가 되라"는 명령이나 권고로 주어지지 않고, 하나님 아버지께 드리는 기도에서 표현됐다는 사실은 의미심장하다. 그리스도 안에서 믿음의 공동체가 되는 일은 복잡한 일이다. 우리는 그것을 잘해 낼 만한 지식도 능력도 없다.

우리의 하나됨을 위해 기도하시는 예수님께 굴복할 때, 우리는 예수님이 그것을 성취하기 위해서 택하시는 방법에도 굴복해야 한다. 그 영광의 방식, 고난과 죽음도 포함하는 영광의 방식에 굴복해야 한다. 이것만이 우리에게 참여의 자유와 존엄을 허용해 주는 유일한 방법이다. 예수님이 기도하시는 하나됨은, 인격적 관계와 자발적 참여의 언어로만 표현된다. 강요된 하나됨은 예수님의 기도에 들어가 있지 않다. 분리주의적인 축소도 예수님의 기도에는 없다. 오늘날 세례를 받고 이름을 가진 우리 그리스도인들 모두는 '하나의, 거룩한, 보편적인 사도적 교회' 가운데서 예수님의 기도를 통해 성숙해지고 있다.

(내가 가진 영어 성경책으로) 여섯 페이지 뒤에, 그리고 이 이야기를 들려주시고 40일 정도 지난 후에(누가는 요한이 이야기를 마치고 있는 시점에서부터 이야기를 이어 간다) 우리는 똑같은 제자들이 아직도 예루살렘에서 기도하는 모습을 보게 된다. 한편 예수님의 십자가 죽음, 부활, 승천이 성취되었다. 그러나 기도하는 제자들은 그 다음에 무슨 일이 일어날지 알지 못했다. 예수님의 어머니와 형제들도, 요한복음 17장 기도 모임에 이어서 계속 기도하고 있는 그 열한 명에 합세했다. 그 기도 모임은 규모가 커

지다가 어느 시점엔가는 120명까지도 모였다. 그들은 가룟 유다를 대체하는 문제를 처리하면서도 계속해서 기도했다. 기도하는 가운데, 맛디아가 "부활하심을 증언할 사람"(행 1:22)으로서 그들에게 합류하게 되었다.

그들은 계속해서 기도했다. 예수님이 부활하신 후로는 50일이 지났고, 승천하신 후로는 열흘이 지났다. 때는 오순절이라는 유대인의 축제일이었다. 그 때 그 일이 일어났다. 예수님이 제자들과 앞에서 나누신 대화에서 장담하신 대로 약속하신 성령이 그들 가운데로 오셨다. 그리고 그들이 "하나가 되기를" 기도하셨던 예수님의 기도가 시각적으로는 불로, 청각적으로는 언어로 확증을 받았다. 하나의 불, 열여섯 개의 언어. 개별성이 유지되면서 보편성이 성취되었다.

사도행전 2장 기도 모임은, 50일 전에 가졌던 요한복음 17장 기도 모임의 토양에서 예수님의 기도가 형성했던 뿌리의 첫 수확이다. 그 뿌리, 그 중보의 뿌리는 계속해서 민족과 국가들을 끌어들이면서 삼위일체적 온전성의 가지들을 뻗어 내고 있다.

18

겟세마네의 고통을 기도하시는 예수님

••• 마태복음 26:39, 42

> "내 아버지여 만일 할 만하시거든 이 잔을 내게서 지나가게 하옵소서 그러나 나의 원대로 마옵시고 아버지의 원대로 하옵소서.…
> 내 아버지여 만일 내가 마시지 않고는 이 잔이 내게서 지나갈 수 없거든 아버지의 원대로 되기를 원하나이다."

고통스러운 십자가에 달리시기 몇 시간 전에 예수님은 겟세마네에서 고통 가운데 기도하셨다. 그 두 개의 고통은 서로 같은 '고통'이다. 이 고통에는 이름이 주어져 있다. 바로 '이 잔'이다. 잔은 마실 어떤 액체를 담고 있다. 잔의 고유한 성질은 바로 우리가 그것을 손에 쥐어서 입술에 갖다 대고 입 안으로 기울여 그 안에 있는 내용물을 삼킨다는 것이다. 그것은 받아들이고 수용하는 종합적이고도 자발적인 정신을 요구한다. 그 안에 있는 내용물을 우리의 소화기 계통 전체로 받아들여서 근육과 뼈, 적혈구와 신경절로 분배할 것을 요구한다. 우리는 그 용기에 담긴, 우리 자신이 아닌 어떤 것을 우리의 삶으로 받아들여서 그것이 우리의 일부가 되게 한다. 그것이 우리 삶으로 들어오게 만드는 것이다.

예수님이 그 날 밤 겟세마네에서 손에 들고 계셨던 잔은 하나님의 뜻이다. 희생적 사랑의 결정적 행위를 통해서 이 세상을 구원하고자 하시는 하나님의 뜻이다. 예수님이 마시는 잔은 죄와 악을 기꺼이 받아들이는 희생적 죽음이다. 예수님은 그 죄와 악을 자신의 영혼에 흡수시켜서 그것으로 구원을 만들어 내신다. 마치 잔에서 그것을 마시는 것처럼 그렇게 들이키신다. 예수님의 이름을 영어로 번역하면, "야웨가 구원하신다"이다. 그 잔을 마심으로써 예수님은 자신의 이름이 되신다.

물론 이것은 결코 이해할 수 없는 순전한 신비다. 설명되지 않는 신비. 그러나 어둠에 가려진 신비는 아니다. 그 신비를 증언하는 많은 사람들이 있다. 기꺼이 죽는 행위는 수용의 행위이며 생명을 끌어안는 행위임을 증언하는 시인과 농부들, 가수와 부모들이 있다.

마지막 주간을 보내시기 전까지 예수님은 대부분의 생애를 갈릴리의 작은 도시와 시골 길에서 보내셨다. 그 시간은 사람들이 예수님을 알아 갈 수 있는 시간이었다. 대화할 여유가 있었고, 질문하고 예수님의 가르침을 들을 기회가 있었다. 사람들은 예수님이 자신들이 사는 동네를 다니면서 병든 자를 고치시고, 문둥병자와 사마리아인과 이방인들을 멀리하고 여자의 역할을 제한하는 금기를 깨시는 것을 볼 수 있었다. 남의 흠집이나 들추는 도덕주의의 악취로 썩은 종교적인 분위기 속에서 예수님은 신선한 바람이었다. 폭력적이고 억압적인 로마의 지배 하에서도 예수님은 위축되지 않으시고 위협을 느끼지 않으셨다.

예수님은 허세 부리지 않고 품위를 지키면서 사람들로 하여금 인생을 사는 다른 길이 있음을, 자유롭고 충만하게 사는 길이 있음을 알려 주셨다. 예수님에 대한 소문이 퍼졌다. 사람들이 예수님에 대해 말하기 시작했다. '하나님의 아들', '인자', '메시아'라는 단어들이 언급되었다. 사람들은 예수님과 함께 있으면서 뜻하지 않은 방식으로 자신들이 살아나는 것을 느끼게 되었다. 많은 사람들이 하나님이 예수님 안에서 전례 없는 일을 하고 계시다고 확신하게 되었고 그래서 그들은 추종자가 되었다. 그들은 예수님이 사신 삶의 방식을 따랐다.

이러한 일이 대략 3년 정도 지속되자 어떤 변화를 가져올 만한 기본 인원이 채워졌다. 예수님을 알아보는 일이 일어나기 시작했다. 베드로가 처음으로 그것을 말로 표현했다. "주는 그리스도시요, 살아 계신 하나님의 아들이시니이다"(마 16:16). 하나님이 친히 그들 가운데 존재하면서 일하고 계셨다. 영원하신 생명, 참 생명, 이 세상의 구원이신 그리스도께서 그들 가운데 계셨다.

그러자 예수님은 엉뚱한 일을 하기 시작하셨다. 죽음에 대해서 이야기하기 시작하신 것이다. 자기 자신의 죽음, 그리고 자신을 따르는 모든 사람들의 죽음에 대해서 이야기하셨다. 예수님은 갈릴리를 떠나 예루살렘으로 가셨다. 전에도 예루살렘으로 순례를 간 적이 있었지만, 그것은 말 그대로 순례였다. 그들은 언제나 고향인 갈릴리로 돌아왔다. 그런데 이제 예수님은 예루살렘을 자신의 목적지이자 죽음의 장소로 이야기하기 시작하셨다. 그들은 예수님과 함께 3년을 보내면서 생명의 이야기에 푹 잠겨 있었다. 그런데 이제 주제가 죽음으로 급격하게 바뀌었다.

예수님은 주제를 생명에서 죽음으로 바꾸신 후에도 여전히 자신의 추종자들을 유지하실 수 있을까? 네 명의 복음서 저자들은 글의 주제를 생명에서 죽음으로 바꾸면서도 여전히 우리의 주의를 끌고 독자로서 우리의 충성을 요구할 수 있을까?

예수님이 자신의 생애를 통해서 아버지께 드린 많은 기도 가운데서 우리에게 기록으로 남아 있는 것은 단 여섯 개밖에 없다. 첫 두 개의 기도는 갈릴리에서 자신의 추종자들을 풍성한 삶으로 이끄시면서 드리신 기도다. 나머지 네 개의 기도는 예루살렘에서 자신의 구속적 죽음을 내다보시면서 생애의 마지막 주간에 드리신 기도다. 겟세마네 기도는 이 네 개의 수난 기도 가운데서 세 번째로 드리신 기도다.

모든 복음서 저자들이 예수님의 마지막 날들, 거절과 고난과 죽음의 과정을 아주 자세하게 알려주고 있다. 이 마지막 네 개의 기도는, 예수님의 삶을 따르기만 하면 걱정도 없고, 고통도 없고, 권태도 없고, 불안도 없는 삶을 살게 될 것이라는 약속으로 유혹하는 끈질긴 사탄의 환상을 막아 주는 강력한 방어다. 이러한 네 개에 달하는 수난의 기도는, 예수님을 따른다는 것은 사망의 음침한 골짜기와 십자가의 골짜기를 한 걸음씩 따라가는 것을 의미한다는 깨달음을 우리의 존재 전체와 감정과 이해력과 상상력을 다해 받아들일 수 있는 충분한 기회를 확실하게 제공해 준다.

겟세마네에서 예수님은 자신이 곧 폭력적인 죽임을 당할 것을 아셨다. 그리고 자신이 꼭 그렇게 죽어야 하는 것은 아니라는 사실도 아셨다. 예수님은 이 죽음을 자유롭게 받아들이거나 거절하실 수 있었다. 예수님의 죽음은 필연적인 것이 아니며, 비인격적인 운명이 아니었다. 그것은 그리스인들이 도움을 호소하는 '아난케'(*ananke*, 그리스 신화에 나오는 운명의 여신—역주)가 아니며, 로마인들이 말하는 **숙명**이 아니며, 불교도들이 우주를 이해하기 위해서 사용하는 '카르마'(*Karma*)가 아니다. 예수님은 자신의 죽음이 자유로운 순종의 행위임을 아셨고 우리도 그 사실을 알게 하신다.

예수님은 기도를 통해서 자신의 죽음으로 들어가시고 죽음을 통과해 가신다. 기도를 통해서 죽음은 뜻밖의 영역을 얻게 된다. 더 이상 막다른 골목이 아니라 부활의 전조가 된다. 종점이 아니라 시작이 된다. "우리는 끝에서 시작하게 된다"(T. S. 엘리엇). 예수님의 수난 기도, 예수님의 '죽음 기도'를 기도하면서 우리는 죽음이 우리에게도 의미가 달라지는 것을 경험하게 된다.

네 개의 수난 기도 중에서 제일 처음 드려진 "아버지의 이름을 영광스럽게 하옵소서"(요 12:28)는 이 죽음을 예견한다. "아버지여, 때가 이르렀사오니…"(요 17:1)는 우리에게 이 죽음을 준비시켜 준다. "나의 하나님, 나의 하나님, 어찌하여 나를 버리셨나이까"(마 27:46)로 시작되는, 십자가에서 돌아가시면서 드린 마지막 기도는 죽음 그 자체를 기도한다. "아버지여, 만일 아버지의 뜻이거든 이 잔을 내게서 옮기시옵소서…"(눅 22:42)라고 하는 이 세 번째 기도에서 예수님은 죽음의 진통 속으로 들어가시면서 우리도 그 고통에 포함시키신다.

겟세마네의 기도는 제자들이 성례전적으로 예수님의 살과 피를 먹고 마셨던 최후의 만찬과, 제자들이 그 예수님의 몸이 떼어지고 피가 쏟아지는 것을 목격하는 십자가 사이에 위치하고 있다.

그 배경은 겟세마네라는 이름의 동산인데, 그 뜻은 '기름 짜는 기계'다. 그 동산은 감람산 밑에 있었는데, 그 산에는 감람나무 과수원이 있었다. 기름 짜는 기계가 그 곳에 있었던 이유는 올리브 기름을 얻기 위해서였는데, 올리브 기름은 중동 지방의 음식 문화에서 기본이 되는 식품이다. 예수님과 제자들은 그 곳에서 "여러 번 모이셨다"(요 18:2, 새번역). 그 곳은 사람들이 자주 다니는 길을 약간 벗어나 있었는데, 예수님의 친구인 마리아와 마르다, 나사로의 집이 있는 산꼭대기의 베다니에서 시작되어 기드론 계곡을 지나 예루살렘으로 이어지는 주요 도로에서 약간 벗어나 있었다. "여러 번 모이셨다"는 표현은, 그 곳이 예수님과 제자들이 절기에 예루살렘으로 순례 여행을 올 때 기도하기에 적합하고 편리한 장소였음을 암시한다. 그 '기름 짜는 기계'에서 드린 기도는 예수님이 최후의 만찬 때 하신 말씀과 십자가에서 하신 일을 융합시켰다.

때는 성주간의 목요일 저녁이었다. 예수님과 제자들은 예루살렘에서 최후의 만찬을 가진 후에 찬송가를 하나 부르고 겟세마네로 기도하러 갔다. 예수님과 그 곳에서 자주 기도를 드렸기 때문에 그 장소를 잘 알고 있던 유다가 예수님을 배신하고 군인들을 이끌고 와서 예수님을 체포해 가게 했다. 이어서 두 차례의 형사 재판이 있었다. 첫 번째 재판은 대제사장 가야바의 집에서 한밤중에 시작되었고, 두 번째는 아침이 밝아 올 무렵에 로마 총독 빌라도 앞에서 이루어졌다. 종교와 정치의 사악한 동맹이 협력하여 예수님을 유죄로 몰았다. 예수님은 사형 선고를 받으셨다. 몇 시간 후 예수님은 시체가 된 채 십자가에 매달리셨다.

기록으로 남아 있는 예수님의 첫 번째 기도, 우리에게 기도의 핵심적 기초를 가르쳐 주시기 위해서 사용하신 주기도문은 두 묶음의 명령형으로 되어 있는데, 각 묶음마다 세 개의 명령형이 들어 있다. 첫 번째 묶음에서 우리는 하나님의 현존과 사역에 기도하며 참여하는 것을 배우게 된다. 두 번째 묶음에서는 그 현존 가운데 우리가 믿음과 신앙으로 참여하기 위해서 필요한 것을 하나님께 구하는 법을 배우게 된다. 세 개의 명령형으로 이루어진 각각의 묶음에서 우리는 의미의 강도가 갈수록 세어지는 것을 알수 있다. 각 묶음의 세 번째 간구는 앞의 두 간구에서 축적된 에너지를 풀어 자유롭게 한다.

십자가에 못박히시기 전에 드린 마지막 기도인 이 겟세마네의 기도에서 예수님은 주기도문 각 묶음에 있는 세 개의 간구 중에서 세 번째 간구를 선택하신다. 겟세마네에서의 고통은, 예수님이 갈릴리에서의 초기 시절에 우리에게 기도를 가르치시면서 소개해 주셨던 내용들을 완성하고 채워 넣는다. 예수님은 첫 번째 묶음에서 하나님 아버지에 대한 명령형인 "(당신의) 뜻이 이루어지이다"를 선택하신다. 두 번째 묶음에서는 "시험"이라는 단어를 선택하셔서 우리를 향한 명령형에 삽입하신다.

"뜻이 이루어지이다"

예수님을 향한 하나님의 의도, 구원을 성취하는 하나님의 방식, 악한 자로부터 우리를 구출하시는 하나님의 방식. 이 간구는 주기도문 첫 부분에 나오는 날카롭고, 하나님을 지향하고, 실재를 규정하는 세 개의 명령형들을 결론짓고 요약하는 간구다. 그 세 개의 명령형은 믿음으로 순종하는 삶을 살기 위한 든든한 기초를 놓아서 우리가 예수님의 방식에 대해서 깨어 있고 현존하게 해준다. **이름이 거룩히 여김을 받으시오며, 나라가 임하시오며, 뜻이…이루어지이다.** 순서대로 나오는 각각의 명령형은 에너지를 끌어모으면서 그 강도가 더해진다. 마치 용수철이 갈수록 탄탄하게 사리를 틀고 있다가 한 번의 자극에 튕겨 나가듯이 말이다. 이 기도에서 그것을 튕겨 나가게 하는 말은 **하늘에서와 같이 땅에서도**이다.

이 말과 함께 세 개의 명령형은 서로 융합되어, 예수님을 모든 것을 부활로 바꿀 죽음을 기꺼이 받아들이는 순종으로 이끈다.

"시험에 들지 않게 깨어 기도하라"

지금은 위기의 때다. 이 겟세마네 기도 모임 때보다 더 위험한 때가 없었다. 예수님이 직면하고 계신 것을 우리도 직면하고 있다. "시험에 들지 않게 깨어 기도하라"(마 26:41).

예수님은 주기도문 두 번째 묶음에 나오는 세 번째 간구에서 '유혹'이라는 단어를 선택하신다. **우리에게 일용할 양식을 주옵시고…우리 죄를 사하여 주옵시고, 우리를 시험에 들게 하지 마옵시고 다만 악에서 구하옵소서.** 이것은 하나님의 이름을 거룩하게 하고, 하나님의 나라가 임하고, 하나님의 뜻을 행하는 일에 순종하며 참여하기 위해서 우리에게 필요한 것을 구하는 명령형들이다. 시험의 때, 유혹의 때에 도움을 구하고 악으로부터의 구출을 구하는 이 간구도 강도가 더해지는 일련의 간구들 중에서 세 번째로 오는 간구다. 주기도문에서 이 구절을 떼 내어 겟세마네의 기도에 집어넣으심으로써 예수님은 우리가 이 구원의 삶에 대해서 깨어 있고, 현존하고, 순종하는 일에 주의를 기울이신다. 우리가 시련을 받아들이고 시험을 당하며, 부름받은 영역에서 도망

가거나 그것을 버리고픈 유혹을 거절하며, 십자가에서 등을 돌려 친숙하고 힘이 훨씬 덜 드는 갈릴리로 돌아가 예수님에 대한 진리를 가르치고 예수님을 따라 착한 일을 하는 판에 박힌 종교적인 삶에 안착하기를 거절하는 일의 중요성에 관심을 쏟으신다.

예수님은 이 기도를 제자들 가운데서 드리셨다. 예수님은 제자들도 자신과 함께 그리고 자신을 위해서 기도하기를 바라셨다. 그들은 함께 기도하기 위해서 그 동산에 같이 있었다. 그러나 그들은 그렇게 하지 않았다. 예수님은 베드로와 야고보와 요한 세 명을 따로 데리고 가셔서 그들에게 말씀하셨다. "내 마음이 매우 고민하여 죽게 되었으니 너희는 여기 머물러 나와 함께 깨어 있으라"(마 26:38). 그러고서 예수님은 가서서 그 고통스러운 겟세마네의 기도를 드리셨다. "내 아버지여, 만일 할 만하시거든 이 잔을 내게서 지나가게 하옵소서. 그러나 나의 원대로 마옵시고 아버지의 원대로 하옵소서." 제자들에게 돌아와 보니 그들은 자고 있었다. 예수님은 그들을 꾸짖으셨다. "너희가 나와 함께 한 시간도 이렇게 깨어 있을 수 없더냐. 시험에 들지 않게 깨어 기도하라. 마음에는 원이로되 육신이 약하도다"(마 26:40-41). 이 장면이 두 번 더 반복된다. 예수님은 세 번이나 제자들에게 함께 기도하자고 하셨다. 그들은 세 번 다 잠들어 버렸다.

그러고는 기도 모임이 끝났다. 예수님은 그 날 밤부터 다음 날 아침까지 일어날 모든 일을 직면하실 준비가 되셨다. 예수님은 두 번의 재판을 받을 준비가 되셨고, 죽을 준비가 되셨고, 십자가를 받아들일 준비가 되셨다. 그러나 제자들은 준비가 되어 있지 않았다. 불과 한 시간 만에 "제자들은 모두, 예수를 버리고 달아났다"(마 26:56, 새번역).

누가는 겟세마네의 장면에 다음의 내용을 덧붙이고 있다. "예수께서 힘쓰고 애써 더욱 간절히 기도하시니 땀이 땅에 떨어지는 핏방울같이 되더라"(눅 22:44). 십자가에서의 고통은 이 기도의 고통 없이는 불가능했을 것이다. 기도는 나중에 우리가 순종하게 되는 상황과 조건에서 일어날 일을 먼저 우리 안에서, 우리의 정신 안에서, 우리의 영혼 깊은 곳에서 성취해 낸다. 꿋꿋하게 견디는 것으로는 불가능하다. 맹렬한 결심으로도 불가능하다. 모범적인 삶으로도 불가능하다.

모든 사물과 사람에게는 내면이 있다. 기도는 표면 밑으로 내려가 문제의 본질을 꿰뚫는다. 단순한 행위와는 달리 기도는 즉각적인 평가나 검증을 받지 않는다. 우리가 '결과'에 중독되어 있다면 빠르게 기도에 대한 흥미를 잃을 것이다. 기도할 때 우리는 자발적으로 하나님이 하시는 일에 참여하게 된다. 하나님이 정확하게 무엇을 하시는지, 어떻게 하시는지, 우리가 언제쯤이나 사태를 파악할 수 있을지(파악하게 되기라도 한다면)를 알지 못해도, 자발적으로 그 일에 참여하게 된다.

니케아 신조가 고백하듯이 "우리를 위해서…그리고 우리의 구원을 위해서" 그 다음 날 십자가에서 일어난 사건의 본질적인 요소는 예수님이 그 날 밤 드리신 기도에서 이미 형성되었다. 기도 없는 행동은 그저 표면적인 것에 불과하다. 기도 없는 삶도 효과적인 행동을 낳을 수 있고 놀라운 일들을 성취할 수 있지만, 내면성이 개발되지 않으면 창조와 구원이 이루어지고 사람들이 하나님의 방식을 편안하게 받아들이고 그 방식에 현존하게 되는 관계의 깊이와 얽힘 안으로 결코 들어가지 못할 것이다. 성부, 성자, 성령 하나님의 이름이 거룩히 여김을 받고, 그분의 나라가 임하게 되고, 그분의 뜻이 이루어지는 그 방식들 안으로 결코 들어가지 못할 것이다.

19

십자가에서 기도하시는 예수님
••• 마지막 일곱 말씀

"그리스도는 이 세상 끝날까지 고통 중에 계시다."
- 샤를 페기

죽음은 예수님의 인생을 규정하는 행위('이유')다. "내가 이를 **위하여** 이 때에 왔나이다"(요 12:27). 예루살렘 바로 바깥에서 금요일 정오에서부터 오후 세 시까지, 그 죽음은 세 시간이 걸렸다. 예수님은 죽으시면서 기도하셨다. 한 문장으로 된 일곱 개의 기도를 드리셨다. 그 일곱 개의 기도를 다 기록한 복음서 저자는 없다. 마태와 마가가 하나의 기도를 기록했고(마 27:46; 막 15:33), 누가가 또 다른 세 개를 기록했고(눅 23:34, 43, 46), 요한이 마지막 세 개의 기도를 기록했다(요 19:26-27, 28, 30).

일곱 개의 '십자가상의 말씀'은 여러 전례에서, 말씀하셨다고 추정되는 순서대로 읽히거나 노래로 불렸다. 나는 그 일곱 개의 기도를 우리가 가진 사복음서의 정경에 나오는 순서대로 여기에서 다루었다. 인과 관계의 연쇄로서가 아니라 각 기도를 일종의 모자이크나 콜라주처럼 동시에 존재하는 형태로 다루기 위해서다. 각각의 기도는 독립적으로 존재하지만 그 어느 것도 다른 기도와 격리된 채로 존재하지는 않는다. 이 일곱 개의 문장으로 기도하면 내적인 응집성이 생기게 된다. 순차적인 목록이 아니라 리듬과 조화 가운데 그 일곱 개의 문장이 하나가 된다.

교회라는 기도하는 공동체는 예수님의 현존을 연습하기 위해서 죽어가는 우리 구세주께서 하신 이 마지막 말씀을 기도했다. 우리는 우리의 구원이 일구어지는 이 신비, 이 "깊은 곳"(시 130)에 우리의 영혼을 푹 담근다. 우리는 우리의 죽음이 예수님의 죽음에 부합하기를 바란다. 예수님의 희생적인 삶에 부합하여 우리 자신의 모든 존재를 자발적인 제물로 바치고 그 부활을 목격하는 증인이 되기를 바란다.

예수님의 죽음은 진짜 죽음이다. 역사적인 사실이다. 예수님의 생애 가운데서 예수님의 죽음만큼 세밀하게 기록된 것이 없다. "죽으시고 장사된 지"라고 우리의 사도신경은 고백하고 있다. 그것은 우리들의 죽음과 모든 면에서 동일한, 물리적인 죽음이다. 심장박동이 멈추고, 숨이 멈추고, 뇌가 멈추었다. 체온도 급격하게 떨어졌다. 죽으셨다. 그러나 예수님의 죽음에는 맥박이나 호흡과 같은 생명 징후가 멈춘 것 이상의 훨씬 더 큰 의미가 있었다.

구원이 성취된 것이다. 예수님의 죽음을 통해서 거룩한 사건이 일어났다. 예수님의 죽음, 예수님의 자발적이고 희생적인 죽음은 죽음을 가져오는 이 세상의 죄악을 위한 제물이었다. 죽음을 정복한 죽음, 죽음 자체의 죽음이었다.

이것은 참으로 위대한 신비다. 이 우주에서, 하늘과 땅에서 가장 위대한 신비이며, 엄격하게 말해서 깊이를 헤아릴 수 없는 신비다. 우리 가운데 최고의 지성을 가진 사람들이 이를 이해해 보려는 시도를 하지 않은 것은 아니다. 그들의 생각과 기도가 전혀 쓸모 없는 것도 아니다. 그들은 삼위일체의 심오하고도 영원한 작용에 대한 통찰력을 주기도 하고 언뜻언뜻 그것을 들여다보게도 해주어서, 우리의 인생이 근본적으로 그리고 포괄적으로 다시 창조되는('속죄, 치유, 회복, 용서'라고 우리가 그토록 힘차게 노래하는) 이 구원의 신비에 전적인 문외한이 되지 않게 해준다. 그러나 우리는 결국 십자가와 우리의 구원 사이의 내적인 작용을 이해하는 일에 있어서는 '하나님이 일하시는 방식의 변두리'만 맴돌 뿐이라는 사실을 깨닫게 된다.

이러한 신비가 그리스도인이 살고 죽고, 믿고 사랑하고, 용서하고 용서받는 방식을 형성한다. 이는 우리가 그저 그 앞에 서서 호기심에 찬 질문을 던지는 신비가 아니라 우리가 그 안에 거하는 신비다.

십자가에서의 예수님의 죽음은 물리적이고 역사적인 차원에서 비교적 쉽게 이해하고 설명할 수 있다. 그러나 십자가에서 이루신 구원은 그렇게 설명할 수 없다. 그 죽음에 대한 해부학적인 관심 때문이 아니라 바로 그 죽음이 이루어 낸 구원 때문에, 우리는 계속 반복해서 십자가로 돌아오게 된다. 예수님의 죽음을 다시 방문하는 것은, 우리가 사랑했던 죽은 자들을 또렷이 기억하기 위해서 꽃을 들고 공동 묘지를 방문하는 것과는 다른 일이다. 우리는 추모하거나 예를 표하기 위해서 십자가로 가는 것이 아니다. 우리는 우리를 위해서 죽으시는 예수님과 함께 우리 자신이 날마다 죽는 것의 의미를 파헤치기 위해서 십자가로 나온다.

성 바울은 우리에게 그러한 의미를 탐색할 수 있는 언어적 도구를 주었다. 예수님의 죽음이 가지는 이러한 영원성의 차원에 참여하는 행위로서 우리 자신의 죽음을 날마다 기도할 수 있는 언어를 주었다. 바울이 "내가 그리스도와 함께 십자가에 못박혔나니"(갈 2:19)라고 쓴 것은, 자신이 경험한 예수님의 죽음이 가지는 구원의 차원을 탐색하는 것이었다. 그가 "나는 날마다 죽노라"(고전 15:31)라고 쓴 것은, 예수님의 길을 따라 십자가로 가면서 자신이 살아 있는 날 동안 날마다 자신의 삶을 희생 제사로 드리고 있음을 증언하는 것이었다. 그가 자신의 형제자매 그리스도인들에게 "너희가 죽었고 너희 생명이 그리스도와 함께 하나님 안에 감추어졌음이라"(골 3:3)라고 쓴 것은, 예수님의 죽음이 일으키는 구원의 작용에 그들이 참여하도록 이끌기 위해서였다. 그가 자신도 예수님처럼 로마의 사형 집행을 받을 처지에서 감옥에 갇힌 채 "죽기까지 복종하셨으니 곧 십자가에 죽으심이라"는 편지를 쓴 것은, 자신의 독자들에게 "너희도 그리스도와 같은 마음을 품으라"고 촉구하기 위해서였다(빌 2:5-8).

그리스도인들은 두 번 죽는다. 첫 죽음은 우리가 예수님을 따르기 시작할 때 오는 죽음이다. 우리는 자신을 부인하고, 자신의 십자가를 지며, 교만하게 혼자 고립되어 사는 것이 아니라, 예수님의 희생적 동반 가운데 순종과 믿음의 삶을 살기로 선택한다.

예수님이 자신의 죽음을 기도하실 때 우리도 예수님과 함께 기도한다. 그렇게 할 때 우리의 죽음은 예수님의 죽음에 포함된다. 그 기도는 우리가 그리스도의 이름으로 세례를 받고 부활의 증인이 될 때의 그 죽음을 받아들이고 수용하게 하는 기도의 방식이다. 우리는 세례를 받음으로 그리스도와 함께 죽었기에 또한 그리스도와 함께 부활할 것을 증언한다(롬 6:5-11).

예수님은 십자가에서 자신의 죽음을 기도하시기 전에 우리에게 자신이 죽으시는 것처럼 우리도 죽을 것을 명령하셨다. "아무든지 나를 따라오려거든 자기를 부인하고 자기 십자가를 지고 나를 좇을 것이니라"(마 16:24). 이 말은 "…십자가에서 죽는 나의 죽음에까지 나를 따라오라"는 뜻이다.

죽음은 피조된 인간으로 사는 데 타협할 수 없는 요소다. 그리고 죽음은 예수님을 따르는 데서도 타협할 수 없는 요소다. 그러한 죽음에 수반되는 것들을 받아들이는 (유일하지는 않지만 놓치기에는 너무 아까운) 한 가지 방법은, 죽어가시면서 기도를 드리신 예수님과 함께 그 일곱 개의 문장들을 기도하는 것이다.

그러나 '캐비엇 오라토르'(*caveat orator*). 기도하는 자여, 주의하라. 십자가에서 죽어가시는 예수님과 함께 기도하고 묵상하라는 말은 죽음에 병적으로 집착하라는 말이 아니다. 그리스도인들이 그리스도의 공동체 안에서 고행의 실천에 매달림으로써 십자가에 달리신 예수님의 고난을 경험하고 전유하고자 했던 때가 있었다. 그들은 극단적인 금식, 고의적인 수면 부족, 거친 옷 입기, 자기 채찍질(중세의 '훈육') 등의 행위를 했다. 웃지 않는 훈육을 하겠다고 마음먹은 어느 수사의 이야기를 나는 무척 좋아한다. 예수님이 고난받으시는데 어떻게 웃을 생각조차 할 수 있겠는가? 그것은 신성 모독이다! 그러자 한 동료 수사가 격분해서 그에게 말했다. "그래, 그렇게 우울하게 지내시게. 하지만 당신 혼자 있을 때만 그렇게 하게. 괜히 주변에 있는 사람들까지 다 우울하게 만들지 말고."

그와 같은 실천이 금욕의 차원에서는 영웅적으로 보일지 모르지만, 무언가 교만과 흡사한 것이 포함되어 있다는 의혹이 든다. 스스로에게 부과한 고통, 결핍, 고난이 예수님이 십자가에서 이루신 일에 무언가를 더하거나 기여할 수 있다는 생각이 전제되어 있는 것 같다. 예수님의 죽음은 "단번에 죄를 위하여 죽으사 의인으로서 불의한 자를 대신"(벧전 3:18)하고 "이 세상 전체의 죄를 위한 완전하고, 완벽하고, 충분한 희생"을 하신 것임에도 불구하고 말이다.¹⁾

우리는 모든 기도를, 그리고 무엇보다도 십자가에서 드리신 이 기도를 빈 무덤, 부활의 자리에서 시작한다. 우리는 부활에서부터 시작한다. 예수님의 죽음(그리고 우리의 죽음)은 부활을 벗어나서는 이해할 수도 없고 참여할 수도 없다. 십자가와 부활은 남극과 북극이다. 분리되지 않은 하나의 구원의 세계에 있는 진정한 복음의 양극이다. 두 극 중에서 하나라도 없애면 구원은 지탱되지 못한다. 예수님의 무덤에서 부활이 일어나지 않았다면 우리는 예수님이 십자가에서 드리신 기도를 드리지 않을 것이다. 이 고난과 이 죽음은 속죄의 원료들이다. 십자가는 부활에 흡수되고 부활에서 변형된다. 부활은 십자가의 죽음을 포함하는 것이지 십자가의 죽음에 부록으로 덧붙여진 것이 아니다. 죽음에 대한 병적인 집착(고난에 신경증적으로 집착하는 것)이나 피학증(스스로에게 부과하는 고난)은 구원의 속죄에서 설 자리가 없다. 십자가에 다가가는 우리의 기본적인 자세는 감사다.

역사적 사실이건 신학적 사실이건, 부활이 없다면 우리는 십자가에서 드려진 이 기도를 드리지 않을 것이다. 십자가에 달리신 예수님의 고통은 부활의 시작이다. 마태복음 27:51-52을 인용하면서 한스 우르스 폰 발타자르(Hans Urs von Balthasar)는 이렇게 힘차게 표현했다. "땅의 갈라짐은 지옥의 문을 열고, 파헤쳐진 무덤은 그 몸들을 부활로 해방시킨다."[2]

십자가에서 드리신 예수님의 일곱 개의 기도는, 우리가 날마다 죽으면서 예수님과 함께 기도할 수 있는 은유다. 그러나 은유라고 해서 그 실제성이 줄어드는 것은 결코 아니다.

1. "엘리, 엘리, 라마 사박다니…나의 하나님, 나의 하나님, 어찌하여 나를 버리셨나이까?"(마 27:46; 막 15:34)

죽음은 우리가 정박하고 있던 어떤 것으로부터 우리를 단절시킨다. 그것은 최종적 추방이다. 그리고 궁극적인 불가해성이다. 나는 더 이상 거기에 속해 있지 않다. 더 이상 거기에 들어맞지 않는다. 그리고 내게는 아무런 설명도 주어지지 않는다. 예수님을 따라 십자가의 길을 가면서 우리가 경험하는 이와 같은 은유적인 작은 죽음들은, 많은 그리스도인들이 습관적으로 기도하는 '잘 죽는 죽음'을 예견하고 그것을 위해 준비시켜 준다. 이 작은 죽음들(그리고 때로는 그렇게 '작지만은' 않은 죽음들 즉 막다른 골목, 거절, 당황, 냉대, 유기, 답을 얻지 못한 질문들, 잘못 들어선 길) 각각은 죽음의 그림자들이다. 우리는 수천 번 그렇게 죽은 후에야 비로소 진짜로 죽어 땅에 묻힌다.

하나님에 대한 신앙은 실재로부터 도피하는 것이 아니다. 하나님에 대한 신앙은 실재의 모든 양상으로 뛰어드는 것이며, 그러한 실재 중에서 결코 작지 않은 부분은 바로 죽음이다. 우리에게 하나님을 계시해 주시는 예수님을 믿고 따르면서 얻는 위로와 힘이 분명히 있다. "날마다 우리 짐을 지시는 주, 곧 우리의 구원이신 하나님을 찬송할지로다"(시 68:19). "주의 지팡이와 막대기가 나를 안위하시나이다"(시 23:4). "너희 하나님이 이르시되, 너희는 위로하라. 내 백성을 위로하라"(사 40:1). "찬송하리로다. 그는 우리 주 예수 그리스도의 하나님이시요, 자비의 아버지시요, 모든 위로의 하나님이시며, 우리의 모든 환난 중에서 우리를 위로하사 우리로 하여금 하나님께 받는 위로로써 모든 환난 중에 있는 자들을 능히 위로하게 하시는 이시로다"(고후 1:3-4). "너희는 마음에 근심하지도 말고 두려워하지도 말라"(요 14:27).

그러나 우리가 예수님을 따라 (우리에게 주어진 유일한 길인!) 십자가의 길을 가게 되면, 우리가 참으로 싫어하는 상황에 처하게 되기도 한다. 정말로 역겨운 사람들을 대해야 할 때도 있고, 우리 자신 안에 있는 수치스럽고 부끄러운 면들을 발견하기도 한다. 그럴 때 우리는 우회로나 지름길을 찾는다. 주제를 바꾸고 싶기도 하다. 중간 중간에 만나게 되는 모든 죽음과 죽어감을 피해 갈 수 있는 구원의 대안 노선을 찾고 싶어진다. 그러나 「오즈의 마법사」에 나오는 도로시도 노란 벽돌 길을 가면서 결코 쉬운 여행을 하지 않았고, 그녀의 동료들이 그 길을 더 평탄하게 만들어 준 것도 아니다.

죄와 악 그리고 ('최후의 적'인) 죽음 즉 이 세상의 모든 문제를 다루는 예수님의 방식은 그 한가운데로 걸어가서 바로 그 자리에서 구원을 이루시는 것이다. 그리고 예수님은 우리도 그 일을 함께 하기를 원하신다.

그것은 쉽지 않다. 그리고 그 누구도 그것이 쉽다고 말하지 않았다(적어도 우리 신앙의 선조들은 그랬다). 예수님께도 그것은 쉽지 않았다.

십자가에서 드리신 첫 번째 기도는 하나님을 믿는 삶에서 우리가 겪을 수 있는 최악의 상황을 보여 준다. 그것은 바로 하나님으로부터 완전히 버림받는 경험이다. 완성으로서의 죽음, 천국의 문 앞에 만족스럽게 도착하는 죽음, 하나님이 '집에 온 것을 환영'하며 맞이해 주시는 죽음이 아니라, 무로서의 죽음, 밤으로서의 죽음을 경험하게 된다.

여기에는 아무도 예외가 없다. 심지어 예수님도 예외가 아니었다. 예수님은 특히나 예외가 아니었다.

구원의 길을 따라서 예수님을 따르는 그리스도인들이 불가피하게 겪는 놀라운 경험 중 하나는, 살아 있든 죽었든 참으로 많은 사람들이 (하나님이나 배우자, 자녀, 친구 등으로부터) 버림받는 경험을 하고 그 절망 앞에 "왜?"라고 외치는 모습을 본다는 것이다. 우리는 버림받음에서 오는 예수님의 외침이 메아리가 되어 우리 교회와 가정의 벽에 이리저리 부딪치며, 지나온 역사의 복도로 반복해서 들려오는 소리를 듣게 된다.

그리고 아무리 오랫동안 주의해서 듣는다 하더라도 우리는 결코 "왜?"라는 질문에 대한 답을 듣지 못한다.

예수님이 "왜?"라고 기도하실 때 우리도 함께하는 것이 우리에게 도움이 될까? 나는 그렇다고 생각한다.

우리가 "왜?"라고 기도할 때 예수님이 우리와 함께하시는 것이 우리에게 도움이 될까? 나는 그렇다고 생각한다.

하나님으로부터 버림받은 느낌을 올려 드린 기도가 예수님 자신이 어렸을 때 배운 기도였다는 사실을 깨닫는 것이 도움이 될까? 그 기도는 시편 22편의 첫 번째 행에 나오는 기도다. 그 시편은 매우 고통스러운 고립, 감정적인 유린, 신체적인 통증을 표현하는 시편이다. 또한 "큰 회중"(25절) 앞에서 "그의 얼굴을 그에게서 숨기지 아니하시고 그가 울부짖을 때에 들으셨도다"(24절)라고 증언하는 것으로 마치는 시편이다. 이 시편이 시작과는 다르게 끝난다는 사실을 아는 것이 우리에게 도움이 될까? 나는 그렇다고 생각한다.

그리고 이 기도가 십자가에서 드려진, 마지막이 아닌 첫 번째 기도라는 사실을 아는 것이 도움이 될까? 예수님은 계속해서 기도하고 계시다. 어린 시절의 순수함으로부터 뜯겨진 기도의 파편들, 깨어진 삶으로부터 나오는 깨어진 기도의 조각들은 예수님과 함께 있을 때 다시 한데 모이게 된다. 예수님은 아직 기도를 끝내지 않으셨다. 그리고 우리도 마찬가지다.

2. "아버지 저들을 사하여 주옵소서. 자기들이 하는 것을 알지 못함이니이다"(눅 23:34)

여기에서 "저들"(예수님을 죽이는 사람들)의 정체를 다시 한 번 생각해 보는 것이 좋을 것이다. 그들 중 일부의 이름을 우리는 알고 있다. 신성 모독이라는 죄목의 종교 재판을 관장했던 대제사장 가야바, 치안방해죄에 대한 정치적 재판을 관장했던 로마 총독 본디오 빌라도, "죄인의 손"(마 26:45)에 예수님을 넘겨줌으로써 배신한 유다, 예수님이 체포되실 때 "다 예수를 버리고 도망한"(마 26:56) 열한 명의 제자들, 대제사장의 뜰에서 예수님을 부인함으로써 제자들의 집단적 비겁함을 배가시킨 베드로, 군인들의 손에 자신의 옷을 남겨 두고 벌거벗은 채로 마치 겁먹은 토끼처럼 도망감으로써 예수님의 체포 사건에 휘말릴 뻔했던 위기를 모면힌 젊은 남자. 그리고 어쩌면 예수님 대신에 사면을 받은 바라바도 포함되지 않을까? 비록 그가 무죄한 구경꾼에 불과했을지라도 말이다. 그 외의 사람들의 이름은 언급되지 않고 있다. 예수님의 갈증을 해소해 준답시고 신포도주를 줌으로써 더 크게 예수님을 조롱하며 모욕한 군인들, 예수님 바로 옆의 십자가에 달린 채 예수님을 비웃은 범죄자.

그들은 자신들이 무엇을 하고 있는지 알았을까? 이름이 밝혀졌든 그렇지 않았든 그들 중 누구라도 법정에 피고로 소환된다면, 자신의 무죄를 입증하기 위해서 정말로 똑똑한 변호사를 고용해야 할 것이다.

날조된 혐의로 재판을 받으시는 예수님. 종교 법정과 세속 법정이 합세하여 예수님에 대해 유죄 판결을 내리고 사형을 선고했다. 구경꾼과 친구들 모두가 마치 가라앉는 배 안의 쥐들처럼 사방으로 흩어졌다. 그런데 예수님은 무엇을 하시는가? 그들 자신이 무슨 일을 하고 있는지 모른다는 근거에서 그들에 대한 죄책을 면제해 주신다. 하나님 아버지께 그들의 용서를 위해서 기도하신다.

예수님이 드리신 이 기도를 따라 드리기로 선택하는 사람들에게 이 사실은 참으로 정신이 번쩍 들게 하는 사실이 아닐 수 없다. 우리에게는 정의가 시행되어야 한다고 주장할 의무가 있는 것이 아닌가? 이 땅의 법이 지켜지게 해야 할 책임이 있는 것이 아닌가? 부도덕함과 범죄가 어떠한 방법에 의해서든(법 제정에 의해서든, 무력에 의해서든, 투옥에 의해서든, 전쟁에 의해서든, 처형에 의해서든, 설교에 의해서든) 사회와 국가로부터 말살되도록 해야 하는 것이 우리의 의무 아닌가?

게다가 이 문제를 개인적이고 일상적인 우리 이웃과 가족의 차원으로 가져온다 하더라도, 우리가 부당한 취급을 받으면 우리는 그것을 그냥 받아들이고만 있는가? '나를 밟고 가시오' 하는 식의 페르소나를 계발해서 비열하고 폭력적이고, 무례하고 공모를 일삼는 사람들이(그들이 부모건 배우자건, 고용주건 이웃이건, 자녀이건 친구이건) 우리를 이용하고, 우리의 권리를 침해하고, 우리를 속이도록 그냥 수동적으로 내버려두고는 개미만한 목소리로 "아버지여, 저들을 용서하여 주소서" 하고 마는가?

이러한 질문들은 대체로 수사적인 질문들이며, "당연히 아니지요! 내게도 권리가 있습니다! 그 누구도 나더러 이래라 저래라 할 수 없습니다"라는 대답을 이끌어 내려는 의도를 가지고 던져진다. 그렇기 때문에 이러한 질문들은 용서를 더 이상 우리가 고려해야 할 문제로 여기지 않게 하는 효과를 발휘한다. 적어도 우리의 이권이 개입되어 있을 때는 말이다. 만약에 이러한 질문들이 그러한 성과를 거둔다면, 즉 예수님의 용서 기도를 제거하는 성과를 거둔다면, 그것은 마귀가 우리의 삶에 은근히 심어 준 질문들이다.

정의는 복잡힌 문제다. 유죄와 무죄를 결정하고 범죄를 방지하고 약하고 불행한 사람들을 보호하는 법과 법정의 세계는, 언제나 유대 사회와 기독교 사회를 포함해서 모든 정치적 사회적 체제의 근본 기둥이었다. 세계 곳곳에서 그리고 온 역사를 통해서 '정의'라는 제목 하에 축적된 지혜가 참으로 많다. 우리는 정의 없이는 기능할 수가 없다. 우리의 안전과 정신적 건강을 위해서는 정의를 집행하는 사람들이 꼭 있어야 한다. 성경의 예언자들과 사도들이 가장 힘 있고 강력하게 말하는 주제 중 하나가 바로 이 정의다.

그럼에도 불구하고 정의는 결정적인 발언이 될 수 없다. 모든 잘못의 문제, 모든 죄의 문제, 이 세상과 우리의 잘못된 문제, 우리의 적과 우리 친구의 모든 잘못된 문제에 대한 결정적인 발언은 용서다.

나는 정의를 논의의 대상에서 제외함으로써 정의와 용서 간의 긴장을 제거하려는 것이 아니다. 죄의 미묘함과 악의 완고함으로 미루어 볼 때, 정의가 시행되지 않는다면 우리는 이내 도덕적 무정부 상태와 정치적 대혼란 속에서 살게 될 것이다. 그러나 나는 예수님이 기도하신 이 용서가 우선이라는 생각을 우리 삶에 다시 도입하고자 한다. 죄와 불의와 악의 문제에 대해서 예수님이 하신 마지막 기도는, 정의가 아니라 용서를 위한 기도다. 용서의 행위가 정의에 대한 관심을 배제하지는 않지만, 용서는 복음의 증언과 관련된 일들에 인격적인 차원을 도입해 준다.

예수님의 용서 기도를 드림으로써 우리의 정신은 복수가 아니라 연민을, 노여움이 아니라 이해를, 중성화된 이방인에 대한 거절이 아니라 죄인인 형제 자매에 대한 수용을 훈련하게 된다. 이 기도는 또한 "자기들이 하는 것을 알지 못할" 가능성의 여지를 남겨 둔다. 좀더 자세히 말하자면, 그들은 자신들이 하나님의 형상을 다치게 하고 있거나 모독하고 있다는 사실을 모르며, 자신들이 "여기 내 형제 중에 지극히 작은 자 한 사람"(마 25:40)을 속이거나 그들에게 영구적인 손상을 주고 있다는 사실을 모른다.

우리는 죄가 들끓고 폭력이 난무하는 세상에서 살고 있다. 날마다 미디어를 통해서 그러한 소식을 읽고 본다. 그리고 비록 경찰 일지에는 보고되지 않을지라도 우리 자신도 가정과 일터와 동네에서 하루에도 여러 차례 그러한 죄와 폭력에 직면하게 된다. 십자가에서 예수님이 드리신 기도를 드리는 결과로서 내가 주장하고자 하는 것은, 우리의 삶을 격하시키거나, 다치게 하거나, 소멸시켜 버리는 모든 사람에 대한 우리의 첫 번째 반응이 용서가 되어야 한다는 것이다. 물론 살면서 사회가 다루어야 하는 정의의 문제들이 분명히 있을 것이고, 그러한 문제에 참여하는 것이 중요하기도 할 것이다. 우리 사회에는 판사와 검사들이 있고, 경찰과 배심원이 있으며, 우리들 중에서도 그러한 직업을 가지고 정의를 추구하고 지키는 사람들이 많다. 그러나 "아버지여, 저들을 용서하여 주소서"라고 말할 수 있는 사람이, 예수님과 함께 그 기도를 드릴 줄 아는 그리스도인들 말고 누가 있겠는가? 정의는 정말로 중요하다. 그러나 정의가 아무리 중요하다 하더라도 용서가 더 중요하다. 기도하는 그리스도인은, 기도하는 예수님처럼 무엇보다도 비인격적인 정의의 대리인이 아니라 인격적인 용서의 전달자이며 부활의 증인이다.

그러한 용서는 나긋나긋한 감상주의가 아니다. 그것은 날카로운 복음이다. 그러한 용서는 도덕을 대수롭지 않게 여기는 것이 아니다. 그것은 십자가라는 용광로에서 다져져 하얗게 열을 발산하는 부활의 사랑이다.

예수님 옆의 십자가에 달린 범죄자가 정당하게 사형 선고를 받았다고 할 때(그 사람 자신이 그렇게 말했다), 예수님의 기도에서 그 선고가 무효가 된 것은 아니다. 그 범죄자는 자신의 범죄 때문에 죽었다. 그러나 용서가 정의를 이겼다. 항상 그렇다.

3. "[예수님과 나란히 십자가 처형을 받은 범죄자 중 한 사람이] 이르되 예수여 당신의 나라에 임하실 때에 나를 기억하소서 하니, 예수께서 이르시되 내가 진실로 네게 이르노니 오늘 네가 나와 함께 낙원에 있으리라 하시니라"(눅 23:42-43)

십자가에서 드려진 기도 모자이크 중에서 다음에 나오는 조각은 범죄자의 기도에 대한 응답이다. 이것은 십자가에서 예수님과 이웃해 있었던 사람에 대한 예수님의 개인적 답변이다. 그 사람은 이제 막 예수님이 자신의 유죄 판결과 사형 선고에 책임이 있는 모든 사람을 용서하시는 것을 들은 범죄자였다. 이 범죄자의 기도는 이렇다. "…나를 기억하소서." 그 기도에 대한 예수님의 대답은 즉각적이고 아무런 조건도 덧붙이지 않은, "진실로"이다. 그리고 "오늘"이다.

죽음 이후의 삶은 인류의 영원한 관심사다. "다음에는 무엇이 오지? 뭐가 더 있나? 만약에 무언가가 더 있다면, 그건 무엇일까? 예루살렘의 황금 길을 거닐까…불과 유황의 지옥이 있을까…연옥에서 회개하게 될까…영매와 '매개자'들이 시키는 대로 하는 그림자 같은 인생을 살까…소나 기린으로 환생하게 될까?"

그러나 21세기에 와서는 이 질문을 하는 사람들이 줄어든 것 같다. 50년이 넘게 미국인 목사로 살아온 나의 경험상, 사람들이 가장 적게 하는 질문 중 하나가 바로 이 질문이다. 그 질문을 던지는 횟수가 줄어들고 있다. 우리는, 적어도 부유한 서구에서는 넘치는 소비자의 안락과 놀라운 기술력이 죽음이 연기되고 있다는 인식을 사람들에게 꾸준히 심어 주고 있다. 일부에서는 심지어 불멸성의 환상까지 품고 있는지도 모른다. 우리가 충분히 오래 미룰 수만 있다면 누가 알겠는가, 혹시 죽음이라는 것이 아예 오지 않을 수도 있지 않겠는가.

의식을 가지고 살아가기 시작한 때부터 지금까지 나는 기독교 신앙을 적극적으로 믿고 그 신앙에 참여하며 살았지만, 솔직히 말해서 여기저기서 내가 엿듣게 되는 거의 모든 '천국과 지옥' 이야기에 싫증이 난다. 그러한 이야기들은 유아기의 환상과 청소년기의 이기심을 한데 모은 것처럼 들린다. 영원히 우리가 원하는 대로 실 수 있는 그 세상, 인생을 힘들게 만든 망나니에 대한 정당하고 만족스러운 응보가 이루어질 그 세상을 우리 나름대로 상상해서 투사한 것에 불과해 보인다.

골고다에서 자신의 이웃이 된 사람에게 예수님이 하신 대답은 '죽음 이후의 삶'에 대한 사람들의 관심에 초점을 맞추면서 동시에 그것을 단순화시킨다.

내가 무척 좋아하는 소설가인 프레드릭 뷰크너(Frederick Buechner)는 자신의 어머니와 나눈 대화를 기록한 회고록에 이렇게 쓰고 있다. 그의 어머니가 그에게 그가 정말로 "죽은 후에 어떤 일이든 **일어난다**"고 믿는지를 물었다. 그의 어머니는 귀가 멀었기 때문에 그는 "네!"라고 고함쳤다. 자신의 대답에 대해서 부연 설명을 하는 편지에서 그 아들은 자신의 어머니에게 자신의 신앙은 '직감'에 기초한다고 증언한다. "만약에 희생자와 희생시킨 자, 지혜로운 자와 어리석은 자, 너그러운 자와 무정한 자, 이들 모두가 똑같이 무덤에 묻히고 그것으로 끝이라면, 인생은 마치 블랙 코미디와 같을 것입니다." 그는 이어서 이렇게 썼다. 인생은 "마치 신비처럼 느껴집니다. 인생의 가장 내밀한 중심에는, 마치 '거룩'이 있는 것처럼 느껴집니다."[3]

그 범죄자의 기도에 대한 예수님의 응답에 비추어 볼 때 나는 뷰크너의 말이 참으로 적절하다고 생각한다. 예수님은 '오늘' 그와 함께 낙원 즉 천국에 있겠다고 약속하신다. 그러고는 거기에 아무것도 덧붙이지 않으신다. 아무런 추측도 없다. 예수님 자신 외에 또 어떤 것들이 거기에 연루되는지에 대한 아무런 추측이나 억측이 없다. 그걸로 충분하지 않은가? 명쾌하고 분명한 긍정 ("진실로", 뷰크너의 '네!'라는 외침과 대등한 표현), 그리고 복된 보증의 말, "나와 함께."

십자가에 달리신 예수님이 자신의 구세주이심을 처음으로 알아본 사람이 십자가형을 받은 범죄자라는 사실과, 그가 아무런 도덕적인 혹은 정당한 자격 없이 구원을 받았다는 사실은 참으로 의미심장하다. 그리고 그가 "나를 기억하소서"라고 기도한 그 순간에 그의 구원이 성취되었다. "오늘."[4]

죽음 이후의 삶에 대해서는 우리가 더 이해해야 할 것들이 있다. 그러나 이 사실 이외에 우리가 더 **알아야 하는** 것이 무엇이 있겠는가. 그러니까, 우리가 죽고 난 후에 무슨 일인가는 **일어날** 것이고 예수님이 거기에 계실 것이라는 사실 이외에 무엇을 더 알 필요가 있겠는가?"[55] 영원은 영속적인 미래가 아니라 영속적인 현존이다.

4. "아버지, 내 영혼을 아버지 손에 부탁하나이다"(눅 23:46)

예루살렘 바로 바깥에서 금요일에 로마 군인들이 골고다 언덕 즉 '해골 언덕' 꼭대기에 십자가를 세웠다. 당시에는 그 누구도 그 십자가가 천국과 지옥의 주요 교차점이 되리라고는 생각하지 못했다. 그러나 어느 금요일, 12시에서부터 3시 사이에 그 곳은 우주적인 충돌의 현장이 되었고, 그 효과는 세계 전역에 2천 년이 지난 오늘날까지 계속해서 미치고 있다. 그 잔해를 치울 때 무언가 전적으로 예상치 못했고 의도하지 않은 일이 일어났다는 것이 분명해졌다. 적어도 그 일에 관여한 사람들은 알았다. 그것은 지옥을 갈아엎고 이 세상에 구원이 임하는 사건이었다.

로마인들의 십자가로 이정표가 세워진 그 골고다의 교차점에서, 그 모든 세월의 증오와 두려움이 예수님의 살과 피, 정신 그리고 영혼과 충돌했다. 무작위적이고 아무런 매임도 없이 자유롭게 떠다니는 악의 파편들("십자가에 못박으라! 십자가에 못박으라!"고 소리치는 광분한 군중의 외침, 가야바의 가증스런 위선, 빌라도의 점잔 빼는 냉소주의, 조롱하는 군인들의 난폭함, 유다의 계산적인 배신)이 그 언덕 중심에 세워진 십자가 모양의 회오리 가운데로 다 빨려 들어갔다. 그 회오리의 중심에서 예수님은 못과 가시와 갈증으로 그 몸이 찢겨진 채 기도하셨다.

예수님이 십자가에서 드리신 다른 기도들처럼 한 문장으로 되어 있으면서도 다른 기도들과는 같지 않은 기도가 하나 있다. 그 기도는 그 십자가라는 상황에서 완전히 벗어난 것처럼 보이는 기도다. 어린아이와 같은 단순함으로 드려진 기도다. "아버지, 내 영혼을 아버지 손에 부탁하나이다." 이 기도는 아무것도 묻지 않는 신뢰의 기도였다. 많은 사람들이 어린 시절에 잠자리에 들기 전에 드렸던 기도를 연상시키는 그런 기도였다.

이제 내가 잠자리에 듭니다.
주께서 내 영혼을 지켜 주시기를 기도합니다.
내가 만약 잠에서 깨기 전에 죽는다면,
주께서 내 영혼을 가져가 주시기를 기도합니다.

이것은 아무것도 계산하지 않는 신뢰다. 아무것도 묻지 않고 모든 것을 아버지의 손에 의탁할 준비가 되어 있는 신뢰다. 축복의 손이 우리를 어루만지고, 우리를 안심시키는 애정의 목소리가 우리를 자리에 누이며 거룩한 천사들이 지켜보는 가운데 꿈도 꾸지 않고 푹 자게 해주는, 그러한 자신의 안녕과 안전과 보호를 마음 깊이 느끼는 가운데서 나오는 기도다.

그러나 예수님이 이 어린아이의 기도를 드리신 상황은 안전과 안정의 상황과는 거리가 멀어도 한참 멀었다. 그 십자가에 벌거벗은 채 달리신 예수님은 폭력과 치욕, 저주와 조롱을 당하셨다. "아버지, 내 영혼을 아버지 손에 부탁하나이다"라는 기도가 드려질 만한 상황이라고 상상할 수 있는 모든 것이 골고다라는 피의 학살 현장에서는 상상할 수 없다.

그러나 예수님과 함께 이 기도를 드리고자 한다면, 우리는 반드시 그것을 상상해야 한다. 만약 그렇게 하지 못한다면 우리는 예수님의 기도를 믿음 없는 체념의 기도로 희석시키게 될 것이다. 우리가 더 이상 아무것도 할 수 없는 상황에 대해서 '패배를 인정하며' 최종적으로 포기하고 굴복하는 기도로 희석시키게 될 것이다.

예수님께 그것은 포기가 아니었다. 예수님은 구원 사역 가운데로 들어가고 계셨고, 자신이 경험한 모든 것이 그 구원에 사용되고 있었다. 그리고 예수님은 어린아이를 편안하게 안아 주는 신체적·감정적 포옹 안에서 이 기도를 드리신 것이 결코 **아니었다**. 바울은 고린도의 그리스도인들에게 자기 자신이 "항상 예수의 죽음을 몸에(즉 **바울 자신의** 몸에) 짊어짐은 예수의 생명이 또한 우리 몸에 나타나게 하려 함이라"(고후 4:10)고 썼다. 그리스도인들이 바울이 한 것처럼 하는 방법 중 하나는 예수님이 십자가에서 드리신 기도를 십자가라는 맥락에서 드리는 것이다. 십자가에서 드리신 예수님의 기도 중 네 번째 모자이크는, 십자가라는 맥락 속에 계속 유지하면서 기도하기가 특히 어려운 기도다. 모든 것이 잘 되어 갈 때, 그리고 우리가 사랑하고 신뢰하는 사람들에게 둘러싸여 있을 때 어린아이처럼 긴장을 풀고 예수님의 품에 안기는 것은 할 수 있다. 그러나 골고다의 교차점에서 무방비 상태로 공격을 당하고 인생이 완전히 파괴되었을 때, 의지적으로 신뢰하며 아버지의 손에 자신을 의탁하는 것은 어떨까? 예수님의 기도가 아름답기는 하지만, 그러한 상황에 처한 우리의 입술에서 자연스럽게 나올 만한 기도는 아니다.

예수님의 첫 번째 기도인 주기도문에서 예수님은 자신과 함께 "악으로부터 구하여 주소서"라고 기도하라고 가르쳐 주셨다. 우리는 이 마지막 기도의 모자이크에서 날마다 예수님과 함께 죽으면서 악이 번성하는 중에도 아버지의 돌봄에 자신을 의탁하는 우리를 발견하게 된다. 이 두 기도 모두 예수님의 기도다. 우리가 계속 예수님과 함께 다니고자 한다면 우리는 고르고 선택할 수 없다. 우리는 두 기도 모두의 언어를 잘 구사해야 한다. "우리를 구하여 주소서." 그리고 "내 영혼을 부탁하나이다."

이것은 어려운 일이지만 불가능하지는 않다. 우리의 많은 영적 선조들은 오래 전부터 우리에게 "어린아이와 같은 마음"을 계발하라고 충고했다. 그들은 우리의 감정적 혹은 신체적 상황이 우리의 기도의 언어를 좌우하지 않게 하는 것이 매우 중요하다고 말했다. 그들은 예수님의 삶과 죽음이 우리가 사는 최우선적 상황이라고 말했다. 그들은 성령이 우리에게 기도를 가르쳐 주시는 선생이라고 말했다. 그들은 자신이 실제로 속한 상황 속에서 하나님의 섭리와 은혜를 신뢰하는 어린아이와 같은 단순함을 키우라고 말했다. 예수님도 그렇게 말씀하셨다. "너희가 돌이켜 어린아이들과 같이 되지 아니하면 결단코 천국에 들어가지 못하리라"(마 18:3). 그리고 "이것을 지혜롭고 슬기 있는 자들에게는 숨기시고 어린아이들에게는 나타내심을…"(마 11:25).

우리의 기도하는 선조 중에서 가장 지혜롭고 열정적인 인물 중 하나는 바로 장 피에르 드 코사드(Jean-Pierre de Caussade)라는 프랑스 신부다. 그가 사용한 "신의 섭리에의 양도"라고 하는 문구는 예수님이 말씀하신 "아버지 손에 부탁하나이다"와 유사하다. 그는 자신의 짧지만 강렬한 책「신의 섭리에의 양도」(*Abandonment to Divine Providence*)라는 책에서 인간 경험의 전체 스펙트럼에 걸쳐서 이러한 익탁/양도가 가지는 실제적 함의들을 설명하고 있다. 그는 "현재 순간의 성례전"에 대해서 말한다. 코사드의 핵심 문장은 이것이다. "우리가 자신을 하나님께로 양도했다면, 우리에게는 단 하나의 규칙만이 있다. 바로 현재 순간에 대한 의무다." 그의 글은, '구름 같은 증인들'의 지지를 받는 가운데, 우리가 원하는 하나님의 모습을 그리는 습관을 버리고 있는 그대로의 하나님, "아버지, 내 영혼을 아버지 손에 부탁하나이다"라고 기도하시는 지금 여기의 예수님 안에 계시된 하나님을 원하게 만든다.[6]

이 기도는 우리가 임종을 맞이할 때까지 남겨 두는 기도가 아니다. 우리의 영혼을 포기하면서 마지못해 드리는 단념의 기도가 아니다. 우리는 아침에 잠자리에서 일어날 때 이 기도를 드린다. 주어진 또 하루의 생명을 살아내고, 집을 페인트 칠하고, 유치원에서 아이들을 가르치고, 유방에 생긴 암을 제거하는 수술을 하고, 대학 등록금으로 낼 수표에 서명을 하고, 밭에 보리를 심을 채비를 하면서 우리는 기도한다. "아버지, 내 영혼을 아버지 손에 부탁하나이다."

5. "여자여, 보소서 아들이니이다.…보라 네 어머니라"(요 19: 26-27)

예수님이 십자가에서 기도하고 계신다. 예수님이 입을 여실 때마다, 지옥의 문을 부수고 천국의 문을 여는 이 위대하고도 거룩한 구원의 일을 성취하는 일에 연관된 또 하나의 내용이 드러난다. 하나님은 죽었다는 묘비명과도 같은 버림받음의 외침, 자신을 죽이는 사람들에 대한 구세주의 무조건적 면제, 범죄자에게 천국을 약속하심, 하나님이 사랑하시는 이 세상을 위한 구원의 길을 성취하기 위해서 자기 자신을 희생 제물로 내어놓으심. 그리고 더 있다.

그 십자가에서 드려지는 기도는 우리의 삶을 규정한다. 그 기도는 하나님이 '잃어버림'을 '찾음'으로 뒤바꾸는 불가해한 신비를 행하시면서 악으로부터 선을 이끌어 내시는 방식에 대한 결정적인 증언이다. 그 기도는 우리의 언어에 '복음'이라는 단어를 소개해 주는데, 그 누구도 소망 없이 살거나 죽게 내버려지지 않도록 매우 포괄적인 방식으로 그 단어를 소개한다.

거의 모든 면에서 이것은 우리가 받아들이기에는 벅차다. 마치 사람이 죽거나 심각하게 다친, 한밤중에 일어난 교통 사고 현장에서 많은 사람들이 경험하는 것과 비슷하다. 어둠을 뚫고 들어오는 전조등, 찢어질 것 같은 사이렌 소리, 훌쩍거림과 고통의 절규, 사고 잔해로부터 시체를 끌어내는 응급 구조 요원들, 그리고 이 모든 것 뒤로는 마치 배경처럼 떼를 지어 움직이는 익명의 군중이 혼란스러워하며 지켜보고 있다. 그것은 초현실적이다. 이러한 난국은 분별력을 잃게 만든다. 죽음과 고통의 갑작스런 실재가, 식사와 노동, 스케줄과 수면의 일과 속에서 우리가 잊고 사는 문제들을 지금 다루도록 강요한다. 모든 것이 사실 같지 않다. 꿈, 혹은 악몽 같다.

우리가 예수님의 십자가에서 직면하는 것도 그와 다르지 않다. 다만 그 정도가 더 날카로울 뿐이다. 그 세 시간 동안에 우리가 보는 행동과 듣는 말들은 너무도 과중한 의미를 지니고 있어서 우리는 거기에 압도당한다. 우리는 난국 가운데 사는 것에 익숙지 않다. 감당해야 할 것이 너무도 많다. 시인과 소설가, 신학자와 음악가들은 끝도 없이 이 죽음에 대해서 깊이 생각하고, 탐구하고, 기도하면서 그 의미의 겹을 계속해서 발견한다. 철학과 성경이 인생에 의미를 주는 결정적인 사건이라고 일컫는 이 죽음의 사건을 사실적으로 경험할 수 없다. 오히려 작은 것들,

가족과 관련된 내용이나 가정사의 습관들이 더 실질적으로 느껴진다.

네 명의 군인들이 예수님의 십자가 밑에서 내기를 하고 있었다. 그들은 이제 막 자신들에게 부과된 십자가 처형의 임무를 마쳤다. 이제 그들은 주사위를 던지면서 누가 예수님의 옷을 가져가게 될지 보고 있다. 예수님은 그들을 지나서 네 명의 슬퍼하는 여인들(그의 어머니, 이모, 글로바의 아내 마리아, 막달라 마리아)을 바라본다. 한편 '예수님이 사랑하신 제자' 요한은 그 근처에 서 있었다. 군인들은 자신들 위에 매달려 있는 영원한 생명은 안중에도 없이 공짜로 무엇을 얻는 일에 몰두해 있다. 그 여인들은 순전히 사랑 때문에 그 곳에 있다. 조용히 경외하며 이 황폐케 하는 죽음에 위엄을 부여해 주고 있다.

그러나 이제 우리는 십자가에서 매우 다른 말을 듣는다. 그것은 일상이라는 굳건하고도 익숙한 지대에 발을 다시 딛게 해주는 말이다. "보소서, 아들이니이다.…보라 네 어머니라."

이 말은 어떤 면에서 안도감을 준다. 예수님은 우리를 익숙한 환경으로 다시 데려다 놓으신다. 바로 가정과 가족 관계다. 예수님이 십자가에서 드리신 기도를 말하자면 우리의 홈그라운드에서 들을 수 있다면, 우리가 해를 거듭해서 구경꾼으로 십자가 앞에 서 있을 위험이 상당히 줄어들게 된다.

이 말과 함께 예수님은 자신의 어머니와 자신의 제자를 자신의 죽음과 연관된 모든 일(버림받음, 용서, 천국의 소망, 속죄, 희생, 고통, 구원, 그리고 당연히 부활)에 공동으로 참여하게 만들었다. 이것은 더 이상 토론이나 성경 공부에서 우선적으로 다루게 되는 주제들이 아니다. 그것은 더 이상 위대한 미술이나 음악을 만드는 데 사용되는 특별한 재료들이 아니다. 예수님의 모든 말과 행동이, 지금 이 순간부터, 일상적 가정사의 영역으로 들어가서 바로 그 곳에서 작동되고 실천된다. "어머니, 당신의 아들입니다. 요한, 네 어머니다.…이제부터는 둘이 서로 이야기하고 섬길 때, 서로를 존경하고 사랑하십시오. 그것은 바로 내게 하는 것이기 때문입니다."

우리가 이 말, "보소서, 아들이니이다.…보라, 네 어머니라"를 놓친다면, 여건만 갖춰지면 갱신될 수 있는 강력한 감정, 혹은 부적처럼 들고 다닐 수 있는 신성한 진리 정도의 실질성만 가지고 십자가 앞을 떠날 위험이 있다. 그러나 잘 들으면, 정말로 잘 들으면, 우리는 다음과 같은 말을 듣게 될 것이다. "당신 옆에 서 있는 사람을 잘 보십시오. 내가 그들을 알고 그들이 나를 아는 것처럼, 그녀를 알아가고 그를 알아 가십시오. 어머니가 자기 아들을 알듯, 아들이 자기 어머니를 알듯."

W. H. 오든(Auden)은 십자가에서 죽어가시는 예수님에 대한 기도 묵상인 자신의 시 "제9시의 기도"(Nones)에서 이렇게 썼다.

…그 의미가

우리의 인생을 기다린다.⁷⁾

6. "내가 목마르다"(요 19:28)

이 한 단어의 기도(헬라어로는 *dipsō*)는 십자가에서 드려진 기도의 모자이크 조각 중에서 유일무이한 조각이다. 이것은 예수님이 신체적인 고통을 표현하시는 유일한 기도다. 생각해 보라. 십자가에 달려 계셨던 그 세 시간 동안에 일곱 개의 기도를 드리셨는데, 그 중에서 단 하나만이 신체적인 고통에서 나온 기도다. 죽음에는 몸에서 일어나는 일보다 더 많은 의미가 담겨 있다. 거기에는 버림받음의 느낌이 있고, 용서가 있고, 천국에 대한 소망이 있고, 남겨진 사람들에 대한 책임이 있고, 일종의 요약(예수님의 마지막 기도 조각)이 있다. 그리고 고통이 있다. 몸이 기능을 상실해 간다. 폐가 기능을 멈추고, 심장이 멈추고, 신장이 멈춘다. 예수님의 죽음에서는 이와 같은 신체의 고별이 몹시 고통스러운 갈증으로 경험되었다. "내가 목마르다."

네 명의 복음서 저자들이 우리에게 자세하게 기록으로 남긴 폭넓은 내용으로 미루어 볼 때, 예수님을 믿고 따르는 사람들이 예수님이 죽어가셨던 그 세 시간 동안에 예수님의 몸에 집중되었던 그 상처와 고통, 소외와 통증을 알아채지 못할 가능성은 별로 없어 보인다. 우리는 십자가에 매달려 있는 고통에 찬 예수님의 몸을 계속 기억한다. 우리는 묵상하고 금식하고, 기도하고 찬송을 부르고, 순례 여행을 가고 십자가를 든다.

우리는 예수님께는 몸이 있었고, 생명의 마지막 흔적이 빠져나갈 때까지 전적으로 그 몸 안에서 사셨다고 하는 명백하고 논쟁의 여지없는 사실을 직면하고 다루는 일을 피할 수 없다. "내가 목마르다"라는 기도는 "영생하도록 솟아나는 샘물"(요 4:14)이 예수님 안에 하나도 남아 있지 않았음을 신성하게 증언한다.

예수님이 죽어가시면서 은유적인 물이 아니라 문자적인 물을 두고 기도하셨다고 하는, 이처럼 분명하고도 반박의 여지없는 역사적인 사실에도 불구하고, 놀랄 만큼 많은 사람들이 어떻게 해서든 예수님을 그분의 몸과는 별개로 생각하고 대한다. 영적 현존으로서의 예수님, 신학적 교의로서의 예수님, 도덕적 모범으로서의 예수님, '더 큰 권세'로서의 예수님, 시적 진실로서의 예수님 말이다.[8]

십자가에서 기도하시면서 예수님은 분명히 자신의 신체적인 조건을 기도에 포함시키셨다. 목마름을 통해서 자신의 고통을 표현하신 것이다. 지금 내가 말하고자 하는 것은, 우리가 날마다 죽을 때 우리 몸의 실제성도 기도에 반드시 포함해야 한다는 것이다. 그리고 그냥 뒤늦게 추가하는 정도로만 그것을 다루어서는 안 된다. 예수님의 신체 부분 중 십자가에서 하신 이 속죄의 희생으로부터 배제된 부분은 하나도 없었다. 우리도 마찬가지다. 고통을 포함해서, 우리의 신체 부분 중에서 배제되는 부분은 하나도 없다. 바울은 그것을 이렇게 잘 표현했다. "여러분의 일상, 여러분의 평범한 삶, 자고, 먹고, 일하러 가고, 걸어다니는 그 삶을 가져다가 하나님 앞에 제물로 드리십시오"(롬 12:1, 「메시지」).

완성된 기도 모자이크에서 "내가 목마르다"라고 하는 예수님의 기도가 가지는 또 하나의 양상을 언급해야겠다. 예수님을 실제보다 더 '영적으로' 만들고자 하는 경건주의적 의도에서 예수님의 죽어가는 고통을 삭제하거나 적어도 최소화하려 드는 사람들이 있는 반면, 예수님의 신체적인 고통을 나머지 여섯 개의 요소들로부터 분리해서 다른 모든 것을 배제할 정도로 두드러지게 부각시키는 사람들도 있다. 예수님의 신체적인 고통과 죽어감이 주도권을 잡고 지배하게 하는 것이다. (하나님, 그 범죄자, 예수님의 어머니, 예수님의 그 제자와의) 관계, 용서의 결정적 행위, 천국의 소망, 최종적 발언은 모두 뒤로 가려지고 오로지 십자가에 달리신 예수님의 몸과 관련된 내용에만 초점이 맞춰진다.

예수님의 기도 모자이크에 나오는 현재와 영원의 모든 관계로부터 예수님의 고통을 단절시키게 되면, 예수님의 고통을 비인간화하고 비인격화하는 결과를 낳게 된다. 그것은 하나의 사물이 된다. 동정하거나 존경해야 할 대상, 혹은 설교하고 가르쳐야 할 진리가 되어 버린다. 그것은 일종의 영적인 포르노그래피다. 성적인 포르노그래피는 관계성이 없는 성이며, 성의 친밀함이 바라봄의 대상 혹은 사용의 대상으로 축소되고 격하된 것이다. 영적인 포르노그래피는 관계성이 없는 기도와 신앙이며, 예수님과의 친밀함이 논쟁하고 사용하는 사상이나 대의로 축소되고 격하된 것이다.[9]

우리의 복음서 저자들은 그렇게 하지 않는다. 죽어가시는 예수님 그리고 예수님의 죽음에 우리가 기도와 순종으로 참여하게 하는 바울도 그렇게 하지 않는다. 예수님이 십자가에서 드리신 기도의 모든 부분은 삼위일체의 모든 작용을 포함하는 위대한 이야기 안에 굳건하게 자리 잡고 있다.

7. "다 이루었다"(요 19:30)

창조의 첫 주간에 대한 창세기의 이야기는 이렇게 결말을 맺고 있다. 하나님이 말씀으로 창조계를 존재케 하신 후에 자신의 창조 사역으로부터 쉬시면서 그 날을 축복하신다. 여기에서는 '마치다'(finish, 한국어 번역으로는 '마치다' 혹은 '이루다'–역주)라는 동사가 두 번 사용되었다. "천지와 만물이 다 **이루어지니라**. 하나님이 그가 하시던 일을…**마치시니**…안식하시니라"(창 2:1-2). 선한 창조가 완성되었다. 더 이상 할 일이 없다.

창세기의 서두에 나오는 말씀과 의도적으로 병치시키기 위해서 요한복음은 예수님을 말씀으로 구원을 존재케 하시는 분으로 제시하고 있다. 요한은 구원 사역이 완성되는 예수님 생애의 마지막 주간의 이야기를 들려주면서 창세기에 나오는 동사 '마치다'를 두 번 사용하며 결말을 맺는다. "그 후에 예수께서 모든 일이 이미 **이루어진** 줄 아시고…예수께서 신 포도주를 받으신 후에 이르시되 다 **이루었다** 하시고…"(요 19:28, 30). 선한 구원이 완성되었다. 더 이상 할 일이 없다.

좋은 결말이다. 예수님이 십자가에서 드리신 기도를 마친 시점이기도 하다. 이것은 우리가 기도를 마무리할 때 흔히 '아멘'이라고 힘 주어서 긍정하는 것과 다르지 않다. 그러한 것이 없으면 기도는 맥없이 서서히 소멸해 버린다. 마치 손님이 떠나면서도 좀처럼 문밖으로 나서지 못하고 끝도 없는 추신과 부록과 각주의 소용돌이 속에서 미적거리는 것처럼 말이다.

예수님이 십자가에서 드리신 이 일곱 번째이자 마지막 기도는 무조건적이고 결정적인 "다 이루었다"이다. (그 앞에 나오는 여섯 번째 기도 조각처럼 이 기도도 헬라어로는 한 단어다. *tetelestai*) "다 이루었다"는 요약의 기도다. 그러나 그 헬라어 동사는, 경기가 끝났을 때 혹은 책을 다 읽었을 때 우리가 말하는 것처럼 "이것이 끝이다" 혹은 "이것이 전부다"라는 의미에서의 끝을 의미하지 않는다. 그 단어는 일종의 완성의 의미, 성취된 온전성의 의미를 가지고 있다.

요한복음 17:4에서 예수님이 "아버지께서 내게 하라고 주신 일을 내가 **이루어** 아버지를 이 세상에서 영화롭게 하였사오니"라고 기도하실 때도 같은 동사가 사용되었다. 이것은 예수님의 생애가 그저 끝났다는 의미가 아니라 예수님이 이 세상에 하러 오신 모든 일이 이제는 완성되었고, 미흡한 부분 없이 다 마무리되었다는 뜻이다. 여기에서 우리는 바울이 로마에 있는 회중에게 전했던 포괄적인 성취의 의미를 감지한다. "우리가 알거니와, 하나님을 사랑하는…자들에게는 모든 것이 합력하여 선을 이루느니라"(롬 8:28). 그리고 요한계시록 16:17에서 일곱 번째 천사에 의해 하나님의 마지막 진노의 대접이 쏟아졌을 때 하나님과 어린 양의 보좌에서 들린 "되었다!"라는 음성에서 예수님의 "다 이루었다"는 말씀이 메아리처럼 울리고 있다고 보아도 좋지 않을까? 하나님의 법령이 "하늘에서와 같이 땅에서도" 성취되었다.

"단번에"(히 9:26) 구원의 사역이 완성된 것에 대해서, 즉 구원의 여러 가지 차원들이 이제 예수님의 죽음 안에서 촉진되는 것에 대해서 깊이 있게 성찰하는 히브리서에서 우리는 다음과 같은 구절을 읽게 된다. "오직 그리스도는 죄를 위하여 한 영원한 제사를 드리시고…**앉으사**"(히 10:12).

히브리서의 행간을 읽으면 자신들의 삶에서 십자가에 달리신 예수님이 중심되신다는 사실은 존중하지만 거기에서 멈추는 것에는 만족하지 않는 그리스도인들이 있었다는 느낌을 받게 된다. 예수님은 앉으셨지만, 그들은 앉지 않았다. 그들에게는 중요하게 할 일이 있었다. 그들은 종교적인 참견자들의 회중이 되었다. 예수님이 하신 일이 핵심인 것은 분명하지만, 그들은 계속해서 구원을 좀더 만족스럽게 다듬을 수 있는 것들을 찾아다녔다. 예를 들어 천사나 모세 같은 존재 말이다. 예수님을 도울 수 있는 더 많은 제사장들처럼 말이다. 종교적인 '추가 조항'이 얼마나 되든지, 그들은 그것을 채우는 것이 자신들의 일이라고 여겼다.

지금도 그러한 일이 자주 일어난다. 우리는 '종교를 갖는다.' 곧 우리는 참지 못하고 우월감에 빠져 자신이 나서야겠다고 생각하고는 직접 사태를 개선할 결심을 한다. 우리는 덧붙이고, 보충하고, 윤색한다. 그러나 예수님의 순결함과 단순함을 개선하는 대신에 우리는 순결함을 희석시키고 단순함을 어지럽힌다. 우리는 수선 떠는 종교인, 혹은 안절부절못하는 종교인이 된다. 우리는 오히려 방해가 된다.

그 어떠한 기독교 회중도 "예수님 그리고…"를 주장하는 그리스도인이 없는 회중은 없다. 히브리서에서는 그것이 예수님 그리고 천사, 예수님 그리고 모세, 예수님 그리고 제사장직이다. 여러 세기를 지나오면서 이와 같은 "예수님 그리고…"는 예수님 그리고 정치, 예수님 그리고 교육, 예수님 그리고 기업, 심지어는 예수님 그리고 부처로 급격하게 늘어났다. 정치와 교육과 기업과 부처가 우리의 주의를 끌 만한 것들이 아니라는 말이 아니다. 그러나 그것은 예수님이 십자가에서 우리 삶에 들어오도록 기도하신 것들이 아니다.

"다 이루었다"는 그와 같은 '그리고'들을 지워 버린다. 기도의 초점이 다시 한 번 명쾌하고 또렷해진다. 그 초점은 바로 예수님 안에서 완성된 하나님의 구원 행위다. 우리는 순종적 믿음의 행위를 위해서 자유를 얻었다. 그것은 우리가 그 길을 **막는** 것이 아니라 그 길을 **가게** 되는 유일한 인간 행동이다.

십자가에 달리신 예수님에 대해서 언제나 권위 있는 연구를 내놓는 레이먼드 브라운(Raymond Brown)은 완성의 의미를 더 깊어지게 하면서 동시에 우리의 기도를 실질적으로 마무리해 주는 흥미로운 통찰을 제공해 준다. 그는 예수님이 기도를 마무리 지으신 후 "머리를 숙이니 영혼이 떠나가시니라"(요 19:30)라고 기록된 부분에 주목한다. 브라운은 예수님이 십자가 아래에 있던 사람들, 특히 그의 어머니와 그의 사랑하는 제자에게 그 영혼(성령)을 넘겨 주셨다고 충분히 가정할 수 있다고 주장한다.[10] 그보다 더 적절한 일이 어디에 있겠는가? 그렇게 됨으로써 그 남자와 여자들은 예수님의 구원 사역이 완성되는 것을 보고 들을 수 있을 뿐만 아니라, 자신들이 그 구원에 포함되어 있고 참여하고 있음을 발견하게 되는 것이다. 우리가 오늘날까지도 계속해서 그렇게 하듯이 말이다.

20

예수님의 이름으로 기도하기

••• 도토리가 떡갈나무로

내가 살던 몬태나 계곡을 강타하고 작은 우리 교회의 창문을 흔들던 모든 '교리의 바람'에 휩쓸리던 청소년기에, 기도의 모든 것에 통달한 '기도의 용사'라는 명성을 얻고 있던 한 순회 설교자가 내 관심을 끌었다. 그의 독단적 이론 중 하나는 모든 기도가 '예수님의 이름으로'라는 문구로 끝나야 한다는 것이었다. '예수님의 이름으로'라는 문구는 그 앞에 나오는 내용이 무엇이든 간에 그것을 유효하게 만들어 주는 일종의 인증과도 같은 것이었다. 주소가 정확하지 않다면 그 기도가 어디로 갈지 누가 알겠는가? 그 문구는 마귀나 그의 하수인 중 하나가 예수님을 앞질러 가서 기도를 악과 내 영혼의 저주를 위해서 사용하지 못하게 막아 주는 방어막이었다. 그 설교자는 청소년기의 좌충우돌하는 불명료함으로부터 나를 구해 주었고, 모든 기도를 집어넣을 수 있는 윤곽이 분명한 흑백의 틀을 주었다. 그는 이러한 일에는 아무리 신중해도 지나치지 않다고 말했고, 나는 정말로 신중했다.

그가 교리적으로 구성해 낸 그 무지의 어리석음을 깨닫는 데는 몇 달이 걸렸다. 그러나 어리석기는 했어도 결과적으로는 내게 좋은 영향을 미쳤다. '예수님의 이름으로' 기도하는 것의 의미와 결과에 대해서 생각해 보도록 만들었기 때문이다. 결국 나는 성 요한의 복음서에 '이름으로'가 나와 있는 부분을 찾아보게 되었고, 그 표현이 등장하는 예수님이 제자들과 함께 보내신 마지막 날 밤에 그들과 나누신 대화의 맥락 전체를 살펴보게 되었다. 예수님은 그 문구를 다섯 번 사용하셨다. "너희가 **내 이름으로** 무엇을 구하든지 내가 행하리니…"(요 14:13). "**내 이름으로** 무엇이든지 내게 구하면 내가 행하리라"(14:14). "…**내 이름으로** 아버지께 무엇을 구하든지 다 받게 하려 함이라"(15:16). "…너희가 무엇이든지 아버지께 구하는 것을 **내 이름으로** 주시리라"(16:23). "그 날에 너희가 **내 이름으로** 구할 것이요…"(16:26). 예수님이 우리에게 원하는 것은 무엇이든 얻을 수 있는 '열려라 참깨' 같은 주문을 주신 것일까? 그렇지 않다. 예수님은, 예수님의 생애 전체로 우리를 초대하신 것이다. 그의 말씀이 '육신이 되는' 그러한 친밀한 인격적 관계의 삶으로 우리를 초대하셨다. 예수님은 일반적인 차원에서가 아니라, 일상적 삶을 구성하는 온갖 다양한 상황들 속에서 지역적으로, 현재적으로, 구체적으로 '육신이' 되셨다.

나는 내 부모님과 친구들의 도움으로, '예수님의 이름으로'라는 말이 올바른 단어를 사용하고 순서를 제대로 갖추기만 하면 무슨 일이 일어나게 할 수 있는 능력을 지닌 마술 주문과 같은 언어적 공식이 아니라는 것을 빨리 이해할 수 있었다. '이름'은 이 세상 전체 안으로 들어가는 입구다. 그 세상 안에는 이름을 가진 사람과 이름을 가진 장소가 있고, 그 사람과 장소 안에서 그 세상이 실현된다. 이름은 주민등록번호와 교환할 수 있는 비인격적인 암호가 아니라, 온갖 관계와 조상들도 끌어들이고, 노동과 언어를 끌어들이고, 지리와 영혼을 끌어들이는 인격적인 기억이다. 인간의 일생의 모든 내면과 외면이 이름 안에 혼합된다. 우리가 자주 부르는 다음의 찬송가에서처럼 말이다.

> 예수의 이름 앞에 모든 무릎을 꿇을 것이며,
> 모든 입이 이제 예수를 영광의 왕으로 고백할지어다.
> 우리가 그를 주라고 부르는 것이 아버지의 기쁨이요,
> 예수는 처음부터 전능하신 말씀이라.[1]

나는 일 년 정도 후에 내가 처음에는 그토록 열심히 받아들였던 확신의 올무에서 벗어나("올무가 끊어지므로 우리가 벗어났도다", 시 124:7), 예수님의 이름을 통해서 넓고도 포괄적인 예수님의 무리로 들어갔다. 육신이 되신 말씀인 예수님, 그의 선조 모세와 엘리야와 다니엘로부터 이어져 내려온 여러 세대의 이야기

들과 풍성하게 연관되어 있는 이야기를 들려주시는 예수님, 다윗의 고통에 찬 혹은 열광적인 여러 시편들과 연속성을 가지는 기도 그리고 예수님의 어머니가 부른 장엄한 찬가와 연속성을 가지는 기도를 드리신 그 예수님의 무리에 들어가게 되었다.

우리가 가진 성경의 첫 두 쪽은 언어가 작동하는 모습을 웅장하게 보여 준다. 하나님이 존재하는 모든 것을 창조하기 위해서 언어를 사용하신 것이다. 그러나 이처럼 영광스럽게 언어로 창조된 우주의 이야기를 읽자마자 그 다음 장에서 이제 막 창조된 것을 타락시키기 위해서 언어가 사용되는 것을 발견한다.

그것은 놀라운 일이다. 일이 이렇게 잘 되어 가고 있는데 어떻게 그럴 수 있을까? 하나님이 창조하신다. 하나님이 만드신 모든 것이 좋고, 좋고, 좋고, 좋고, 좋고, 좋고, 일곱 번째로 **심히 좋았다**. 하나님은 맛있는 과일을 맺는 나무들로 정원을 만드시고 남자와 여자에게 그 정원을 집으로 주셨다. 거기에서는 해야 할 선한 일들이 있었다. 그리고 즐겁게 함께할 수 있는 놀라운 동물들이 있었다. 커다란 강이 그 동산에서 흘러나와서 지구 전체에 물을 대어 주었다. 그 남자와 여자는 그 모든 아름다움의 정점이었다. 아름다움과 친밀함과 순진함의 세계가 말씀으로 창조되었다.

그러자 무언가가 잘못된다. 비참하게 잘못된다. 모든 것이 그토록 **잘 되어** 가는데 어떻게 무엇이 잘못될 수 있단 말인가? 그러나 잘못되고 만다. 그 재난은 그 뱀과 아직은 이름이 없는 여자 사이의 대화에서 촉발된다. 그들 사이에 몇 마디 말이 오가는데, 이제 막 이 세상과 그 안에 있는 모든 것을 만드는 영광스러운 일에 사용된 것과 같은 말들이 많이 오간다. 죄와 악이 언어의 날개를 타고 등장하고 창조계는 더럽혀진다. 통제되지 않는 감정 때문이 아니라, 말을 듣지 않는 성기 때문이 아니라, 윽박지르는 교만 때문이 아니라, 총질과 공중에서 터지는 폭탄 때문이 아니라, 말 때문에 더럽혀진다. 신성한 말이 더럽혀지고 말로 창조된 거룩한 창조계가 황량해진다. 우리가 현재 처한 전반적인 혼란의 상태는 언어의 오용에서 비롯된다. 그 남자와 여자는 무화과 나뭇잎을 가지고 임시로 치마를 만들어서 자신들의 순진함과 친밀함의 상실을 가리고자 한다.

두 개의 문장이 이 이야기를 들려주는 대화의 양쪽 끝을 감싸고 있다. 첫 번째 문장은, "아담과 그의 아내 두 사람이 벌거벗었으나 부끄러워하지 아니하니라"(창 2:25)이고, 두 번째 문장은 일곱 구절 뒤에 나온다. "이에 그들의 눈이 밝아져, 자기들이 벗은 줄을 알고 무화과나무 잎을 엮어 치마로 삼았더라"(창 3:7).

그 남자와 여자의 시작은 참으로 좋았다. 그들은 하나님에 의해 고안되었고 하나님의 숨결로 살아났다. 그들은 좋은 장소에서 살았고 그들이 해야 할 선한 일들이 있었다. 말을 가지고 작업하는 시인, 흙과 식물을 가지고 작업하는 정원사가 될 수 있었다. 그들의 모든 필요가 채워졌고, 그들은 서로에게 마음을 열었고 친밀했으며, 하나님과도 마음을 열고 친밀했다. 그들은 아침마다 아름다움과 풍요의 세계를 맞이했고 그 안에서 그들은 위엄과 목적과 용도가 있었다.

"벌거벗었으나 부끄러워하지 않았다." 완전히 편안한 상태, 완전히 긴장을 푼 상태, 아무것도 숨길 것이 없고, 아무것도 두려워할 것이 없고, 서로에게 열려 있고, 동물과 날씨와 땅에 대해 열려 있고, 하나님에 대해 열려 있었다. 그런데, 그 뱀과 짧은 대화를 나누고 난 후에 우리는 그들이 결코 가릴 수 없는 것을 가리기 위해서 필사적으로 무화과 나뭇잎을 엮는 모습을 발견하게 된다. 무화과 나뭇잎은 언어적 재난을 표시한다. 말은 더 이상 친밀함의 수단, 계시의 수단이 아니었다. 말은 무화과 나뭇잎의 말이 되어 버렸다. 그 말을 사용하는 그 남자와 여자는 더 이상 서로에게 열려 있지 않았고, 동산에서 자유롭지 않았으며, 경이로운 감정에 빠지지 않았으며, 자신들에게 주어진 것에 기뻐하지 않았다. 그리고 더 이상 하나님께 열려 있지 않았다. 그 일에 대해서 질문을 받자 남자는 이렇게 대답했다. "내가 벗었으므로 두려워하여 숨었나이다"(창 3:10). 무화과 나뭇잎의 언어는 하나님을 대면하기는 하지만 간교하게 하나님을 회피하는 식으로 대면한다("뱀은…들짐승 중에 가장 간교하니라…", 창 3:1). 무화과 나뭇잎은 드러내야 하는 것을 가린다. 무화과 나뭇잎의 말은 전혀 해로워 보이지 않는다. 어쨌거나 그 시작은 거룩한 에덴 동산이라는 성스러운 장소가 아니던가. 무화과 나뭇잎의 말은 오늘날에도 계속해서 전 세계에 있는 교회와 예배당에서 번성하고 있다. 그 황폐함의 범위는 아주 넓다.

가장 포괄적인 의미에서의 생명, 하나님의 생명, 남자와 여자의 생명, 동물과 나무와 바다의 생명과 관련된 모든 것에서 언어가 가지는 영광과 편재를 생각할 때, 그 언어가 그토록 쉽게 그리고 자주 생명과 생명의 하나님을 다른 것과 섞고, 더럽히고, 값싸게 만드는 데 사용되는 것은 참으로 경악할 일이다.

언어는 신성하다. 모든 말은 거룩하다. 그러나 그 언어가 하나님이 말씀으로 존재케 하시는 이야기로부터 찢겨져 나와 하나님과 별개로 사용되면, 언어의 신성이 더럽혀진다. 말이 비인격적이고 비관계적으로 변한다. 거룩한 창조가 머지않아 모독당한다. 그 뱀과 여자가 사용한 말이 사전적인 의미는 유지할 수 있으나, 하나님의 이야기라는 통사론이 없다면 아무런 연결성이 없는 무화과 나뭇잎에 불과하다. 언어의 하나님과 육신이 되신 말씀과 "우리의 각 언어로 하나님의 큰일을 말하게"(행 2:11) 하시는 성령과 음성으로 맺는 관계가 없는 무화과 나뭇잎에 불과할 뿐이다.

예수님이 기도하신 방식을 따라 함께 기도하는 이 여섯 개의 기도, '미리 마련된 기도'는 예수님이 기도하신 세계를 경험하게 해준다. 그 세계는 우리와 함께 그리고 우리를 위해서 기도하시는 예수님과의 대화를 통해 형성된 친밀함과 신뢰의 광대한 세계다.

이 여섯 개의 기도를 드리면 우리는 또한 도제가 되어 기도의 삶을 배우게 된다. 그러한 훈련은 (내가 제대로 하고 있지 질문하며) 자기 자신에게 더 관심을 쏟는 자기 몰두를 막아 주고, (사람들은 나에 대해서 어떻게 생각하는지 질문하는) 자의식을 완화시켜 준다. 그 훈련은 우리가 기도하는 구름 같은 증인들과 기도하시는 예수님과 함께하는, 눈에 띄지는 않지만 안정된 자리를 차지하게 해준다.

미국의 그리스도인들은 기계적으로 암송하는 기도, 반복되는 기도, '기도서'로 하는 기도에 대해 많은 편견을 가지고 있다. 심지어 예수님이 하신 기도에서 그대로 가져온 기도에 대해서도 편견이 있다. 그러나 이것은 잘못이다. 자발적으로 드리는 기도가 주는 즐거움과 신성함의 경험이 있고, 반복적으로 드리는 기도가 주는 즐거움과 신성함의 경험이 있다. 두 가지 모두 즐겁고 거룩하다. 둘 중 하나를 골라야 하는 것이 아니다. 아니, 둘 중에 하나를 골라서는 **안 된다**. 그 두 가지 기도는 기도의 양극이다. 우리 주님의 기도(그리고 다윗의 기도)를 반복해서 드리면, 바울이 우리에게 촉구하고 있는 "쉬지 않는 기도"(살전 5:17)에 내재한 자발성과 날아오름과 탐험과 묵상과 한숨과 신음의 굳건한 기초를 얻게 될 것이다.

기도의 본질은 예수님 안에 육화된 하나님의 말씀, 우리의 성경에 기록된 하나님의 말씀, 성령에 의해 우리에게 현존하는 하나님의 말씀에 동의하는 길을 제공해 주는 것이다. 기도는 우리가 하나님의 말씀을 듣고, 받고, 반응하는 언어와 일치하는 언어의 용법이다.

우리는 하나님이 우리에게 자신을 계시하기 위해서 사용하시는 언어 즉 '예수님-언어'의 세계에 잠김으로써 기도의 언어를 배운다. 우리는 기도하시는 예수님이라는 맥락 속에서 기도한다. 우리의 기도는 더 이상 우리의 문화로부터 영향을 받지 않는다. 우리는 종교적인 뱀의 언어에 대해서 경고를 잘 받았기 때문이다. 우리의 기도는 더 이상 우리의 심리 상태에 좌우되지도 않는다. 우리는 성부에 의해서 성령을 통해 예수님 안에 계시된 삼위일체라는 커다란 세계 속에서, 듣고 말하는 데 적합한 기도의 언어를 습득할 수 있기 때문이다. 기도는 인격적 언어다. 성부와 성자의 언어, 하나님과 딸의 언어다. 관계에서 사용되는 언어다. 그것은 대화다. 하나님이 우리의 말을 듣고, 우리는 하나님의 말씀을 듣는다. 하나님이 우리에게 말씀하시고 우리가 하나님께 말씀드린다. 대등한 두 주체 간의 대화라고 하기에는 지나치지만, 적어도 양측 모두가 같은 언어를 사용하는 것은 사실이다. 양측 모두 계시의 언어, 깊은 관계의 언어, 정보의 언어가 아닌 언어, 조작적 언어가 아닌 언어를 사용한다.

성부: 기도는 이방인의 행위, 이방인의 일이 아니다. 우리는 가족 안에서 기도한다. 하나님과의 자연스러운 친근함에서 비롯되는 기도를 드린다.

성자: 우리는 어둠 가운데서, 암중모색하며 기도하지 않는다. 아들은 아버지를 계시한다. 우리가 다 아는 것은 아니지만, 무엇인가는 안다. 우리는 하나님을 구원하시는 분, 주시는 분, 사랑하시는 분, 들으시는 분으로 안다.

성령: 우리는 '혼자' 기도하지 않는다. 기도는 우리 안에 있는 영적인 에너지를 끌어모아서 한마디의 진술을 하거나 어떤 대의를 제시하는 것이 아니다. 기도에 우리의 말과 묵상과 행동이 들어가는 것은 사실이지만, 기도에는 **우리**보다 더 많은 것들이 들어가 있다. 대개는 성령께서 하나님을 알게 하시고 **우리 안에서** 찬양과 간구와 순종의 반응을 이끌어 내신다. "성령도 우리의 연약함을 도우시나니, 우리는 마땅히 기도할 바를 알지 못하나 오직 성령이 말할 수 없는 탄식으로 우리를 위하여 친히 간구하시느니라"(롬 8:26).

기도는 하나님을 조작하는 언어(마술의 길)를 거절한다. 기도는 하나님을 나의 통제 대상으로 축소하는 언어(우상의 길)를 거절한다. 기도는 하나님을 사상이나 세력이나 느낌으로 비인격화하는 언어(경건주의적 자기 반성의 길)를 경계한다. 기도는 '무슨 일이 일어나게 하기 위해서' 기도를 사용하는 일에 전문성을 가진 영적 기술자들의 영향을 경계한다. **우리의** 뜻이 확실하게 이루어지게 하기 위해서 하나님이나 다른 사람들을 강제하는 기술을 경계한다. 기도는, 기도를 사유화하고 성도들과의 교제로부터 우리를 고립시키는 우리 자신의 내적 성향을 경계한다. 그리고 기도는 분명 이 세상 그리고 이 세상의 문제와 책임으로부터 물러나는 행위를 영적으로 은폐해 주는 핑계가 아니다.

기도는 하나님의 현존 가운데서 쓰는 언어이며, 기도를 통해서 우리는 우리 자신이 되면서 동시에 우리 자신보다 더 큰 존재가 된다. 기도할 때 하나님은 우리의 자유를 존중하시고, 우리에게 위엄을 부여하신다. 발타자르는 우리의 인생에 대해서 이렇게 말했다. "지속되는 기도의 발언…. 인간이 자발적으로 기도를 드리기 위해서는 자신이 진정 누구인지 알기만 하면 된다."[2]

대부분의 경우 우리 스스로의 힘으로는 기도의 언어에 유창해질 수 없다. 책을 읽는 것으로도 안 되고, 어떤 교육 과정에 등록하는 것으로도 안 된다. 우리는 예수님과 동행함으로써 기도의 언어에 유창해진다. 우리는 '예수님의 이름으로' 기도하는 법을 배우게 된다.

나는 우리가 어린 시절부터 혹은 자라는 과정 중에 습득하게 되는 이중 언어주의를 없애고 싶다. 하나님과 구원과 예수님에 대해서 이야기할 때 쓰는 언어, 찬송가를 부르고 교회에 갈 때 사용하는 하는 언어가 따로 있고, 학교에 다니고 직장을 얻고 구기 운동을 하고 춤을 추러 가고 감자와 청바지를 사러 갈 때 쓰는 언어가 따로 있다. 종교를 위한 언어가 따로 있고 나머지 모든 것을 위한 언어가 따로 있다. 그리고 각각의 언어가 나름의 용어와 어조를 가지고 있다. 나는 하나님의 일과 기도를, 음식을 장만하고 생계를 꾸리는 일로부터 분리하는 칸막이를 없애고 싶다.

나는 성경의 공통적 언어를 회복하는 데 관심이 있다. 서로 구분되는 방언으로 분리되지 않은 언어, 일과 가정사에 쓰는 것과 우리가 전형적으로 '영적'이라고 생각하는 일에 쓰는 것으로 구분되지 않은 언어, 길거리의 언어와 교회에서 쓰는 언어가 따로 있지 않은 언어를 회복하고 싶다.

나는 기도를 종교적인 배경과 종교적인 주제에만 국한시키는 울타리를 무너뜨리고 싶다. 창조계 전체 그리고 역사 전체, 그 어느 것도 그 누구도 빠뜨리지 않고 우리의 인생 전체를 하나님 앞에 복석을 가진 것으로서 다 거두어들이도록 기도의 장을 확장시키고 싶다. 할 수만 있다면 기하급수적으로 확장시키고 싶다. 내 기도, 그리고 내 친구들의 기도가 산의 바위들을 때리고, 쇼핑몰의 복도에 울려 퍼지고, 깊은 바다를 울리고, 바짝 마른 사막에 물을 대고, 악취 나는 늪에서 발 디딜 곳을 찾고, 정확한 단어를 찾는 중에 시인을 만나고, 알프스의 초원에서 야생화와 그 향기를 섞고, 캐나다의 호숫가에서 아비 새와 노래하게 되기를 나는 바란다. 물론 나는 교회에서 그리고 기도실에서 그리고 임종을 맞이하는 사람들 앞에서 계속 기도할 것이다. 그러나 나는 그것보다 훨씬 더 많은 것을 원한다. 나는 기도처럼 들리지 않는 기도에 참여하고 싶다. 기도로 간주되지 않는 기도를 하고 싶다. 쉬지 않는 기도를 하고 싶다.

우리의 모든 말과 침묵이 그것 자체로 기도라는 말이 아니다. 다만 그것이 기도가 될 수 있다는 의미에서 하는 말이다.

하늘에서든 땅에서든, '아버지의 집'에서든 요셉과 마리아의 집에서든, 언제나 자기 집처럼 편하게 거하셨던 예수님은, 회당이나 거리나 그 어느 곳에 계시든, 그리고 사마리아인이나 하나님이나 그 누구와 말씀하시든 간에, 늘 같은 인격적, 은유적, 개별적, 관계적, 지역적 언어를 사용하셨다. 예수님은 거룩함을 세속적인 것으로 타락시키지 않으셨다. 예수님은 세속적인 것에 거룩한 것을 주입시키셨다. 언어의 문제와 관련해서 우리가 예수님과 동행하게 되면 언어 자체가 성례전이 된다. 우리는 '영적'인 것이라고 미리 정의된 사물이나 사상에 대한 토론을 할 때 쓰는 주류의 언어를 계발하지 않는다. 우리는 믿지 않는 세상이 말이 가진 초월성을 빨아 내고 그것을 찌꺼기로 축소하게 내버려두지 않는다. 우리는 계시로 물들어 있는 각각의 단어 그리고 은혜가 떠오르는 각각의 문장에 주의를 기울이면서, 우리 종족이 쓰는 것과 똑같은 언어로 말하고 기도하면서 예수님이 우리의 말과 기도를 형성하시도록 한다. 우리는 육신이 되신 말씀의 속삭임이나 음절 하나라도 놓치지 않기 위해서 말씀하시고 기도하시는 예수님을 주시하며 경청하고 기도한다.

모세가 하나님으로부터 예배를 위한 구조물 즉 광야의 성막을 지으라는 지시를 받았을 때, 그 성막의 중심은 '가장 거룩한' 장소, 혹은 '지성소'로 지정되었다. 그 곳은 하나님과 인간 사이의 집중적 행동이 일어나는 장소였다. 그 곳은 정교하게 짜인 커튼이나 휘장으로 가려져서, 무심결에든 의도적으로든 호기심에 찬 영적인 관음증과 이교의 신성 모독이 침해하지 못하도록 보호되고 있었다. 대제사장 외에는 그 누구도 지성소로 들어갈 수 없었고, 그것도 일 년에 한 번만 들어갈 수 있었다. 경건과 불경이 엄격하게 구분되어 있었다.

하나님의 거룩한 임재가 신앙심 없는 호기심이나 불경한 우상 숭배에 의해 모독당하지 않도록 보호되고 있었다. 하나님은 이용의 대상이 아니었다.

광야에서 이동이 가능한 일종의 사당이었던 성막과 훗날 그것을 대체한 예루살렘의 성전은, 그 곳에 계신 거룩하신 분께 경의를 표하도록 거의 2천 년 동안 하나님의 백성을 훈련시켰다. 그 거룩한 경의가 거룩한 장소 바깥에서의 생활에서는 '하나님을 두려워하는 마음'이 되었다. 하나님의 백성은 언제나 거룩함을 철저하게 훈련받을 필요가 있다. 모두 죄인인 우리는 자신의 목적을 위해서 하나님을 사용하고 싶어하는, 우리가 통제할 수 있는 대상으로 하나님을 축소하고 싶어하는 뿌리 깊은 습관을 가지고 있다. 그러나 우리는 그렇게 할 수 없다. 지성소를 보호하고 있는 휘장이 우리에게 그렇게 할 수 없다고 말하고 있다.

하나님의 거룩함을 침해하지 않는 예배의 훈련을 여러 세기

동안 받아 온 하나님의 백성은, 예배의 장소 중앙에 있는 두터운 장막으로 가려진 거룩함을 깊이 인식하게 된다. 그 휘장이 거룩을 엿보는 눈과 참견하는 손으로부터 보호해 주었다. 따라서 예수님이 십자가에서 죽으셨을 때 첫 번째로 일어난 일이 "성소 휘장이 위로부터 아래까지 찢어져 둘이"(마 27:51; 막 15:38; 눅 23:45) 된 일이라는 말을 들을 때 우리가 받는 충격은 청천벽력과도 같은 것이 아닐 수 없다.

도대체 무슨 일이 일어난 것일까? 그 거룩한 장소는 이제 모든 장소가 되었다. 거룩하신 하나님이 지금 우리와 함께 계신다. 하나님의 때가 우리의 때다. 이제는 더 이상 그 곳과 이 곳, 그 때와 지금, 성과 속의 구분이 없다. 히브리서는 이 사실을 아주 크게 다루면서, 십자가에서의 예수님의 죽음은 우리가 통합된 삶을 살 수 있는 '새로운 살 길'을 열어 준다는 것을 이해할 수 있게 도와준다(특히 히브리서 9-10장을 보라).

바울도 그러한 이미지를 사용하기는 하지만, 조금 다른 방식으로 사용한다. 그는 예수님의 죽음이 유대인(종교적 주류들)과 이방인(종교적 비주류들) 사이에 있는 "중간에 막힌 담을…허시고" 우리를 한 백성으로 모으셨다고 말한다(엡 2:14).

그 곳과 이 곳이 융합되고, 그 때와 지금이 융합되고, 성과 속이 융합되고, 우리와 그들이 융합되었다. 그 휘장이 두 개로 찢어졌다. 담이 무너졌다. 칸막이가 부서졌다.

언어는 어떻게 되었는가? 그렇다, 언어 말이다. 모든 언어가 거룩을 증언하고 거룩을 명명하는 데 사용될 수 있게 되었다. 예수님이 언어를 사용하셨고 지금도 사용하고 계신 것과 똑같은 방식으로 언제든 어디서든 그렇게 할 수 있게 되었다. 예수님의 기도는 우리 기도의 토대이고 우리의 기도 안에서 지속된다.

우리 시대의 가장 정확한 언어 철학자 중 한 사람인 루트비히 비트겐슈타인은 자신이 어떻게 "모든 세계가 이 말에 담겨 있다"라는 문장을 접하게 되었는지 이야기했다. 그는 이 문장이 옳지 않다는 생각이 들었다. 그래서 그는 이렇게 말했다. "**이 말**이라고? 어떻게 모든 세계가 그 안에 담겨 있을 수 있단 말인가? 오히려 세계는 그 말과 밀접하게 연관되어 있다. 말은 마치 **떡갈나무가 자랄 수 있는 도토리와도 같다**."[3]

이 글을 읽었을 때 나는 그것이 우리가 '예수님의 이름으로' 기도할 때 일어나는 일에 대한 적합한 설명이라고 생각했다. 예수님의 기도는 모든 기도를 담고 있지 않다. 그것은 우리 안에 기도하는 삶이 자라게 하는 도토리다. 그 삶은 자라서 뿌리가 깊이 박히고 하늘에까지 가지를 뻗치는 떡갈나무가 된다.

부록

언어에 내재하는 본질적 신성함을 존중하는 작가들

기독교 공동체로서 말을 사용하는 방식에 주의 깊고도 지속적인 관심을 기울이는 이들이 그 공동체 안에 존재하는 것은 결코 사소한 일이 아니다. 우리 문화에서 언어를 모독하는 정도는 아주 심각한 수준이다. 우리는 언어의 황무지에 살고 있다. 말을 돌보는 일은 긴급한 기독교적인 일이다. 우리의 임무는 분명하다. 언어의 인격성을 지키고, 언어를 창조/구원 이야기 속에 보존하며, 대화와 기도가 일관성을 가지게 하는 것이 우리의 임무다. 우리가 그 임무를 수행하는 주된 방식은 예수님의 이야기와 기도를 통해서 예수님과 계속 동행하는 것이다. 또한 그것을 잘하는 남녀들과 계속해서 대화를 하는 것도 좋은 방법이라고 생각한다. 그러한 사람들 중에서 어떤 이들은 책을 쓴다. 그들이 글을 잘 쓰면 나는 그들의 책을 읽는다. 여기에 내가 무척 좋아하는 일곱 명의 작가들을 소개한다.

톰 라이트, 「**신약 성서와 하나님의 백성**」(*The New Testament and the People of God*), 「**예수와 하나님의 승리**」(*Jesus and the Victory of God*), 「**하나님의 아들의 부활**」(*The Resurrection of the Son of God*, 이상 크리스챤다이제스트 역간)

나와 같은 세대에 속한 사람 중에서 내가 아는 그 누구보다도 톰 라이트는 예수님의 말, 예수님의 행동, 예수님이 중심이 되시는 온 세상을 포함하는 이야기에 엄청난 인내와 공을 들여 주의를 기울인 사람이다. 라이트는 역사가다. 그는 장소를 진지하게 여긴다. 그는 시간을 진지하게 여긴다. 말을 진지하게 여긴다. 그리고 글도 신시하고 정확하게 잘 쓴다.

150년 동안 좋은 의도를 가진(그리고 어떤 경우는 썩 좋지 않은 의도를 가진) 남자와 여자들이 예수님을 그분이 뿌리박고 있는 역사로부터 분리해서, 일상에 매이지 않고 역사의 한계로부터 자유로운 지대에 그분의 말과 사상과 모범을 놓고 우리에게 제시하느라 부지런히 애를 썼다. 그렇게 되면 우리는, 우리가 처한 곳 어디에서든지 그리고 우리 마음에 드는 어떠한 방식으로든지, 자유롭게 예수님의 말씀과 사상과 모범을 여기저기에 끼워 넣을 수 있다. 하지만 그렇게 내버려두면 우리는 경건한, 혹은 썩 경건하지 않은 허황된 공상에 빠져드는 경향이 있다. 라이트는 그것을 허용하지 않는다. 그는 실제의 장소에서 실제의 시간을 사셨던 예수님에 대한 질감과 맛을 제공해 준다. 실제의 장소와 실제의 시간에서 우리의 구원이 되신 예수님을 제시해 준다. 내가 추천하는 세 권의 책은 분량이 많지만 읽기가 매우 쉽다. 그 책을 하나씩 읽으면서 한 해를 보낼 계획을 세워 보라. 그 정도로 좋은 책이다(Minneapolis: Fortress Press, 1992, 1996, 2003).

유진 로젠스톡-휘시, 「말과 실재」(*Speech and Reality*)

언어는 살아 있는 음성에서 비롯된다. 언어의 가장 순수한 형태는 쓰고 읽는 것이 아니라 말하고 듣는 것이다. 펜과 잉크가 아니라 입과 귀가 언어의 필수적 조건이다. 수년 동안 문자 해독성을 전제하는 문화 속에서 학교 교육을 받은 우리는 책과 신문과 도서관이 언어를, 특히 진지하게 받아들여야 하는 언어를 독점한다고 생각하는 경향이 있다. 로젠스톡-휘시는 우리가 너무도 쉽게 잊는 사실을 회복시켜 준다. 즉, 언어는 기본적으로 **기록된 문자**가 아니라 **발성된 말**이라는 사실을 말이다. 언어는 본질적으로 계시적이며 관계적이다. 책으로 더 편리하게 그리고 정확하게 전달할 수 있는 관념과 사실이 비인격적으로 전달되는 것이 아니라, 이름을 가진 사람들 사이에서 살아 있는 실재가 말로 교환되는 것이 언어의 본질이다. 미국으로 이민을 간 독일인이자 기독교로 회심한 유대인인 그의 '구두 언어적 사고'에서 급격히 확산되는 함의들은 참으로 대단하다(Norwich, Vt.: Argo Books, 1970).

윌리엄 스태포드, 「사실일 수도 있는 이야기들」(Stories That Could Be True)

스태포드는 흔하지 않은 경외감을 가지고 언어를 사용하는 시인이다. 그는 평화주의자로서 아칸소와 캘리포니아에 있는 양심적 병역 거부자들을 위한 수용소에서 제2차 세계대전 기간 중 4년을 보낸 그리스도인이다. 그가 언어를 사용한 방식은 결국 나도 평화주의자로 만들었다. 그러나 나의 그러한 회심은 폭력과 전쟁에 대한 그의 관점에서 시작된 것이 아니라, 시를 지을 때 그가 언어를 사용한 방식에서 시작되었다. 예를 하나 들자면 이렇다. "…현존은 마치 연기처럼 존재하게 하라.…잡을 수 없는 것을 잡으려 하지 말고." 그의 시는 말이 가진 본질적으로 신성한 핵심을 감지할 수 있게 해주며, 그러한 말을 신뢰하는 것이 좋다는 인식을 가지게 해주었다. 다른 사람들이 무슨 일인가를 하게 만들기 위해서 말을 사용하는 것이 아니라, 우리 앞에 있는 것, 우리 모두가 공통으로 가지고 있는 말씀으로 창조된 생명을 드러내는 데 말을 사용해야 한다는 것을 인식하게 해주었다(New York: Harper&Row, 1977).

프란시스 드 살레와 제인 드 샹탈, 「영성 지도의 편지들」(Letters of Spiritual Direction)

편지를 쓰고 읽을 때 우리는 대개 인격적이고 계시적인 언어에 푹 잠기게 된다. 편지에는 주소지가 있고 이름이 있는 어떤 사람을 지칭하기 위해서 단어와 문장이 사용되었고, 주제도 직접적이고 개별적이다. 편지도 비인격적이 될 수 있지만, 대부분의 경우는 그렇지 않다. 편지에도 추상적인 것들이 어수선하게 흩어져 있을 수도 있지만 대부분의 경우는 그렇지 않다. 하나님과 영혼에 대해서 깊은 관심을 가진 사람들, 정직하고 서로를 신뢰하는 사람들 사이에서 오간 편지라면, 언어에 존엄성을 부여하는 대화, 언어의 하나님과 부합하는 대화에 우리도 참여하게 될 가능성이 크다. 프랑스의 반종교개혁 시기 동안에 주교를 지낸 프란시스 드 살레와 여성 공동체의 수도원장이 된 과부 제인 드 상탈이 바로 그러한 편지를 주고받았다(New York: Paulist Press, 1988).

플래너리 오코너, 「존재의 습관」(*The Habit of Being*)

비유와 같은 단편과 소설을 썼던 조지아 출신 작가의 편지글이다. 그의 소설들은 영적 자족감에 빠진 생각들에 충격을 가해서 자신이 사는 골목과 뒷마당에서 하나님의 현존과 하나님이 일하시는 방식들을 알아보게 만드는 것으로 유명했다. 1964년에 때 이른 죽음을 맞이한 저자의 사후에 모아서 출간된 이 편지들은, 그녀가 그런 식으로 글을 쓴 이유에 대해서, 그리고 언어의 성질에 대한 그녀의 신념과 언어가 특별히 기독교에 뿌리를 두고 있고 기독교적 경향을 가지고 있다는 그녀의 신념에 대해서 날카롭게 표현된 통찰들을 제공해 준다. 그는 하나님의 진리에 대해 식상해하는 사람들의 방어막을 꿰뚫기 위해서 '빗댄' 언어를 미국에서 가장 잘 구사한 작가 중 한 사람이다(New York: Farrar, Straus&Giroux, 1979).

워커 퍼시, 「병 속에 든 메시지」(*The Message in the Bottle*)

원래 의사였던 퍼시는 의사 일을 그만두고, 일을 하며 살았던 생애 중에서 최고의 시기를 여섯 개의 소설을 쓰면서 보냈다. 지난 세기의 하반기 동안에 26년에 걸쳐서 쓰인 그 소설들은 미국에서의 삶이 영적으로 얼마나 절망적으로 가난한지를 진단하고 있다. 그는 또한 그리스도인들이 그것에 대해서 어떤 할 말이 있는지에 혹 관심이 있을 수도 있는 사람들을 위해서 겸손한 이정표들을 군데군데 세워 놓고 있다. 그는 문화적 전형들을 진리로 꿰뚫기 위해서 비유와 우회의 언어를 사용하는 미국의 키에르케고르다.

이 책은 그가 자신의 소설에서 사용하는 언어에 대한 에세이 모음집이다. 그는 언어가 작동하는 방식과 작동하지 않는 방식, 언어가 우리를 살아 있는 진리에 연관시키는 방식과 언어가 거짓되게 살도록 우리를 유혹하는 방식에 대해서 쓰고 있다. 언어에는 눈에 보이는 것보다 훨씬 더 많은 것이 있음을 우리는 알게 된다. 언어를 가지고 씨름하는 그의 글과 씨름하면서 우리는 왜 그가 몸을 고치는 일은 의사에게 맡기고 자신은 펜을 가지고 영혼을 치유하는 일에 나서기로 결심했는지를 이해하게 된다. 그는 무척 좋은 선택을 했다(New York: The Noonday Press, Farrar, Straus&Giroux, 1995).

레이놀즈 프라이스, 「명백한 하나님」(*A Palpable God*)

레이놀즈 프라이스는 성경의 언어에 푹 잠김으로써 소설 쓰는 기술을 공부한 작가다. 그는 이야기를 들려주고 들어야 하는 인간의 필요는 사랑과 집에 대한 필요보다도 앞서며, 오로지 음식물에 대한 필요성에만 뒤지는 필요라고 확신하게 되었다. "이야기의 소리는 우리 삶의 지배적 소리다"(3쪽). 그는 이러한 우리 삶의 기본적인 필요를, 우리에게 주어진 성경 이야기의 형식들에 단단히 묶어 둔다. 그의 묵상들(그리고 그의 소설들)을 반복해서 읽기를 여러 번 반복하면서 나는 이야기의 유일무이함과 불가결함 모두를 강하게 인식하게 되었다. 나는 이야기를 설명이나 개념 정의나 요약으로 축소하고자 하는 모든 시도는, 하나님의 자기 계시로서의 언어와 우리 자신을 하나님과 서로에게 보여 주는 수단으로서의 언어를 희석시킨다는 사실을 깨닫게 되었다. 프라이스는 "이야기를 신뢰하라"고 말하는 것 같다. "이야기가 당신을 마음대로 하게 내버려두라." 특히나 예수님이 들려주시는 이야기 말이다(San Francisco: North Point Press, 1985).

주

들어가는 글

1) T. S. Eliot, *Collected Poems 1909-1962*에 나오는 "Choruses from 'The Rock'"(Copyright 1936 by Hought Mifflin Harcourt Publishing Company and renewed 1964 by T. S. Eliot, reprinted with permission of the publisher)의 제2부에서 발췌한 글.
2) Emily Dickinson, *The Complete Poems*, ed. Thomas H. Johnson (Boston: Little, Brown and Company, 1955), p. 506. Reprinted by permission of the publishers and the Trustees of Amherst College from The Poems of Emily Dickinson, Thomas H. Johnson, ed., Cambridge, Mass.: The Belknap Press of Harvard University Press, Copyright ⓒ 1951, 1955, 1979, 1983 by the President and Fellows of Harvard College.

1장 사마리아의 예수님

1) 이와 같은 "의지적인 노력"에 대해서는 *Eat This Book: A Conversation in the Art of Spiritual Reading*(Grand Rapids: Eerdmans, 2005)에서 상당히 길게 다루었다. 「이 책을 먹으라」(IVP).
2) George Steiner, *After Babel: Aspects of Languages and Translation* (Oxford: Oxford University Press, 1998)를 보라.
3) Joachim Jeremias, *Jerusalem in the Time of Jesus*(Philadelphia: Fortress Press, 1969), p. 353. 「예수 시대의 예루살렘」(한국신학연구소).

4) Jean Sulivan, *Morning Light*(New York: Paulist Press, 1988), p. 64.
5) John Dominic Crossan, *The Dark Interval: Towards a Theology of Story* (Niles, Ill.: Argus Communications, 1975), p. 57.
6) David Dark, *The Gospel According to America*(Louisville: Westminster/John Knox Press, 2005), p. 52에 인용됨.
7) 이러한 실습에 대한 기초적이고 가장 뛰어나다고 할 수 있는 해설은 Martin Thornton의 *Spiritual Direction*(Cambridge: Cowley Publications, 1984)에 나와 있다. Thornton은 성공회 교도로서 그 전통 안에서 글을 쓰고 있다. 그러나 그가 쓰고 있는 내용은 우리가 속한 전통이 무엇이건 상관없이 쉽게 자신이 속한 전통에 맞게 번역될 수 있다. 이 실습의 초기 발달에 대한 철저한 기초 작업은 Irenee Hausherr, *Spiritual Direction in the Early Christian East*, trans. Anthony P. Gythiel(Kalamazoo, Mich.: Cistercian Publications, 1990)에서 접할 수 있다.
8) *Theological Dictionary of the New Testament*, ed. Gerhard Kittel, trans. Geoffrey W. Bromiley, vol 3. (Grand Rapids: Eerdmans, 1965), p. 396.

2장 이웃

1) "시련"(trial), "시험"(test), 그리고 "유혹"(temptation)은 모두 누가가 쓴 동일한 헬라어 '페이로스모스'(*peirosmos*)를 번역한 것이다. 어떤 단어로 번역이 되었느냐는 문맥에 따라서 다르다.
2) *Theological Dictionary of the New Testament*, ed. Gerhard Friedrich, trans. Geoffrey W. Bromiley, vol. 6 (Grand Rapids: Eerdmans, 1968), p. 317.

3장 친구

1) 이 책의 제2부 "기도하시는 예수님"에서 이러한 기도의 다른 많은 특징들을 일부 살펴볼 것이다.

2) Johannes Baptist Metz, *Poverty of Spirit*, trans. John Drury (New York: Paulist Press, 1968). p. 18.
3) Metz, *Poverty of Spirit*, pp. 28, 30.

4장 곳간 짓는 자

1) Annie Dillard, *Pilgrim at Tinker Creek*(New York: Harper's Magazine Press, 1974), p. 146. 「자연의 지혜」(민음사).

5장 거름

1) Brevard Childs, *The Struggle to Understand Isaiah as Christian Scripture*(Grand Rapids: Eerdmans, 2004), p. 287에 인용됨.
2) Eugen Rosenstock-Huessy, *The Christian Future*(New York: Harper&Row, Torchbook Edition, 1966), p. 19
3) Saul Bellow, *It All Adds Up*(New York: Penguin Books, 1995), p. 310.
4) 이러한 통찰력은 William Willimon이 *Thank God It's Friday*(Nashville: Abingdon Press, 2006), p. 7에서 관찰한 내용 덕분에 얻은 것이다.

6장 식탁 대화

1) Kathleen Norris, *Dakota*(New York: Tichnor&Fields, 1993), p. 91.

7장 잃어버린 형제들

1) Ivan Illich, *Medical Nemesis*(New York: Random House, 1976). 「병원이 병을 만든다」(미토).
2) 이 기도의 전문은 다음과 같다. "전능하고 자비로우신 아버지여, 우리는 마치 길 잃은 양처럼 당신의 길을 벗어나 딴 길로 갔습니다. 우리 마음의 계획과 욕망을 너무도 많이 쫓아갔습니다. 우리는 당신의 거룩한 율법을 위반했습니다. 우리가 마땅히 해야 할 일은 하지 않은 채로 내버려두었고, 하지 말았어야 할 일은 했으며, 우리에게 건강함이 하나도 없습

니다. 그러나 오 주님, 이 비참한 범죄자들에게 자비를 베푸소서. 자신의 잘못을 고백하는 자들을 오 하나님이여, 용서해 주옵소서. 회개하는 자들을 회복시켜 주옵소서. 우리 주 예수 그리스도를 통해서 인류에게 선언하신 약속을 따라서 그렇게 해주옵소서. 그리고 오 자비로운 아버지여, 그의 이름을 위하여, 우리가 이제부터는 거룩하고, 의롭고, 건실한 삶을 살 수 있도록 허락하여 주옵소서. 당신의 거룩한 이름에 영광을 돌립니다. 아멘." 미국 감독교회의 공동기도서(*Book of Common Prayer*).

3) Emily Dickison, *The Complete Poems*, ed. Thomas H. Johnson (Boston: Little, Brown and Company, 1960), p. 365.

4) "우리의 적극성의 신품화(divinisation)" 그리고 "우리의 수동성의 신품화"에 대한 중요한 분별들은 Teilhard de Chardin, *The Divine Milieu*(New York: Harper&Brothers, 1960)에 나와 있다.

8장 부정직한 관리인

1) Rudolf Bultmann, *The History of the Synoptic Tradition*, Kenneth E. Bailey, *Poet and Peasant* 그리고 *Through Peasant Eyes* 합본(Grand Rapids: Eerdmans, 1983), p. 86에 인용됨.

2) N. T. Wright, *Jesus and the Victory of God*(Minneapolis: Fortress Press, 1996), p. 129. 「예수와 하나님의 승리」(크리스챤다이제스트).

3) Bailey, *Poet and Peasant*, p. 86. 「시인과 농부」(여수룬).

4) Bailey, *Poet and Peasant*, p. 98.

5) Bailey, *Poet and Peasant*, p. 98

6) Bailey, *Poet and Peasant*, p. 102.

7) Dan Otto Via Jr., *The Parables*(Philadelphia: Fortress Press), p. 160.

9장 눈에 띄지 않는 사람

1) Joel Green, *The Gospel of Luke*, New International Commentary on the New Testament (Grand Rapids: Eerdmans, 1997), p. 587, 그리고

Joseph A. Fitzmyer, S.J., *The Gospel According to Luke (X-XXI)*, Anchor Bible Commentary (New York: Doubleday, 1985), p. 886를 보라.
2) 누가복음에서는 "회개"라는 말이 아홉 번 나오는데, 한 번도 명령형으로 나오지는 않으며, 모두가 예수님이 이 이야기들을 들려주시고 있는 사마리아 여행 내러티브 부분에 나와 있어서(눅 10:13; 11:32; 13:3, 5; 15:7, 10; 16:30; 17:3,4), 예루살렘으로 가는 길을 함께 가고 하나님 나라의 일을 함께할 사람들을 예수님이 모집하실 때 회개가 중심 주제가 됨을 강조하고 있다.
3) N. T. Wright, *Jesus and the Victory of God*(Minneapolis: Fortress Press, 1996), p. 255.
4) Joachim Jeremias, *The Parable of Jesus*(New York: Charles Scribner's Sons, 1963), p. 186. 「예수의 비유」(분도출판사).
5) Wright, *Jesus and the Victory of God*, p. 257.

10장 과부

1) 누가는 "하나님 나라"라고 하는 용어를 51번 사용하고 있는데, 그 중에서 27번을 이 사마리아 여행기에서 사용하고 있다.
2) *The Philokalia*, vol. 1 (London: Faber&Faber, 1979), p. 60.

11장 죄인들

1) 여기에서 나는 삶의 내면성을 깊이 있게 탐구해 나가는 모든 작가와 예술가들(시인과 조각가, 화가와 음악가, 직공과 춤꾼 등)을 대표하는 용어로서 "이야기꾼"이라는 단어를 사용하고 있다.

13장 기도하는 예수님과 동행하기

1) 이 문구는 Albert Borgmann이 쓴 문구다. 탈인격화된 기술의 황무지에서 인격적 공동체를 회복하는 길을 우리에게 제시하기 위해서 사용했다.

그의 책 *Technology and the Character of Contemporary Life* (Chicago: The University of Chicago Press, 1984)을 보라.

2) *Answering God: The Psalms as Tools for Prayer*(New York: Harper Collins, 1989)에서 나는 시편이 어떻게 성경적 기도의 방식을 훈련시켜 주고 훈육시켜 주는지에 대해서 자세하게 썼다. 「응답하는 기도」(IVP).

3) James G. S. S. Thomson, *The Praying Christ*(Vancouver, B. C.: Regent College Reprint 1995), p. 35.

14장 우리와 함께 기도하시는 예수님

1) James Barr, "Abba Isn't 'Daddy'"("아바는 '아빠'가 아니다"), *Journal of Theological Studies* (1988): 28-47.

2) 하나님의 뜻을 청사진으로 해석하는 것에 반대하면서 성경적이고 복음적으로 원래의 의미를 잘 복원하고 있는 두 명의 탁월한 현대 작가들은 (Jerry Sittser, *The Will of God as a Way of Life*(Grand Rapids: Zondervan, 2004), 「하나님의 뜻」(성서유니온) 그리고 Bruce Waltke, *Finding the Will of God: A Pagan Notion?*(Grand Rapids: Eerdmans, 2002)이다.

3) George Herbert, *The Country Parson, The Temple*, ed. John N. Wall Jr. (New York: Paulist Press), p. 284.

4) Frederick Buechner, *Wishful Thinking: A Theological ABC*(New York: Harper&Row, 1973), p. 34. 「희망사전」(복있는사람).

5) David Dark, *The Gospel According to America* (Louisville: Westminster/ John Knox Press, 2005), p. 121에 인용됨.

6) 이 여섯 번째 간구에 사용이 된 그리스어는 여러 가지 빛깔의 의미를 지니고 있다. 시련(trial), 유혹(temptation), 시험(test), 환난(tribulation), 악(evil), 그 악한 자(Evil One). 우리가 이 간구를 기도할 때 이처럼 강조점이 다양하게 나타나는 것을 한번 느껴 볼 수 있게 하기 위해서 나는 이러한 표현을 전부 다 사용하였다.

7) N. T. Wright, *The Lord and His Prayer*(Grand Rapids: Eerdmans,

1997), p. 68. 「톰 라이트의 주기도」(IVP 역간 예정).
8) Charles Williams, *Many Dimensions*(London: Faber and Faber, Ltd., 1931), p. 216.
9) 다윗이 실제로 한 말은 이렇다. "여호와여 위대하심과 권능과 영광과 승리와 위엄이 다 주께 속하였사오니 천지에 있는 것이 다 주의 것이로소이다. 여호와여 주권도 주께 속하였사오니"(대상 29:11).
10) Julian Green, *Diary 1928-1957*(New York: Carroll&Graf Publishers, 1964), p. 262.

15장 감사의 기도를 드리는 예수님

1) F. Dale Bruner는 이 구절을 이렇게 해석한다. "내가 다르다고 해서 네가 모든 것을 저버리지 않는다면 하나님이 네게 복을 주실 것이다." *The Christbook, Matthew 1-12*(Waco, Tex.: Word Books, 1987), p. 413.

16장 마지막 때를 내다보고 기도하시는 예수님

1) Maxine Kumin, *To Make a Prairie*(Ann Arbor: University of Michigan Press, 1979), p. 117.
2) Kumin, *To Make a Prairie*, p. 7.

17장 우리를 위해서 기도하시는 예수님

1) Han Urs von Balthasar, *Prayer*(London: Geoffrey Chapman, 1963), p. 36.
2) Baron Friedrich von Hugel, *Letters from Baron Friedrich to a Niece*, ed. and with ad introduction by Gwendolen Greene (London: J. M. Dent & Sons, Ltd., 1958), p. 25.
3) Charles Williams, *War in Heaven*(Grand Rapids: Eerdmans, 1974), p. 251.
4) Colin E. Gunton, *The One, the Three and the Many*(Cambridge: Cambridge University Press, 1993), p. 149에 인용됨.

19장 십자가에서 기도하시는 예수님

1) "Order for the Celebration of the Lord's Supper", *The Book of Common Worship*(Philadelphia: The Presbyterian Church in the United States of America, 1946), p. 162에서.

2) Hans Urs von Balthasar, *Prayer*(London: Geoffrey Chapman, 1963), p. 243.

3) Frederick Buechner, *The Eyes of the Heart*(San Francisco: HarperSanFrancisco, 1999), pp. 14-16.

4) Joel Green, *The Gospel of Luke*, New International Commentary on the New Testament(Grand Rapids: Eerdmans, 1997), p. 823에 나오는 석의적 견해를 보라.

5) 나의 책 *Reversed Thunder*(San Francisco: HarperCollins, 1988), pp. 168-185에서 나는 성 요한이 천국에 대해서 광범위하게 증언한 내용을 한 데 모아 놓으려는 시도를 했다. 「묵시: 현실을 새롭게 하는 영성」(IVP).

6) 십자가에서 드리는 기도라고 하는 이 맥락에 특별히 더 적절한 한 가지 진술은 다음과 같다. "이와 같은 자기 유기의 상태, 이러한 단순한 믿음의 길에서는 우리의 영혼과 몸에 일어나는 모든 일, 인생의 모든 사건에서 일어나는 일들이 죽음의 국면을 가지게 된다. 우리는 그러한 사실에 놀랄 필요가 없다. 무엇을 기대하겠는가? 그것이 우리의 조건에 자연스러운 일인 것을." Jean-Pierre de Caussade, *Abandonment to Divine Providence*, trans. John Beevers (New York: Image Books/Doubleday, 1975), p. 95.

7) W. H. Auden, *The Shield of Achilles*(New York: Random House, 1955), p. 75.

8) 이것은 처음부터 예수님의 공동체를 미혹했던 예수님에 대한 오해(혹은 좀더 교묘하게는, 거짓 가르침)이며 지금도 수그러들 기세가 보이지 않는다. 말하자면, 예수님의 몸은 "진짜로" 예수님이 아니고 예수님이 그냥 사용하시다가 십자가에 달리셨을 때 빠져나오신 외형이라는 것이

다. 예수님의 몸과 죽음의 실제성을 이처럼 부인하거나 회피하는 일이 세기를 거듭해서 계속 나타나고 있는데 이것은 "영지주의"라는 이름으로 불린다. 이러한 영지주의적인 거짓말이 우리의 포스트모던 세계를 휩쓸고 있다.
9) 2004년 미국에서 개봉된 멜 깁슨의 영화 "패션 오브 크라이스트"(The Passion of the Christ)가 이것에 대한 두드러지는 사례이다.
10) "…아버지께로 가시면서 예수님은 자신의 영혼을 십자가 가까이에 서 있던 사람들에게 주신다. 요 7:37-39에서 예수님은 자신이 영광을 받게 되면 자신을 믿었던 사람들이 성령을 받게 될 것이라고 약속하셨다. 예수님이 체포되셨을 때 떠나가지 않고 십자가 가까이에 모인 그 신자들이 그 성령을 처음으로 받는 사람들이 되었다는 사실보다 더 적절한 것이 어디에 있겠는가?" Raymond E. Brown, *The Death of the Messiah*, vol. 2 (New York: Doubleday, 1993), p. 1082.

20장 예수님의 이름으로 기도하기

1) Caroline Maria Noel 작사(1870), *The Hymnbook*(Philadelphia: United Presbyterian Church USA, 1955), p.143.
2) Hans Urs von Balthasar, *Prayer*(London: Geoffrey Chapman, 1963), p. 36.
3) Ludwig Wittgenstein, *Culture and Value*, trans. Peter Winch(Chicago: University of Chicago Press, 1980), p. 52, 저자 강조. 「문화와 가치」(책세상).

인명 색인

Auden, W. H. 426, 466

Bailey, Kenneth 177, 462
Balthasar, Hans Urs von 406, 466, 467
Barr, James 288, 464
Bellow, Saul 130, 461
Borgmann, Albert 463
Brown, Raymond E. 433, 467
Bruner, F. Dale 465
Buber, Martin 370
Buchsel, Friedrich 52
Buechner, Frederick 416-417, 464, 466
Bultmann, Rudolf 171, 462, 466
Byrnne, Tony 109

Caussade, Jean-Pierre de 422
Cowper, William 274
Crossan, John Dominic 40, 460

De Chantal, Jane 454-455
De Sales, Francis 454-455
Dickinson, Emily 15-16, 95, 165, 459, 462
Dillard, Annie 110, 461

Eliot, T. S. 17, 391, 459

Evagrius the Solitary 224-225

Fitzmyer, Joseph 463

Green, Joel 462, 466
Green, Julian 328, 465
Greeven, Heinrich 76
Gregory of Nazianzus 384
Gunton, Colin E. 465

Hausherr, Irenee 460
Hawthorne, Nathaniel 45
Heraclitus 384
Herbert, George 464
Hopkins, Gerard Manley 288
Hugel, Baron Friedrich von 465

Illich, Ivan 150-151, 153, 155, 461

Jeremias, Joachim 201, 284, 287-288, 459, 463
John of the Cross 170

Josephus 31

Kierkegaard, Søren 170, 456
Kittel, Gerhard 460
Kumin, Maxine 343, 349, 465

Lewis, C. S. 185

Metz, Johannes Baptist 98, 461

Norris, Kathleen 148, 461

O'Connor, Flannery 455
Origen 202

Parmenides 384
Peguy, Charles 399
Percy, Walker 456
Price, Reynolds 457

Rilke, Rainer Maria 203
Rosenstock-Huessy, Eugen 129, 453, 461

Sittser, Jerry 464
Smith, George Adam 127
Stafford, William 454
Steiner, George 23, 459

Teilhard de Chardin, Pierre 462
Teresa, St. 303, 351
Thomson, James G. S. S. 464

Thornton, Martin 460

Vonnegut, Kurt 316

Waltke, Bruce 464
Whyte, Alexander 328
Wiesel, Elie 69
Williams, Charles 327, 465
Wittgenstein, Ludwig 450, 467
Wright, N. T. 178, 190, 319, 452, 462-464

주제 색인

70인역(septuagint) 161

가난(poverty)
    과 부요함(and wealth) 115
    마음의(of spirit) 96-99
가야바(Caiaphas) 130-132, 410
거름 이야기(Manure story) 117-132
겟세마네 기도(Gethsemane prayer) 299, 387-398
    "뜻이 이루어지이다"("your will be done") 298-300, 394-398
    배경/시간(the setting/time) 392-393
경건병과 죄(*eusebeia* and eusebeigenic sin) 154-156, 162, 169-170
경청(listening)
    과 기도(and prayer) 270
    과 비유에 참여하기(and participation in parables) 107-108, 122
    과 성령(and the Holy Spirit) 49-51
    과 자연스럽고 일상적인 대화(and spontaneous casual conversations) 49-51

설교와 경청자(preaching and the listener) 24-25
    의 기술(skills of) 130
곳간 짓는 자의 비유(barn builder, parable of the) 101-116, 117-119
    배경/맥락(the setting/context) 101-107, 111-116
    본문(text/story) 107
    와 거름 이야기(and the Manure story) 117-119
    와 탐욕의 죄(and the sin of covetousness/greed) 101-107, 111-116
    의 결과에 대한 예수님의 설명(and Jesus' comments on ramifications of) 114-115
공동체적인 죄의 고백(corporate confessions of sin) 152-153
과부(widow, parable of the) 209-226
    고대 사회의 과부(and widows in the ancient world) 213
    본문(text/story) 212
    와 기도(and prayer) 209-226

와 악한 재판관의 이야기(the sketch of the evil judge) 219
와 지속적인 기도(and persistence in prayer) 211, 214, 220-221, 224-226, 245
와 친구의 비유(and parable of the Friend) 210-224
와 하나님 나라(and the kingdom of God) 220-224

구원(salvation)
구원 사역을 완성하신 예수님(the completion of Jesus' salvation work) 433-434
신비로서의(as mystery) 401

기도 언어(prayer language)
기도를 배우기(learning how to pray) 93-99, 352-354, 444-445
기도를 지속하고 낙심하지 않는 이유(reasons why we keep praying and don't lose heart) 215, 218-220, 224
끈질긴(persistent) 211
내면의 행동으로서의(as interior act) 236-237, 372
미리 마련된 기도(the set prayers) 271-272, 278, 441
에 대한 성경의 극히 적은 관심(very little in the biblical story on) 209
예수님의 이름으로(in Jesus' name) 435-450
와 경청(and listening) 270
와 과부의 비유(and parable of the Widow) 209-226, 245
와 낙심(and frustration) 214
와 믿음의 삶(and the faith-life) 215
와 성령(and the Holy Spirit) 99, 444
와 시편(and Psalms) 129, 215-217, 272
와 영성 지도(and spiritual direction) 48
와 예수님의 어린아이의 기도(and Jesus' child-prayer) 419-423
와 예수님의 죽음(and Jesus' death) 403-404
와 용서를 구하는 예수님의 기도(and Jesus' forgiveness prayer) 411-415
와 우리의 몸(and our bodies) 428
와 위선(and hypocrisy) 237-244
와 위험(and danger) 280
와 인격적인 하나님(and the personal God) 83-99
와 자유(and freedom) 381
와 죄인들의 비유(and parable of the Sinners) 230-246
와 친구의 비유(and parable of the Friend) 79-99, 210
와 하나님 나라(and the kingdom of God) 220-223, 291-298
와 하나님 나라의 삶(and kingdom-of-heaven life) 279-281

와 하나님 나라의 시간(and kingdom-time) 220
와 하나님의 말씀(and the Word of God) 442-444
와 하나님의 비인격화(and depersonalizing God) 82, 282, 444-445
와 하나님의 침묵(and silence of God) 214-217
의 위조/부재(fake/absent) 270
의 장소(places of) 231-232, 236
인격적인 말하기로서의(as personal speech) 89-93, 371
첫 언어로서의(as first language) 270
침묵과 기도 언어(silence and language of) 269
표준적 기도(the model prayer) 87-89, 93-95
하나님과의 대화로서의(as conversation with God) 443

나사로를 일으키심(Lazarus, raising of) 202
"눈에 띄지 않는 사람의 비유"도 보라.
누가복음(Luke's Gospel)
과 예루살렘에서의 마지막 주간(and Jesus' final week in Jerusalem) 31, 247-253, 259-261
기도하시는 예수님에 대한 언급(references to Jesus at prayer) 276-277
단어(vocabulary) 161
마태복음과 마가복음과의 비교(in comparison to Matthew and Mark) 30
"누가의 여행 내러티브"도 보라.
누가의 여행 내러티브(Luke's Travel Narrative) 30-43, 247-249
거름 이야기(Manure story) 117-132
곳간 짓는 자(the Barn Builder) 101-116
과부(the Widow) 209-226
눈에 띄지 않는 사람(the Invisible Man) 187-207
부정직한 관리인(the Rascal) 171-186
비신자와 대화하신 언어(and Jesus' language with nonbelievers) 36, 247
비형식적인 대화 언어(informal conversational language) 29, 33-34, 41
식탁 대화(Table Talk) 133-148
예수님의 생애와 사역 '사이'의 공간(and the areas "in between" Jesus' life and ministry) 34-37
와 '영성 지도'(and practice of "spiritual direction") 47-51, 54
와 갈릴리 도시들(and the Galilean towns) 61

와 사마리아/사마리아인(and Samaria/Samaritans) 31-32, 36, 40, 54-57, 61, 119-121, 136
와 사마리아인의 적대(and Samaritan hostility) 54, 61, 117-121, 126-128, 130, 136
와 세베대의 형제들 일화(and the Zebedee incident) 54-58, 120
와 예수님의 추종자들(and the followers of Jesus) 59-63, 195-197
와 우리 대화 가운데 계시는 성령 (and the Holy Spirit in our conversations) 43-54
이야기의 특징(story characteristics) 247-249
이웃(the Neighbor) 59-78, 81
잃어버린 형제들(the Lost Brothers) 149-170, 173-175
죄인들(the Sinners) 227-246
최소한의 기대로 사는 사람(the Minimalist) 247-264
친구(the Friend) 79-99
틀(framing references) 30
환대의 주제/네 개의 환대 이야기 (hospitality theme/four hospitality stories) 137-138
"예수님의 비유"도 보라.
눈에 띄지 않는 사람의 비유(Invisible Man, parable of) 187-207
'어떤 사람'(phrase "a certain man") 187-188

눈에 띄지 않는 나사로/눈에 띄는 부자(Lazarus as invisible man/rich man as visible) 192-195
본문(text/story) 191-192
부활의 주제(resurrection theme) 201-203
오래 된 이집트 설화의 개작(retelling of old Egyptian folktale) 200-201
와 나사로의 비유(and John's parable of raising of Lazarus) 202
와 눈에 띄지 않는 가난한/병든 자 (and the poor/sick as invisible) 193-195
와 예수님의 첫 명령(and Jesus' inaugural imperatives) 195-197, 201, 203-207
와 은혜의 임함(and visitation of grace) 188
잃어버린 형제들 이야기와의 연결 (linking to Lost Brothers story) 187-188
회개의 명령(command to repent) 189-191, 203-206
회개의 주제(repentance theme) 201-206
니고데모(Nicodemus) 44
니케아 신조(Nicene Creed) 398

디글랏 빌레셀 3세(Tiglath-Pileser III, Assyrian king) 126

'디아스코르피드조'(*diaskorpidzō*) 174

마가복음(Mark's Gospel)
과 예수님의 설교(and Jesus' preaching) 24, 30
누가의 여행 내러티브와의 대조(Luke's Travel Narrative in comparison to) 30
예수님의 첫 설교와 회개로의 부르심(Jesus' inaugural sermon and call to repent) 195

마리아의 수태고지(Mary, the annunciation of) 254-255, 198-299

마지막 만찬(Last Supper) 67, 355-364
기도(the prayer) 363-378
대화(conversation) 357-364
발 씻음(foot washings) 355-357, 358

마태복음(Matthew's Gospel)
과 기도 훈련(and the practice of prayer) 279
과 누가복음의 표준적 기도(and Luke's model prayer) 93-95
누가의 여행 내러티브와의 대조(Luke's Travel Narrative in comparison to) 30
산상수훈(Sermon on the Mount) 26, 279
예수님의 가르침(Jesus' teaching) 26, 30

묵시적 언어(apocalyptic language) 222-223

바리새인(Pharisees)
'투덜대는 사람들'(as "murmurers") 162-163, 168
과 식탁 대화(and Table Talk) 138-148
과 안식일 식사(and Sabbath meals) 138-148
과 위선(and hypocrisy) 242
과 잃어버린 형제들 비유(and the Lost Brothers parable) 160, 162-163, 166, 168
과 자기 의(and sin of self-righteousness) 160, 162, 166
과 죄인들 비유(and parable of the Sinners) 232-243
과 하나님 나라(and the kingdom of God) 220-221
안에 예수님이 일으키신 적대감(the hostility Jesus aroused among) 138

바울(Paul)
과 십자가상의 말씀에 관한 교훈(and lessons of Jesus' prayers from the cross) 428-429
분열된 사람들을 연합시키는 예수님의 죽음에 관해(on death of Jesus as having brought together divided people) 449
비형식적인 대화 언어(informal conversational language) 52

십자가에서 드리신 기도로 기도하는 것에 관해(on praying Jesus' prayers from the cross) 420
예수님의 죽음이 가지는 영원의 차원에 관해(on the eternal dimensions of Jesus' death) 402
예수님의 초기 추종자들에 관해(on Jesus' earliest followers) 197
하나님 나라에 관해(on the kingdom of God) 297
베네딕투스 수도회의 환대(Benedictine hospitality) 148
베드로(Peter) 53, 410
'복음의 삼각지대'("Evangelical triangle")
에서의 악(evil in) 335
예수님의 메시지에 대한 사람들의 무관심(the people's indifference to Jesus' message) 335-340
와 누가의 여행 내러티브(and Luke's Travel Narrative) 60
부정직한 관리인의 비유(Rascal, parable of the) 171-186
'분별'과 지혜에 관한 단어(the word "prudence" and the wisdom words) 182-186
'어떤 사람'(phrase "a certain man") 188
결말이 없는 이야기(the unfinished story/missing ending) 174-175
베일리의 재해석(Bailey's re-imagining of) 177-182
본문(text/story) 172-173
와 눈에 띄지 않는 사람의 비유(and parable of the Invisible Man) 187-189
와 잃어버린 형제들 비유(and the Lost Brothers parable) 173-175, 187-189
은혜의 임함(and visitation of grace) 188
부활(resurrection)
과 빈 무덤에서의 기도(and the prayer at the empty tomb) 405
과 회개(and repentance) 200-202
예수님의 부활에 참여하기(participation in Jesus') 426
'분별'("Prudence") 182-186
불순종(disobedience) 262-264
빌라도(Pilate) 131, 410
빵(bread) 93-96, 305-307

사도신경(Apostles' Creed) 400
사르곤 2세(Sargon II, Assyrian king) 126
사마리아와 사마리아인(Samaria and Samaritans)
거름 이야기의 배경(context for Manure story) 117-119, 126-128, 130-131
과 누가의 여행 내러티브(and Luke's Travel Narrative) 31-32, 37, 39, 54-58, 61, 119-120, 136

비신자의 은유로서의(as metaphor for nonbelievers) 37, 248
유대인과의 관계(relationship between Jews and) 31, 54-58
의 역사(history of) 31, 126-128
의 적대에 대한 예상(anticipated hostility of) 54, 117-121, 126-128, 130-131, 136
의 지리학적 은유(geographical metaphor of) 248
이웃의 비유(parable of the Neighbor) 64-65
하나님 언어에 무관심한 사람들(as people indifferent to God-language) 39
산상수훈(Sermon on the Mount) 26, 279
삼위일체(trinity)
세례의 성례전(sacrament of Baptism) 380
와 우리를 위해 기도하시는 예수님(and Jesus' prayers for us) 379-386
와 인격(and the personal) 313
상위의 이야기(Meta-stories) 197-199
성령(Holy Spirit)
과 '영성 지도'(and the practice of "spiritual direction") 47-51, 54
과 경청(and listening) 49-51
과 기도(and prayer) 98, 444
과 누가의 여행 내러티브(and Luke's Travel Narrative) 43-54

과 언어의 근본적으로 거룩한 성질(and the fundamental holy nature of all language) 45-46
과 요한복음 17장 기도 모임(and John Seventeen Prayer Meeting) 360-361
과 자연스럽고 일상적인 대화(in our spontaneous casual conversations) 43-54
세례 요한(John the Baptizer)
과 위대한 설교의 전통(and the tradition of great preaching) 25
예수님의 감사 기도에 대한 오해(misunderstanding of Jesus' thanksgiving prayer) 331-335, 337-339
예수님의 세례(baptism by Jesus) 333
세례(baptism, sacrament of) 380
세베대의 형제들(Zebedees)
과 누가의 여행 내러티브(and Luke's Travel Narrative) 54-58, 120
사마리아/유대인의 차이와 편견(and Samaritan/Jewish differences and prejudices) 54-58, 120
을 꾸짖으신 예수님(Jesus' rebuke of) 55, 120
「스크루테이프의 편지」(*Screwtape Letters*) 185
시 오시리스(Si-Osiris) 200
시 오시리스와 지하 세계 여행에 관한 이집트 설화(Egyptian folktale

of Si-Osiris and the underworld
journey) 200-201
시내 산의 모세(Moses at Mt. Sinai)
256
시편(Psalms)
과 하나님의 한결같은 사랑(and
God's steadfast love) 129-130
기도와 하나님의 침묵(prayers
and God's silence) 214-217
미리 마련된 고전적 기도(as classic
set prayers) 272
시편 137편의 질문(Psalm 137
question) 247-248
시험당하신 예수님(temptation of
Jesus) 66-67, 105, 321
식탁 대화(Table Talk) 133-148
본문(text/story) 139-140
안식일 식사와 바리새인(sabbath
meals and the Pharisees) 138-
148
와 환대/냉대(and hospitality/
inhospitality) 136, 144-148
십계명(Ten Commandments) 113
십자가상의 일곱 말씀(seven "words
from the cross") 399-434
십자가에서 드리신 기도(cross, Jesus'
prayers from) 399-434
"어찌하여 나를 버리셨나이까?"
("Why have you forsaken me?")
406-409
범죄자의 기도에 대한 응답(answer
to the criminals' prayer) 415-418

어린아이의 기도(the child-prayer)
418-423
예수님의 육체적 고통(Jesus'
physical agony, "I thirst") 427-
430
용서를 구하는 기도(the forgiveness
prayer) 410-415
창세기 창조 기사와의 비교(parallel
to Genesis creation story) 430-
434

'아바'("abba") 284-286, 287-288
'아버지'("Father")
와 예수님의 기도(and prayers of
Jesus) 92, 279-286, 288, 361,
418-423
와 예수님의 어린아이의 기도(and
Jesus' child-prayer) 418-423
와 용서를 구하는 예수님의 기도
(and Jesus' forgiveness prayer)
131, 410-415
와 주기도문(and the Lord's Prayer)
279-286
용어/은유로서의(as term/metaphor)
91, 279-286, 288, 360
아시리아의 왕(Assyrian kings) 126-
127
악(evil)
과부의 비유와 악한 재판관
(parable of the Widow and the
evil judge) 219
복음의 삼각지대에서의(in the

evangelical triangle) 335
언어에 나타나는(in words/language) 438-441
안식일(Sabbath) 138, 148
과 겸손/환대에 관한 예수님의 가르침(and Jesus' teaching on humility/hospitality) 133-148
과 바리새인(and the Pharisees) 138-148
과 안식일 식사(Sabbath meals) 138-148
과 환대/냉대(and hospitality/inhospitality) 136, 144-148
'어떤 사람'("a certain man") 188
어린아이의 기도(child-prayer) 418-423
언어(language)
'영성 지도'와 언어에 대한 주의('spiritual direction' and attention to) 47-48
근본적으로 거룩한 성질(the fundamental holy nature of) 45-46
묵시(apocalyptic) 221-223
비형식적 대화(informal conversational) 13, 14-16, 33-34, 43-46, 51-54, 445-447
성경의 공통적 언어의 회복(recovering the common speech of the Bible) 445-447
신성한(as sacred) 441
에 부단히 경계하는 주의력(vigilant attention to) 184

와 계시(and revelation) 22
와 말씀이 육신이 되신 예수님(and Jesus as Word-made-flesh) 121
와 사마리아인(and the Samaritans) 37, 41
와 예수님의 가르침(and Jesus' teaching) 23-29, 31, 387
와 예수님의 설교(and Jesus' preaching) 23-29, 31, 389
와 창세기 창조 기사(and the Genesis creation story) 439-441
의 신성함을 존중하는 작가들(writers who honor the sacred in) 451-457
의 잘못된 사용(bad uses of) 13, 184, 439-441
하나님의 선물로서의(as gift of God) 13
"예수님의 비유", "기도", "예수님의 기도"도 보라.
에세네파(Essenes) 223
여리고(Jericho) 252
영광(glory) 366-370
과 죽음(and death)
마지막을 내다보고 드리신 기도(Jesus' prayer in anticipation of the end) 346-348
재정의(redefining) 350-354
죽음과 묻힘에 박힌 영광의 뿌리(roots in death and burial) 349
영성 지도(spiritual direction) 47-51, 54

영성 지도자 찾기(finding a spiritual
   director) 48-49
와 기도(and prayer) 48
와 언어에 주의를 기울임(and attention
   to language) 47-49
와 일상 대화 가운데 계신 성령(and
   the Holy Spirit in our casual
   conversations) 47-51, 54
정의(defining) 48
영지주의(gnosticism) 428
예루살렘에서의 마지막 주간(Jerusalem,
   Jesus' final week in)
과 '마지막 때'의 소개(and introduction
   of the "end time") 251-252
과 거름 이야기(and the Manure
   story) 129-130
과 수난 기도(and the passion
   prayers) 390
누가복음(Luke's Gospel) 30,
   247-252, 260-261
왕으로 인정되는 예수님(Jesus
   identified as king) 260-262,
   343-344
요한복음(John's Gospel) 343-345
이전의 마지막 이야기(final story
   before) 249, 251-253, 259-260
종려주일 입성(the Palm Sunday
   entrance) 252, 343-345
취임 행렬(the inaugural parade)
   260-261
"예수님의 죽음"도 보라.
예수 방식(Jesus way) 263

예수님의 가르침(teaching, Jesus')
   23-29, 30
과 가르침에 대한 우리의 생각(and
   our ideas of teaching) 87-88
과 마태복음(and Matthew's Gospel)
   26, 30
과 위대한 가르침의 전통(and the
   great tradition of teaching) 27
과 현대의 기독교 공동체(and
   contemporary Christian com-
   munity) 27
우리를 위한 가르침(teaching us
   to pray) 87-89, 93-96, 279-286
예수님의 감사 기도(thanksgiving
   prayer, Jesus') 331-340
세례 요한의 오해(John the Baptist's
   misunderstanding) 331-334,
   338
예수님의 메시지에 대한 사람들의
   무관심(the indifference of the
   people to Jesus' message) 335-340
예수님의 기도(prayers of Jesus)
'아버지' 용어/은유(the term/
   metaphor 'Father') 91, 282-286,
   288, 418-423
"나라가 임하시오며"("your kingdom
   come") 291-298
"뜻이 이루어지이다"("your will
   be done") 298-302, 394
"어찌하여 나를 버리셨나이까?"
   ('Why have you forsaken me?')
   406-409

감사 기도(the thanksgiving prayer) 331-340
겟세마네 기도/고통(the Gethsemane prayer/agony of Gethsemane) 299, 387-398
기도 언어(prayer language) 267-270, 371, 446
범죄자의 기도에 대한 예수님의 응답(Jesus' answer to the criminals' prayer) 415-418
수난 기도(the passion prayers) 391
십자가상의 예수님과 함께 기도하기(praying with Jesus on the cross) 403-404
십자가상의 일곱 말씀(the seven "words from the cross") 399-434
어린아이의 기도(the child-prayer) 418-423
여섯 개의 미리 마련된 고전적 기도(the six classic set prayers) 267-278, 441-442
예수님의 기도 생활에 대한 복음서의 언급(Gospel references to Jesus' prayer life) 276-277
예수님의 육체적 고통(Jesus' physical agony) 427-430
예수님의 이름으로 기도하기(praying in Jesus' name) 435-450
와 그리스도인의 성급함/무시(and Christians' impatience/defiance) 376-377
와 마지막 만찬 기도 전의 대화(and the conversation before the Last Supper prayer) 357-364
와 마지막/죽음을 내다보심(and anticipation of the end/his death) 341-354, 391
와 메시지에 대한 사람들의 무관심(and indifference of the people to Jesus' message) 335-340
와 삼위일체(and the Trinity) 379-386
와 영광(and glory) 346-348
와 예수님의 삶(and life of Jesus) 345-346
와 용서를 구하는 기도(the forgiveness prayer) 410-414
와 은유(and metaphor) 267-270, 342-343
와 제자들(and the disciples) 85-89, 345, 357-364, 396
와 죄, 드러내고 규정함(and sin, exposing and naming) 310-315, 322
와 죄에 대한 유혹(and sin, our temptations to) 316-327, 395
와 하늘(and heaven) 302-303
요한복음 17장 기도 모임, 마지막 만찬(the John Seventeen Prayer Meeting, Last Supper) 355-386
우리를 위한 가르침(teaching us to pray) 87-89, 93-96, 279-286
우리를 위한 중보 기도(intercessionary prayers for us)

275-276, 373-375
주기도문(the Lord's Prayer) 279-330
예수님의 명령(imperatives, Jesus') 122-124
　가난한 자들을 향한 부르심(call to the poor) 195-197
　주기도문(Lord's Prayer) 394-395
　첫 명령(inaugural) 122-124, 195-197, 201, 203-207
　회개의 명령(to repent) 189-191, 201-206
예수님의 비유(parables of Jesus) 37-43, 53-54
　더 큰 진리를 그려내는 이야기(as storytelling to illustrate larger truths) 229-230
　예수님이 선택하신 언어로서의(as Jesus' language of choice) 40-41
　와 경청자의 참여(and listener participation) 107-108, 122
　와 상위의 이야기(and meta-stories) 198
　와 종교적 언어(and Godtalk) 42
　와 하나님의 행동(and God's action) 122
　이야기의 특징(story characteristics) 37, 248-249
　정의(defining) 38, 106-108, 22
　즉석 대화의 예로서의(as examples of unpremeditated conversation) 52-54
　핵심 주제(the subject matter) 37-40, 53-54
예수님의 설교(preaching, Jesus') 23-29, 30
　와 경청자(and the listener) 25
　와 마가복음(and Mark's Gospel) 25, 30
　와 위대한 설교의 전통(and the great tradition of preaching) 25
　와 현대의 기독교 공동체(and contemporary Christian community) 28
　의 특징(defining characteristics) 24
예수님의 제자들(disciples of Jesus)
　과 겟세마네 기도(and the Gethsemane prayer) 395-396
　과 예수님의 기도(and prayers of Jesus) 85-89, 345, 355-364, 395-397
　과 주기도문(and Lord's Prayer, the model prayer) 87-89, 93-95
　마지막 만찬과 발 씻음(the Last Supper and the foot washings) 355-356, 358
　예수님의 죽음과 부활 이후의 삶을 준비함(being prepared to live post-crucifixion and post-resurrection lives) 32-33
　예수님의 죽음을 준비함(being prepared for Jesus' death) 345

예수님의 죽음(death of Jesus)
　"어찌하여 나를 버리셨나이까?"(prayer of "Why have you forsaken me?") 406-409
　과 '십자가상의 말씀'(and the seven "words from the cross") 399-434
　과 골고다(the Golgotha intersection) 418-419
　과 구원 사역의 완성(and the completion of salvation work) 433-434
　과 다른 사람을 그 죽음에 참여시킴(making others participants in) 426
　과 범죄자의 기도에 대한 응답(and the answer to the criminals' prayer) 415-418
　과 어린아이의 기도(and the child-prayer) 418-423
　과 영광(and glory) 346-348
　과 예수님의 육체적 고통(and Jesus' physical agony) 427-430
　과 용서를 구하는 기도(and the forgiveness prayer) 410-415
　과 창세기 창조 기사와의 비교(parallel to Genesis creation story) 430-434
　십자가의 예수님과 함께 기도하기(praying with Jesus on the cross) 403-405
　제자들을 준비시킴(preparing the disciples for) 345
　죽음을 내다보고 드리신 기도(prayers in anticipation of) 341-354
　희생적 죽음으로서의(as sacrificial death) 400-401
예수님의 추종자(followers of Jesus)
　72인에 대한 예수님의 지시(Jesus' instructions to the seventy-two) 61
　72인의 기쁨/충만함(the joy/exuberance of the seventy-two) 63
　예수님의 여행에 동행한 세 추종자(Jesus' three followers on his journey) 59-60
　와 누가의 여행 내러티브(and Luke's Travel Narrative) 59-63, 195-197
　와 예수님의 첫 명령(and Jesus' inaugural imperatives) 122-124, 195-197, 201, 203-207
　첫 모집(first recruits) 196
　"예수님의 제자들"도 보라.
요한복음(John's Gospel)
　'이름으로'('in the name" occurrences) 435-437
　"나는…이다" 말씀(the "I am" sayings) 342-343
　과 나사로를 일으키심(and the raising of Lazarus) 202
　예루살렘에서의 예수님의 죽음 이야기(story of Jesus' death

in Jerusalem) 343-345
예수님 생애의 마지막 주간 이야기(story of last week of Jesus' life) 430
요한복음 17장 기도 모임, 대화(the John Seventeen Prayer Meeting, conversation) 357-364
요한복음 17장 기도 모임, 마지막 만찬 기도(the John Seventeen Prayer Meeting, the Last Supper prayer) 363-378
용서(forgiveness)
십자가에서 드리신 기도(the prayer from the cross) 131, 410-415
주기도문과 용서(Lord's Prayer and forgiveness of sins) 312-315
위선(hypocrisy) 237-244
유다(Judas) 410
은유(metaphors)
'아버지' 용어(the term "Father") 91, 279-289, 360
사마리아와 사마리아인(Samaria and Samaritans) 36, 248
와 예수님의 기도(and the prayers of Jesus) 267-270, 341-343
요한복음에 나오는 '나는…이다' 말씀(the "I am" sayings in John's Gospel) 342-343
은유의 이해(understanding of) 343
의원병(iatrogenic illnesses) 149-150, 154

이름(names) 436
마지막 때를 내다보신 예수님의 기도(Jesus' prayer in anticipation of the end) 346-348
요한복음에 나오는 '이름으로'("in the name" occurrences in John's Gospel) 436-437
주기도문과 하나님의 이름(the Lord's Prayer and God's name) 286-289
이사야(Isaiah) 127-128
이야기꾼(storytellers) 228-231
"예수님의 비유"도 보라.
이웃의 비유(neighbor, parable of the) 59-78, 81, 117
결론 없는 질문(the back and forth questions) 76
다섯 조각의 대화(five segments to the conversation) 68-78
배경과 청중(setting and audience) 66, 74
본문(text/story) 63-65, 74-76
선한 사마리아인/이웃(the good Samaritan/neighbor) 64-65
시험관/학자의 질문(the examiner-scholar's question) 70-76
영생을 얻는 것에 대한 조언(advice on inheriting eternal life) 68-69
와 거름 비유(and the Manure story) 117
와 하나님의 율법(and God's law) 63-66, 70, 76-78, 81

위치의 전복(position reversal) 70

잃어버린 형제들의 비유(Lost Brothers parable) 149-170, 173-175

  '어떤 사람'(phrase "a certain man") 187-189

  결말이 없는 이야기(the unfinished story/missing ending) 167-169, 174

  를 구성하는 네 개의 짧은 이야기 (four mini-stories composing) 163-169

  바리새인과 성경학자들(Pharisees and Bible scholars) 160, 162-163, 166, 168

  본문(text/story) 156-159

  와 '투덜대는 사람들'(and "murmurers") 160-163, 169

  와 눈에 띄지 않는 사람의 비유(and parable of the Invisible Man) 187-189

  와 부정직한 관리인의 비유(and parable of the Rascal) 173-175

  와 수동적 에너지/기다림(and passive energy/waiting) 163-165

  와 자기 의(and sin of self-righteousness) 156-170

  은혜의 임함(and visitation of grace) 188

잃어버리고 찾는 주제(theme of lostness and finding) 163-170

자기 의(self-righteousness, sin of) 153-170

  바리새인과 성경학자들(Pharisees and Bible scholars) 160, 162, 166

  와 잃어버린 형제들 비유(and parable of the Lost Brothers) 156-170

정의와 용서(Justice and forgiveness) 413

죄(debts) 310

죄(sin)

  경건병(eusebeigenic) 154-156, 162, 169-170

  공동체적인 고백(corporate confessions of) 151-153

  드러내고 규정하기(exposing and naming) 311-315, 322

  에 대한 유혹(our temptations to) 316-328, 395

  와 용서를 구하는 예수님의 기도 (and Jesus' forgiveness prayer from the cross) 414

  와 자기 의(and self-righteousness) 154-156

  와 주기도문(and the Lord's Prayer) 311-328, 395

  와 하나님으로부터의 고립/분리 (and isolation/separation from God) 380-381

  용서(forgiveness of) 313-315, 414

죄인들 비유(Sinners, parable of the) 227-246
  두 죄인들(the two sinners) 232-242
  배경, 기도의 장소(setting, the place of prayer) 231, 236
  본문(text/story) 230-231
  와 기도(and prayer) 230-246
  와 위선의 죄(and sin of hypocrisy) 237-244
주기도문(Lord's Prayer) 87-89, 93-95, 279-330
  "나라가 임하시오며"("your kingdom come") 291-298
  "뜻이 이루어지이다"("your will be done") 298-302
  "시험에 들게 하지 마시옵고"("lead us not into temptation") 316-328, 395
  "우리 죄를 사하여 주시옵고"("forgive us our debts") 310-315
  "하늘에 계신 우리 아버지여"("Our Father in heaven") 279-286
  과 '일용할 양식'(and "our daily bread") 304-309
  과 우리의 필요(and our neediness) 307-309
  과 하나님을 비인격화하는 위험(and the dangers of depersonalizing God) 282
  과 하나님의 이름(and God's name) 286-289
  과 하늘(and heaven) 302-303
  대명사의 변화(change of pronouns) 304
  를 구성하는 여섯 개의 간구(six petitions composing) 286-328
  명령형(imperatives of) 393-395
  용어/은유로서의 '아버지'(the term/metaphor "Father") 279-286
  우리에게 기도/기도 언어를 가르치심(teaching us to pray/prayer language) 87-89, 93-95, 279-286
  제자들에게 주어진 표본적 기도(as the model prayer given to the disciples) 87-89, 93-95
  죄를 드러내고 규정함(exposing and naming our sins) 310-315, 322
  첫 세 개의 간구(the first three petitions) 304-305
지혜에 관한 단어(wisdom words) 182-186

창세기 창조 기사(Genesis creation story)
  '이루었다' 동사(the verb "finished") 430-431
  예수님의 십자가상의 말씀(Jesus' words from the cross) 430-434
  와 죄와 악의 출현(and the arrival of sin and evil) 438-441
천사주의(angelism) 305-307

최소한의 기대로 사는 사람 비유
　　(Minimalist, parable of the) 247-
　　264
　라합/삭개오의 암시(the Rahab/
　　Zacchaeus allusion) 252
　본문(text/story) 249-251, 259-
　　261, 262-264
　시편 137편의 질문(the Psalm 137
　　question) 247
　예루살렘 입성 전 마지막 이야기(as
　　final story before Jesus enters
　　Jerusalem) 249, 251-253, 259-
　　260
　와 불참여/불순종(and non-
　　participation/disobedience)
　　262-264
　와 하나님 나라(and the kingdom
　　of God) 261, 263
　핵심 주제(central theme) 253-259
친구의 비유(Friend, parable of the)
　　79-100, 117
　명령형 동사(imperative verbs)
　　90
　배경/정황(setting/circumstances)
　　85-89
　본문(text/story) 83-85
　와 '아버지'와 '친구'(the terms
　　"Father" and "friend") 91-92
　와 가르침(and teaching) 88
　와 기도/기도 언어(and prayer/
　　prayer language) 83-99
　와 빵(and bread) 93-96

　와 인격적 관계에서 배우는 기도
　　(and prayer learned in personal
　　relationship) 91-93
　와 인격적인 기도(and personal
　　prayer) 91-93, 210, 244-246
　와 인격적인 하나님(and the
　　personal God) 79-83
　와 표본적 기도(and the model
　　prayer, Lord's Prayer) 87-89,
　　93-94
　호격 명사(vocative nouns) 90
침묵(silence)
　과 기도 언어(and language of
　　prayer) 269-270
　기도와 하나님의 침묵(prayer and
　　God's) 214-217

탐욕의 죄(greed, sin of)
　와 곳간 짓는 자의 비유(and parable
　　of the Barn Builder) 101-107,
　　111-116
　와 이웃 사랑(and love of neighbor)
　　113
　현대의(contemporary) 111
'투덜댐'("Murmur") 160-163

'파라칼레이'(*parakalei*) 167
폭력(violence)
　과 용서를 구하는 예수님의 기도
　　(and Jesus' forgiveness prayer
　　from the cross) 413-414
　과 언어(and language) 57

에 대한 예수님의 반응(Jesus'
  response to) 120-121, 125-132
필요(neediness) 307-309

하나님 나라(Kingdom of God)
  에 대한 바울의 설교(Paul on) 297
  와 과부의 비유(and parable of
    the Widow) 220-223
  와 기도(and prayer) 220-223,
    291-298
  와 다른 나라(and the other kingdoms)
    295
  와 바리새인(and the Pharisees)
    220-221
  와 비유들(and the parables) 293-
    295
  와 예수님의 묵시 언어(and Jesus'
    apocalyptic language) 221-
    223
  와 예수님의 전치사(and Jesus'
    prepositions) 296
  와 최소한의 기대로 사는 사람의
    비유(and parable of the Minimalist)
    260, 263-264
  와 하나님의 주권(and God's
    sovereignty) 293-294, 296
  와 하늘에서의 삶(and kingdom-
    of-heaven life) 279-281
하나님 나라의 시간(kingdom-
  time) 221
하나님의 계시(revelation, God's)
  22, 218

하나님의 비인격화(depersonalizing
  God) 81-82, 283, 444-445
하나님의 창조 세계(creation, God's)
  110
하늘(heaven)
  과 주기도문(and the Lord's Prayer)
    302-303
  기도와 하늘에서의 삶(prayer and
    kingdom-of-heaven life) 279-
    281
헤롯 대제(Herod the Great) 332
헤롯 안티파스(Herod Antipas) 332,
  334
헬라어(Greek language) 160, 182,
  188, 214, 391, 427, 431
환대(hospitality)
  누가의 여행 내러티브와 네 개의
    환대 이야기(Luke's Travel
    Narrative and four hospitality
    stories) 137
  베네딕투스 수도회의(Benedictine)
    148
  식탁 대화에서의 비유(Table Talk
    parable) 137, 143-148
  와 겸손(and humility) 145
  와 안식일(and the Sabbath) 138,
    143-148
회개(repentance)
  예수님의 첫 명령(Jesus' inaugural
    imperative) 189, 200-206
  와 눈에 띄지 않는 사람의 비유
    (and parable of the Invisible

Man) 189, 200-206
　와 부활(and resurrection) 200-202
'히스토레오'(*historeō*) 52

성구 색인

창세기
2:1-2 *430*
2:25 *439*
3:1 *440*
3:5 *256, 287*
3:6 *321*
3:7 *439*
3:10 *440*
4:7 *319*

출애굽기
3:5 *289*
15:24 *161*
16:2 *161*
16:2-3 *162*
19:6 *218*
20:7 *258*
24:7 *258*

민수기
11:29 *51*

신명기
32:13 *340*

사무엘상
3:1-18 *52*

열왕기하
1:10-12 *55*
17:24 *126*

역대상
29:11 *465*

시편
8:2 *340*
10:1 *215*
13:1-2 *216*
14:3 *322*
22 *409*
22:1-2 *216*
22:24 *409*
22:25 *409*
23:4 *407*
33:9 *12, 21*
44:23-24 *216*
50:3 *255*
68:19 *407*

74:10　*216*
74:12　*318*
77:7-9　*217*
79:5　*217*
81:16　*340*
90:13　*217*
93:1-2　*294*
106:1　*129*
107:1　*129*
107:31　*130*
115:4-8　*257*
116:13　*147*
118:1　*129*
124:7　*437*
130　*400*
137　*248*
137:4　*247*

이사야
8:6　*127*
30:15　*128*
30:18　*128*
31:1　*128*
40:1　*407*
51:4　*218*
53:2-3　*97*
55:8　*335*
56:7　*260*

예레미야
7:11　*260*

미가
6:8　*122*

스가랴
4:6　*297*
9:9　*344*

마태복음
3:2　*189, 201*
3:17　*333*
3:2　*110*
4:1-11　*321*
4:19　*189, 201*
5-7　*26, 282*
5:3　*98, 350*
5:21-22　*57*
6:5-8　*280*
6:9-13　*93, 279*
7:7　*309*
10　*26*
11:3　*332*
11:6　*335*
11:20　*335*
11:25　*342, 422*
11:25-26　*331-340*
13:3　*54*
13:35　*12*
16:16　*389*
16:24　*403*
16:25　*350*
18　*26*
18:3　*422*

23　*26, 238*
24–25　*26*
25:14-30　*249*
25:40　*413*
26:38　*396*
26:39　*387*
26:40-41　*396*
26:41　*395*
26:42　*387-398*
26:45　*410*
26:56　*397, 410*
27:46　*392, 399, 406*
27:51　*449*
27:51-52　*406*

마가복음
1:14-15　*24*
1:15　*195, 292*
4:34　*37*
8:33　*123*
13:7　*318*
15:33　*399*
15:34　*406*
15:38　*449*

누가복음
1:28　*255*
1:31　*298*
1:33　*298*
1:38　*239, 255, 299*
4:18　*196*
5:16　*276*

5:27-32 *137*
6:12 *276*
7:36-50 *137*
9:10-17 *137*
9:18 *276*
9:22 *120*
9:28 *277*
9:44 *120*
9:51-19:44 *30*
9:51-19:27 *21*
9:51 *30*
9:51-53 *55*
9:57-62 *60*
10:1-24 *60*
10:13 *463*
10:20 *63*
10:25-37 *65*
10:38-41 *137*
11:1 *85, 277*
11:1-13 *85, 210*
11:2-4 *94*
11:4 *132*
11:5 *91*
11:5-8 *137*
11:5-13 *244*
11:6 *91*
11:8 *91*
11:13 *98*
11:15 *120*
11:32 *463*
12:13 *102*
12:13-21 *107*

12:22-34 *115*
12:51 *120*
13:3 *463*
13:5 *463*
13:6-9 *119*
14:1-14 *137-138, 140*
14:15-24 *138*
15-16 *188*
15 *159, 174, 187-188*
15:3 *187*
15:7 *483*
15:10 *463*
15:11 *188*
15:11-32 *138*
15:13 *174*
16 *174, 178, 187-188*
16:1 *174, 188*
16:1-9 *173*
16:19 *188*
16:19-31 *192*
16:30 *190, 463*
16:30-31 *202*
17:3 *463*
17:4 *463*
17:20-37 *220*
18:1 *212, 213*
18:1-8 *212, 245*
18:8 *245*
18:9-14 *231*
18:11 *240*
18:31-33 *120*
19:1-10 *137*

19:7 *161*
19:11 *30*
19:11-27 *251*
19:28 *30*
19:38 *253*
19:41 *30*
19:44 *30, 260*
19:46 *260*
20:9-19 *254*
22:1-10 *138*
22:14-23 *137*
22:28 *67*
22:31 *277*
23:34 *131, 399, 410*
22:41 *277*
22:42 *299, 392*
22:44 *277, 397*
23:2-3 *253*
23:34 *131, 399, 410*
23:37-38 *253*
23:42-43 *415*
23:43 *399*
23:45 *449*
23:46 *418*
24:28-35 *137*
24:30 *277*
24:36-43 *137*

요한복음

1-11 *367-368*
1:14 *367*
1:49 *344*

3:8 *44*
3:16 *44, 310, 368*
3:27-36 *333*
3:30 *333*
4:14 *428*
5:36 *269, 278*
6:15 *344*
6:35 *342*
7:37-39 *467*
8:12 *342*
10:7 *342*
10:10 *80, 368*
10:11 *342*
10:14 *342*
11:25 *342*
11:40 *368*
11:53 *202*
12-19 *368*
12 *368*
12:1-8 *356*
12:7 *343*
12:13 *344*
12:20-22 *353*
12:23 *353*
12:23-24 *349*
12:23-36 *344*
12:27 *351, 399*
12:27-28 *341*
12:28 *341, 354, 392*
13-17 *345*
13-16 *357*
13:1 *367*

13:3-20 *359*
13:21-30 *359*
13:31-38 *359*
13:35 *376*
14:1-7 *360*
14:6 *343*
14:8-14 *360*
14:13 *436*
14:14 *436*
14:15-31 *361*
14:26 *51*
14:27 *407*
15:1 *342*
15:16 *436*
16:12-13 *362*
16:13-14 *12*
16:23-24 *361*
16:23 *361, 436*
16:25-30 *363*
16:26 *436*
16:32 *367*
16:33 *319*
17 *364-366, 369, 373, 375-376, 378, 384-386*
17:1 *367, 392*
17:2-3 *373*
17:4 *431*
17:6-15 *373*
17:9 *355*
17:11 *374*
17:13 *373*

17:17-19 *373*
17:20 *355*
17:20-21 *374*
17:21 *374*
17:22 *374*
17:23 *374*
17:24 *370*
17:26 *374*
18:2 *392*
18:10-11 *262*
18:11 *123*
18:36 *296*
19:26-27 *399*
19:28 *399, 427, 430*
19:30 *399, 430, 434*

사도행전
1:22 *386*
2:11 *441*
10:34 *379*

로마서
6:4 *318*
6:5-11 *403*
8:16 *284*
8:26 *444*
8:28 *432*
12:1 *429*
14:17 *297*

고린도전서
1:28 *197*
15:31 *402*

고린도후서
1:3-4 *407*
4:10 *420*
5:21 *312*

갈라디아서
2:19 *402*
4:6 *284*

에베소서
2:14 *449*

빌립보서
2:5-8 *97, 403*

골로새서
3:3 *402*
3:13 *311*

데살로니가전서
5:17 *442*

히브리서
4:15 *352*
5:10 *117*
7:3 *117, 198*
7:25 *12, 275, 375*
9-10 *449*

9:26 *432*
10:12 *432*
11:1-3 *199*

베드로전서
3:18 *405*

베드로후서
3:9 *130*

요한계시록
16:17 *432*

옮긴이 양혜원은 서울대학교 불어불문학과를 졸업하고 이화여자대학교에서 여성학으로 석사 과정을 공부했으며 미국 클레어몬트 대학원에서 종교학으로 석·박사 학위를 받았다. 일본 난잔종교문화연구소의 객원 연구원을 거쳐, 현재 이화여자대학교 한국여성연구원에서 연구 교수로 재직하고 있다. 지은 책으로 『유진 피터슨 읽기』 『페미니즘 시대의 그리스도인』(공저, 이상 IVP)과 2021년 상반기 세종도서(교양 부문)에 선정된 『종교와 페미니즘, 서로를 알아 가다』를 비롯하여 『교회 언니의 페미니즘 수업』 『교회 언니, 여성을 말하다』(이상 비아토르) 등이 있다. 옮긴 책으로 『사랑하는 친구에게』 『인간의 번영』(이상 IVP), 『물총새에 불이 붙듯』 『하나님의 진심』(이상 복있는사람) 등이 있다.

비유로 말하라

초판 발행_ 2008년 12월 7일
2판 발행_ 2018년 11월 8일
2판 4쇄_ 2024년 11월 15일

지은이_ 유진 피터슨
옮긴이_ 양혜원
펴낸이_ 정모세

펴낸곳 한국기독학생회출판부
등록번호_ 제2001-000198호(1978.6.1)
주소_ 04031 서울시 마포구 동교로 156-10
대표 전화_ (02)337-2257 팩스_ (02)337-2258
영업 전화_ (02)338-2282 팩스_ 080-915-1515
홈페이지_ http://www.ivp.co.kr 이메일_ ivp@ivp.co.kr
ISBN 978-89-328-1657-9
     978-89-328-1659-3 (세트)

ⓒ 한국기독학생회출판부 2018

책값은 뒤표지에 있습니다.
무단 전재와 복제를 금합니다.